Services Marketing and Management

21世纪高等院校经济管理类规划教材

服务营销与管理

张圣亮　编著

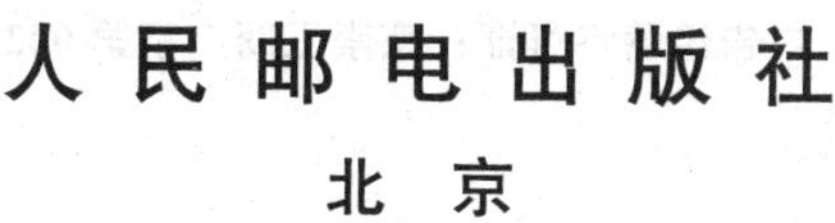

人民邮电出版社
北京

图书在版编目（CIP）数据

服务营销与管理 / 张圣亮编著. -- 北京 : 人民邮电出版社, 2015.12
21世纪高等院校经济管理类规划教材
ISBN 978-7-115-40222-6

Ⅰ. ①服… Ⅱ. ①张… Ⅲ. ①服务营销－营销管理－高等学校－教材 Ⅳ. ①F713.50

中国版本图书馆CIP数据核字(2015)第208571号

内容提要

本书以服务特征和服务消费特殊性为出发点，以建立顾客忠诚为目标，以提升服务质量为核心，以弥合服务质量差距为手段，详细介绍了企业弥合服务质量差距的具体策略，包括顾客期望服务调研、服务产品设计与开发、服务参与者管理、服务供求关系管理、服务承诺与沟通管理、服务定价管理、服务补救实施等内容。

本书提供课件、习题答案、补充教学案例、试卷等配套资料，索取方式参见“配套资料索取说明”。

本书可作为高等院校工商管理及相关专业教学用书，也可作为服务行业和公共事业单位培训教材及相关人员读物。

◆ 编　　著　张圣亮
　责任编辑　万国清
　责任印制　沈　蓉　彭志环

◆ 人民邮电出版社出版发行　　北京市丰台区成寿寺路 11 号
　邮编　100164　　电子邮件　315@ptpress.com.cn
　网址　http://www.ptpress.com.cn
　北京隆昌伟业印刷有限公司印刷

◆ 开本：787×1092　1/16
　印张：18　　　　2015 年 12 月第 1 版
　字数：434 千字　　　　2015 年 12 月北京第 1 次印刷

定价：43.00 元

读者服务热线：(010)81055256　印装质量热线：(010)81055316
反盗版热线：(010)81055315
广告经营许可证：京崇工商广字第 0021 号

前　言

随着服务业快速发展以及制造类企业中服务因素所占比重增加，世界上越来越多的国家进入了服务经济社会，即服务业创造的价值在国内生产总值（GDP）中所占的比重以及服务业吸纳的劳动力在全社会就业人口中所占的比重皆超过50%。随着服务经济社会的到来，服务营销与管理在企业乃至整个社会中的重要性与日俱增。在此背景下，服务营销学于20世纪70年代从市场营销学中脱胎而出，成为了一门独立的学科，并成为商科学生的重要必修课。

20世纪90年代中期以来，随着中国服务业快速发展以及服务市场不断开放，服务企业以及制造类企业中的服务竞争日益加剧。在此背景下，中国一些学者开始研究服务营销问题，尤其是翻译和引进了很多西方国家的服务营销教材及其相关研究成果，各高等院校的工商管理专业也陆续开设了服务营销课程。但整体来看，国内对服务营销的理论研究还很不成熟，服务企业的整体营销水平也低于制造类企业，这种状况是不能有效地适应中国服务业快速发展，以及老百姓对服务质量不断提高要求。

为了传播和普及服务营销知识，进而推进我国服务营销理论研究水平以及服务企业实际营销水平，作者在积累十多年服务营销教学经验与心得、服务营销理论研究成果以及企业咨询成果，并参阅国内外大量服务营销教材及其相关研究成果的基础上，编写了本教材。

本教材具有以下特点：

（1）结构完整。本书以服务特征和服务消费特殊性为出发点，以建立顾客忠诚为目标，以提升服务质量为核心，以弥合服务质量差距为手段，构建了全新的框架结构。全书共包括3篇13章。第1篇（第1～3章）为基础篇，介绍和明确了本书研究的出发点，包括服务与服务行业、服务质量及其特殊性、服务消费及其特殊性。第2篇（第4～5章）为目标与模型篇，介绍了服务营销目标以及实现目标的基本手段，包括服务营销目标（本书明确提出了服务营销目标是建立顾客忠诚）、服务营销模型（在对多个模型进行对比和分析的基础上，选择了服务质量差距管理模型）。第3篇（第6～13章）为策略篇，介绍了弥合服务质量差距的基本策略，包括顾客期望服务调研、服务产品设计与开发、服务参与者管理、服务供求关系管理、服务承诺与沟通管理、服务定价管理、服务失误与补救、顾客关系管理。

（2）理论清晰。由于服务营销理论还不成熟，几乎每一个概念和理论都存在着争论，这影响服务营销理论传播，也影响读者学习。基于此，作者在综合前人研究成果和分析企业实际服务状况的基础上，对涉及的每一个概念和理论都进行了清晰界定和解释，同时还介绍了不同观点以及典型研究成果。这有助于推动服务营销理论的传播及其在企业中的应用。

（3）实用性强。服务营销是一门实践性很强的学科，为增强读者对服务营销理论的理解及其应用能力，本书采用实例解释理论和用案例说明理论应用价值的叙述方法，从而有助于读者更好地理论联系实际。

（4）语言朴实。本书语言朴实无华，通俗易懂，但又不失简洁、清晰和严谨，从而方便读者阅读和理解。

为方便授课老师授课和学生学习，本书提供课件、习题答案、补充教学案例、试卷等配套资料，索取方式参见“配套资料索取说明”。

本书由中国科学技术大学管理学院张圣亮副教授独立撰写和完成，中国科大管理学院研究生李小东、卓全玉、李海洋、陶能明、钱玉霞、陈流量、李晓昕、袁佳、张晓萌等进行了一些资料收集、图表完善和英文翻译工作，对于他们的辛勤劳动表示感谢！在写作过程中，参阅了大量出版文献，对此在书后都已有列举，如有遗漏敬请作者谅解，在此向所有作者表示感谢！

写作过程也是探索过程，尽管本人孜孜以求，精心撰写，但由于服务营销学科还比较年轻，加之本人水平有限，书中可能会存在很多不足，恳请广大读者批评指正，以便今后进一步修改和完善。

张圣亮

2015 年 6 月

目录

导　论

导语

在将来，人们将从服务的角度撰写营销教科书，而有形产品营销只是这本教科书的最后一章。

——威廉 · 乔治（William George，北美第一届服务营销联席会议主席）

服务创造价值，服务提升效率，服务制造差异。

——《清华管理评论》

【学习目标】

1. 掌握服务营销学的研究对象。
2. 了解服务营销学的产生背景和发展历程。
3. 掌握服务营销学与市场营销学的联系和区别。

服务营销学是20世纪70年代从市场营销学中脱胎出来的一门独立学科。那么，它为什么能够成为一门独立学科呢？它的研究对象和产生背景是什么呢？它大致经历了哪几个发展阶段呢？服务营销学与市场营销学有何联系和区别？学习和研究服务营销学有何意义？本部分将对这些问题加以介绍和分析。

一、服务营销学研究对象

服务营销学是以服务产品营销和顾客服务活动为研究对象的营销科学。服务产品是由企业创造和提供给顾客的一种或一组具有无形特征的利益，它是企业的销售对象和利润来源。顾客服务是企业为满足顾客需要而提供的附加服务，它是企业为销售有形产品或核心服务而提供的支持，一般情况下或者在有限时间内是免费的。

（1）当今社会，众多企业不再是生产和提供有形产品，而是创造和提供无形服务，这些企业需要在相关理论指导下开展营销活动和提升竞争力，因而服务营销学就要研究这些企业如何开展营销活动，进而实现既定目标。

（2）无论是制造类企业还是服务类企业，为了赢得顾客和获取竞争优势，都越来越重视顾客服务工作。基于此，服务营销学将研究企业如何更好地为顾客提供售前、售中和售后服务，以便企业更好地把有形产品或者核心服务销售出去。

（3）企业是一个完整的组织机构，企业内部包括若干个部门和工序，企业内部各部门、各工序之间只有相互提供服务、支持和配合，才能保证企业正常和高效运转。基于此，服务营销学揭示的理论和原则也能有效地指导企业内部服务工作。

（4）在任何社会，政府和非营利组织都是一个庞大的服务体系，服务营销学揭示的理论和原则也能用于指导政府和非营利组织工作，以促进其服务效率的提高和服务质量的提升，进而提高社会公众的满意度。

二、服务营销学产生背景

服务营销学之所以能够从市场营销学中脱胎而出，并独立成为一门科学，具有以下几个方面的背景。

1. 服务经济迅速发展

服务经济是以服务业为主导的经济形态，它是相对于农业经济和工业经济而言的。对于服务经济的判定有两个标准：一是服务业创造的价值在国内生产总值（GDP）中所占的比重超过 50%；二是服务业吸纳的劳动力占全社会就业人口的比重超过 50%。美国经济学家维克多·福克斯（Victor R.Fuchs）在 1968 年所著的《服务经济》一书中说："我们现在处在服务经济之中，在世界历史上我们第一次成为这样的国家，在其中，一半以上的就业人口不再从事食品、服装、住房、汽车和其他有形产品的生产"。也就是说，美国是世界上最先进入服务经济社会的国家。资料显示：1929 年美国就有 55%的劳动力就业于服务业，1948 年美国有 54%的国内生产总值由服务业创造。当前，越来越多的国家进入服务经济社会。据世界银行统计，2005 年整个世界服务业增加值占国内生产总值的比重平均为 69%，其中发达国家平均为 72%，发展中国家平均为 52%。从服务业就业人口比重来看，发达国家已经高达 70%左右，中等收入国家为 50%～60%，低收入国家为 40%左右。这些数据还不包括制造类企业提供的外销服务及其内部服务。表 0.1 和表 0.2 分别列举了 2007 年世界主要国家三次产业就业人口构成和 2013 年部分国家三次产业产值结构。

表 0.1　2007 年主要国家三次产业就业人口构成

（单位：%）

国家或地区	第一产业	第二产业	第三产业	国家或地区	第一产业	第二产业	第三产业
美国	1.4	20.6	78.0	新西兰	7.2	21.9	70.5
英国	1.4	22.3	76.0	日本	4.2	27.9	66.7
法国	3.4	23.2	73.1	韩国	7.4	25.9	66.6
德国	2.2	29.8	67.9	南非	8.8	26.0	64.9
意大利	4.0	30.2	65.8	俄罗斯	9.0	29.2	61.8
加拿大	2.5	21.6	75.9	墨西哥	13.5	25.9	59.9
荷兰	3.0	19.1	73.2	中国	40.8	26.8	32.4
澳大利亚	3.4	21.2	75.1				

资料来源：世界银行数据库。

注：①中国数据来源于《中国统计年鉴》。

表 0.2　2013 年部分国家三次产业产值结构

（单位：%）

国家或地区	第一产业	第二产业	第三产业	国家或地区	第一产业	第二产业	第三产业
英国	1	20	79	南非	2	28	70
法国	2	19	79	俄罗斯	4	36	60
德国	1	30	69	巴西	6	25	69
意大利	2	24	74	印度	18	25	57
荷兰	2	24	74	巴基斯坦	22	25	53
澳大利亚	2	27	71	墨西哥	3	35	62
韩国	2	39	59	中国	10	44	46

资料来源：世界银行统计资料。

由表 0.1 和表 0.2 可知，世界主要发达国家服务业就业人口占总就业人口的比重在 2007 年大都超过了 70%，服务业产值占国内生产总值的比重在 2013 年大都超过了 70%，显然，这些国家都进入了服务经济社会。服务业迅速发展及其面临的营销难题，迫切需要新的营销理论加以指导，这是推动服务营销学问世的重要原因。

2. 制造业中的服务因素日益重要

随着技术进步和生产机器设备越来越先进，制造类企业生产效率越来越高，其生产出来的产品数量越来越丰富，致使制造类企业之间的竞争更加激烈；同时，随着生产越来越简单化，企业创造和保持差异化越来越困难，即产品同质性不断增强。另一方面，随着社会产品越来越丰富以及人们收入水平不断提高，人们购买和消费活动越来越挑剔，并且日益追求个性化。在此背景下，越来越多的家电、汽车、计算机等制造类企业，日益认识到服务因素的重要性，认为服务（包括提供更多的服务项目和提升服务质量）是企业创造差异、应对竞争和赢得顾客的重要手段，且成为企业新的增值领域，进而越来越多的制造类企业卷入服务业。正如英国帝国化学公司（Imperial Chemical Industries，ICI）董事长约翰·哈维·琼斯（John Harvey Jones）所说："世界正变得越来越有竞争性。与此同时，制造技术也越来越容易被仿造。从竞争的观点来看，产品销售需要有投入，这已成为抢占市场地位的一种能力。也许 20 年后，化学工业会变得更像是一个服务行业而不是一个制造行业"。芬兰学者格罗鲁斯（Gronroos）更是有预见性地认为，每一个企业，不管在今天的定义中是否是服务企业，今后都不得不学会适应新形势下的服务竞争。

服务不仅是制造类企业获取竞争优势的重要手段，同时也是扩大销售、赚取利润的重要手段，更有一些制造类企业直接进入了服务领域。据美国一家销售咨询公司调查发现，企业服务质量（如合同履行率等可衡量因素）提高 1%，企业销售额可以增加 1%。奥里奥·加里尼（Orio Giarini）认为："我们所购买的产品，无论是汽车还是地毯，纯粹的制造成本绝对不会超过 20%"，其他多是服务成本。1986 年美国通用汽车承兑公司金融服务业占据了该公司 2.9 亿美元赢利的 41%；1987 年美国数字设备公司 90 亿美元销售收入的 1/3 来自于计算机维修合同；IBM 公司更是提出了"IBM 就是服务"的理念——为设备提供维修和维护服务；为信息技术和电子商务应用提供咨询与培训服务、网页设计以及其他服务。2011 年 IBM 公司的服务收入占到其总收入的 82.1%，服务业务的税前利润占到公司总利润的 92.9%。

除了为客户提供服务之外，制造类企业内部的服务成分也日益增加。据不完全统计，在美国制造业工作的人员有 65%～76%从事研究、后勤、维修、产品设计、会计、金融、法律等服务工作。施耐德（Schindler）公司更是认为，他们公司的员工只有 8%在制造部门，其他员工都在从事服务工作。

由于服务在制造业中的地位日益重要，从而要求制造类企业必须重视和加强服务工作，这也推动了服务营销理论的发展和普及。

3. 大型服务业经营机制发生重大变化

过去，各国政府对关系国计民生的大型服务业包括航空、银行、电信、货运等，基本上都是实行国家垄断经营，不允许私人资本进入，并且对服务运营商的经营包括价格制定、分销渠道范围等都有严格限制，甚至对于企业经营范围、产品特性等也都有具体规定，认为只有如此才能实现公共利益最大化和在最大程度上节约资源、提高企业效率。但事实上，由于缺乏竞争，致使服务效率非常低，老百姓利益反而受损。在此背景下，从 20 世纪 70 年代开始，西方国家逐步取消了对大型服务业的国家垄断经营，甚至全部放开由私人企业控制，并且在经营上也放开了价格、渠道等管制措施，完全由企业自主经营。

随着服务运营商数量增加和经营日益自由化，这些企业必须掌握服务营销技能，从而才能在竞争中取胜。由此进一步推动了服务行业对服务营销理论的需求以及服务营销理论的发展。

4. 专业服务公司迅速发展

随着服务业放松管制和社会分工进一步发展，社会上出现了大量专业服务公司，如咨询公司、培训公司、中介公司、招投标公司、设计公司、律师事务所、会计师事务所等。这些专业服务公司更专注于某一个方面的服务。尽管这些行业没有使用“营销”一词，但它们都在竭力更好地为客户提供服务，并且也期望有相关理论对其经营活动给予指导，这也推动了服务营销理论的发展和普及。

5. 高技术产业发展更加凸显了服务的重要性

普通产品的操作和使用非常简单，一般只需要提供较少的服务；技术复杂性产品则需要提供咨询、指导、维护等全面服务。随着技术进步，新产品包括高科技产品层出不穷，从而需要企业更加重视服务工作，这也迫切需要服务营销理论对企业进行指导。美国学者凯瑟（Cather）在 1988 年对顾客更换供应商原因的调查中发现，有 68%的顾客是因为不满意供应商的服务而转换供应商，因为不满意产品而更换供应商的只占 14%。美国汽车生产企业克莱斯勒公司董事长李·亚科卡（Lee Iacocca）曾经认为：“只有拥有最先进的分销系统和最优良服务的公司才能尝到胜利的滋味——因为你在其他方面无法长时间地占据领先地位”。

6. 服务贸易迅速发展对服务营销提出了更高要求

随着世界各国服务业快速发展，国与国之间的服务贸易也迅速发展起来，并且增长速度大大高于货物贸易增长速度。特别是关贸总协定（GATT）1994 年第 8 次谈判（即乌拉圭回合）缔结了《服务贸易总协定》（GATS）之后，进一步推动了全球服务贸易自由化以及服务贸易额的迅速增加。据世界贸易组织统计，1980—2008 年，世界服务贸易进出口总额从 7675 亿美元增长到 72003 亿美元，年均增长率约为 8.32 %。其中出口总额从 3650 亿美元增长到 37313 亿美元，年均增长率约为 8.66%；进口总额从 4025 亿美元增长到 34690 亿美元，年均增长率约为 8.00%，皆高于同期货物贸易增长率（1980—2008 年世界服务贸易进出口额如

表 0.3 所示)。

表 0.3　1980—2008 世界服务贸易进出口额

（单位：亿美元）

年　份	进出口总额	出口总额	进口总额	年　份	进出口总额	出口总额	进口总额
1980	7675	3650	4025	1995	23864	11849	12015
1981	7919	3740	4179	1996	25407	12710	12697
1982	7674	3646	4028	1997	26259	13203	13056
1983	7372	3543	3829	1998	26853	13503	13350
1984	7619	3656	3963	1999	27939	14056	13883
1985	7827	3816	4011	2000	29718	14922	14796
1986	9058	4478	4580	2001	29886	14945	14941
1987	10744	5314	5430	2002	31807	16014	15793
1988	12260	6003	6257	2003	36363	18340	18023
1989	13421	6566	6855	2004	43123	21795	21328
1990	16011	7805	8206	2005	47760	24147	23613
1991	16754	8244	8510	2006	53304	27108	26196
1992	18709	9238	9471	2007	63163	32572	30591
1993	19009	9413	9596	2008	72003	37313	34690
1994	20770	10332	10438				

数据来源：国际贸易统计数据库（International Trade Statistics Database），WTO

随着各国服务市场不断开放，服务业全球竞争的格局已经基本形成并日益加剧。在此背景下，无论发达国家服务运营抢滩国外市场，还是发展中国家服务运营商维护本国市场，都需要服务营销理论加以指导，由此也推动了服务营销理论的发展和普及。

三、服务营销学发展历程

服务营销学作为市场营销学体系的一个分支，与其他学科一样，在发展过程中经历了脱胎、探索、突破和深化等阶段。服务营销学者一般将服务营销理论发展历程分为以下 4 个阶段。

1. 脱胎阶段：20 世纪 60 年代至 70 年代末期

服务营销学于 20 世纪 60 年代至 70 年代末期脱胎于市场营销学而成为一门独立的学科。其基本背景是：全球服务业迅速发展，特别是 20 世纪 70 年代西方国家放松了对服务业的管制，不少传统的垄断性服务业转变为竞争性服务业，致使服务业竞争开始激烈。

在此背景下，1966 年美国学者约翰·拉斯摩（John Rathmall）首次对无形服务与有形产品进行了区分，并提出要以非传统的方法研究服务营销问题。1974 年，由拉斯摩教授撰写的服务营销专著《Marketing in the Service Sector》在美国出版，标志着服务营销学正式产生。在该著作中，拉斯摩教授明确指出仅把市场营销学的概念、模型和技巧应用于服务领域是行不通的，必须建立服务导向的理论框架，除了视服务营销学为市场营销学的衍生以外，还必须认清服务营销学与市场营销学之间存在着某种明显的区别。此后，约翰逊（E.Johnson）、萧斯塔克（Shostack）、贝特森（John E.G.Bateson）、贝瑞（Berry）、洛夫洛克（Christopher Lovelock）、雷根（Regan）、贾德（V.C.Judd）、威尔逊（A.Wilson）等众多学者和服务企业管理专家对服务营销相关问题进行了研究，尤其是重点研究了服务与有形产品的异同、服务的特征、服务营销学与市场营销学研究角度的差异等问题，并取得了一大批研究成果。

2. 探索阶段：20世纪80年代初期至中期

20世纪80年代初期至中期，是服务营销理论探索和取得众多研究成果的阶段。在此阶段，西方国家特别是北美国家对服务业全面解禁，大量资本进入服务行业，极大地推动了服务业的快速发展和进一步加剧了服务企业之间的竞争。在此背景下，美国市场营销协会于1981年、1982年、1983年和1985年连续召开了4次服务营销研究国际学术会议，推动了欧洲与美国营销学界之间的交流与联系，促进了学术界与企业界之间的交流以及学术界对实际服务营销问题的研究，同时也传播了服务营销研究成果。

在此阶段，服务营销学术界重点研究的问题包括：服务特征如何影响顾客购买行为、顾客评估服务与评估有形产品的区别、服务分类、无形性与有形性差异序列理论、顾客参与服务生产过程模式、服务营销手段、内部营销、关系营销等。1981年美国学者瓦拉尔·泽丝曼尔（Valarie A.Zeithaml）在美国市场营销协会学术会议上发表了“顾客评估服务如何有别于评估有形产品”，探讨了服务特征对于顾客购买行为的影响。萧斯塔克（Shostack）、蔡斯（Chase）、贝瑞(Berry)、洛夫洛克（Lovelock）等学者分别从不同角度对服务进行了区分，进而针对不同类别的服务提出了相应的营销策略。萧斯塔克根据产品从有形到无形的变化，提出了“有形——无形谱系图”；蔡斯根据顾客参与服务的程度不同，提出了“高卷入”和“低卷入”服务；贝瑞根据“不可感知程度”和“个性化程度”对服务进行了分类；洛夫洛克按照服务传递方式（包括持续交易和间断交易）和企业与顾客关系（包括会员关系和非正式关系）对服务进行了分类。

1984年，洛夫洛克出版了第一本服务营销方面的教科书《服务营销》，此后，诺曼（Norman）出版了《服务管理》，格罗鲁斯和古门森（Gummesson）出版了《服务营销——北欧学派的观点》，唐纳德·考埃尔出版了《服务市场营销》。这些教科书和研究成果的出版，标志着服务营销领域“北欧学派”开始崭露头角。在北美，专门研究服务营销问题的刊物《服务行业月刊》和《专业服务营销月刊》分别于1980年和1985年问世，这为研究者发表论著提供了更多渠道。1985年，美国服务营销学者在亚利桑那州立大学成立了“服务营销第一州际研究中心”（First Interstate Center for Services Marketing，FICSM），致力于服务营销学术研究和促进学术研究与商业社会的联系。这一研究中心的成立，标志着美国学者更加重视对服务营销学的研究。

3. 突破阶段：20世纪80年代中期至90年代中期

20世纪80年代以后，随着西方国家对服务行业全面解禁，服务业得以快速发展，服务竞争也进一步加剧。另外，随着产品同质化增强，制造业中的服务因素越来越多。在此背景下，进一步促进了国际服务学术交流增加，兴起了服务营销研究的热潮。

在此阶段，学者们重点研究了服务质量及其属性、服务接触、特殊服务营销问题（如服务成本如何测定，信息技术对于服务生产、管理和营销的影响）等。

芬兰学者格罗鲁斯（Gronroos）对服务质量进行了新解释，认为服务质量是顾客感知质量，包括结果质量和过程质量两个方面的内容。美国学者帕拉苏拉曼（Parasuraman）、泽丝曼尔（Zeithaml）和贝瑞（Berry）对服务质量相关问题进行了系统研究。主要成果：一是提出了服务质量五要素论观点，认为服务质量包括可靠性、响应性、安全性、移情性和有形性五个要素；二是提出了服务质量差距模型，认为服务质量受“五种差距”的影响和制约；三是提出了服务质量测评模型和方法。

在研究服务接触方面，学者们提出了服务接触的重要性、服务接触方法、服务接触阶段顾客满意/不满意影响因素、服务接触链等。在此方面，贝特森、西尔派克（Silpark）、菲斯克、蔡斯、索罗门、西普里尔（Sipreal）等人都做出了杰出贡献。

需要说明的是，在此阶段学者们开始采用实证和定量方法进行研究，从而保证了理论的说服力和科学性。这同前两个阶段基本上是概念界定和理论推理的研究方法相比是一个巨大进步。这一阶段的学术论文和教科书大量问世与出版，并且学术会议频繁召开，显示了服务营销研究的繁荣。

4. 深化阶段：20 世纪 90 年代中期至今

20 世纪 90 年代中期以来，服务营销研究呈现出明显的深入性、系统性和整合性等特点，开发出来的研究模型越来越多，且更加接近服务营销与管理实际。推动这一时期深入研究的现实背景是：全球化和国际服务贸易迅速发展，服务业竞争进一步加剧；制造类企业为了增加竞争优势，越来越重视服务工作的开展；信息网络技术在服务业的应用，极大地推动了服务业的发展和服务模式的创新。

在此阶段，学者们重点研究了服务利润链、服务生产率、服务质量财务分析、服务质量行为心理分析、服务营销道德、电子商务与服务营销等问题。同时，对于服务接触、服务体验、关系营销、内部营销等问题继续进行了研究。

这个阶段的学者主要有：赫斯克特（James L.Heskett）、萨塞（W.Earl Sasser）、施莱辛格（Leonard A.Schlesinger）、格罗鲁斯（Gronroos）、泽丝曼尔（Zeithaml）、贝瑞(Berry)、道格拉斯（K.Douglas Hoffman）等。

四、服务营销学与市场营销学的区别

服务营销学与市场营销学在有关宏观营销环境分析与企业市场机会选择、行业分析与企业目标行业选择、市场分析与企业目标市场选择、企业定位策略、品牌策略等方面的研究基本上是相同的（当然，分析侧重点和着眼点存在差异）。但在以下方面存在着明显差异。

1. 研究对象差异

市场营销学主要是以有形产品营销尤其是消费品营销活动为研究对象的。服务营销学主要是以无形服务（包括作为销售主体的服务和为销售有形产品或核心服务而提供支撑的服务）营销活动为研究对象的。

2. 研究工具差异

有形产品营销工具主要是 4P's 模型。后来一些学者虽然提出了 4C 模型和 4R 模型等，但这些模型基本上是一种理念而非操作工具。迄今为止，4P's 模型仍然是用于指导有形产品尤其是消费品营销活动的成熟且被广泛应用的工具。

服务营销工具虽然较多，如 7P's 模型、服务剧场模型、服务产出模型、服务生产系统模型、服务特征应对模型、服务利润链模型、服务质量差距管理模型等，但到目前为止还没有哪一个模型是公认的和被大家广泛接受的，这也反映了服务营销理论的不成熟性及其仍然处在发展过程中。

3. 质量观点及对质量的重视程度差异

有形产品质量基本上是以符合性标准为衡量工具的，即强调质量要符合标准和达到认证要求，因此，在市场营销学中没有专门的质量管理模型。由于有形产品质量控制相对比较容易，在市场营销学中没有对质量管理给予过多关注和研究。

服务质量基本上是以适用性标准为衡量工具的，即强调质量要符合顾客要求和满足顾客期望，因此，在服务营销学中专门构建有质量管理模型。由于服务质量是顾客感知质量，企业要控制和保持服务质量难度相对较大，因此，在服务营销学中对于质量管理给予了更多关注且是重要研究内容。

4. 供求关系管理差异

有形产品可以通过储存和运输以缓解和消除供给与需求之间在时间和空间上存在的矛盾，即有形产品供求关系管理相对比较容易，从而市场营销学就没有对供求关系管理给予过多关注和研究。

由于服务在时间上不能储存和在空间上不易转移，加之服务需求波动性较大，服务企业经常面临着服务供给与需求在时间和空间上的失衡现象，从而服务营销学对于供求关系管理就给予了更多关注和研究，即如何缓解服务供求矛盾是服务营销学的重要研究内容之一。

5. 时间管理差异

有形产品生产与消费是分割的，顾客不参与生产过程，生产企业对于顾客购买产品的时间成本一般不需要特别关注，从而市场营销学基本上没有研究如何减少顾客的时间成本问题。

服务生产与消费是统一的，顾客需要或多或少地参与服务过程，服务企业对于如何减少顾客购买服务的时间成本需要特别关注，即强调通过及时和快捷服务，以缩短顾客等待时间和减少顾客的时间成本，从而服务营销学对于时间管理就给予了特别关注和专门研究。

6. 物流管理差异

有形产品生产与消费在空间上存在着矛盾，企业需要通过仓储和运输平衡这一矛盾，因而市场营销学对于物流管理给予了更多关注和研究。

服务生产与消费是统一的，服务企业不需要也不可能在某一地区生产出服务后再销往其他地区，即服务不存在物流问题，因而服务营销学基本上不需要对物流管理给予关注和研究。

7. 顾客管理差异

有形产品生产与消费是分割的，顾客不参与生产过程，企业基本上不需要对顾客进行管理（仅有少量的卖场顾客管理），因而市场营销学基本上不需要研究顾客管理问题（仅少量研究在销售现场如何让顾客体验产品）。

服务生产与消费是统一的，顾客需要参与服务过程，顾客能否有效参与服务，对于服务人员提供服务以及顾客感知服务质量都有重要影响。因此，服务企业需要特别重视对顾客进行管理，即顾客管理是服务营销学的重要研究内容之一。

8. 有形环境管理差异

有形产品生产与消费是分割的，顾客基本上不接触生产过程，也很难亲临和目睹生产现场，生产企业现场状况、布局、环境等对于顾客是否购买有形产品基本上没有影响，因此市场营销学对于有形环境管理基本上没有给予关注。

服务生产与消费是统一的，顾客通常需要亲临服务现场才能购买和接受服务，服务场景包括地理位置、周边环境、内部设施、风格情调等，对于顾客是否购买服务影响巨大，服务企业对于服务场景管理必须十分重视，因此，有形环境管理是服务营销学的重要研究内容之一。

五、学习和研究服务营销学的意义

当前在我国学习和研究服务营销学，至少有以下必要性和重要意义。

1. 适应我国服务业快速发展但仍有较大发展空间的需要

受制于早期错误的认识，即认为服务业不创造价值，致使我国过去长期对服务业重视不够，直到 1980 年我国服务业产值仅占国内生产总值的 19%。

1985 年国务院批准了国家统计局《关于建立第三产业统计的报告》，第一次对三大产业明确划分，并将第三产业产值计入国民生产总值之中，由此推动了服务业的较快发展，到 1992 年我国第三产业产值占国内生产总值的比重上升到 27.7%。

1997 年中共十五大报告明确提出大力发展现代服务业——依托信息技术和现代管理理念、知识和技术相对密集的服务业，包括通信、金融、企业服务、教育、医疗保健、数字媒体等，进一步推动了服务业的快速发展。2005 年我国服务业产值占国内生产总值的比重为 40.2%，劳动就业人口占全部就业人口的比重为 31.4%。2007 年我国服务业产值虽然比上一年增长 11.4%，增加 9.6 万亿元人民币，但由于制造业增长速度更快，致使服务业产值占国内生产总值的比重反而下降为 39.1%。2013 年，我国服务业增加值占国内生产总值的比重达 46.1%，首次超过第二产业。但与很多发达国家相比，仍有不小差距。这表明我国服务业发展仍然滞后，并且存在总量不足、结构不合理等问题，也说明服务业仍有较大发展空间，因而需要服务营销理论加以指导，并需要学习和研究服务营销理论。

2. 适应中国服务市场开放的需要

根据世界贸易组织和服务贸易总协定（GATS）规定，我国服务市场必须开放，由此必然导致外国服务产品更多和更容易地进入我国市场。从 1995 年至 2014 年，我国服务贸易已连续 20 年出现逆差，而且逆差规模总体呈扩大趋势。据中国商务部报告显示：从 2002 年到 2011 年，我国服务进出口总额从 855 亿美元增长到 4191 亿美元，增长了 3.9 倍，年均增长 19%。其中，服务出口额从 394 亿美元增长到 1821 亿美元，年均增长 19%；服务进口额从 461 亿美元增长到 2370 亿美元，年均增长 20%。2007 年以来，我国服务贸易逆差进一步扩大，从 2007 年的 76 亿美元扩大到 2014 年的 1980 亿美元。据中国国家外汇管理局公布的数据显示，2014 年我国国际收支口径的服务贸易收入累计 1853 亿美元，服务贸易支出累计 3833 亿美元，服务贸易逆差累计 1980 亿美元。

在我国服务市场日益开放和外国服务产品大量进入我国市场的背景下，积极吸收和消化西方服务营销理论，并结合我国实际情况对服务营销相关问题加以研究，对于巩固我国服务市场以及我国服务企业走向国际市场都具有十分重要的意义。

3. 适应我国经济增长方式转变的需要

当前制造业仍是我国国民经济的支柱产业，由于制造业所占比重偏大，能源消耗非常高，随之而来的是环境污染十分严重。服务业基本上属于无烟工业，消耗资源非常少——从世界平均水平来看，制造业能源消费强度比服务业高 6 倍之多。服务业环境污染较小，属于减排产业。据南京市统计局发布的数据，南京市服务业每创造万元人民币增加值所造成的烟尘排放量、二氧化硫排放量仅为制造业的 4.8% 和 3.2%。服务业在减少能耗和污染方面的优势有助于实现中国经济长期可持续增长。

随着能源和原料日益紧张以及环境污染日益严重，我国必须改变加工出口模式，努力扩大服务出口或者争取成为发达国家的服务承包商，这有赖于企业服务营销能力的提升。而学习和研究服务营销学，有助于推动我国经济增长方式从粗放型向集约型转变、从加工制造业为主向服务业为主的转变。

4. 适应大型公共服务改革的需要

长期以来，我国大型服务业如金融、电信、民航、铁路等都由国家垄断经营，这严重阻碍着这些行业的发展，同时也制约这些行业服务质量的提升。近年来我国政府积极探索大型服务业改革，其基本思路和方向就是允许民营资本进入这些行业参与竞争和面向市场经营。大型服务业取消准入限制和面向市场经营，必然加剧这些行业的竞争，进而促使这些行业注重营销工作。学习和研究服务营销学，对于大型公共服务行业开展营销活动有重要指导意义。

5. 适应事业单位改制和政府机关改革的需要

长期以来，我国事业单位完全由国家包办，致使国家财力难以承受，并导致事业单位服务水平普遍低下。当前不少地方积极探索事业单位改革方式，特别是把具有经营性质的事业单位如科研院所、出版社、剧院等推向市场，这必然促使这些事业单位增加服务意识和完善服务功能，进而推动它们掌握服务营销理论和技能。

政府机关改革的基本目标就是增加服务功能，减少管理功能，服务营销学揭示的理念、方法和技巧对于政府机关转变职能具有指导意义。

六、学习和研究服务营销学的方法

学习和研究服务营销学应把握好以下几个方面。

1. 科学、准确地掌握基本概念和基本原理

掌握基本概念和基本原理，既是学习本学科的要求，也是理论联系实际和解决现实服务营销问题的需要。因此，初学者必须牢固掌握服务营销学的基本概念和基本原理。

2. 尽可能多地熟悉和掌握服务营销中成功与失败的案例

掌握案例不仅能够加深对理论的理解和巩固服务营销知识，而且有助于培养实际运用服务营销理论解决现实服务营销问题的能力。如果能够掌握100个左右的案例，就能够较好地达到学习服务营销学的基本要求。

3. 联系所在或所熟悉企业实际情况，提出开创企业新局面的改革方案

每一个学习者都应该能够运用所学理论诊断所在或所熟悉企业的服务营销工作现状，进而发现存在的问题和尝试给出解决方案。这是一种全面和综合运用服务营销理论解决实际问题的好方法，它能够在更高程度上理论联系实际，也是学习服务营销学的最终目的。

思考与练习题

1. 服务营销学的研究对象是什么？
2. 服务营销学产生背景有哪些？
3. 服务营销学与市场营销学有何联系和区别？

第一章 服务与服务行业

导语

在学术领域，对于服务管理的研究要比对于制造业管理的研究落后许多年，其中一个原因就是对于“服务”这个术语的错误定义。就已经开展的服务研究来看，通常是以单个行业为基础的，这种方法阻碍了跨行业的思想的产生。

经济领域里的服务业最明显的特征就是它的多样性。服务性组织从规模上看既有航空、银行、保险、电信、连锁饭店和货运等领域里的巨型跨国公司，也有当地人所有和在当地经营的小企业，它们的业务包括餐饮、洗车、出租车、验光配镜和大量发生在企业之间的服务。

——[美]克里斯托弗·洛夫洛克（Christopher H. Lovelock）

在服务经济时代，有形产品与服务已经融为一体。

——[芬]克里斯廷·格罗鲁斯（Christan Grönroos）

再也没有所谓的服务产业了，只有不同产业之间服务所占比重大小的区别，每一个人都在从事服务工作。

——[美]卡尔·阿尔布瑞克特（Karl Albrecht）

让·詹姆克（Ron Zemke）

【学习目标】

1. 理解和掌握服务的含义及其基本特征。
2. 掌握服务特征对于营销活动的影响。
3. 了解服务分类的基本方法。
4. 了解服务行业关键成功因素。

服务企业要制定出恰当的营销策略，首先必须了解服务的内涵和特征以及服务特征对于营销活动带来的挑战和机遇，同时还要了解不同类别服务的特殊性及其对营销工作的具体要求。另外，一家企业若要进入服务行业，还必须清晰地知道服务行业的关键成功因素、服务行业环境动向以及行业发展机遇等。针对这些问题，本章将逐一加以介绍和深入分析。

第一节　服务及其特征

一、服务的含义

营销学界对于服务的研究开始于 20 世纪 50 年代。近几十年来，尽管各国学者和权威机构给服务下了很多个定义，但由于服务包罗万象、种类繁多，到目前为止还没有一个为大家共同接受的定义。正如英国学者 A・佩恩（Adrian Payne）所说：一个令人满意和全面的服务定义还没有出现……由于服务的多样性，不适合任何定义的服务例子常常可以找到。

下面是一些比较典型的服务定义。

1960 年，美国市场营销协会（AMA）将服务定义为："用于出售或者是与产品一起出售的活动、利益或者满足感"。后来又将服务定义为"通过交换，为顾客提供有价值的利益或者满足的一切行为"。

1963 年，美国学者威廉・雷根（William J. Ragan）将服务定义为："直接提供满足（如交通、房屋租赁）或者与有形产品或其他服务（如信用卡）一起提供满足的不可感知的活动"。

1974 年，威廉・斯坦通（William J. Stanton）将服务定义为"可以被独立识别的不可感知活动，它为消费者或工业用户提供满足感，但并非一定要与某个产品或者服务连在一起出售"。

菲利普・科特勒（Philip Kotler）将服务定义为："一方能够向另一方提供的基本上是无形的活动或利益，并且不导致任何所有权的发生。它的生产可能与某种物质产品相联系，也可能毫无联系"。

瓦拉瑞尔・泽斯曼尔和玛丽・比特纳（Valarie A. Zeithaml & Mary J.Bitner）将服务定义为："能够给人们带来某种利益或满足的行为、过程和表现"。

A・佩恩（Adrian Payne）将服务定义为"一种涉及某些无形性因素的活动，包括与顾客或他们拥有财产的相互活动，它不会造成所有权的更换"。

1990 年，克里斯廷・格罗鲁斯（Christan Grönroos）在分析和总结前人定义的基础上，将服务定义为："一种或一系列或多或少具有无形特征的活动，这种活动发生在顾客与服务员工以及企业有形资源的互动过程中，进而解决顾客面临的问题。"

菲斯克和格罗夫（Fisker & Grove）认为："服务不是实物，但却经常依赖实物表现出来；服务不是一杯可乐，但你接受的服务可能就是一杯可乐的提供；一组录像带不是服务，但出租录像带却是服务；乘坐出租车是在接受服务，但出租车本身不是服务。服务不能砸在你的脚上，不能储存在盒子里，也不能锁在抽屉里……服务的范围极其广泛，既包括一些相当平凡的活动，也包括一些稀奇少见的行为"。

《经济学人》（*The Economist*）杂志将服务描述为"任何不会掉下来砸到你的脚的东西"。

以上定义表明：第一，人们对于服务内涵的认识存在着分歧；第二，人们对于服务内涵的认识逐步深入；第三，每一个定义都或多或少地揭示了服务的内涵和本质——一种行为、活动和过程，具有无形性和所有权不可转移性等。正是由于众多学者的不断探索，推动了服务营销学科的发展，也为后续研究奠定了基础。

借鉴前人研究成果，本书将服务定义为：服务是指能够给人们带来某种利益或满足，从而可供有偿转让的一种或一系列活动，包括服务产品和顾客服务。前者是指企业为满足顾客某种需要而创造和提交的无形产品，它是企业的销售对象和利润来源；后者是指企业为满足顾客某种需要而提供的附加服务，它是企业为销售有形产品或核心服务而提供的支持，一般是免费的。

基于以上定义，可以从以下五个方面对服务含义进一步加以解释。

（1）服务是一种活动。贝瑞（Berry）把有形产品描述为“一件物品、一种器械、一样东西”，把无形服务描述为“一个行动、一次表演、一项努力”。这就从本质上区分了产品和服务，即产品是有形的和物质的，是生产或加工后的“结果”；服务是无形的和非物质的，是创造和向顾客提交的“活动”和“过程”。正如麦特斯（Metters）所说：“享用一项服务的结果相当于欣赏了一首歌曲或者观看了一场乒乓球赛，而之后并没有留下什么有形的东西”。

（2）服务是能够给人们带来某种利益和满足的活动。毫无意义的甚至是破坏性的活动，如一个人在马路上漫无目的的奔跑、水平很低的演唱、在公园里折断花枝、在大街上大喊大叫等，则不能叫作服务，因为它不能给人们带来某种利益和满足，相反，它还会对人们的利益造成伤害和侵蚀。反之，运动员在奥运会场馆里表演长跑比赛、歌唱家在剧院里演唱、园林工修剪花枝等，则叫作服务，因为它能给人们带来某种利益和满足。

（3）服务是利他行为。古门森（Gummesson）说：“服务是一种不能自产自用的东西”，即只有为他人提供利益的某种活动才能称为服务，日常生活中所说的“自我服务”则不能叫做服务。

（4）服务是交易行为。古门森说：服务是一种“只能买卖交易的东西”，即某种活动虽然能给他人带来某种利益，但如果没有交易或收取费用，也不能叫做服务。如父母照看孩子或者某人无偿照顾别人，就不能叫服务，只能叫义务和帮忙，因为这里没有交易关系。但保姆替别人家照看孩子则叫作服务，因为存在交易关系。

（5）服务交易不转移所有权。由于服务是一种活动和过程，因此，服务交易不转移所有权，即服务活动和利益能够被他人享用但却不能被占有。正如洛夫洛克（Lovelock）所说：“当顾客购买了一件制造出来的产品后，他们就拥有了这件实物的所有权，但是对于无形和短暂的服务而言，顾客只能经历它而不能拥有它。”

二、服务与有形产品的关系

企业是供给者，顾客是需求者，顾客需求多种多样，但基本需求可以分为两类：物质需求和精神需求。企业为满足顾客需求有的提供有形产品，有的提供无形服务，但更多企业提供的是有形产品与无形服务的组合。著名营销学者菲利普·科特勒（Philip Kotler）和美国花旗银行副总裁林恩·萧斯塔克（G. Lynn Shostack）依据企业所提供的有形产品和服务所占比例大小不同，分别绘制了从有形产品到无形服务的连续谱系图（如图 1.1 和图 1.2 所示）。

从图 1.1 和图 1.2 可知，根据有形产品与服务所占比例大小或结合程度不同，典型的产品或服务有以下四类。

1. 纯粹有形产品

纯粹有形产品是指基本上不需要附加任何服务的有形产品，如香皂、牙膏、食盐等。由于这些产品非常简单，消费者在购买时基本上不需要厂家或商家提供服务。当然，现实生活中此类产品很少，特别是随着消费者越来越挑剔和企业竞争越来越激烈，很多企业都会为其产品附加一些无形服务，以便更好地满足顾客需要和应对竞争。

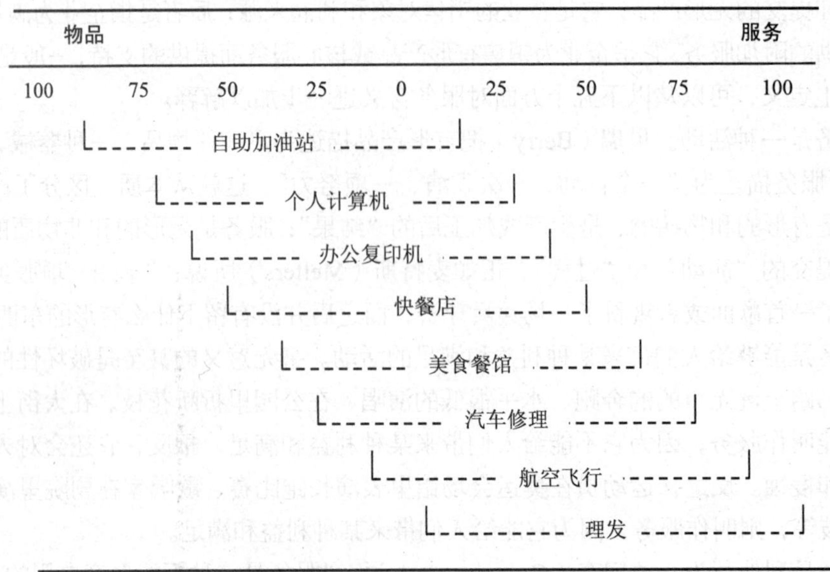

图 1.1 菲利普·科特勒的产品/服务连续谱图

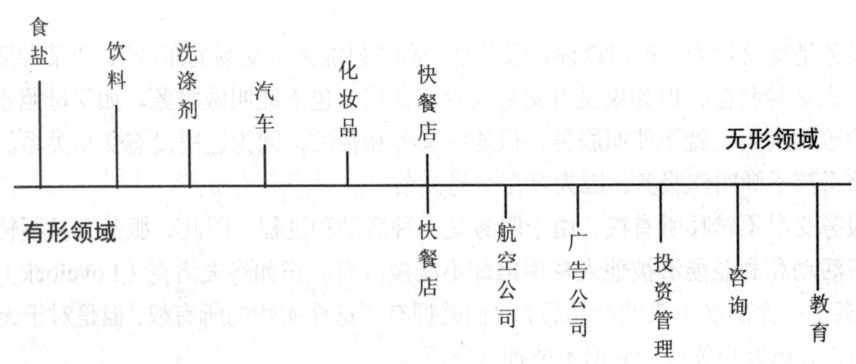

图 1.2 林恩·萧斯塔克的产品/服务连续谱图

2. 附有服务的有形产品

附有服务的有形产品是指，需要附有某些服务才能满足消费者和用户需要的有形产品，如汽车、计算机、家电等。由于这些产品非常复杂或并非最终产品，企业只有提供配套服务如运送、安装、消费指导和定期检修等，才能保证消费者正常使用产品，从而消费者才愿意购买。如果企业不提供配套或支撑服务，如空调不提供安装服务、汽车不提供维护和维修服务等，消费者往往就不能正常使用该类产品，从而必然拒绝购买。随着技术进步和产品同质性增强，企业是否提供附加服务、提供多少附加服务，以及服务水平高低等，正在成为影响制造类企业竞争力的重要因素。

3. 附有有形产品的服务

附有有形产品的服务是指需要附有一些有形物品才能够满足消费者和用户需要的无形服务，如航空服务、医疗服务、安装和维修服务等。这类服务通常需要依赖或凭借有形物品如设施、设备和工具等才能创造和提供，并且在提交给顾客的“利益包”或顾客享受的利益中也包含有一定的有形物品。如航空服务包含食品和饮料，医疗服务包含药品或器械，安装和维修服务包含零件和部件等。对于这类服务来说，顾客获得的利益大小不仅决定于无形服务质量，而且受所附加的有形产品质量的影响。

4. 纯粹服务

纯粹服务是指不需要附加任何有形物品的无形服务，如咨询服务、律师服务、培训服务、康复训练服务、家政服务、理发服务、公交服务、长途客运服务和快递服务等。这类服务通常又可以分为两类：一是基本上不需要凭借工具而是由人员依靠专业知识和技能提供的服务，如咨询服务、律师服务和培训服务等；二是需要凭借一些设施和工具才能够提供的服务，如理发服务、健身服务、康复训练服务、快递服务、公交服务和长途客运服务等。但无论如何，在给顾客提供的“利益包”或顾客享受的利益中，基本上不包含有形产品。

现实生活中，纯粹有形产品和纯粹服务都比较少，大量有形产品中包含着无形服务，很多服务中也包含着有形产品。正如服务营销学者道格拉斯·霍夫曼（K.Douglas Hoffman）所说：“要提供一个纯粹的产品或纯粹的服务的例子是非常困难的。纯粹的产品就意味着消费者所获得的利益完全不包含服务因素；同样地，纯粹的服务也不包含任何产品因素。”那么，究竟如何判断企业提供物是有形产品还是无形服务呢？服务营销学者贝瑞（Berry）和帕拉苏拉曼（Parasuraman）认为，在产品核心利益来源中，如果有形成分比无形成分多，这个产品就可以看作是一种“物品”；如果无形成分比有形成分多，这个产品就可以看作是一种“服务”。实际上，区分有形产品与无形服务，更应该基于顾客立场而非企业立场，即顾客从所购买产品中获得的利益或满足主要来源于产品的物质性还是来源于无形的活动？如果顾客利益的满足主要依靠有形的物质，则其购买物就为有形产品；如果顾客利益的满足主要依靠无形的服务，则其购买物就为服务。

产品/服务连续谱还告诉我们，如果企业对其现有产品或服务中的有形部分与无形部分所占比例加以改变或调整，如在有形产品中增加服务或在服务中增加有形产品，就等于对产品或服务进行了某些创新，从而能够给顾客提供一些新的利益，进而在更大程度上赢得顾客和获取竞争优势。在此方面，美国IBM公司深有体会，他们通过为顾客提供更多服务，极大地提升了有形产品销售量。

三、服务基本特征

关于服务的特征，学者们进行了大量研究，并取得丰硕研究成果。多数学者认为，服务基本特征有四个：无形性、生产与消费不可分割性、异质性和易逝性，其他特征都是从这四个特征派生出来的，或者说是这四个特征的扩展和另一种表述。

1. 无形性

有形产品是由具体物质材料制成的和具有某种外在特征的物质产品，顾客购买有形产品之前能够看见、触摸和嗅闻产品。对于服务而言，则具有非物质性和无形性，具体表现为：①服务不是某种具体形态的实物，而是表现为活动形式的消费品，没有体积、重量、颜色、形状和轮廓；②顾客购买服务之前无法看见、听见、品尝、触摸和嗅闻服务；③顾客购买服务之后并没有获得物质所有权，只是获得一种消费经历（即顾客只能经历服务而不能拥有服务），从而顾客只能以主观方式感知服务价值而不能用客观标准衡量服务价值。

需要说明的是：①并非所有服务都是完全纯粹和 100%的无形产品。事实上，很多服务中都或多或少地包含着有形产品，只是服务所占比重相对较大。一般认为，精神性较强的服务，如教学、演唱、咨询等，无形程度相对较高；物质性较强的服务，如维修、安装、快递等，无形程度相对较低。②并非在任何服务提供过程中都不需要有形要素或手段。事实上，在很多情况下，企业向顾客提供服务或顾客购买和接受服务都需要或多或少地凭借某种物质手段或要素。例如，运输服务离不开车辆、医疗检测服务离不开检测仪器、安装服务离不开安装设备等。

2. 生产与消费不可分割性

有形产品的生产与消费是分开的，即产品生产由企业在生产车间内独立完成，顾客一般不参与生产过程；产品消费一般由顾客购买后独立消费，生产企业一般不参与消费过程。对于服务而言，生产过程与消费过程具有不可分割性，具体表现为：①服务人员向顾客提供服务的过程就是消费者消费服务的过程，服务企业不可能像制造类企业那样，先生产出服务然后再出售给消费者以供其消费；②生产者与消费者只有直接发生联系，包括消费者亲自到达服务场所或者生产者亲自到达消费者所在地，生产者才能够提供服务和消费者才能够享受服务；③服务人员只有采用正确方式提供服务和消费者只有参与服务过程并有效扮演其角色，才能够保证服务过程顺利进行。

需要说明的是，生产与消费不可分割性是一切服务的共同特征，但不同服务的不可分割程度存在着差别。服务营销学者洛夫洛克（C. Lovelock）把服务分成以人为直接对象的服务和以物为直接对象的服务，前者如保健、美容、娱乐、教育等，后者如货运、干洗、银行、保险等。以人为直接对象的服务的不可分割程度较高，以物为直接对象的服务的不可分割程度较低。

3. 异质性

有形产品质量一般都比较稳定，这是因为：①有形产品一般都有质量标准，企业要依据标准对产品进行加工；②产品生产出来之后企业一般都有质量抽检，如果产品不达标，一般不允许进入市场；③政府相关部门对于进入市场的产品一般都有质量监管，如果产品不合格就要从商场下架。

相对于有形产品，服务质量则具有不稳定性和差别性，这是因为：①服务是一种行为和过程，一般不易制订详细的服务质量标准。②服务通常是由人提供的，不同服务人员由于知识、经验、态度、个性等的差异，对于服务标准的理解和执行能力上必然存在差异，从而为顾客提供服务在结果和过程方面都难免会有差异；即使由同一个服务人员为顾客提供服务，也会因为服务人员情绪、体力、认真程度、与顾客关系程度不同等，致使在不同时间和为不同顾客提供的服务在质量上存在差异。③服务通常需要顾客参与，由于顾客知识、经验、参与能力和参与热情不同，对于服务质量必然会有影响；如果顾客不恰当参与，更会影响服务质量和他人享受服务。④服务提供通常受环境、设施、设备等影响，外部环境变化以及企业设施、设备出现故障等，也会影响服务质量。⑤服务是一种体验和感受，对于同样或同一个人提供的服务，不同顾客必然会有不同的感受，甚至仅仅由于服务人员平均年龄、性别、长相等的不同，就会给顾客带来不同的感受。

需要说明的是，一切服务都具有异质性，但不同服务的异质程度存在差别。一般来说，复杂、无形程度高和顾客参与程度高的服务，如教学、研发、健身和护理服务等，其异质程度较高，或者说质量稳定性和一致性程度较低。简单、无形程度低和顾客参与程度低的服务，如银行存款服务、快餐服务、铁路运输服务等，其异质程度较低，或者说质量稳定性和一致性程度较高。

4. 易逝性

有形产品在时间上能够储存，在空间上能够转移，因此企业可以通过储存和运输调节产品供求关系。服务则具有易逝性，具体表现为：①服务在时间上不能被储存，闲置的服务资源和能力（尤其是人力资源和能力）如果在规定时间内没有被利用（即没有顾客购买服务），就会给企业造成浪费和损失。正如洛夫洛克所说："在服务企业里拥有未被使用的能力就像水流进没有塞子的水槽，除非顾客（或需要服务的物体）在那里接水，否则水就被浪费了。"②服务在空间上不易转移，服务工厂、服务商店和服务消费点通常集中在一起，服务企业在某一地点的资源和能力如果不能被充分利用，就会给企业造成浪费和损失。③服务不能独立存在，即在服务交易结束之后服务就会消失，顾客购买服务之后即使不满意也不能退回，因为此时服务已经被顾客消费掉了。针对服务失误或顾客不满，企业只能采取补救措施加以化解而无法为顾客退换服务。

需要说明的是，易逝性是所有服务的共同特征，但不同服务的易逝程度存在差别。如果仅在既定时间提供服务，如一场晚会、一场体育赛事等，这类服务完全不能储存，如果顾客不在既定时间接受服务，服务就会完全消失。如果服务时间限制不是非常严苛，服务资源和能力可以随时被利用，顾客就可以随时购买和接受服务，如顾客可以在任一工作时间到银行营业厅办理业务，此类服务就不易消失。如果在某一时间段没有顾客购买服务，服务企业资源和能力也可以适当储存，即服务员工养精蓄锐、服务设施暂时停止工作等。

总之，服务具有以上四个特征，其中无形性是服务的最基本特征，其他特征都是从无形性特征派生出来的。正因为服务具有无形性特征，才使得其生产与消费不可分割。而异质性和易逝性在很大程度上是由无形性和不可分割性特征所决定的。

当然，关于服务特征，也有少数学者有不同看法。例如，洛夫洛克认为，服务与有形产品在八个方面存在区别，并认为这是"更具有实用性的见解"：无形性、生产过程中顾客更多地参与、人作为产品的一部分、保持质量控制标准难度更大、顾客评价更加困难、没有存货、时间因素的重要性、分销渠道具有特殊的结构和性质等。

格罗鲁斯通过对有形产品与服务的对比，将服务特征归纳为以下八个方面（如表 1.1 所示）。

表 1.1　格罗鲁斯关于服务与有形产品的区别

有形产品	无形服务
• 有形	• 无形
• 同质	• 异质
• 生产、传递与消费过程分离	• 生产、传递与消费过程统一
• 一种物体	• 一种活动或过程
• 核心价值在工厂中生产	• 核心价值在交互过程中实现
• 顾客通常不参与生产过程	• 顾客通常参与生产过程
• 可以存储	• 无法存储
• 牵涉到所有权转移	• 不牵涉到所有权的转移

需要说明的是：①上述四个特征是大多数服务所共有的特征，但不能说所有服务都具有以上四个特征。例如，麦当劳、肯德基快餐店的异质性特征就不明显，而理发店、护理中心的异质性特征就非常明显；一家洗衣店比较容易转移服务资源，而一家大型超市就不易转移服务资源。②不能认为所有服务都有同等程度的某种特征，实际上不同特征在不同服务中所表现的强度是不同的。

例如，教育的无形性特征非常明显，而饭店的无形性特征就不是非常明显。

还需要说明的是，强调服务特征只是突出服务与有形产品的区别，从而要求企业对于服务与有形产品不能采取相同的营销方法。但服务与有形产品也存在着一些共同特征，如它们都是产品，都能够为顾客带来某种利益和满足，从而也会有一些相同或类似的营销方法。

第二节 服务特征对于营销活动的影响

服务特征对于营销活动既会带来不利影响，也会带来有利影响，但从整体上来看对营销活动的不利影响大于有利影响。因此，服务企业必须针对服务特征制定相应的营销策略。

一、无形性对于营销活动的影响

1. 不利影响

服务无形性特征对于营销活动通常会带来以下不利影响。

（1）缺乏搜寻特征，影响顾客选择。搜寻特征是指顾客在购买之前就能够大致确认的特征，如颜色、味道、硬度等。服务缺乏搜寻特征，即顾客在购买服务之前无法看到、听到或品尝服务，致使顾客购买服务的风险性增大，由此会影响顾客购买服务，即顾客购买服务比购买有形产品更加慎重和更具有惰性。这也会加剧服务推广的难度。

（2）不易展示和宣传，影响企业推广。如果一个产品有充分特征和明显优点，企业就容易展示和宣传，进而利用各种媒体将产品推广出去。服务具有无形性，其特征和优点不易介绍和展示，致使服务推广难度较大，一项新服务很难在短时间内被顾客认识和接受。

（3）不能申请专利，难以建立区别和竞争优势。由于服务具有无形性，创新服务不能申请专利，企业新服务很容易被竞争对手模仿，致使企业很难保持竞争优势。

（4）服务失误较难取证，影响服务补救。有形产品如果存在缺陷，其缺陷往往一目了然，企业可以根据产品缺陷情况采取相应的弥补措施：退换、打折、维修等。由于服务具有无形性，即使顾客对于服务存在不满意或者认为服务存在失误，往往也不能够提供充分的证据，致使企业提供服务补救缺少依据。

（5）服务成本较难衡量，影响服务定价。由于服务具有无形性，生产一项服务究竟需要耗费多少成本是不易计算清楚的，致使服务定价比较困难。

2. 有利影响

服务无形性特征对于营销活动也会带来以下一些有利影响。

（1）服务价值和利益能够被感知或享受，从而吸引顾客尝试和体验。由于服务看不见、摸不着，一般不能品尝和试用，顾客要想感知、享受或获得服务，就必须亲自去体验，由此会推动顾客购买服务。

（2）服务能够被表演和戏剧化，从而企业可以依靠技巧和过程吸引顾客。由于服务具有无形性和过程性，企业可以将服务生产和提交过程戏剧化，即增加表演性、技巧性和娱乐性等，以吸引顾客观看服务过程，进而唤起顾客的购买欲望。

二、不可分割性对于营销活动的影响

1. 不利影响

服务的不可分割性特征对于营销活动通常会带来以下不利影响。

（1）限制服务能力发挥，影响服务规模扩张。由于服务生产与消费不可分割，一项服务资源通常无法同时为多个顾客提供服务，尤其是在顺次服务和一对一服务的情况下更是如此。例如，一个理发师无法同时为两个顾客理发，一台取款机无法供两个顾客同时取款，由此会导致服务能力使用受限，致使服务企业不易扩张服务规模，这也是现实生活中很多服务企业规模比较小的重要原因之一。

（2）服务资源不能被均衡利用，影响企业经济效益。由于服务生产与消费不可分割，当没有顾客购买服务时，企业服务资源就处于闲置状态。由于顾客购买服务具有随机性，并非在任何时候都有顾客购买服务，致使即使在正常工作时间内也不能保证服务资源都被充分利用，甚至在很多情况下服务资源处于闲置状态，由此必然影响企业经济效益。

（3）顾客排队等待现象难以避免，影响顾客满意度。由于服务生产与消费不可分割，当一些服务资源正在被一些顾客占用时，其他顾客难免就需要排队等待。如果排队等待时间过长或者存在不公平现象，必然导致顾客不满或放弃购买服务。

（4）顾客参与服务过程，增加服务难度和影响服务效率。由于服务生产与消费不可分割，顾客通常需要参与到服务过程之中而不是像在制造类企业那样置身于生产过程之外，如果顾客能够有效参与服务过程，将会推动服务工作顺利进行；如果顾客不愿意和没有能力参与或者不恰当参与服务过程，往往就会阻碍服务工作顺利进行，进而延长服务时间、降低服务效率甚至导致服务失误。还有个别“问题顾客”不遵守服务规则和流程，甚至故意为服务工作设置障碍，必然会给企业、服务员工和现场其他顾客带来麻烦和损失。

（5）服务失误不易掩盖，增加顾客投诉频率和企业赔付成本。有形产品如果存在质量缺陷，企业可以直接阻止其进入市场或者在维修完好后再投放市场，即企业可以隐瞒和掩盖产品质量缺陷。由于服务生产与消费不可分割，服务失误通常会直接暴露在顾客面前，即企业不易掩盖和隐瞒服务失误，由此会增加顾客投诉频率和企业赔付成本，并对企业形象造成负面影响。

（6）顾客感知质量形成于多个服务接触点，加剧服务管理难度。一项服务通常有多个服务接触点或服务环节，如果有任何一个服务接触点或服务环节出现质量问题，都会影响顾客对整体服务质量的感知，即一招不慎全盘皆输。由此会增加服务管理的难度，即服务企业必须在所有环节和所有方面都加强管理，不留下任何纰漏和闪失，才能让顾客感知到良好的服务质量。现实生活中，有些企业仅仅在主要服务接触点上加强管理而对于次要接触点重视不够，结果导致顾客整体感知服务质量不高。

2. 有利影响

服务不可分割性特征对于营销活动也会带来一些有利影响。

（1）服务人员与顾客直接接触，有助于培养情感和建立关系。由于服务生产与消费不可分割，服务人员必须与顾客直接接触才能提供服务。在接触和提供服务过程中，服务人员与顾客之间彼此交流、互相沟通，久而久之会建立起良好的私人关系，这种私人关系会进一步发展为顾客与企业之间的关系。

（2）有助于了解顾客需求，进而推动服务改进和创新。由于服务生产与消费不可分割，服务人员在与顾客接触和提供服务的过程中，可以随时直接了解顾客需求和时时征求顾客对于服务的意见和建议，进而不断改进和创新服务，以更好地适应顾客要求。

三、异质性对于营销活动的影响

1. 不利影响

服务异质性特征对于营销活动通常会带来以下不利影响。

（1）服务质量不稳定，影响品牌形象建立。良好的品牌形象是建立在长期稳定的质量基础之上的，如果没有统一和稳定的质量标准，顾客利益就难以保证，也就难以取得顾客信任和建立起良好的品牌形象。相对于有形产品质量来说，服务质量具有不稳定性和变化性，因而服务企业创建品牌的难度较大。

（2）服务不易标准化和规范化，影响对员工工作的考核。由于服务不易标准化，企业考核服务员工就缺乏充分依据，而没有充分依据或缺少客观指标的考核也难以取得考核对象的信服，进而企业对于员工奖惩和激励也就失去了依据，最终影响服务员工管理。

（3）服务失误没有评判标准，增加服务纠纷发生。服务失误通常被定义为企业所提供服务没有达到其规定或承诺的服务标准的情况。由于服务具有异质性，服务通常没有统一的标准和规范，致使服务失误较难判断和评价，即当顾客对一项服务不满意时，从顾客方面来看，可能会认为企业存在服务失误，但从企业和服务员工方面来看，可能会认为顾客要求过高或者对服务情况不了解等，由此必然发生服务纠纷。由于顾客与企业双方对于服务失误缺少统一的判断标准，解决服务纠纷的难度就会很大。

2. 有利影响

服务异质性特征对于营销活动也会带来一些有利影响。

（1）可以通过提供差异化和个性化服务，分别满足不同顾客需要。由于服务具有异质性特征，企业就不需要为顾客提供统一的和模式化的服务，而是可以针对不同顾客分别提供差异化和个性化的服务，从而能够更好地满足顾客需要进而赢得顾客信任。

（2）可以通过对一线员工授权，充分发挥一线员工的能动性和主动性。由于服务具有异质性和变化性以及不同顾客对服务需求的差异性，企业高层管理人员对于一线服务员工就不应当管理过死，而是应当适当授权，由此才能推动一线服务员工根据顾客需要灵活地提供服务。如果企业要求一线员工凡事都要汇报和请示，必然会丧失市场机会，降低服务效率，增加沟通成本。

四、易逝性对于营销活动的影响

1. 不利影响

服务易逝性特征对于营销活动通常会带来以下不利影响。

（1）服务容易消逝，致使企业经常存在浪费现象。由于服务具有易逝性，一项服务资源和能力（包括人力资源和物力资源）如果在某一时间段内没有被顾客使用或者说没有顾客购买和接受服务，随着时间推移，该项服务能力就会消失，由此会给企业造成巨大浪费，即服务能力没有产生效益，而企业还要为服务能力支付成本。例如，一架航班如果没有坐满乘客，对于航空公司来说就是浪费；一个旅游景点如果没有游客光临，对旅游公司来说就是损失；

一家银行营业厅如果没有顾客前往办理业务，对银行来说就是损失。

（2）服务不能储存，高峰期需求难以满足。有形产品可以储存，当需求高峰到来时，企业可以将储存产品提供给顾客，以缓解过旺的需求。由于服务不能事先生产出来，服务企业不能像制造类企业那样通过储存以缓解过旺的需求，致使顾客排队等待现象难以避免，甚至顾客需求难以完全满足，进而影响企业经济效益和形象。

（3）服务不能退换，顾客利益容易受损。由于服务不能独立存在，顾客购买服务后即使不满意也不能退换，从而会增加顾客购买风险，进而导致顾客购买服务比较慎重和保守。

（4）服务供求关系较难协调，影响企业资源有效配置。由于服务不能储存，加之顾客对于服务需求具有随机性，服务企业经常存在供求关系在时间上不平衡的现象，即服务场所有时候人满为患，有时候门可罗雀，导致企业资源要么闲置，要么过度使用，最终影响企业经济效益。

2. 有利影响

服务易逝性特征对于营销活动也会带来以下有利影响。

（1）服务不会腐烂和变质，从而减少售后隐患和麻烦。由于服务具有易逝性和不可储存性，从而服务不会腐烂和变质，即服务永远是新鲜的，这就会减少和消除服务销售后的隐患以及售后工作的麻烦。

（2）服务不能退换，从而可以减少企业损失。由于服务不能独立存在，顾客购买服务后即使不满意也不能退换，因为此时服务已经被顾客消费掉了，这就能够在一定程度上减少企业损失。

（3）推动企业节约时间和提高效率，以便有效利用资源。由于服务资源和能力不能被储存，服务企业就应当不断优化服务流程和加强过程管理，以便节约时间和提高效率，进而使服务资源得到充分利用。

（4）推动企业合理布局服务空间，以有效利用服务资源。由于服务资源在空间上不易转移，企业就应当根据目标顾客分布情况合理布局服务空间，以便有效利用服务资源。

第三节　服务分类

一、服务分类及其必要性

服务分类是指按照某种标准和方法把包罗万象的服务分为不同的组群，并发现各自类别服务的特征，以便企业针对不同类别的服务制定相应的营销和管理对策。

服务纷繁复杂、包罗万象，透过不同视角对繁杂的服务进行分类，并找出不同组群服务的营销特征，有助于更全面和更深刻地理解服务的本质，并据此制定适宜的营销策略。具体来说，服务分类有以下重要意义。

（1）有助于不同类别服务企业制定相应的营销策略。如上所述，服务包罗万象、千差万别，服务企业不可能采取完全相同的营销策略，否则，其营销效果就会大打折扣。通过服务分类，管理者可以认识到其所提供服务拥有的独特性以及顾客购买该类服务的特殊性，进而制定相应的营销策略和取得更好的营销效果。

（2）有助于跨行业之间相互借鉴。通过服务分类，有助于管理人员从具有类似或面临共同特征的其他行业借鉴成功经验和吸取教训，进而推动本企业服务营销和管理水平不断提高。

（3）有助于丰富营销理论研究水平。通过服务分类和对不同类别服务特征及其相应的营销策略进行研究，可以避免研究工作的两种缺陷：一是对整个服务行业笼统性地进行研究，难免比较肤浅和缺乏针对性；二是对各个行业分门别类地进行研究，难免孤立和割断不同行业之间的联系，并且存在重复和浪费现象，因为不同行业之间也存在相同或相似的营销策略。

二、服务分类方法

服务分类方法众多，服务营销学者分别从不同角度和按照不同标准对服务进行了分类，以下是一些主要分类方法。

（一）按照劳动力密集程度和顾客与企业交互程度分类

服务营销学者罗杰·施米诺（Roger W. Schmenner）按照劳动力密集程度和顾客与企业交互程度不同对服务进行了分类。劳动力密集程度是指劳动力成本与资本成本的比率，或者说服务传递过程中发生的人工成本与固定资产价值之比。劳动力密集程度高的企业，投入的固定资产相对较少，服务传递主要依靠人工完成，员工需要花费大量时间和精力，致使人工成本较高。反之则相反。顾客与企业交互程度是指服务个性化程度及其顾客参与服务过程的程度。

劳动力密集程度	定制化及其互动程度：低	定制化及其互动程度：高
高	大众服务 • 快餐店 • 便捷酒店 • 快递公司 • 草坪修剪	专业服务 • 律师 • 名医 • 会计师 • 设计师
低	服务工厂 • 运输公司 • 仓储公司 • 洗涤公司 • 工程施工	服务作坊 • 医院 • 康复中心 • 健身中心 • 汽车驾校

图 1.3　按照劳动力密集程度和顾客与企业交互程度分类

罗杰·施米诺按照劳动力密集程度和顾客与企业交互程度不同将服务分为四类：服务工厂、服务作坊、大众服务和专业服务（如图 1.3 所示）。

从图 1.3 可知，依据定制化及其互动程度和劳动力密集程度不同，服务可以分为四类。

（1）服务工厂。服务工厂是指定制化及其互动程度和劳动力密集程度都较低的服务。在该类服务中，企业提供的是标准化而不是定制化的服务，服务对象主要是物而不是人，顾客与服务提供者之间不需要过多接触和互动；服务主要依靠机器、设备等物体而不是依靠人工来完成，因而企业需要较多的资本投入。这类服务企业更像是一家流水线生产工厂，如运输公司、仓储公司、洗涤公司、工程施工公司等。

（2）服务作坊。服务作坊是指定制化及其互动程度高和劳动力密集程度低的服务。在该类服务中，企业提供的是定制化而不是标准化的服务，服务对象多是人而不是物，顾客与服务提供者之间需要充分接触和互动；但服务主要依靠机器、设备等物体而不是依靠人工来完成，因而企业需要较多的资本投入。如医院、康复中心、健身中心、汽车驾校和客运公司等。

（3）大众服务。大众服务是指定制化及其互动程度低和劳动力密集程度高的服务。在该类服务中，企业提供的是标准化而不是定制化的服务，服务对象可能是人也可能是物，顾客与服务提供者之间不需要过多接触和互动；服务主要依靠人工而不是机器、设备等来完成，即顾客在劳动力密集的环境下得到无差别的服务。如快餐店、便捷酒店、快递公司、草坪修剪等。

（4）专业服务。专业服务是指定制化及其互动程度和劳动力密集程度都较高的服务。在该类服务中，企业提供的是定制化而不是标准化的服务，服务对象可能是人也可能是物，顾客与服务提供者之间需要充分接触和互动；服务主要依靠人工尤其是经过特殊训练的专家而不是机器、设备等来完成，因而顾客能够享受个性化和差别化服务。如律师事务所、会计师事务所、心理咨询诊所等。

不同类别服务具有不同的特点，因而需要采取不同的营销和管理策略。例如，资本密集型服务企业（如运输公司、仓储公司、康复中心、医院等）要保持竞争力，就必须密切关注技术发展，并要合理安排需求，以便充分利用设施和设备；劳动密集型服务企业（如培训机构、律师事务所等）应更多地把注意力集中到人员（包括服务人员和顾客）管理方面，因为定制程度影响着控制服务质量的能力，同时也影响顾客对于服务质量的感知。

知识延伸

大众服务营销策略

张圣亮和张文光在《大众服务及其营销策略探讨》一文中，对于大众服务特征、营销机遇和挑战及其营销对策进行了研究。

关于大众服务营销策略，他们提出了如下对策建议。

（1）注重服务场景设计。顾客对于大众服务的"有形环境质量"要求较高，因此大众服务企业必须十分重视服务场景设计。

（2）建立规范、清晰和具体的服务标准和流程。大众服务多为标准化服务，企业要保证能给顾客提供稳定的服务质量，就必须建立规范、清晰和具体的服务标准。

（3）注重人员招聘、培训和激励。大众服务属于劳动密集型服务，人员管理是大众服务企业面临的重要挑战。对此，大众服务企业应重点做好这样几个方面的工作：①注重从"服务意愿"和"心理特征"方面招聘服务人员；②加强对服务人员进行心理疏导；③培养服务人员团队意识和合作精神，以使其在工作中享受乐趣。④多方激励而非单一的物质激励，以使员工感受到工作的价值。

（4）注重和有效管理现场顾客。服务现场顾客之间会相互影响和发生摩擦，进而影响对于服务公司的选择和质量感知，因此，大众服务企业必须十分重视对于服务现场顾客的管理。①对于抱怨、不友好或发表对公司不利观点的顾客，应及时将其引导到服务现场之外（一般是引导到后台），以防止顾客负面情绪或观点传播。②对于顾客之间可能发生的摩擦和矛盾，服务公司及其人员要注意防范和及时化解。

（5）复制和增加服务网点。大众服务多属于标准化服务，因而企业可以通过复制方式（实施连锁经营）以增加服务网点和扩大服务规模。

（6）适时地向服务工厂过渡。大众服务应逐步通过机器设备为顾客提供无差别的服务，以减少服务失误、提高服务效率和增加服务产能。

（资料来源：张圣亮 张文光，大众服务及其营销策略探讨，管理观察，2009年1月第1期，P37-38）

服务作坊营销策略

张圣亮和赵芳芳在《服务作坊及其营销策略探讨》一文中，对于服务作坊特征、营销机遇和挑战及其营销对策进行了研究。

关于服务作坊营销策略，他们提出了如下对策建议。

（1）引进先进机器和设备。服务作坊需要依赖机器设备等为顾客提供服务，并且机器、设备越先进就越能够为顾客提供优质高效的服务，以便提升服务能力和增强竞争优势。因此，服务作坊必须引进先进机器和设备，以便提升服务能力和增强竞争优势。同时，服务作坊还应密切关注行业技术发展趋势，争取把最新技术成果运用于企业，以保持领先的技术优势。

（2）吸引和保留优秀员工。服务作坊员工管理尤其是保留难度较大，这会影响企业发展。因此，服务作坊必须十分重视员工保留工作。

（3）平衡服务需求与供给关系。服务需求与供给之间经常存在不一致，而服务作坊能力闲置会造成很大浪费，服务能力扩张又会受到很多限制。基于此，服务作坊必须合理配置服务能力，以免服务资源浪费或过度使用。

（4）提高机器设备利用率。服务作坊属于高资本密集型企业，提高机器设备利用率可以创造产能和增加收益。基于此。服务作坊应当尽可能提高机器设备利用率，具体可采用延长服务时间、减少和避免机器故障率、在需求低谷期对机器设备进行检修和维护等方法。

（5）对服务过程进行分解。服务作坊属于个性化和一对一服务，服务效率较低。但服务企业可以通过对服务过程分解然后依据服务环节复杂程度配置不同服务人员或为专业人员配备助手等方法，以提高服务效率和创造服务产能。

（6）提供服务承诺。服务作坊提供的是差异化而非标准化服务，从而会增加顾客购买风险和影响顾客购买信心。基于此，服务作坊可以通过向顾客提供服务承诺以消除顾客购买风险和树立其购买信心。

（7）实施服务补救。服务作坊的特征（差异化、高接触、顾客参与等）决定其比其他类别的服务更容易出现失误和不易掩盖其失误。服务作坊应当高度重视服务补救，尤其是要授予一线员工服务补救的权力和鼓励其给予顾客提供补救，以便及时化解顾客不满和降低补救成本。

（8）强化和利用顾客关系。服务作坊顾客忠诚度较高，对此，企业可以通过价格优惠、频繁消费奖励、会员制、组建顾客俱乐部等方法进一步强化顾客关系；同时，服务作坊还可以采取奖励、优惠等方法促使老顾客推荐和介绍新顾客，以不断壮大顾客队伍。

（资料来源：张圣亮 赵芳芳，服务作坊及其营销策略探讨，价值工程，2009年第4期，P123-125）

（二）按照服务传递形式和服务组织与顾客关系分类

服务营销学者克里斯托弗·洛夫洛克按照服务传递形式和服务组织与顾客关系对服务进行了分类。服务传递形式是指企业连续性为顾客提供服务还是间断性为顾客提供服务。连续性服务是指企业为顾客提供服务是连续性的和不能中断的，否则，顾客利益就会受损，如煤气公司、电力公司、电信公司等即是如此；间断性服务是指企业为顾客提供服务是分批分次的，即每一次服务都是独立的和间断的，如餐饮服务、住宿服务、理发服务等都是如此。顾客关系是指顾客与企业之间是会员关系还是非会员关系。会员关系是指顾客与企业签有会员协议或办有会员卡；非会员关系是指顾客与企业之间没有协议约束。

根据以上两个标准，洛夫洛克将服务分为四类：连续性会员关系、间断性会员关系、连续性非会员关系和间断性非会员关系（如图 1.4 所示）。

从图 1.4 可知，依据服务传递形式和服务组织与顾客关系不同，服务分为以下四类。

（1）连续性会员关系。连续性会员关系是指服务组织与顾客之间是正式会员关系，且服务组织向顾客提供的服务是连续的和长久的。例如，煤气公司、电力公司、宽带服务和有线电视服务等即是如此。

（2）间断性会员关系。间断性会员关系是指服务组织与顾客之间是正式会员关系，但服务组织向顾客提供的服务是间断性的或分批次的。例如，健身中心服务、公交公司服务、银行服务和商场服务等即是如此。

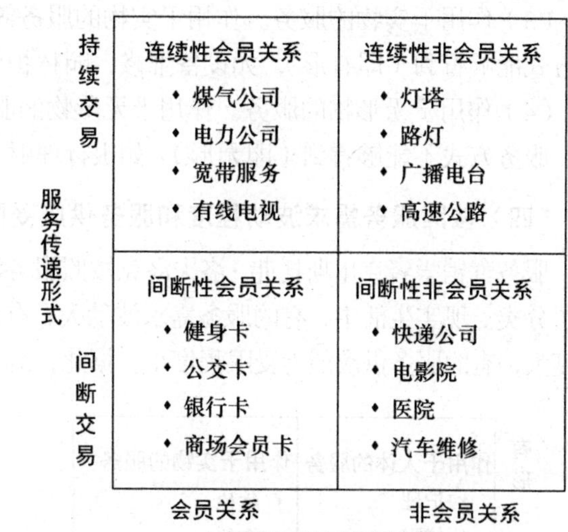

图 1.4　按照服务传递形式和服务组织与顾客关系分类

（3）连续性非会员关系。连续性非会员关系是指服务组织向顾客提供的服务是连续的和长久的，但服务组织与顾客之间是非会员关系。例如，灯塔服务、路灯照明、广播电台、高速公路等服务即是如此。

（4）间断性非会员关系。间断性非会员关系是指服务组织向顾客提供的服务是间断性的或分批次的，且服务组织与顾客之间是非会员关系。例如，快递公司、电影院、医院、汽车维修等服务即是如此。

不同类别服务具有不同的特点，从而需要采取不同的营销和管理策略。例如，会员关系能够使顾客对于特定服务供应商建立和保持忠诚，因此，服务企业应千方百计地同顾客建立正式和持久的会员关系，以便获得重复业务或持续资金支持。通过对顾客资料的收集和记录，并以适用于电脑分析的方式随时存取，服务企业就能够有效地利用邮件、电话和拜访等手段与顾客沟通，从而提高营销效果。

服务关系的性质对于服务定价也具有积极意义。对于连续性会员关系，服务企业可以在一定时间段内收取一次费用即可，这种一揽子收费方式简单，且节省成本。对于间断性会员关系，可以将交易价格与交易数量、交易种类等直接挂钩，但对会员给予优惠。

（三）按照服务作用对象和服务行为方式分类

服务营销学者克里斯托弗·洛夫洛克按照服务作用对象和服务行为方式对服务进行了分类。服务作用对象是指服务作用于人还是作用于物，服务行为方式是指服务是有形还是无形。据此，洛夫洛克将服务分为四类（如图 1.5 所示）。

从图 1.5 可知，依据服务作用对象和服务行为方式不同，服务可以分为以下四类。

（1）作用于人体的服务。作用于人体的服务简称人体处理，是指服务对象指向人体，服务方式能够看到（即有形），如健康护理、美容、理发、宾馆住宿、客运、游泳池等。

（2）作用于精神的服务。作用于精神的服务简称脑刺激处理，是指服务对象指向人的大脑和精神，服务方式不能看到（即无形），如教育、广播、剧院、心理咨询等。

（3）作用于实物的服务。作用于实物的服务简称物体处理，是指服务对象指向实物，服务方式能够看到（即有形），如设备维修、园林护理、仓储运输、搬家等。

（4）作用于无形物的服务。作用于无形物的服务简称信息处理，是指服务对象指向无形物，服务方式不能够看到（即无形），如银行理财、律师服务、保险服务、会计师服务等。

（四）按照服务需求波动程度和服务供应受限程度分类

服务营销学者克里斯托弗·洛夫洛克按照服务需求波动程度和服务供应受限程度对服务进行了分类。现实生活中，有的服务需求波动大，有的服务需求波动小；有的服务供应能力受限程度大，有的服务供应能力受限程度小。据此，洛夫洛克将服务分为四类（如图 1.6 所示）。

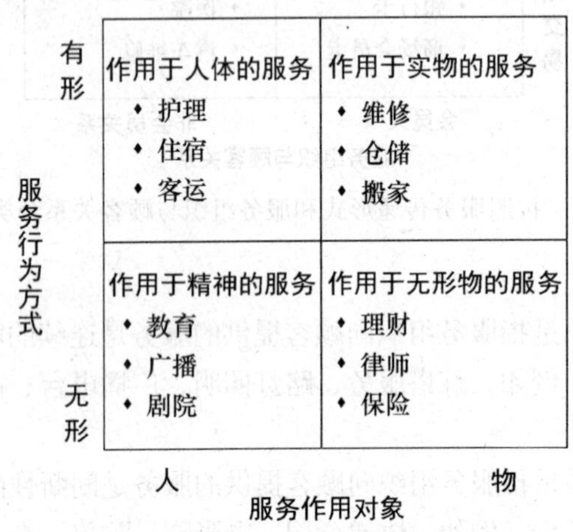

图 1.5　按照服务作用对象和服务行为方式分类

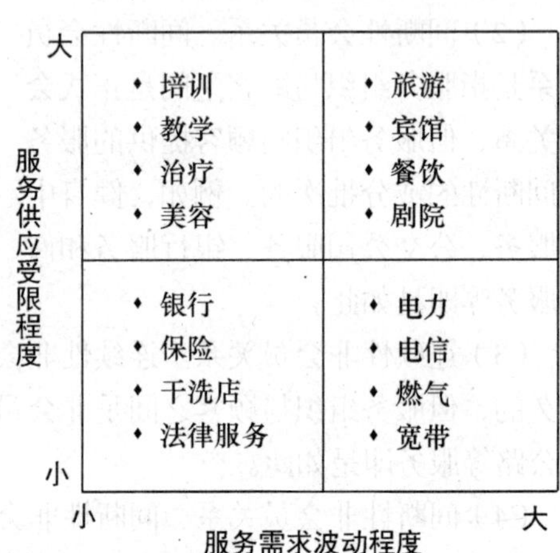

图 1.6　按照服务需求波动程度和服务供应受限程度分类

（1）需求波动程度和供应受限程度都小的服务。此类服务，顾客需求波动程度较小或者说需求相对稳定，企业供应能力受限程度也较小，即企业可以在短时间内扩充服务能力和增加服务供应量。例如，法律服务、银行服务即是如此。对于此类服务，企业需要决定是要寻求顾客需求和企业能力继续增长还是保持现状。

（2）需求波动程度大和供应受限程度小的服务。此类服务，顾客需求波动程度较大或者说需求不稳定，但企业供应能力受限程度较小，即企业可以在短时间内扩充服务能力和增加服务供应量。例如，电力、电信、燃气等服务即是如此。对于此类服务，企业可以利用高峰期外的需求以实现增长。

（3）需求波动程度小和供应受限程度大的服务。此类服务，顾客需求波动程度较小或者说需求相对稳定，但企业供应能力受限程度较大，即企业不能够在短时间内扩充服务能力和增加服务供应量。例如，培训、教学、治疗等服务即是如此。对于此类服务，企业需要寻找扩充服务能力的方法以满足需求水平。

（4）需求波动程度和供应受限程度皆大的服务。此类服务，顾客需求波动程度较大或者说需求不稳定，企业供应能力受限程度也较大，即企业不能够在短时间内扩充服务能力和增加服务供应量。例如，旅游景点、餐馆、剧院等服务即是如此。对于此类服务，企业面临的最大问题就是调节顾客需求以使其适应企业供给能力，包括刺激需求和抑制需求。

对于许多服务组织来说，如何创造性地通过营销活动以控制需求波动是其面临的重要问题。服务企业在制定营销策略时应当了解：顾客需求是否具有波动性？顾客需求波动是周期性波动还是非周期性波动？顾客需求波动性的原因是什么？只有对需求波动的根本原因追根溯源，制定营销策略才有充分依据。

（五）按照服务接触方式和分销场所数量分类

按照顾客与服务组织接触方式不同以及服务组织分销场所数量不同，服务可以分为以下几种类型（如表 1.3 所示）。

表 1.3　按照服务接触方式和分销场所数量分类

服务组织与顾客接触方式	服务场所数量	
	单一场所	多家场所
顾客上门找服务组织	剧院　理发店	快餐连锁　公共汽车
服务组织上门找顾客	草地修剪　搬家	快递
服务组织与顾客远距离交易	保险公司　有线电视	电信公司

从表 1.3 可知，依据顾客与服务组织接触方式不同，服务可以分为以下三类。

（1）顾客上门找服务组织。对于此类服务，企业位置的便利性和服务进度特别重要。对此，服务企业需要具体了解：是否在顾客方便的时间和地点提供服务；顾客在接受服务过程中实际花费的时间有多少；顾客往返服务场所要花费的时间有多少；顾客获取信息、排队等待和支付费用所花费的时间有多少；顾客在到达服务场所路途中是否产生货币成本；顾客到达服务场所需要付出多少体力和心力；与竞争者相比，本企业服务场所是否具有吸引力；场地、设备和人员等因素综合起来对顾客整体服务经历会产生何种影响。

（2）服务组织上门找顾客。对于此类服务，服务场所位置的重要性程度相对次要，但服务时间非常重要，服务组织必须考虑在关键时刻对顾客紧急电话做出反应的速度，由此要求服务场所能够满足服务范围的需要。

（3）服务组织与顾客远距离交易。对于此类服务，服务场所位置最无关紧要。但服务接触次数可能会越来越少，由此影响服务人员对于顾客需求的了解和感情沟通。对此，服务企业应增加电话、短信、微信、电子邮件等与顾客沟通和交流。

（六）按照顾客与服务提供者关系分类

美国亚利桑那大学教授古德克（Barbara Gutek）和商业作家威尔史（Theresa Welsh）在《勇敢的新服务策略》一书中，按照顾客与服务提供者之间的关系类型，将服务分为两类：相知服务和相遇服务。

（1）相知服务。相知服务是指顾客与服务提供者之间彼此熟悉和相互保持联系，并愿意通过特定服务人员提供个性化服务，如私人律师服务、私人理财服务等。

（2）相遇服务。相遇服务是指顾客只了解服务组织而并不熟悉服务提供者，究竟由服务组织中的哪一个人员提供服务是随机的和没有特殊要求的，如肯德基快餐服务、超市收银服务、银行柜员服务等。

知识延伸

相知服务与相遇服务经营的差异性

张圣亮和许柏松在《相知服务和相遇服务经营差异性探讨》一文中，对相知服务和相遇服务进行了区分，并提出了一些相应的营销策略。

（一）相知服务与相遇服务的区别

（1）服务内容不同。相知服务多为异质性服务，即同一服务组织里的不同服务人员提供的服务具有较大差别。例如，不同医生为患者诊断和治疗疾病、不同培训师授课等就存在很大差别。相遇服务多为同质性服务，即顾客在同一服务组织通过不同服务人员基本上可以享受相同或相似服务。例如，银行营业厅为顾客办理普通存取款业务、移动电信营业厅为顾客办理入网服务等就基本上是相同的。

（2）服务手段或技能不同。相知服务主要依靠人员为顾客提供服务，并且对服务人员技能要求相对较高。相遇服务多依靠机器设备为顾客提供服务，并且对服务人员技能要求相对较低。

（3）服务产能不同。相知服务具有异质性，顾客依赖特定服务人员提供服务，从而服务组织很难通过增加员工和机器设备而提升服务能力，即相知服务产能有限。相遇服务具有同质性，顾客不依赖特定服务人员提供服务，从而服务组织可以通过增设服务网点、增加服务人员和增添机器设备而提升服务能力，即相遇服务在短期内可以迅速扩充产能。

（4）服务成本不同。相知服务具有异质性，致使服务组织无法通过扩充规模以降低服务成本，即相知服务单次成本较高，进而服务收费相对昂贵。相遇服务具有同质性，服务组织可以通过扩充规模以降低服务成本，即相遇服务单次成本较低，进而服务收费相对低廉。

（5）顾客与服务提供者之间关系密切程度不同。相知服务顾客忠诚于特定服务人员，彼此交换个人信息，甚至建立私人友谊；相遇服务顾客仅同服务组织打交道，究竟由哪一个服务人员为顾客提供服务完全是随机的，从而顾客与服务人员之间关系松散，在一般情况下更不会建立私人友谊。

（二）相知服务经营策略

基于相知服务的特点，相知服务一般应采取以下经营策略。

（1）突出差异化和个性化。相知服务多为异质性服务，能够满足顾客特殊要求，这也是吸引顾客之所在，并且越是能够给顾客带来特殊利益，就越能够吸引新顾客和保留老顾客，并且可以收取较高费用。因此，提供相知服务的组织应当尽可能创造差异性和给顾客提供独特利益，以满足顾客特殊要求和给顾客创造更多附加价值。

（2）实行预约服务。相知服务产能有限，加之顾客忠诚于特定服务人员，难免存在顾客排队等待现象。对此，提供相知服务的组织可以通过实行预约以减少顾客排队等待时间，并且能让员工均衡地释放服务能力。

（3）为专业人员配备助手。相知服务具有异质性，当出现需求高峰时，服务组织很难雇佣更多服务人员为顾客提供服务，或者虽然能够雇佣更多服务人员，但顾客不一定愿意接受不熟悉人员所提供的服务。对此，提供相知服务的组织可以配备助手处理辅助性事务以减轻专业人员的工作压力（如由专家对患者进行诊断，由助手在专家指导下开具处方），进而增加服务组织的服务能力和缓解顾客排队等待现象。

（4）将非核心服务分离出来由机器完成。相知服务并非每一个环节都要与众不同，对于非核心服务，服务组织可以将其从整个服务过程中分离出来，然后交由机器完成。例如，医院可以引入电子诊疗设备以代替常规人工检测。

（5）创造宽松的工作环境和与员工结成利益共同体。如上所述，对于相知服务，顾客忠诚于服务人员而非服务组织。为有效保留顾客，服务组织必须在最大程度上保留员工（尤其是那些深受顾客欢迎的员工）。对此，管理者必须充分尊重员工，让员工在比较宽松和自由的环境下独立工作，对员工不要有过多管束；管理者也可以通过赠予股份方式让员工同企业结成利益共同体，国外很多律师事务就是如此。

（三）相遇服务经营策略

基于相遇服务的特点，相遇服务一般应采取以下经营策略。

（1）建立服务标准，规范服务流程。相遇服务多为同质性服务，即顾客通过不同服务人员基本上能够享受相同或相似的服务，从而当一个服务组织所提供的服务达到既定水平后顾客购买风险就较小，这是相遇服务优势之所在，也是吸引新顾客和保留老顾客的基本手段。因此，提供相遇服务的组织必须建立服务标准和规范服务流程，让员工在为顾客提供服务时有章可循。

（2）加强员工培训和管理，使其严格执行服务标准和保证服务质量。为保证顾客获得的服务具有稳定性和统一性，提供相遇服务的组织必须加强对员工进行培训，以使其了解服务标准和有能力执行服务标准，并且对其工作过程严格监管，避免简化服务程序和减少服务内容。

（3）实行连锁经营。标准化的相遇服务能够被组织复制和转移，从而扩大服务范围和提高服务产能，进而方便顾客获取服务和提高组织赢利水平。因此，相遇服务组织可以通过连锁经营方式增设服务网点，以扩大服务范围，提升服务能力。麦当劳、肯德基等快餐店就通过连锁经营方式取得了巨大成功。

（4）增加服务设施。如上所述，相遇服务多依靠机器设备为顾客提供服务，基于此，服务组织可以通过增加服务设施以扩大服务产能，同时，增加服务设施也有助于降低服务成本，进而降低服务收费标准和增强竞争优势。

（5）储备后备服务人员。相遇服务具有同质性，当出现服务需求高峰时，服务组织可以通过雇用更多的服务人员或增加临时工为顾客提供服务，以缓解服务压力。对此，提供相遇服务的组织应储备一些后备人员（如临时工、钟点工、在校大学生等），以便在需求高峰到来时能够招之即来。

（资料来源：张圣亮 许柏松，相知服务和相遇服务经营差异性探讨，商场现代化，2009年5月（上旬刊），P84-85）

第四节 服务行业

一、行业和服务行业含义

行业泛指由于产品（包括服务）类似而相互竞争或满足同类购买需求的一组企业。或者说，买方构成市场，卖方构成行业。中国《国民经济行业分类》标准将行业定义为：一个行业（或产业）是指从事相同性质的经济活动的所有单位的集合。

服务行业亦称第三产业，它是国民经济中除了第一产业（包括农业、林业、牧业、渔业）和第二产业（包括采掘业、制造业、建筑业、发电业等）之外的其他产业，这个产业的范围非常广泛。

当今世界，服务业已经成为涉及范围最广泛的产业，它早已不再局限于传统的餐饮业、修理业、零售业之类。根据WTO统计和信息系统局（SISD）制定的分类表，服务业包括11大类和150多个分项。在现代服务业这个广阔的领域中，有相当一部分关系到国计民生。例如，金融服务业事关国民经济命脉；信息服务业不仅事关国家安全和人民生活，而且已经成为参与全球竞争的重要武器。从当前国际经济发展趋势来看，服务业有可能成为全球第一大产业和推动世界各国经济发展的持续动力。

二、服务行业分类

就像服务与有形产品的区别不是十分清楚一样，服务行业与其他行业的区别也并非十分清楚。实际上，服务业是一个十分模糊的概念，即使是在政府层面，对于服务业的界定也存在争议，特别是在制造业日益服务化的今天更是如此。格罗鲁斯甚至认为，将服务业作为一个产业看待，这种观念具有很强的误导性，因为各个行业都存在服务问题。

服务行业分类方法很多，本书主要介绍以下三种分类方法。

1. 依据经济性质分类

依据经济性质不同，服务行业通常分为以下五类。

（1）生产性服务业，即直接与生产活动过程有关的服务行业，包括厂房、车间、机器等劳动手段的修理和维护，作业线的装备，零部件的转换，机器的擦拭、喷漆、保养等；经营管理活动，如生产的组织、工时的运筹，劳动力调整以及报表编制等。

（2）生活性服务业，即直接满足人们生活需要的服务行业，包括加工性服务，它具有提供一定物质载体的特点，如饮食、缝纫、家用器具修理等；活动性服务，即不提供物质载体，而只提供活动，如旅店、理发、浴池等；文化性服务，如戏剧、电视、电影、音乐、舞蹈等文化娱乐活动和旅游活动中的服务等。

（3）流通性服务业，即商品交换和金融业领域内的服务业，包括生产过程的继续，如保管、搬运、包装等；交换性服务业，如商业的批发、零售、结算等商业活动服务；金融服务业，如银行、保险、证券、期货等。

（4）知识性服务业，即为人类生产和生活提供较高层次的精神文化需求的服务业，包括专业性服务业，如技术咨询、信息处理等；发展性服务业，如新闻出版、报纸杂志、文化教育等。

（5）社会综合性服务业，即不限于某个领域的交叉性服务活动行业，包括：公共交通业，如运输、航运等；社会公益事业，如公共医疗、消防、环保、市政建设等；城市基础服务，如供电、供水、供气、供暖、园林绿化等。

2. 国际标准化组织分类

国际标准化组织将服务行业分为以下十种。

（1）接待服务，包括餐馆、旅行社、娱乐场所、度假村等。

（2）交通与通讯服务，包括机场、空运、公路、铁路、海上运输、电信、邮政、数据通信等。

（3）健康服务，包括医院、救护、心理咨询等。

（4）维修服务，包括生活用品、生产用品等的维修。

（5）公共事业，包括供水、供电、供暖、煤气、公共交通、绿化、垃圾处理、消防、治安等。

（6）贸易与金融服务，包括批发、零售、仓储、配送、包装等以及银行、保险、证券等。

（7）专业服务，包括建筑设计、勘探、咨询、培训、教育、律师事务所、会计事务所等。

（8）技术服务，包括摄影、检测等。

（9）科学服务，包括探索、开发、研究、决策支持等。

（10）行政管理服务，包括人事、办公、档案等。

3. 中国国家统计局分类

2002 年 5 月 10 日，国家质量监督检验检疫总局批准了国家统计局修订的《国民经济行业分类》标准（GB/T 4754-2002），并于 2002 年 10 月 1 日正式实施。该标准采用四个层级——门类、大类、中类、小类——并对应字母和 2～4 位数代码对行业进行了分类，具体如下。

（1）行业门类（20 个）：该标准将整个国民经济划分为 20 个行业门类，并用一位数（字母 A～T）表示。20 个行业门类分别为：农、林、牧、渔业（A），采矿业（B），制造业（C），电力、燃气及水的生产和供应业（D），建筑业（E），交通运输、仓储和邮政业（F），信息传输、计算机服务和软件业（G），批发和零售业（H），住宿和餐饮业（I），金融业（J），房地产业（K），租赁和商务服务业（L），科学研究、技术服务和地质勘查业（M），水利、环境和公共设施管理业（N），居民服务和其他服务业（O），教育（P），卫生、社会保障和社会福利业（Q），文化、体育和娱乐业（R），公共管理和社会组织（S），国际组织（T）。

在上述 20 个行业门类中，除了 A、B、C、D、E 这 5 个行业之外，其他 15 个行业基本上都属于服务行业。

（2）行业大类（95 个）：该标准对每一个一位数行业（即行业门类）进一步划分，共分出 95 个行业大类，并用两位数表示。如租赁和商务服务业（L）包括两个行业大类，分别是：租赁业（73）和商务服务业（74）。

（3）行业中类（396 个）：该标准对每一个两位数行业（即行业大类）进一步划分，共分出 396 个行业中类，并用三位数表示。如租赁和商务服务业（L）中的商务服务业（74）包括 9 个行业中类，分别是：企业管理服务（741）、法律服务（742）、咨询与调查（743）、广告业（744）、知识产权服务（745）、职业中介服务（746）、市场管理（747）、旅行社（748）和其他商务服务（749）。

（4）行业小类（913 个）：该标准对每一个三位数行业（即行业中类）进一步划分，共分出 913 个行业小类，并用四位数表示。如租赁和商务服务业（L）中的商务服务业（74）中的咨询与调查（743）包括 4 个行业小类，分别是：会计、审计及税务服务（7431），市场调查（7432），社会经济咨询（7433），其他专业咨询（7439）。

三、服务行业特征及其关键成功因素

（一）服务行业特征

服务营销学者菲茨西蒙斯认为："服务企业通常在困难的经济环境中竞争"。原因有以下几点。

（1）总体进入障碍低。服务创新通常没有专利保护，并且在许多情况下服务业不是资本密集型的，即进入服务行业资金额不需要很大，致使行业门槛较低，行业内企业之间竞争会比较激烈。当然，有一些服务行业进入障碍还是存在的，如在一个海岛上的最佳位置建度假宾馆。

（2）难以达到规模经济。由于服务生产与消费不可分割，在很多情况下顾客必须亲赴服务现场才能享受服务，或者服务人员必须亲自上门才能为顾客提供服务，从而就会限制服务规模和服务范围，导致服务企业通常规模较小。当然，一些服务企业通过特许经营、分设服务网点和采用网上服务等方式，可以适当扩大服务规模和服务范围。

（3）不稳定的销售波动。受自然和气候、习惯和法律等的影响，服务需求具有波动性，甚至每一天、每一小时都会发生波动，致使服务需求与供给关系较难协调，进而导致服务资源经常被浪费和顾客排队等待现象难以避免。

（4）与供应商讨价实力较弱。由于服务企业规模较小，它们在向供应商采购货物时一次采购量通常规模不大，因此讨价还价实力较小，致使采购成本会较高。

（5）容易被替代。产品创新和顾客自我服务都可能成为服务的替代品。例如，简易血压测量仪就可以替代医院的测量血压服务，家用按摩椅可以在一定程度上替代保健机构的按摩服务。

（6）顾客忠诚度高。最先进入一个行业的企业可以凭借个性化的服务建立顾客忠诚，从而为新进入者设置了进入障碍。

（7）退出障碍高。少数服务企业仅仅是因为经营者出于兴趣和特长从事某一服务项目，即使不赚钱也不会轻易退出该行业，从而会加剧行业竞争。

（二）服务行业关键成功因素

行业关键成功因素是指影响一个行业中的各个企业在市场上赢利能力（或者说决定企业经营成败）的主要的或基本的因素（一般有3～5个），它是企业赢利的基础和获取竞争优势的关键。

一般可以从原料资源、生产设施、设计、生产技术、产品种类、工程设计和应用、销售力、销售网络、售后服务、组织结构等方面考察行业关键成功因素。行业关键成功因素会因为行业、时间、地域、文化等不同而改变。

如果一家企业具备所有行业关键成功因素，一般就能获得超额利润；如果具备大多数行业关键成功因素，一般能够获得平均利润；如果不具备行业关键成功因素，只能获得低微利润甚至亏损。

服务营销学者道格拉斯·霍夫曼（K. Douglas Hoffman）通过对服务行业增长状况的研究，认为服务行业关键成功因素包括以下几个。

（1）选定有限的目标市场，由于服务具有无形性和不可分割性，服务企业应把目标集中在特定的消费群体上，满足特定地点或人群的空白市场。

（2）管理好技术变革。技术上的改进能够使服务企业打开它们与顾客之间的沟通渠道，为顾客提供更大的方便和减少顾客的处理成本。

（3）提供比竞争对手更为优越的顾客服务。由于没有实体产品，成功的服务企业必须把它们自己的顾客服务提交系统看作使它们区别于竞争者的手段。

（4）在顾客保留上做得更为杰出。服务企业受无形性、不可储存性、辐射范围有限性等因素影响，保留老顾客比发展新顾客更加重要，因此，凡是成功的服务企业都十分重视保留顾客而不仅仅是发展新顾客。

思考与练习题

1. 何谓服务？服务有哪些基本特征？
2. 服务特征对于营销活动通常会带来哪些影响？
3. 服务分类方法有哪些？不同类别服务的营销方法是什么？
4. 结合某一具体服务行业实际状况，分析和提炼该服务行业的关键成功因素。

第二章 服务质量

导语

服务质量是一个主观范畴，它取决于顾客对于服务质量的预期（即预期质量）同其实际感知的服务水平（即体验质量）之间的对比。

——[芬]克里斯廷·格罗鲁斯（Christian Gronroos）

服务质量是对服务的一种主观评估，是由消费者主观的预期与实际的感知相比较而来的结果。

——[美]A·帕拉苏拉曼（A.Parasuraman）瓦拉瑞尔·泽丝曼尔（ValarieA.Zeithaml）

罗纳德·L·贝瑞（Leonard L.Berry）

【学习目标】

1. 定义和理解服务质量，并把握其基本构成要素。
2. 理解良好服务质量及其价值。
3. 了解顾客期望服务及其影响因素。
4. 了解顾客感知服务及其影响因素。
5. 了解服务接触及其对顾客感知服务质量的影响。
6. 掌握服务质量测评方法。

提高服务质量进而建立顾客满意和忠诚，是服务营销与管理的中心工作。那么，何谓服务质量呢？服务质量由哪些要素构成呢？服务质量是如何形成的？如何评价服务质量好坏、高低或优劣？对此，本章将逐一给予回答。

第一节 服务质量及其要素

一、服务质量及其要点

（一）质量及其衡量标准

质量是指一组固有属性满足规定或要求的程度。

衡量产品质量好坏或高低一般有两个标准：一是符合性标准，即以是否符合某种规定为衡量产品质量的标准，符合规定要求为合格，不符合规定要求为不合格，超过规定要求为优

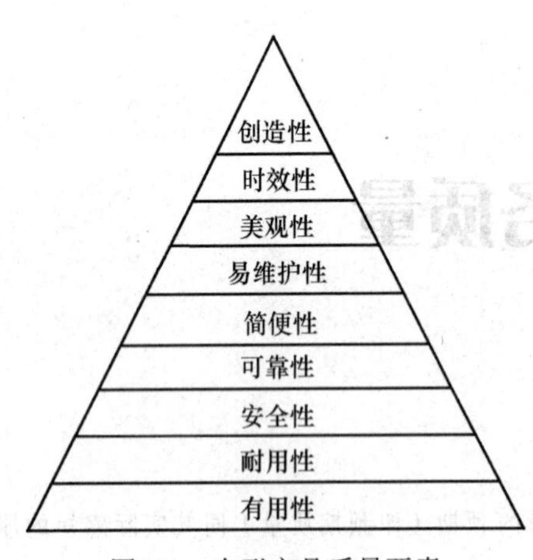

图 2.1 有形产品质量要素

质。符合性标准是由美国质量管理专家菲利普·克劳斯比（Philip B. Crosby）提出来的。二是适用性标准，即以能否适用目标顾客需要为衡量产品质量的标准，能够适用顾客需要为合格，不能够适用顾客需要为有缺陷，超出顾客需要为优秀。适用性标准是由美国质量管理专家约瑟夫·朱兰（Joseph M. Juran）博士提出来的。这两个标准各有优点和缺点，也各有适用范围。但有形产品尤其是有形产品制造过程多采用符合性标准加以衡量。

有形产品质量属性一般包括有用性、耐用性、安全性、可靠性、简便性、易维护性、美观性、时效性、创造性以及其他有价值的属性（如图 2.1 所示）。其中有些属性可以用客观标准加以衡量，有些属性只能凭顾客主观去感受。

（二）服务质量及其要点

何谓服务质量？或者说衡量服务质量好坏和高低究竟应当采用哪一个标准呢？

从服务提供者角度来看，服务质量意味着服务属性对于服务组织或者某些权威组织规定的符合程度；从顾客角度来看，服务质量意味着服务属性达到或超过其期望的程度。

但需要说明的是：①由于服务具有无形性和异质性，服务企业一般不易制定明晰的服务质量标准；②由于服务生产与消费不可分割，服务企业即使能够制定出明晰的服务质量标准，也很难通过控制生产过程和减少操作失误以保证服务属性符合某一标准。因此，应当基于顾客立场而非企业立场定义服务质量，或者说衡量服务质量好坏和高低应当采用适用性标准而非符合性标准。基于此，格罗鲁斯将服务质量定义为"顾客感知服务质量"，即认为服务质量是一个主观范畴，它取决于顾客对于服务质量的预期同其实际感知的服务水平之间的对比。如果顾客对服务的感知水平符合或高于其预期水平，就认为企业具有较高的服务质量；反之，就认为企业的服务质量较低。美国服务营销学者帕拉苏拉曼、泽丝曼尔和贝瑞（Parasuraman，Zeithaml & Berry，PZB）也认为，服务质量是对服务的一种主观评估，是由消费者主观的预期与实际的感知相比较而来的结果。莱维斯和布姆斯（Lewis & Booms）也认为，服务质量是一种衡量企业服务水平能否满足顾客期望程度的工具。盖尔（Bradley T. Gale）更直截了当地说："简单地说，价值就是质量，但是定义质量的却是顾客，并且也是由他们来判断价格是否合适"。

根据格罗鲁斯和帕拉苏拉曼等学者的观点，本书将服务质量定义为"顾客在购买和接受服务过程中实际体验或感受到的服务水平与其预期的服务水平的吻合程度"。对于这一定义具体解释如下。

（1）服务质量是顾客感知质量。第一，判断服务质量好坏或水平高低的主体是服务消费者而非服务提供者。因此，企业不能基于自身立场而应当基于顾客立场判断某一服务质量好坏和水平高低。第二，服务质量是顾客感知质量而非企业实际服务质量，即顾客在实际消费服务时根据自身感受或体验对服务质量好坏和水平高低做出评价。因此，企业要提升顾客感知服务质量水平，不仅要提升企业实际服务质量水平，而且还要引导顾客形成积极感受，包括与顾客建立良好关系、激发顾客积极情绪、创造良好的服务氛围等。

（2）服务质量具有主观性。有形产品质量具有较强的客观性，一般可以通过客观技术手段加以检测。服务质量则具有较强的主观性，顾客对于服务质量好坏或高低的评判，可能有某一客观或自身确定的标准，但更多情况下是顾客的一种主观感受。由此导致：第一，不同顾客对于不同服务人员或同一个服务人员提供的服务会有不同的质量判断；第二，同一个顾客对于不同服务人员提供的服务会有不同的质量判断；第三，同一个顾客对于同一个服务人员在不同时间和不同地点提供的服务也会有不同的质量判断。

（3）服务质量具有过程性。有形产品质量基本上是产出质量，顾客对于产品生产及其质量形成过程一般是看不到的，顾客看到的只是产出质量或结果质量。服务质量则具有过程性，因为服务具有无形性和生产与消费不可分割性等特点，顾客对于服务质量好坏或水平高低的判断不可能仅仅依据服务结果，而是会或多或少地关注服务过程，包括服务速度快慢、等候时间长短、排队是否公平、服务人员态度好坏和认真程度等，都会成为顾客判断服务质量好坏和水平高低的依据。

（4）服务质量形成于顾客与企业接触的整个过程。鉴于服务生产与消费不可分割，服务企业不可能事先生产出服务然后再销售给顾客，而是需要顾客亲自到达服务现场才能接受和体验服务，因此，顾客对于企业服务质量的感知就形成于顾客与企业接触的整个过程及其所有环节。如果顾客在服务接触过程中感知服务质量差，企业就很难有修复服务质量的机会；如果顾客在服务接触过程中对任何一个接触环节感知质量不高，就会影响其整体服务质量感知。

（5）提高服务质量有赖于企业内部整体配合。鉴于服务质量形成于服务接触的所有环节，企业要提高服务质量，就需要内部所有部门、所有人员以及人员与设备、设备与设备等之间密切配合，仅仅依靠一个部门或某些人的努力是难以提升顾客整体感知服务质量的。

二、服务质量要素及其相对重要性

服务质量究竟包括哪些要素？或者说，顾客究竟从哪些方面来评价其所经历的某一个企业的服务质量好坏和高低呢？对此学者们普遍认为，服务质量不是一维概念，即顾客对于服务质量的评价不是基于某一个要素，而是基于多个要素。但对于顾客究竟从哪几个方面评价服务质量，或者说服务质量究竟包括哪几个要素，理论界又存在着认识上的分歧，但基本观点有三种：两要素论、三要素论和五要素论。

（一）两要素论

1. 两要素论内容

服务质量两要素论的代表人物是芬兰学者格罗鲁斯。格罗鲁斯认为，服务质量包括两个要素：结果质量和过程质量（如图 2.2 所示）。

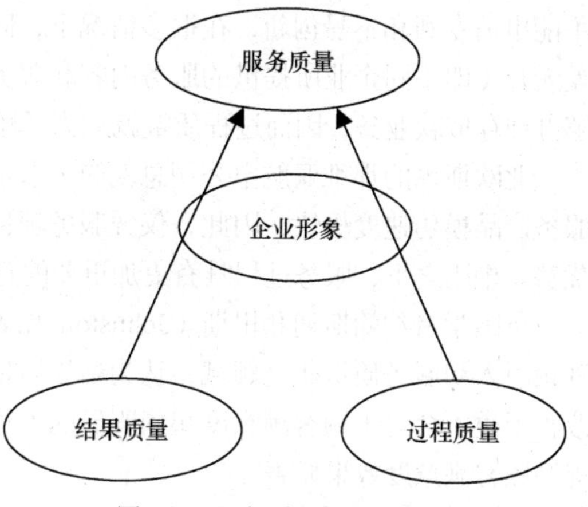

图 2.2　服务质量两要素构成

（1）结果质量。结果质量又称产出质量或技术质量，是指企业最终实际提供给顾客的服务内容或服务结果，或者说是在服务过程或交易结束之后顾客的“所得”（即顾客得到的实质内容）。如旅店客人得到安静的休息、航班乘客从起飞地到达了目的地。由于结果质量牵涉的主要是技术方面的有形内容，因此，对于结果质量可以通过顾客亲身感受和体验加以评价，也可以采用一定的技术标准加以衡量，并且对于结果质量的衡量一般是较为客观的。

（2）过程质量。过程质量又称传递质量或功能质量，是指企业实际为顾客提供服务的过程和提交服务的方式，或者顾客是如何接受或获得服务的。由于服务具有无形性和不可分割性，从而服务过程即服务人员如何与顾客打交道或提供服务，必然会影响顾客对于服务质量的评价。一般来说，服务过程质量不仅与服务时间和地点、服务人员仪表和态度、服务方法和程序等有关，而且与顾客个性、态度、知识和行为方式等因素有关，因此，对于过程质量一般没有明确和客观的衡量尺度，只能由顾客通过主观感受来衡量，即过程质量基本上是主观的。

格罗鲁斯认为，在制造类行业，顾客基本上是看不到生产企业的，但在服务行业，顾客往往要亲临服务场所才能够接受服务，从而企业形象（不是品牌形象）对于服务企业来说至关重要，它在很大程度上影响着顾客对于服务质量的感知。基于此，格罗鲁斯将企业形象称作服务质量的“过滤器”，即如果企业形象良好，企业即使存在一些服务失误，顾客也会原谅和宽容企业；如果企业形象糟糕，顾客往往会夸大企业服务失误。

2. 两要素的相对重要性

那么，究竟是结果质量重要还是过程质量重要呢？或者说，顾客在购买和接受服务时究竟更看重结果质量还是更看重过程质量呢？企业为改善和提升服务质量，究竟应当在结果质量方面下工夫还是应当在过程质量方面下工夫呢？对此，理论界和企业界都存在着认识上的分歧。但基本观点有三种：一是认为过程质量重要，二是认为结果质量重要，三是认为两者同等重要。

1）认为过程质量重要

格罗鲁斯认为，“可以接受的服务结果是形成良好感知服务质量的理所当然的内容，但优异的服务过程才是创造差异和持久竞争优势的真正推动力”。对此，格罗鲁斯给出的理由是：①由于缺乏足够知识和经验，在很多情况下顾客对于服务产出质量（尤其是专业服务，如医疗服务和专业维修服务）很难做出客观和准确的评价，即结果质量不易被感知。②由于服务不能申请专利和不易创新，在很多情况下，同一行业的不同企业在服务产出质量方面可能相差无几（即不同企业所提供的服务内容和服务结果具有趋同性，例如，在任何一家银行都能够办理存取款业务，因而过程质量就成为了顾客评价服务质量的唯一重要因素。

北欧斯堪的那维亚航空公司总裁简·卡尔松（Jan Carlzon）也认为，由于缺乏专利保护，服务产品模仿速度极快，因此，仅凭服务项目的多少，企业很难获得差别化的、持续的竞争优势。相比之下，服务过程具有更加重要的意义。

英国学者约翰斯通和里斯（Johnston. R. & D. Lyth）把赫兹伯格（F. Herzberg）的双因素理论引入到服务质量研究领域，认为结果质量类似于保健因素，缺少了会引起顾客不满，而改善了也不会对于顾客满意度起到明显的促进作用；过程质量类似于激励因素，其改进对于提高顾客满意度效果显著。

中山大学教授汪孝纯等在《服务营销与服务质量管理》一书中认为：“对于大多数服务性企业来说……采用高新技术可以为顾客提供优质服务结果。但是，服务人员的服务意识、服务态度、服务行为和服务方法往往会对顾客实际经历的整体服务质量产生更大影响。提高过程性服务质量，可以为顾客提供更多利益和更大消费价值。因此，管理人员不仅应当研究本企业应向顾客提供什么服务，更应当研究应如何为顾客提供服务。服务过程质量管理应该是这类企业规划的重点。”

2）认为结果质量重要

卡尔·希维尔（Carl Sewell）认为：“善待顾客仅仅完成了良好顾客服务的20%。重要的是设计那种能够让你第一次就把工作做好的制度。如果你的产品或服务并非顾客想要的，那么，无论你对顾客多么好，也毫无用处。”迈克尔·哈默（Michael Hammer）更尖锐地指出：“豪华汽车司机脸上的微笑绝对不能代替汽车本身。”詹姆斯·赫斯克特认为：“过程质量包括直接与顾客接触的人员的态度，很重要。但是，一个汽车经销商的服务经理不管对顾客多么亲切和同情，在顾客心中都不能够补偿因为没有修好汽车而造成的损失。”

3）认为两者同等重要

菲利普·科特勒（Philip Kotler）认为：一方面，顾客在同专业服务提供者打交道时，会从服务结果和对服务过程的总体印象两个层面来判断服务质量。倘若结果是成功的但是服务过程不愉快，顾客下次仍然会更换服务商；另一方面，当结果很难判断时，过程就变得非常重要。此时，顾客会通过感知的过程质量来衡量结果质量。詹姆斯·菲茨西蒙斯认为，“在通常情况下，服务传送方式与服务最终结果对于顾客而言是同等重要的”。

知识延伸

结果质量与过程质量孰轻孰重？

张圣亮和张正明在《结果质量与过程质量探析》一文中，对于究竟是结果质量重要还是过程质量重要进行了研究。他们认为，究竟结果质量与过程质量哪一个因素更重要，不能一概而论，而是应当综合考虑行业因素、顾客因素和社会文化因素等。

1. 行业因素

影响顾客关于结果质量与过程质量孰轻孰重评价的首要因素是行业自身因素，具体包括。

（1）服务有形化程度。有形性所占比重越大和搜寻特征越多，顾客在购买前就越能预见其服务结果，从而对过程质量会更加看重；无形性所占比重越大和搜寻特征越少，顾客在购买前就越难预见其服务结果，从而对结果质量就会更加看重。

（2）服务标准化程度。标准化程度较高的服务，由于服务结果差异性较小甚至完全没有差异，顾客就会更加关注过程质量；对于非标准化或差异性较大的服务，由于服务结果具有不确定性，顾客就会更加关注结果质量。

（3）服务复杂程度。服务复杂程度是指某一服务过程有多少个步骤以及每一个步骤的难易程度。对于较为简单的服务，由于顾客参与环节或时间较少，从而对结果质量就会较为看重；对于较为复杂的服务，由于顾客需要花费较多时间或环节参与，从而就会更加看重过程质量。

（4）服务提供方式。依据服务提供方式不同，服务通常可以分为主要依靠人提供的服务和主要依靠机器提供的服务。一般来说，主要依靠机器提供的服务（如顾客通过银行自助取款机办理业务），顾客仅仅或主要与服务供应商的机器接触，从而会更加关注结果质量；对于主要依靠人提供的服务（如顾客通过银行营业厅出纳办理业务），顾客的服务体验主要来自于与服务提供者的接触，从而就会更加关注过程质量。

（5）服务供求状况。对于供给能力较小或经常不能满足需求的服务，顾客会更加关注能否获得服务，即对于服务结果质量较为看重；对于供给能力较强或经常存在需求不足的服务，由于顾客获得服务较为容易，从而对如何获得服务即过程质量会较为看重。

2. 顾客因素

由于服务生产与消费不可分割，因而不同顾客对于同一服务的结果质量与过程质量也会有不同程度的重视或要求。顾客因素具体包括以下几点。

（1）顾客自然属性。年轻人多情绪化，喜欢冲动购买，在服务消费过程中会较为看重过程质量；中老年人多为理性购买，并且有丰富的购买经验，会更加看重结果质量。女性顾客多比较挑剔，并且喜欢参与服务过程，对过程质量会较为看重；男性顾客多缺乏参与服务过程的耐心，对服务结果质量会较为看重。

（2）顾客的专业知识和能力。如果顾客具有丰富的专业知识、技能和经验等，对于结果质量就会更加关注（他们有能力从专业角度判断和评价服务结果质量）；如果顾客专业知识贫乏和缺少购买经验，对于过程质量就会较为看重（他们缺少判断和评价服务结果质量的知识和能力，从而会更多地通过对过程质量的感知来评价服务质量）。

（3）顾客接受服务时的情绪。当顾客情绪较好时，就会对服务过程做出积极评价或原谅服务过程中的一些失误，即更多地看重结果质量；当顾客情绪较差时，容易变得挑剔和缺乏宽容，对过程质量要求较高和比较看重。

3. 社会文化因素

文化背景、风俗习惯等的差异，也会影响顾客对于服务结果质量与过程质量的偏好。台湾长荣管理学院的林恬予通过对旅馆业顾客感知服务质量的研究发现：不同国籍（代表不同文化）的人们对于服务质量的感知存在较大差异，如日本顾客对于旅馆业的服务过程质量要求非常高，他们特别注重服务过程中的细节。

（资料来源：张圣亮 张正明，结果质量与过程质量探析，世界标准化与质量管理，2007年第4期，P32-35）

（二）三要素论

1. 三要素论内容

服务质量三要素论代表人物是美国学者罗斯特和奥利弗（Rust & Oliver）以及布莱迪和克洛宁（Brady & Cronin）。

罗斯特和奥利弗认为，由于服务生产与消费不可分割，服务质量除了“接受什么服务”（what）——结果质量、“怎样接受服务”（how）——过程质量之外，还应当增加“在何处接受服务”（where）这样一个要素，即应当将顾客与服务企业接触场所及其有形环境纳入服务质量要素之中。服务有形环境包括服务场景、有形设施、风格情调等。后来，布莱迪和克洛宁利用来自银行和医疗服务的数据对罗斯特和奥利弗的服务质量三要素理论进行了实证检验，构建了一个基于三要素的服务质量阶层结构模型（如图 2.3 所示），并将三要素分别命名为“结果质量”（即服务过程结束后顾客的所得，一般通过价值、感受和有形物来体现）、“互动质量”（即服务传递过程中如何为顾客提供服务，一般通过从业人员态度、行动和专业性来测定）和“有形环境质量”（即作为服务传递背景的服务环境，一般通过服务服务场所位置、设施和情调来体现）。

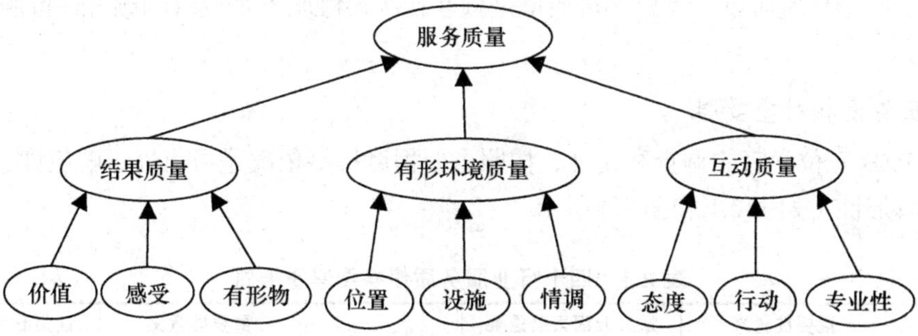

图 2.3　服务质量三要素构成

2. 三要素的相对重要性

依据服务质量三要素论，那么，服务质量三要素相对重要程度如何呢？对此，理论界缺乏充分研究。张圣亮和张正明通过实证研究方法对三类服务（分别为搜寻性服务，以快餐店为例；经验性服务，以理发店为例；信任性服务，以银行为例）中的顾客调查发现：在搜寻性服务和经验性服务中，服务质量要素重要程度依次为结果质量、过程质量和有形环境质量；在信任性服务中，服务质量要素重要程度依次为过程质量、结果质量和有形环境质量。也就是说，无论哪一种服务，"有形环境质量"在服务质量三要素中是最不重要的要素，因此，服务企业要提高服务质量，决不要一味地在改善有形环境质量上下功夫。

（三）五要素论

1. 五要素论内容

服务质量五要素论代表人物是美国学者帕拉苏拉曼、泽丝曼尔和贝瑞（Parasuraman Zeithaml & Berry，简称 PZB）。PZB 三位学者通过对信用卡、银行、长途电话和修理与维护四个服务行业进行调查发现，影响顾客感知服务质量的因素有以下五个（据三人测算，这五个因素与顾客感知服务质量相关程度达 0.92）。

（1）可靠性。可靠性是指企业按照服务质量标准或者服务承诺为顾客提供服务，即企业执行了服务标准和兑现了服务承诺，表现为服务具有稳定性和一致性，它意味着服务以相同的方式、无差错地和准时地完成。这一要素基本上属于结果质量。例如，美国联邦快递的"隔夜送达"就是该企业最具有核心价值的服务可靠性承诺。

（2）响应性。响应性是指服务企业或其员工响应顾客要求，及时、快速、规范、礼貌和公平地为顾客提供服务。这一要素基本上属于过程质量。该维度强调在处理顾客要求、询问、投诉和疑问时的专注和快捷。

（3）安全性。安全性又称保证性，是指服务企业员工有能力执行服务标准和兑现服务承诺，即员工展现出了自信、谦恭态度和能让顾客信任的条件与能力。这一要素基本上属于结果质量。在高风险服务或者顾客没有能力评价服务产出时，如银行、保险、证券交易、医疗、法律服务等，该维度特别重要。

（4）移情性。移情性又称关怀性，是指服务企业或其员工给予顾客的特殊关心和个性化服务，表现为服务过程中的体贴、愉快、互动和满足特殊要求。这一要素基本上属于过程质量。移情性的本质是通过个性化服务使每一个顾客都感觉到自己是唯一的或受到特殊对待的。

（5）有形性。有形性是指服务企业的有形环境、工具、设备以及服务人员的穿戴等，这一要素属于有形环境质量。有形环境质量是顾客初次接触服务企业时的顾客评价服务质量的重要因素。

2. 五要素相对重要性

根据 PZB 三位学者的调查和统计，按照重要程度排序依次是可靠性、响应性、安全性、移情性和有形性（如表 2.1 和图 2.4 所示）。

表 2.1　四个行业服务质量各要素重要性

行　业	重要性意义（以 10 分制评分）	认为此因素最重要占调查对象的百分比	行　业	重要性意义（以 10 分制评分）	认为此因素最重要占调查对象的百分比
信用卡顾客（187 人）			长途电话顾客（184 人）		
有形性	7.43	0.6	有形性	7.14	0.6
可靠性	9.45	48.6	可靠性	9.67	60.6
响应性	9.37	19.8	响应性	9.57	16.0
安全性	9.25	17.5	安全性	9.29	12.6
移情性	9.09	13.6	移情性	9.25	10.3
银行顾客（177 人）			修理与维护顾客（183 人）		
有形性	8.56	1.1	有形性	8.48	1.2
可靠性	9.44	42.1	可靠性	9.64	57.2
响应性	9.34	18.0	响应性	9.54	19.9
安全性	9.18	13.6	安全性	9.62	12.0
移情性	9.30	25.1	移情性	9.30	9.6

需要说明的是：关于服务质量五要素究竟哪一个要素更重要，理论界存在着认识上的分歧。如上所述，帕拉苏拉曼、泽丝曼尔和贝瑞三位学者认为，服务质量五要素的重要程度从高到低依次是可靠性、响应性、安全性、移情性和有形性。但国内服务营销学者韦福祥研究发现，无论是高度接触的酒店业还是低度接触的报纸业，服务质量维度重要性排序均为安全性、可靠性、响应性、移情性和有形性。这说明，在不同文化背景下，顾客对于服务质量维度重要性的认识存在着差别。

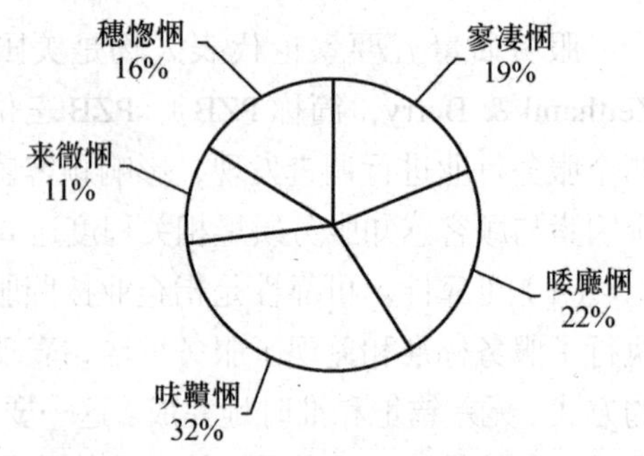

图 2.4　服务质量五要素相对重要性

第二节　服务质量等级与良好服务质量

一、服务质量等级

如上所述，服务质量是指顾客感知质量，因此，评价服务质量好坏和高低应当基于顾客立场而非企业立场。那么，顾客又是如何评价服务质量好坏或高低的呢？帕拉苏拉曼、泽丝曼尔和贝瑞三位学者认为，服务质量是顾客预期服务质量与实际感受服务质量之间差距的函数，即顾客是依据感知质量与期望质量的吻合程度来评价服务质量好坏和高低的，由此，顾客心目中的服务质量可以分为四个等级：优异服务质量、良好服务质量、一般服务质量和糟糕服务质量（如图 2.5 所示）。

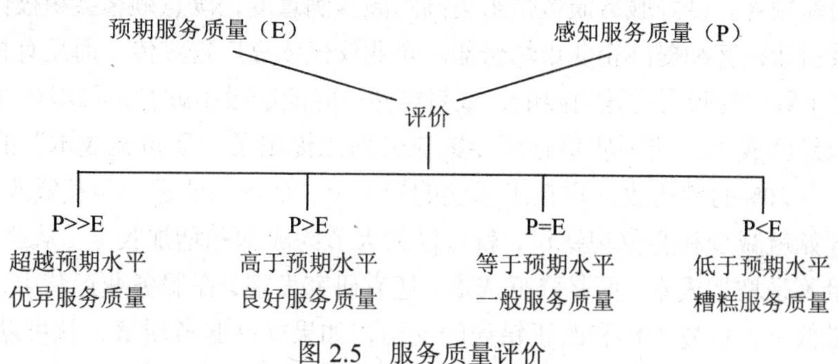

图 2.5　服务质量评价

从图 2.5 可知，依据顾客感知服务与期望服务的吻合程度，服务质量分为以下四个等级。

（1）优异服务质量。优异服务质量是指顾客实际感知服务质量远远大于预期服务质量的情况。优异服务质量通常能够给顾客带来意外的惊喜，从而引起顾客正面口碑传播和重购行为。

（2）良好服务质量。良好服务质量是指顾客实际感知的服务质量稍微大于预期服务质量的情况。良好服务质量一般能够给顾客带来心理上的愉悦，从而在一定程度上推动顾客正面口碑传播和重购行为。

（3）一般服务质量。一般服务质量是指顾客实际感知的服务质量与预期服务质量吻合的情况。一般服务质量虽然不会引起顾客不满，但一般也不会推动顾客向亲朋传播企业正面信息以及重购行为。

（4）糟糕服务质量。糟糕服务质量是指顾客实际感知的服务质量低于其预期的服务质量的情况。糟糕服务质量必然引起顾客不满，进而导致顾客流失和传播企业负面信息。

对于服务提供者来说，最忌讳的是一开始服务质量很高，然后又降低服务质量。罗斯特和奥利弗将这种情况称为“一时之喜”，即一开始给顾客带来喜悦，但最终导致顾客不满。因为“一时之喜”会提高顾客期望水平，如果企业实际服务质量下降，就会进一步拉大顾客感知服务质量与期望服务质量之间的差距，进而导致顾客更大的不满。

二、良好服务质量及其价值

从顾客角度来说，良好服务质量是指顾客感知服务大于期望服务时的服务质量。也就是说，只有当顾客实际感知服务大于期望服务时，顾客才会认为企业的服务质量是“好的”或“比较好的”。如果顾客感知服务质量小于或等于期望服务质量，则不属于良好服务质量，而是属于“一般的”或“差的”服务质量。

对于企业来说，良好服务质量具有以下营销价值。

（1）保留顾客。研究表明，服务质量与顾客满意和顾客忠诚之间存在明显正相关关系（如图 2.6 所示），即服务质量是顾客满意

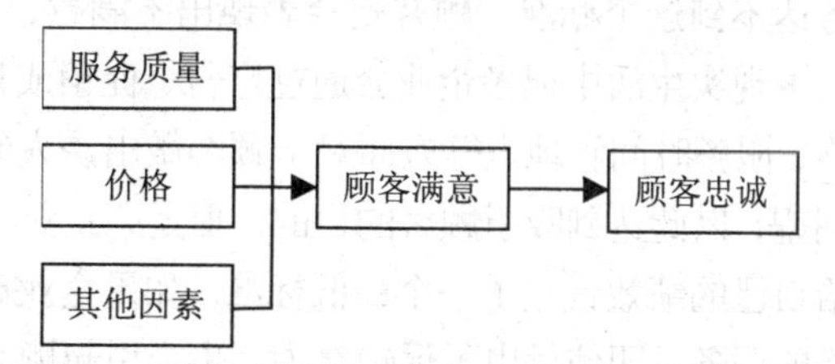

图 2.6　服务质量与顾客满意、顾客忠诚的关系

的前置变量，顾客满意是顾客忠诚的基础，顾客忠诚是企业追求的目标。哈佛大学商学院研究发现，只有较高等级的顾客满意才能产生顾客忠诚。例如，在医疗保健和汽车行业，“一般满意”顾客的忠诚率约为23%，“比较满意”顾客的忠诚率约为31%，“完全满意”顾客的忠诚率可以达到75%。

（2）吸引新顾客。良好服务质量带来更高的顾客满意度，满意顾客会积极传播企业正面口碑，进而吸引新顾客和提高企业市场份额。企业仅仅依靠广告宣传，而没有相应的服务质量做保证，对于顾客的吸引力是有限的，或者虽然一时能够吸引顾客，但却难以保留顾客。

（3）降低经营成本。美国质量管理专家克劳斯比提出了“质量无成本”的观点。据他研究，企业中有20%的销售收入用在了错误的用途上，企业还要进一步花钱改正这些错误。如果企业一开始就减少和避免犯错误，就可以大大节约成本和增加收益。从这个角度来说，提高服务质量不是增加成本，而是降低成本。还有研究发现，在服务业运营中，有超过35%的成本是质量低下、重复工作和改正错误的支出，如果提高服务质量，就可以节约这35%的成本。

（4）提高售价。有学者研究表明，在服务质量上位居行业前5位的服务企业，其价格水平平均比竞争者高出8%，即提高服务质量可以获得溢价和增加收益。

第三节　顾客期望服务及其管理

一、顾客期望服务及其重要性

顾客期望服务是指顾客在实际购买和接受服务之前希望达到或期盼达到的服务水平。1990年，美国学者帕拉苏拉曼、泽丝曼尔和贝瑞将顾客期望服务定义为“服务应当是什么样的”；1991年他们又将其直接定义为“优质服务”，即在他们看来，顾客期望服务一般都是优质的服务。

一般来说，顾客在接触或购买一项服务之前，会自觉或不自觉地闪现或明确描绘出对将要接受服务的预期，即对服务过程和结果有一种期待和想象，这就构成了顾客期望服务的一般内容。顾客期望服务反映了顾客对于服务的希望和愿望，如果没有这些可能被满足的期望和愿望，顾客就不会产生购买某项服务的动机和行为。

顾客期望服务是一把“双刃剑”。一方面，它是吸引顾客的动力，正是因为有了某种期望，顾客才会选择和购买服务，以便满足自己的期望，即顾客期望服务是顾客采取实际购买行为的前提；另一方面，由于顾客期望的存在，就给企业绩效建立了一个最低标准。如果企业服务达不到这个标准，顾客就会表现出不满意，进而放弃购买和转换服务供应商。

现实生活中很多企业会通过广告、促销或其他沟通方式，自觉或无意识地在服务质量、价格、服务时间和地点等方面对于顾客做出诱人的承诺，让顾客对于企业的服务绩效形成较高的期望，以此达到吸引顾客的目的。但是，企业一定要清楚，在建立顾客期望的同时也就意味着给自己的绩效设立了一个最低标准。如果企业确定的顾客期望值不切实际，不能提供自己所承诺的服务，即使付出了促销努力，也会引起顾客不满，甚至顾客会因为企业提供不了所承诺的服务而更加失望。因此，顾客期望管理的主要目的就是在两者之间寻求平衡：企业建立的顾客期望，既要对顾客有吸引力，又要保证企业能够实现，从而才能实现企业赢利目标。

二、顾客期望服务分类

顾客期望服务分类基本方法有两种：一是按照顾客期望服务水平进行分类；二是按照顾客期望服务清晰程度进行分类。

（一）按照顾客期望服务水平进行分类

美国学者帕拉苏拉曼、泽丝曼尔和贝瑞按照顾客期望服务水平不同，将顾客期望服务分为“理想服务”和“适当服务”，并认为顾客期望服务是一个介于理想服务与适当服务之间的范围（即“容忍区域”）而不是一个单一水平（如图2.7所示）。

理想服务
容忍区域
适当服务

图2.7　顾客期望服务与容忍区域模型

1. 理想服务

理想服务又称“欲求服务”，是指顾客心目中向往和渴求的服务水平，或者说是顾客希望企业达到的服务水平。如果顾客感知服务居于理想服务区域之内，顾客就会非常满意甚至惊喜。但需要说明的是，理想服务只是顾客的一种主观期望，是一个理想区域。

对于服务企业来说，了解顾客心目中的理想服务水平是十分必要的。①有助于确定服务质量的高标准，因为理想服务往往就是高标准服务，企业可据此确立自己的服务标准；②有助于服务定位，因为理想服务往往就是消费者最为关注的，企业可将顾客期望服务作为定位或诉求点；③有助于服务改进和创新，因为理想服务往往就是现有服务改进和努力的方向，企业可据此对现有服务加以改进和优化。

2. 适当服务

适当服务又称“合格服务”，是指顾客能够接受的最低服务，是一种较低水平的服务期望，是顾客在接受服务时所能容忍的底线，即企业实际服务不能低于“适当服务”，否则就会引起顾客不满。

对于服务企业来说，了解顾客心目中的适当服务水平也是十分必要的。①有助于确定服务质量底线，因为适当服务就是最低限度的服务水平，企业实际服务质量最低不能低于“适当服务”，否则就会导致顾客不满；②有助于确立最低服务成本和服务定价，因为合格服务往往就是最低成本和最低定价的服务，如果企业为了降低成本和定价而过于降低实际服务质量，就会导致顾客不满和放弃购买服务。

3. 容忍区域

容忍区域是指顾客认可和能够接受的服务范围，它介于理想服务与适当服务之间。当顾客感知服务在容忍区域之内时，顾客并不会特别在意企业服务质量，因为这个区域内的服务水平都是顾客能够接受和容忍的。如果顾客感知服务超出容忍区域，就会引起顾客以特别积极或特别消极的方式加以关注：如果顾客感知服务降到适当服务之下，顾客就会对企业产生不满和抱怨；如果顾客感知服务突破理想服务之上，顾客就会对企业产生意外的惊喜进而传播正面口碑，但这会大大增加企业服务成本。

顾客容忍区域表明：顾客可以接受的服务质量水平不是一个平面而是一个区间，不是恒定不变的而是在一个区间内上下浮动的，最高为理想服务，最低为适当服务。

顾客容忍区域有以下几个特点。

（1）不同顾客具有不同的容忍区域。顾客因为年龄、性别、职业、受教育程度、性格、情绪、繁忙程度等不同，对于服务质量的容忍区域差别很大。

（2）不同服务质量维度具有不同的容忍区域。服务质量维度越重要，服务质量容忍区域就越窄。一般来说，顾客对于服务“可靠性”的容忍区域较窄，而对于服务“有形性”的容忍区域相对较宽。

（3）初次服务和补救服务具有不同的容忍区域。一般来说，初次服务容忍区域相对较宽，补救服务容忍区域相对较窄，因此，服务企业应当努力“第一次把事情做好”。

（4）容忍区域位置不是一成不变的。容忍区域上限（即理想服务水平）和下限（即适当服务水平）具有不同的变化弹性。一般来说，容忍区域上限比下限变化弹性小，其变化趋势通常是向上变化，即随着时间推移和消费经验积累，消费者的理想服务水平会不断提高。容忍区域下限变化灵活性大，其变化趋势包括向上和向下两个方向发生变化，即随着时间推移和消费经验积累，消费者的“适当服务”水平会不断提高；但如果外部环境和自身收入水平发生变化，消费者的“适当服务”水平也可能降低。

（5）顾客参与程度与容忍区域呈正相关关系。一般来说，顾客参与程度越高，服务质量不确定性就越强，并且顾客越愿意承担不恰当参与的责任，从而容忍区域就会提高，即企业即使有一些服务失误，顾客也会宽容和原谅服务企业。顾客参与程度越低，服务质量的确定性就越强，并且顾客不需要承担服务失误之责，从而容忍区域就会降低。

（二）按照顾客期望服务清晰程度进行分类

美国学者朱卡·奥加沙洛（Jukka Ojasalo）按照顾客期望服务清晰程度不同将顾客期望服务分为三类：模糊期望、显性期望和隐性期望（如图 2.8 所示）。

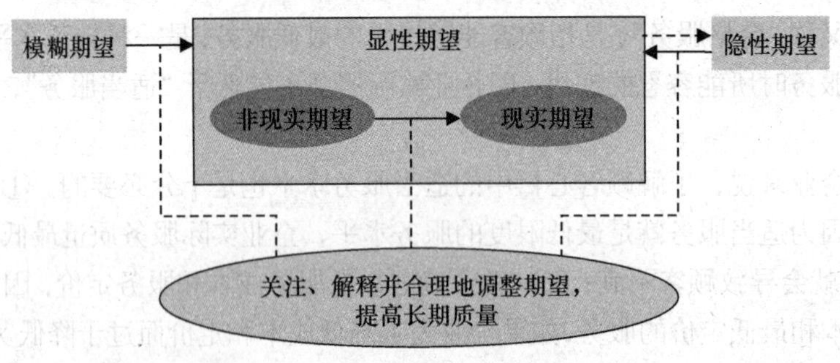

图 2.8　顾客期望服务模型

1. 模糊期望

模糊期望是指顾客客观存在但其本人却无法清晰表述的期望，即顾客期望服务提供者为其解决面临的某类问题或满足某一需要，但其本人却不能清晰地描述具体需求及其满足方法。模糊期望是一种真实的、客观存在的期望，只是顾客受制于知识和经验等，不能清晰地对其期望加以描述。例如，顾客装修房屋，对于装修效果有某种期望，但对于具体效果以及如何实现装修效果和使用何种材料等都无法描述清楚。对于服务供应商来说，了解顾客模糊期望进而将其显性化十分重要，它是赢得顾客信任和推销其服务的重要前提。

2. 显性期望

显性期望是指顾客在购买服务之前就已经清晰地存在于头脑中的期望，即顾客期望是清晰、明确和顾客自己能够描述清楚的。按照能够实现的条件和基础，显性期望又分为现实期望和非现实期望。现实期望是指企业有条件、有能力满足和实现的顾客期望；非现实期望是指超出企业服务能力的顾客期望。例如，投资者期望稳赚不赔、没有任何风险，参加培训班学员期望顺利通过考试等，这些都是非现实的期望。对于服务提供者来说：①在对顾客进行承诺和沟通时，要使用明确和清晰的语言，不要让顾客产生误解，更不要让顾客提出过高或非现实的期望——模糊的承诺更容易导致顾客提出非现实期望；②针对顾客非现实期望，要明确告知顾客企业不具备满足期望的条件和能力，同时介绍整个行业或某一地区的某一服务行业的现有服务能力，进而适当降低顾客期望或消除顾客的非现实期望。

3. 隐性期望

隐性期望是指不需要专门表达而理所当然地存在的期望，即顾客认为服务企业对于顾客的这些期望是不言自明的。顾客隐性期望如果能够被企业理解和满足，顾客满意度不会明显提高；但如果这些期望被忽视，就会极大地影响顾客满意度。对于顾客来说，如果显性期望每一次都能够被满足，这种显性期望就会逐渐转化为隐性期望，即顾客在下一次购买服务时，往往不再明示对于服务的要求，而是认为企业理所应当地知道进而提供相应的服务。顾客隐性期望越多，对于服务提供者的工作要求就越高。如果顾客习以为常的服务出现了失误，顾客就会产生挫折或不满意心理。这时，隐性期望就被迫向显性期望转变，即顾客对于服务提供商提出明确要求，此时就需要企业及时提供补救。对于服务提供者来说：①必须了解所在行业基本服务水平和标准，以满足顾客不言自明的基本期望；②通过沟通方式了解顾客隐性期望，即把顾客隐性期望转变为显性期望，进而加以满足。

图 2.6 还描述了顾客三种期望之间的转化过程。其中实线箭头表示“有意识的动态过程”，即企业应当而且能够主动对顾客期望进行管理的过程，包括模糊期望向显性期望转变、隐性期望向显性期望转变以及非现实期望向现实期望转变。

（1）模糊期望向显性期望转变。随着顾客服务体验增多，顾客对于企业提供的服务产品、服务水平、服务能力和服务价值等都会更加了解和熟悉，从而顾客对于企业所提供服务的一些模糊认识会逐渐清晰起来，即模糊期望不断地朝着显性期望转化，因而顾客会越来越清楚自己需要什么样的服务，并且能够明确地表达出来。

（2）隐性期望向显性期望转变。当顾客习惯了某种特定服务水平之后，在以后接受此类服务时往往就不再向服务提供商表达自己的服务期望了，即显性期望隐性化。但如果服务提供商改变某些服务，或者更换服务人员，可能会导致顾客不满，此时顾客就会明确告知自己的服务需求，即隐性服务显性化。

（3）非现实期望向现实期望转变。如果顾客对于某一服务行业缺乏了解，或者以往曾经经历过高水平的服务，或者企业向顾客承诺过多，或者对于服务项目及其自身服务能力介绍不清晰等，都会导致顾客形成非现实期望。但随着时间推移、相关信息增加以及顾客对于服务供应商和整个服务行业了解的深入，就会逐渐剔除一些非现实期望，进而将非现实期望转变为现实期望。

图中的虚线箭头表示某种无意识的动态过程，即企业对于顾客期望无法施加影响的过程，这是一种无意识的转变。在顾客与服务企业的接触过程中，如果顾客已经习惯了某种特定水平的服务，那么，在下一次接受同样的服务时，可能并不向服务提供者表达其服务期望，而是将其视为理所当然。这样，显性期望就开始向隐性期望转化了。

三、顾客期望服务影响因素

服务营销学者泽丝曼尔等开发了以下顾客期望服务影响因素模型（如图 2.9 所示）。

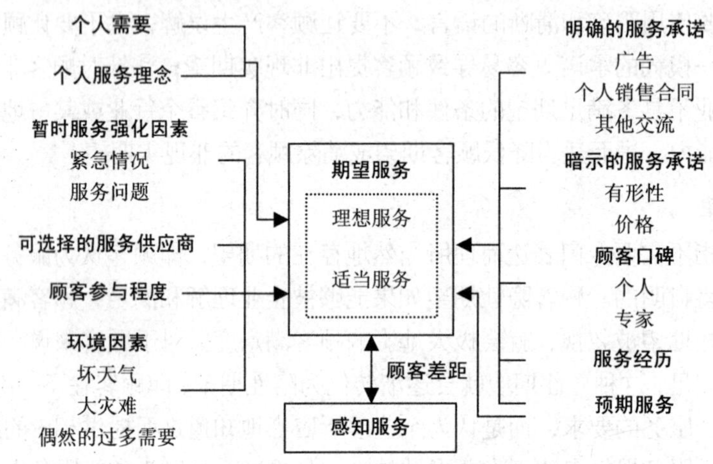

图 2.9　顾客期望服务影响因素模型

1. 理想服务影响因素

顾客对于理想服务的期望主要受两类因素影响：一是个人需要，二是个人服务理念。

（1）个人需要。个人需要是指个人为满足生理或心理缺失而产生的愿望，它是形成理想期望服务的关键因素。个人需要具有明显的差异性，由此引起的对理想服务的期望也因人而异。如对于社交有较高需求的顾客，对于饭店的辅助服务如音乐表演等可能会有较高预期。个人需要可以按照重要程度不同分为主要需要和次要需要，前者对于顾客的重要程度较高，后者对于顾客的重要程度相对较低。一般来说，顾客对于满足主需要服务的理想程度比较关注，期望程度也较高；而对满足辅需要服务的理想程度相对不太关注，期望程度也较低。

（2）个人服务理念。个人服务理念是指顾客对于服务的意义和服务提供商正确行为的态度。如果顾客曾经是一家餐厅的服务员，她就有可能依据这种经历形成餐厅服务标准。一般说来，在服务行业工作过的顾客相较于没有此类经历的顾客有更高的服务理念。

2. 适当服务影响因素

顾客对于适当服务的期望主要受以下五类因素的影响。

（1）暂时性服务强化因素。暂时性服务强化因素是指暂时的、短期的和个人的因素，这些因素会使顾客更加认识到对某项服务的需要。一般来说，迫切需要某项服务时或个人遇到某项紧急情况时，会提高对适当服务期望的水平。例如，因为意外事故而更加需要汽车保险；有过类似服务消费经历的顾客对适当服务的期望水平会比较高。

（2）可供选择的服务供应商数量。顾客可以选择的服务供应商数量越多，或者自己可以提供相关服务（如草坪修剪），其期望的适当服务水平就会较高，容忍区域也会较窄；如果可以选择的服务供应商数量较少甚至是独家供应商，则顾客期望的适当服务水平就会较低，容忍区域也会较宽。

（3）顾客参与程度。顾客参与程度高，且参与方式恰当，其期望的适当服务水平就较高，且容忍区域会变窄；当顾客感觉到他们没有履行自己的角色时，其期望的适当服务水平会降低，并且容忍区域会变宽。

（4）环境因素。环境因素是指顾客认为在服务交付时不能由服务提供商所控制或左右的因素。当环境变化导致服务供应商不能有效提交服务时，顾客期望的适当服务水平会降低，容忍区域会扩大。

（5）顾客预期。顾客预期是指顾客对于服务过程或服务结果的主观愿望。如果顾客对于服务过程或结果预期好，其期望的适当服务水平就会较高；反之就会较低。

3. 理想服务和适当服务共同影响因素

顾客对于理想服务和适当服务期望的共同影响因素主要有以下四类。

（1）明确的服务承诺。明确的服务承诺是指服务企业通过公开媒体或相关人员口头直接传递给顾客的有关服务信息的说明。由于服务具有无形性，顾客通常依据多种形式的信息对服务进行评价。顾客对于某类服务越是缺乏了解，其期望的形成就越依赖于企业的服务承诺。

（2）暗示的服务承诺。暗示的服务承诺是指服务企业通过价格、有形设施等传递给顾客的服务信息。不同于公开的服务承诺，服务企业通过定价、有形设施等暗示的承诺，可以使顾客推断出服务应该或将是什么样的。一般来说，价格越高或有形设施越豪华，顾客的服务期望就越高。

（3）顾客口碑。顾客口碑是指顾客发表的对于企业的评价。企业口碑越好，顾客期望服务就越高；反之，企业口碑越差，顾客期望服务就会较低。

（4）顾客服务经历。顾客服务经历是指顾客以往曾经接触和消费过的服务。如果顾客服务经历较好，其期望服务就会较高；反之就会较低。

四、顾客期望服务管理

1. 顾客期望服务管理的必要性

如上所述，顾客期望服务是一柄“双刃剑”，它既是企业吸引顾客购买服务的前提和基础，同时又是企业建立服务绩效的最低标准。企业必须在吸引顾客购买服务和有能力兑现顾客期望服务之间找到平衡点，由此就需要对顾客期望服务进行管理。

具体来说，管理顾客期望服务具有以下重要性。

（1）提高顾客感知服务质量和满意度。顾客感知服务质量和满意度取决于顾客期望服务质量与体验服务质量之间的吻合程度，二者吻合程度越高，顾客感知服务质量就越高，满意度就越高；二者差距越大，顾客感知服务质量就越低，顾客满意度就越低。通过管理顾客期望，能够有效缩小顾客感知服务与期望服务之间的差距，从而提升顾客感知服务质量和满意度。

（2）提升企业形象。顾客期望是顾客对企业服务的一种心理预期和希望，也代表顾客对企业的一种认同。太高的顾客期望会使企业难以达到，最终破坏企业在顾客心目中的地位。太低的顾客期望说明顾客对企业提供的服务水平和能力失去信心，企业在顾客心目中的形象也会大打折扣。通过管理顾客期望，能够背顾客期望引导到与企业形象相一致的水平。

（3）推动顾客口碑传播。口碑传播是指顾客不以获取货币性收益为目的而对企业信息进行的传播。在很多情况下，口碑传播成为潜在顾客做出对服务产品购买决策的主要信息来源，尤其是对感知风险较大的服务更是如此。通过管理顾客期望，使顾客体验服务期望服务相一致或超越期望，就能够推动顾客正向口碑传播，进而扩大企业知名度。

（4）建立顾客关系。如果顾客感知服务多次超过期望服务，顾客就会非常满意，进而对企业建立忠诚，即重复购买和大量购买。

2. 顾客期望服务管理方法

服务企业一般可以采用以下方法管理顾客期望服务。

（1）提供可行的服务承诺。由于服务具有无形性，企业通过广告宣传和实施服务承诺以吸引顾客是十分必要的。但为防止顾客提出过高期望，企业在对顾客进行宣传和承诺时，必须遵守“与服务能力相符”原则，即宣传和承诺不宜过度和夸大，否则，就会导致顾客提出不切实际的期望，致使企业无法满足。

（2）促使顾客期望服务显性化。有些时候顾客无法清晰表达自己的期望，但这些期望又是客观存在的。对此，服务供应商必须运用适当营销工具和沟通技巧，及时发现顾客的模糊期望和隐性期望，进而将其显性化和加以满足，由此才能增加顾客满意度。

（3）修正不合理的顾客期望。不同顾客具有不同的期望和要求，但企业不可能满足所有顾客的全部期望。对于顾客的不合理要求，服务提供商要合理引导。对于出现的服务失误，要基于顾客需要进行补救，关注顾客价值。

（4）努力超越顾客期望。不断进步、不断创新、不断超越应是企业保持基业长青的核心要素。超越顾客期望会给服务企业带来积极的效果，如口碑传播、顾客忠诚、市场份额增加和绩效提高等。

第四节　顾客感知服务及其管理

一、顾客感知服务及其层次

顾客感知服务是指顾客对于企业实际服务质量的体验、感受、认知和评价。顾客对于服务质量的感知一般包括四个层次：对单个服务接触点的感知、对多个服务接触点的感知、对服务公司的感知和对服务行业的感知（如图 2.10 所示）。

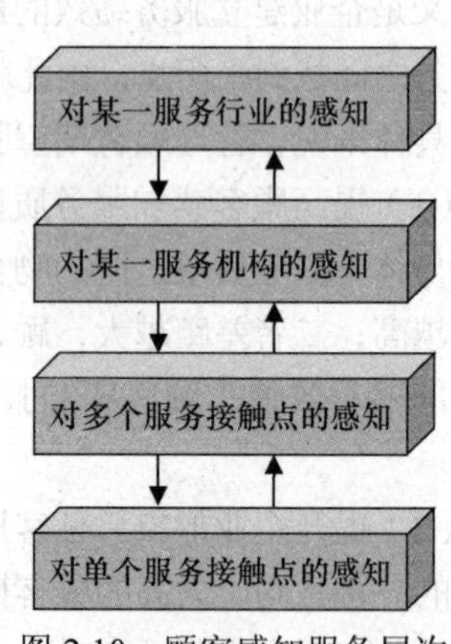

图 2.10　顾客感知服务层次

对单个服务接触点的感知是指顾客在某一次服务购买和消费过程中，对于某一个服务接触点的质量感知和评价；对多个服务接触点的感知是指顾客在某一次服务购买和消费过程中，对于多个服务接触点的质量感知和综合评价；对服务公司的感知是指顾客在与某一服务公司一次或多次接触过程中所形成的对该公司服务质量的整体感知和评价；对服务行业的感知是指顾客在与某一服务行业的多家服务公司一次或多次接触过程中所形成的对某一行业服务质量的整体感知和评价。

从对单个服务接触点的感知到对某一服务行业的感加，服务感知从特殊到一般、从具体到抽象。

二、顾客感知服务影响因素

顾客感知服务通常受以下因素影响。

1. 实际服务水平

企业实际服务水平正向影响顾客感知服务质量，并且是影响顾客感知服务质量的首要因素。如果企业实际服务水平高，顾客感知服务质量一般就会较高；反之则相反。例如，一家饭店的饭菜质量、服务人员的服务态度和能力、服务设施先进程度、房间环境等，对于顾客感知服务质量都有决定性影响。

2. 顾客情感

情感包括心情和感情。心情是指发生在特定时间和特定情况下的短时间的感觉状态；感情是指更强烈、更稳定和更深入的感觉状态。积极情感正向影响顾客感知服务质量，消极情感负向影响顾客感知服务质量。

顾客情感对其感知服务质量的影响具体表现为：①影响对服务接触和服务提供者的看法和感觉。积极情感会对服务接触和服务提供者形成正面看法和评价；消极情感会对服务接触和服务提供者形成负面看法和评价。②影响参与者热情及其参与程度。积极情感会推动顾客积极和创造性地参与服务过程，进而提升感知服务质量；消极情感会阻碍和限制顾客参与服务过程，进而降低感知服务质量。③影响对服务信息的吸收和记忆。积极情感如愉快、幸福、兴高采烈等，能唤起消费者积极回忆；消极情感如沮丧、生气、愤怒等，会强化消费者消极记忆。一项研究表明：坏情绪对感知服务质量的影响远大于好情绪对感知服务质量的影响。但无论好情绪还是坏情绪，都会影响顾客对于服务的评价及其行为方式，尤其是影响顾客对真实瞬间的感知。

3. 对成功和失败的归因

归因是指事件感觉上的原因。当一种结果出现时，人们总是试图寻找其中的原因，归因不同必然影响顾客感知服务质量。一般来说，如果顾客将服务成功归因于企业或其员工努力的结果，其感知服务质量就会提高；如果顾客将服务成功归因于个人参与和努力的结果，其感知服务质量就会降低。

4. 对平等或公正的感知

对平等或公正的感知正向影响顾客感知服务质量。如果顾客对于服务过程或结果感知公平，其感知服务质量就会提高；如果顾客对于服务过程或结果感知不公平，其感知服务质量就会下降。

5. 其他顾客

在很多情况下，服务是有很多顾客同时参与的活动，不同顾客对于服务质量的感知或评价会相互影响。如果其他顾客尤其是有权威性的顾客感知服务质量高，则某一顾客对于服务质量的感知也会提高；反之则相反。

6. 文化环境

台湾长荣管理学院的林恬予曾经对于旅馆业顾客感知服务质量进行过较为详细的探讨。他在研究中发现，不同国籍顾客（代表不同文化）对于服务质量感知存在较大差异，其中日本顾客对于旅馆业服务质量要求最高。例如，在“安全性”维度上，日本、欧洲、中国台湾和美国顾客满意度分别为 4.0663、4.2500、4.3036 和 4.3750。

三、顾客感知服务管理

（一）顾客感知服务管理及其必要性

顾客感知服务管理是指企业通过对现场正在接受服务的顾客以及相关服务要素进行管理，以提升顾客感知服务质量，进而提升顾客满意度和忠诚度。

如上所述，顾客感知服务质量与企业实际服务质量并非完全吻合，企业即使采取措施不断提高实际服务质量，也并不能保证顾客感知服务质量同步提升。对此，企业应通过对现场顾客以及服务要素进行管理，以提高顾客感知服务质量。

管理顾客感知服务一般有三个目标：一是促使顾客感知服务与企业实际服务相吻合，即顾客感知服务能够反映企业实际服务水平；二是促使顾客感知服务与期望服务相吻合，即顾客感知服务达到期望服务的水平；三是促使顾客感知服务超过顾客期望服务。

（二）顾客感知服务管理方法

顾客感知服务管理有以下基本方法。

1. 引导和调整顾客情绪

如上所述，顾客积极情绪正向影响其感知服务质量，顾客消极情绪负向影响其感知服务质量，基于此，服务企业应主动引导和调整顾客情绪，促使顾客以积极情绪接受服务和消除顾客消极情绪。具体方法包括：①主动、热情地接待顾客；②以快乐和激情感染顾客；③促使顾客之间交流和互动；④建立融洽的服务现场氛围。

2. 引导顾客积极参与服务过程

当顾客积极参与服务过程时，如果服务取得巨大成功，顾客就会有自豪感，从而会提升感知服务质量；如果服务遭遇失败，顾客会愿意承担一部分责任，从而不会过于抱怨服务质量差。因此，服务企业应尽可能鼓励和引导顾客参与服务过程之中。

3. 公平对待顾客

美国心理学家亚当斯（John Stacey Adams）在 1965 年首次对公平进行了系统研究，认为公平是激励的动力，且对心理和行为有重要影响，人们一般通过两个层面的比较以判断是否公平：一是将自己所得与付出进行纵向比较，二是将自己所得和付出与他人所得和付出进行横向比较。由此可知，公平是一种主观感知，即当事人的主观评价，对于同一行为或结果，不同的人会有不同的公平感知。

1978 年，胡佩茨（Huppertz）等将公平理论引入营销领域，认为消费者会从消费经验中获得的价值和投入的成本与其他参考群体做比较，只有当顾客认知的价值与付出的成本相等时才会觉得公平。1988 年，克莱曼（Elizabeth C. Clemmer）将公平概念引入服务领域，认为社会交往的公平理论对于服务企业与顾客之间的交往也是适用的。服务公平性是指顾客对于企业提供服务行为公平程度的评价。赛德斯和贝瑞（Kathleen Seiders & Leonard L.Berry）认为，服务无形性增大了顾客的购买风险，对服务公平性的感知就成为顾客评价服务质量的一个重要因素。多数学者认为，服务公平性包括三个维度：结果公平、程序公平和交互公平。结果公平关注的是利益与成本的对比，即顾客在接受服务后对于服务结果的一种主观判断；程序公平关注的是实现结果的过程，即企业能够让顾客顺畅地获得服务；交互公平关注受到何种对待，即员工礼貌和真诚地对待顾客。近年来，有学者认为公平性还包括信息公平性，即企业公开服务信息，向顾客解释企业服务过程和服务内容。总之，公平性影响顾客感知服务质量，企业必须尽力给予顾客提供公平的服务。

4. 主动承担服务失误责任

服务失误在所难免，并且在很多情况下服务失误责任难以分辨。对此，如果企业主动承担服务失误责任，并给予顾客一些赔偿，就能够感动和感化顾客，进而提升顾客感知服务质量。

第五节　服务接触及其管理

一、服务接触及其重要性

（一）服务接触含义

由于服务具有无形性和生产与消费不可分割性，服务企业不可能像制造类企业那样事先生产出某种质量标准的服务，然后再提供或售卖给消费者。服务生产、服务提交和服务消费通常是同时的，即在顾客与服务企业接触过程中，服务企业生产和提交服务，消费者消费和享受服务，服务质量是在顾客与服务企业接触与互动过程中形成的，因此，服务企业必须十分重视对服务接触进行管理。

何谓服务接触呢？理论界对此存在着认识上的分歧，但基本观点有三种：一是认为服务接触是指顾客与服务员工之间的接触和互动。美国学者撒普里南特和索罗门（Surprenant & Solomon）认为，服务接触是“介于顾客与服务提供者之间的双向互动”。二是认为服务接触是指顾客与服务人员、服务设施和设备等所有服务要素的接触和互动。萧斯塔克（Shostack）认为，服务接触不仅包括顾客与服务人员之间的接触，而且包括顾客与服务设施、设备之间的接触。比特纳（Bitter）等和洛克伍德（Lockwood）也认为，服务接触要素不仅指服务人员，而且包括企业向顾客提供服务过程中能够对顾客感知产生影响的所有因素。三是认为服务接触是指顾客与服务场所所有人员（包括服务人员和顾客）和设施、设备的接触。范秀成等认为，服务接触除了顾客与服务人员、服务设施和设备接触之外，还包括顾客之间的互动，因为它影响顾客对于服务过程的评价和对服务质量的感知。

本书作者认为，由于现场顾客具有不可控性，且顾客之间并非都是基于服务事项进行交流与互动，所以，服务接触不应当包括顾客之间的接触。基于此，本书接受以上第二种观点，并在综合前人研究成果的基础上将服务接触定义为：服务接触是指顾客在购买或消费服务的过程中，与服务机构、服务人员、服务设施以及服务公司网站等进行的所有接触。

（二）服务接触类型

关于服务接触类型，学术界存在着不同的划分方法。萧斯塔克将服务接触分为面对面接触、电话接触和远程接触。比特纳等将服务接触分为面对面接触、电话接触和互联网接触；顾文俊将服务接触分为人与人接触、人机接触和人与技术接触。

本书在综合前人研究成果和考虑现代服务手段的基础上，将服务接触分为面对面接触、电话接触、人机接触和互联网接触四种类型。

1. 面对面接触

面对面接触是指顾客通过与服务公司员工（包括直接服务人员和辅助服务人员）直接和面对面接触，进而获得和享受服务。理发、美容和驾校等都是该类服务接触的典型。

在面对面接触服务中，服务人员仪表、姿势、态度、表情、专业性等，是影响顾客感知服务质量的重要因素。

2. 电话接触

电话接触是指顾客通过电话与服务机构人员接触，进而获得和享受服务。当前越来越多的顾客通过电话向企业咨询问题和求得消费指导，越来越多的企业通过电话向顾客介绍相关服务项目。

在电话接触服务中，电话员接听电话速度、语气（即“让顾客听见你的微笑”）、知识、处理问题的速度和效率、耐心程度、对顾客问题的理解能力等，是影响顾客感知服务质量的重要因素。

3. 人机接触

人机接触是指顾客通过机器设备实现与服务机构接触，进而获得和享受服务。例如，顾客通过自助取款机取款、自动售票机买票、自动售货机购物和自助加油站加油等都是该类服务接触的典型。

在人机接触服务中，设备和设施的先进性、操作方便性、安全性、数量多少以及地理位置的方便性等，是影响顾客感知服务质量的重要因素。

4. 互联网接触

互联网接触是指顾客通过互联网实现与服务机构和人员的接触，进而获得和享受服务。在互联网快速发展的今天，越来越多的顾客通过互联网与服务企业接触，如网上购物、网上订票、网上咨询等。

在互联网接触服务中，网站界面友好性、操作简便性和安全性、及时解答和回复顾客问题以及语言亲切性等，是影响顾客感知服务质量的重要因素。

（三）服务接触的重要性

由于服务生产与消费不可分割，服务接触对于顾客感知服务质量、顾客满意度和忠诚度等都有十分重要的影响。

1. 服务接触影响顾客感知服务质量

基于服务具有无形性，只有当顾客与服务企业接触时，顾客才能形成真实的身心体验和感受。正由于此，瑞典学者诺曼（R. Norman）将顾客与服务企业接触的短暂时刻称作“真实瞬间”（moment of truth）或关键时刻。他说：“感知服务质量是在服务提供者与顾客在竞技场上相遇的关键时刻实现的……正是企业代表所使用的技巧、激励和手段同客户的期望和行为一起创造了服务传递过程。”“关键时刻”强调了顾客与服务人员接触的重要性，即只有在特定时间和地点，企业才有机会展示自己的服务，一旦错过时机，企业就很难用其他办法促使顾客形成服务质量感知或改变顾客已经形成的服务质量感知。

2. 服务接触影响顾客满意度和忠诚度

美国学者凯维尼（Keaveney）在对顾客流失原因进行调查时发现：失败的服务接触排在第二位（34%），仅次于核心服务失误（44%），其他原因包括欺骗或不公平定价（30%）、服务时间和地点不便或拖延（21%）、对服务失误的错误反应（17%）。

北欧斯堪的那维亚航空公司（SAS）总裁简·卡尔松（Jan Carlzon）在《真实瞬间》一书中指出：“我们每年有1000万顾客，他们平均每人与5位SAS员工接触，每次接触时间为15秒钟。这5000万次接触最终从根本上决定了SAS的成败……真实瞬间转瞬即逝，做得好，顾客下次还会再来；做得不好，他们便会离你而去”。

基于服务接触质量对于顾客满意度和忠诚度的影响，对于“营销是每一个人的事情”这句话会有更深刻的体会，同时也说明“服务营销”与“服务运作”具有不可分割性。

二、服务接触过程中顾客感知质量影响因素

美国学者比特纳和布姆斯（Bitner & Booms）通过对数千个服务接触案例进行研究，最终将服务接触过程中的顾客满意或不满意影响因素归纳为四类：适应性、主动性、应对和补救，并分别列举了这四类影响因素中服务员工的恰当行为和不恰当行为（如表2.2所示）。

表2.2 服务接触中的恰当和不恰当行为

主体	恰当行为	不恰当行为
适应性	• 认识到顾客需求的重要性 • 承认顾客需求的差异性 • 预期顾客需求 • 努力容纳不同顾客 • 调整系统适应顾客要求 • 解释规则/策略 • 承担责任	• 忽视顾客需求 • 不履行承诺 • 流露出不愿努力的情绪 • 使顾客尴尬 • 嘲笑顾客 • 回避责任 • 推诿
主动性	• 注意时间性 • 集中注意力 • 预测顾客需求 • 倾听 • 提供信息 • 认同顾客	• 流露出不耐烦情绪 • 忽视顾客要求 • 喊叫/嘲笑/咒骂 • 从顾客身边偷偷溜走 • 歧视顾客
应对	• 倾听 • 试图去容纳 • 解释 • 给予顾客自由时间	• 仅仅个人地接受顾客的不满 • 让顾客的不满影响他人
补救	• 承认问题 • 解释原因 • 道歉 • 赔偿/提高档次 • 给出选择方案 • 承担责任	• 不理睬顾客 • 责备顾客 • 让顾客自行解决问题 • 降低档次 • 不承认错误 • 推诿

1. 适应性

适应性是指服务机构或人员能够适应顾客的请求和要求。由于顾客千差万别，在服务接触过程中有些顾客可能会在基本服务之外提出一些额外的、特殊的和个性化的要求，或者请求服务企业对于个人遇到的麻烦提供帮助，如果企业能够重视、适应和满足顾客的个性化要求，顾客就会产生愉悦感；反之，顾客感知服务质量就会下降。当然，适应顾客要求可能会

增加企业服务成本，甚至需要改变服务流程和系统，在某些情况下还会影响其他顾客的利益。对此，服务企业需要权衡利害。一般来说，在不明显增加企业服务成本的情况下，企业应尽可能满足顾客的个性化要求。如果不能满足顾客要求，应尽可能做出解释和说明，以求得顾客理解和谅解。

2. 主动性

主动性是指服务人员能够理解顾客的要求，并主动和自觉地为顾客提供服务。在服务接触过程中，如果服务人员能够准确、清晰地理解顾客要求，并积极和创造性地提供某些服务，或者满足顾客某些潜在的或不好意思开口的需要，顾客就会产生愉悦感；反之，顾客感知服务质量就会下降。当然，要发现顾客潜在需要并主动加以满足，服务人员必须灵活、主动和富有热情与激情。

3. 应对

应对是指服务人员对于“问题顾客”能够做出恰当反应。“问题顾客”是指不愿意与服务企业或人员合作，或者不愿意使其行为与其他顾客或公共规范保持一致的顾客。这些顾客会干扰服务工作的正常进行，也会影响服务人员和服务现场顾客的情绪。服务企业或人员如何对待这些顾客，直接影响顾客对于服务质量的感知。

4. 补救

补救是指服务人员对于服务失误的反应。由于服务具有过程性，服务失误在所难免。当服务失误发生后，服务企业如何面对服务失误，直接影响顾客对于服务质量的感知。一般来说，如果服务企业对于服务失误及时采取补救措施，就能够在一定程度上消解顾客怨气，甚至转危为安。如果企业对于服务失误推卸责任，对顾客遭受的损失麻木不仁，必然会激起顾客不满。

三、关于服务接触的说明

关于服务接触，有以下几点需要加以强调和说明。

（1）服务接触不同于一般的人际接触。服务接触具有短暂性（有些服务接触只有短暂的几秒钟）、目的性（为购买和消费服务而专门进行接触）和利益性（顾客通过接触能够获得或期望获得相应的利益）特点。一般人际接触往往具有长期性和非利益性。

（2）不同类别服务的接触环节多少不同。一般来说，顾客需要亲自到达服务现场才能够接受的服务，服务接触次数和环节就会比较多。据迪斯尼公司估计，到其主题公园游玩的每一位游客平均要经历 74 种不同的服务接触。由企业服务人员上门提供的服务接触次数和环节就会比较少。例如，上门安装和维修服务，服务接触层面和环节就较少。

（3）服务接触对于顾客感知服务质量行使“一票否决”。在整个服务接触过程中，只要有一个环节和层面出现问题，就会影响顾客整体感知服务质量，即顾客对一家服务机构的质量感知和评价采取“一票否决制”。

（4）服务接触环节并非同等重要。从接触时间顺序来看，前期接触比后期接触更重要。据美国万豪国际酒店调查发现，在影响顾客忠诚度的五项关键性服务因素中，有四项发生在顾客出现的前 10 分钟内。从接触环节来看，核心服务接触比附加服务接触更重要。据对医院患者调查发现，其与护理人员的接触比与膳食人员或收费人员的接触重要得多，这些接触环节对患者感知服务质量影响更大。

（5）顾客对一个服务组织的质量感知可能形成于多次接触，也可能仅形成于一次接触。对于连续性服务来说，顾客与服务企业的每一次接触都会影响其对该企业的服务质量评价，即顾客感知服务质量形成于顾客与该企业的多次接触。对于间断性服务来说，顾客可能会因为一次接触质量差而以后永远放弃到该企业消费服务；也有一些服务机构因受制于地域因素，顾客在接触一次之后再也没有机会光顾该机构。对于这些服务，顾客对企业的服务质量感知就形成于一次接触。

（6）既有积极经验又有消极经验会让顾客对服务企业质量产生不信任感。在顾客与服务企业接触的多个环节中，如果有的接触环节质量很高，有的接触环节质量很低，顾客就无法形成对该服务企业的整体质量评价，甚至怀疑其提供服务的一致性。

四、服务接触链及其对顾客感知质量的影响

服务接触链概念是服务营销学者泽丝曼尔等提出来的，他们举例说：“旅客在一家饭店所经历的服务接触包括登记住宿、由服务人员引导至房间、在餐厅就餐、要求提供唤醒服务以及结账等……你可以把这些真实瞬间连接起来想象成一个服务接触链”。借鉴泽丝曼尔等的解释，本书将服务接触链定义为：服务接触链是指顾客为获得和享受某一服务而在一家服务机构所接触或经历的多个服务接触点构成的链条（如图 2.11 所示）。

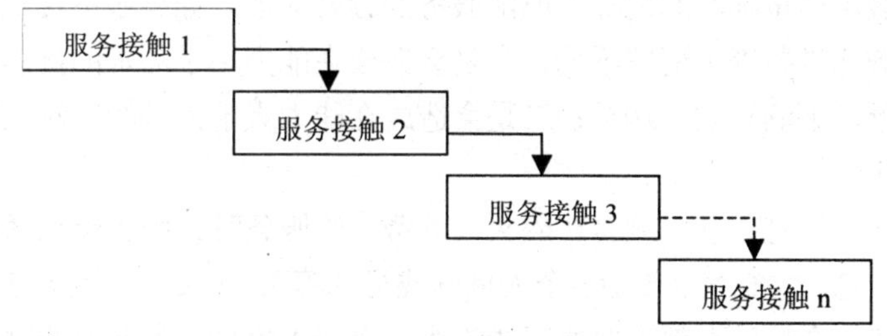

图 2.11　服务接触链图

（一）服务接触链的重要性

由服务内容、服务提供手段和服务岗位分工等因素决定，顾客购买某一服务往往不只有一个接触点而是有多个接触点，将多个服务接触点连接在一起就构成一个服务接触链或服务接触层次。基于此，服务企业不仅要重视某一个服务接触点，而且还要重视每一个服务接触点，否则就会全盘皆输。

顾客感知服务质量不仅受服务接触点的影响，而且受接触链布局和衔接的影响，如果各个接触点之间相距甚远、到达不便等，即使各个接触点服务质量都很高，顾客整体感知质量仍然不会很高。因此，服务企业不仅要重视单个服务接触点，而且要重视服务接触链之间的布局和衔接。

（二）服务接触链顾客感知质量影响因素

假定顾客在单个服务接触点上能够获得满意服务质量的前提下，服务接触链中影响顾客满意的因素主要有以下几类：

（1）接触点功能。现代社会越来越强调分工和专业化，这有助于提高工作效率。但如果

分工过细和某一服务环节或岗位职能过于单一（如银行营业厅将储蓄、缴费等业务分设不同服务窗口提供），就要增加顾客与服务组织及其人员或设施的接触次数，从而耗费顾客很多时间和精力，必然引起顾客不满。

（2）接触点布局、流程和到达方便性。如果服务接触点布局分散（包括为满足顾客需要而提供服务的多个机构或岗位所处位置分散和彼此相距甚远）、流程不顺（包括上下服务接触环节次序颠倒和彼此不衔接）和到达不便（如路径曲折、存在障碍物等），一是会影响顾客顺畅地从上一个接触点到达下一个接触点，二是会耗费顾客很多时间、精力甚至金钱，三是直接影响携带重物或身有残疾的顾客达到服务接触点，所有这些都必将影响顾客对于服务组织满意度的评价。

（3）标识和引导。服务标识主要包括程序标识（标明服务流程）、指路标识（指明到达各个服务接触点的路径）、时间标识（指明服务时间的安排）、功能标识（有关服务设施功能和操作的说明）、提醒标识（提醒顾客注意事项）和状态标识（告知顾客服务传递运行状态）等。如果服务公司缺乏标识和引导（专人引导顾客从上一个接触点到达下一个接触点），一是会导致顾客无法清晰地了解购买某一服务需要经过多少环节或手续，从而影响顾客对于购买计划和活动的安排；二是影响顾客从上一个接触点进入下一个接触点，从而浪费很多时间和精力；三是有可能对顾客造成伤害。

（4）接触点之间能力配置。服务能力（又称服务供给能力）是指服务公司在某一时点或时段在执行既定服务质量标准的前提下所能服务的顾客人数。如果服务接触点之间能力（主要包括人员、设施和设备等）配置不均，一是会造成在能力小于需求的接触点顾客需要排队等待，进而引起顾客不满和放弃购买；二是会造成在能力大于需求的接触点服务能力闲置，进而造成资源浪费。

（5）接触点之间信息分享。顾客在购买或消费一些服务时，服务组织通常要求顾客填写或陈述一些个人信息（如姓名、年龄、个人偏好或忌讳等），如果各个服务接触点之间不能共享信息，顾客在每一个接触点都需要填写或陈述一次个人信息，就会浪费顾客很多时间和精力，从而导致顾客不满。

（三）服务接触链优化策略

针对影响顾客感知服务质量的服务接触链因素，服务企业应从以下几个方面采取有针对性的优化措施。

（1）增加电话和互联网接触。电话和互联网给顾客提供了一个足不出户就能够获得服务的机会，从而能够大大降低顾客的时间成本、体力成本、精神成本和感官成本。基于此，服务企业应尽可能增加电话和互联网接触（包括增设电话尤其是免费电话、通过媒体公布对外服务电话、建立企业网站和提供上网便利等），以让顾客足不出户就能够享受到企业服务或让顾客通过自助方式就能够获得企业所提供的服务。

（2）避免过细的服务分工和增设综合服务提供点。服务企业基于提高服务效率而实行专业化分工的同时，应当避免过细的服务分工（即过于分解服务环节和服务内容）和适当保留或增设综合服务提供点（即合并服务环节和服务内容），以让顾客通过与服务企业的一次接触就能够购买或消费所有服务（或办理完毕某一事务的所有手续），从而节约顾客的时间成本、体力成本、精神成本和感官成本，进而增加顾客满意度。

（3）缩小服务接触点空间范围。受制于服务内容、服务提供手段等而不得不分设多个服务接触点时，服务企业应当尽可能将多个接触点（或者说服务环节或窗口）安排在一个相对集中的区域，以减少顾客奔波于各个接触点所耗费的时间、体力和精神成本。

（4）优化服务流程和路径。针对服务接触点较多和难以集中设置的情况，服务组织应优化服务流程——按照服务传递顺序设置服务接触点，减少顾客在各个接触点之间往返奔波；同时，服务组织还应优化服务接触点之间的路径，包括去弯取直、清除路障等，以方便顾客到达各个服务接触点。

（5）设置清晰和完善的服务标识。服务标识能够帮助顾客识别、选择服务和顺畅地从一个接触点到达另一个接触点，从而节省顾客的搜寻成本，提高顾客满意度。因此，服务企业应当在服务场所设置清晰（易于顾客察觉）、完善（配置齐全）、准确（不含歧义）和美观（形式美观）的各类服务标识。

（6）主动引导和送达顾客。如果服务接触点不易寻找，服务企业应当配备专人负责引导，以将顾客从上一个接触点引至下一个接触点；如果服务接触点之间路线过长、到达不便，服务企业还应设置或提供专门的送达工具（如商场设立自动扶梯、机场提供摆渡车等）；如果顾客携带重物、身有残疾等，服务企业还应主动提供帮助或将顾客直接送达服务接触点。

（7）平衡各服务接触点的服务能力。如果各个服务接触点服务能力配置不均，就会造成在有些接触点顾客需要排队等待，而在另一些接触点服务能力闲置。因此，服务企业必须合理配置服务能力，包括：①根据服务内容复杂程度、服务工具先进程度、服务人员能力大小以及经验丰富程度等，恰当配置各个接触点的服务能力；②通过观察、记录和分析顾客投诉的问题等方法，适时调整各个服务接触点的服务能力；③灵活（或柔性）设置服务能力——针对特定时段服务接触点排队等待顾客比较多的现象，适时增加服务能力；④引进先进服务工具和加强对一线服务人员培训，提高服务能力，尽可能减少顾客排队等待现象。

（8）服务接触点之间信息共享。如果各个服务接触点之间信息分割，就会给顾客带来很大麻烦，进而导致顾客不满。因此，服务企业应尽可能共享顾客信息，包括：①精简信息内容——不要让顾客提供无关信息，以减少填写或陈述信息的麻烦；②仅在第一个或关键服务接触点让顾客提供信息，以避免顾客重复劳动；③通过内部互联网和数据库使各部门或服务环节共享顾客信息，以便各部门或环节有针对性地为顾客提供服务。

第六节　服务质量测评

服务质量好坏或高低能否测评以及如何测评，服务营销学者进行了积极探索，并提出了不同的测评方法，本书主要介绍三类测评方法。

一、SERVQUAL 测评模型

SERVQUAL 是 service quality 的缩写，该评价模型是由服务营销学者帕拉苏拉曼、泽丝曼尔和贝瑞于 1988 年开发出来的。SERVQUAl 测评工具由两部分组成：一是测量顾客对于企业服务质量的期望（即顾客对于特定服务行业中优秀企业的期望），二是测量顾客对于企业服务质量的感知（即顾客对于某一服务行业中特定企业服务质量的感受），每一部分都包含服务质量的五个要素，每一要素又被具化为 4～5 个问题，从而就形成了包含有 44 个测评项的服务质量测评模型。评分标准为 7 级定序量表（7 分表示“绝对必要”或“非常同意”，1 分表示“绝对不必要”或“非常不同意”）。把从以上两部分中得到的结果进行比较，就可以得到服务质量五维度中的每一个维度的差距分值和总差距分值。差距越大，说明服务质量评价越低；差距越小，说明服务质量评价越高（如表 2.3 所示）。

表 2.3　SERVQUAL 评价量表

因素	序号	属性 1——可靠性	绝对不必要/非常不同意						绝对必要/非常同意
期望（E）	E 1	优秀公司承诺在某时做某事，它们就会去做	1	2	3	4	5	6	7
	E 2	当顾客遇到问题时，优秀公司会表现出解决问题的真诚兴趣	1	2	3	4	5	6	7
	E 3	优秀公司在第一次就能正确地提供服务	1	2	3	4	5	6	7
	E 4	优秀公司会在其承诺的时间提供服务	1	2	3	4	5	6	7
	E 5	优秀公司将确保无差错的记录	1	2	3	4	5	6	7
感知（P）	P 1	A 公司承诺在某时做某事，它们就一定去做	1	2	3	4	5	6	7
	P 2	当你遇到问题时，A 公司表现出了解决问题的真诚兴趣	1	2	3	4	5	6	7
	P 3	A 公司在第一次就正确地提供了服务	1	2	3	4	5	6	7
	P 4	A 公司在它承诺的时间提供了服务	1	2	3	4	5	6	7
	P 5	A 公司具有无差错记录	1	2	3	4	5	6	7
		属性 2——响应性							
期望（E）	E 6	优秀公司的员工将准确告诉顾客提供服务的确切时间	1	2	3	4	5	6	7
	E 7	优秀公司的员工将及时为顾客提供服务	1	2	3	4	5	6	7
	E 8	优秀公司的员工总是乐意帮助顾客的	1	2	3	4	5	6	7
	E 9	优秀公司的员工不会因为太忙而无法对顾客请求做出响应	1	2	3	4	5	6	7
感知（P）	P 6	A 公司的员工准确地告诉了你提供服务的确切时间	1	2	3	4	5	6	7
	P 7	A 公司的员工及时地为你提供了服务	1	2	3	4	5	6	7
	P 8	A 公司的员工总是乐意帮助你的	1	2	3	4	5	6	7
	P 9	A 公司的员工没有因为太忙而无法对你的请求做出响应	1	2	3	4	5	6	7
		属性 3——安全性							
期望（E）	E 10	优秀公司的员工是值得信赖的	1	2	3	4	5	6	7
	E 11	顾客在与优秀公司交往时感到放心	1	2	3	4	5	6	7
	E 12	优秀公司的员工对顾客是有礼貌的	1	2	3	4	5	6	7
	E 13	优秀公司的员工具有回答顾客问题的知识	1	2	3	4	5	6	7
感知（P）	P 10	A 公司的员工是值得信赖的	1	2	3	4	5	6	7
	P 11	你对与 A 公司的交往感到放心	1	2	3	4	5	6	7
	P 12	A 公司的员工对你是有礼貌的	1	2	3	4	5	6	7
	P 13	A 公司的员工具有回答你的问题的知识	1	2	3	4	5	6	7
		属性 4——移情性							
期望（E）	E 14	优秀公司会始终牢记顾客最大利益	1	2	3	4	5	6	7
	E 15	优秀公司员工理解顾客的特定需要	1	2	3	4	5	6	7

续表

因素	序号	属性 4——移情性	绝对不必要/非常不同意						绝对必要/非常同意
期望（E）	E 16	优秀公司的营业时间是便利顾客的	1	2	3	4	5	6	7
	E 17	优秀公司拥有关心顾客利益的员工	1	2	3	4	5	6	7
	E 18	优秀公司能够给予顾客个性化的关心	1	2	3	4	5	6	7
感知（P）	P 14	A 公司始终牢记你的最大利益	1	2	3	4	5	6	7
	P 15	A 公司员工理解你的特定需要	1	2	3	4	5	6	7
	P 16	A 公司的营业时间对你是便利的	1	2	3	4	5	6	7
	P 17	A 公司拥有关心你利益的员工	1	2	3	4	5	6	7
	P 18	A 公司能够给予你提供个性化的关心	1	2	3	4	5	6	7
期望（E）	E 19	优秀公司拥有先进的设备	1	2	3	4	5	6	7
	E 20	优秀公司的物质设施是有吸引力的	1	2	3	4	5	6	7
	E 21	优秀公司员工外表和穿着是得体、整洁的	1	2	3	4	5	6	7
	E 22	优秀公司中与服务有关的材料是有吸引力的	1	2	3	4	5	6	7
感知（P）	P 19	A 公司拥有先进的设备	1	2	3	4	5	6	7
	P 20	A 公司的物质设施是有吸引力的	1	2	3	4	5	6	7
	P 21	A 公司的员工外表和穿着是得体、整洁的	1	2	3	4	5	6	7
	P 22	A 公司与服务有关的材料是有吸引力的	1	2	3	4	5	6	7

SERVQUAL 基本计算公式为

$$Q=P-E$$

其中，Q 为顾客对于服务提供者或者服务过程的质量评价；P 为顾客对于所获得的服务的评价，即服务绩效；E 为在接受服务以前顾客对于将要获得的服务质量的期望。

需要说明的是：对于 SERVQUAL 测评模型，创始者帕拉苏拉曼、泽丝曼尔和贝瑞曾反复强调两点：①将 SERVQUAL 应用于不同行业时，必须对表中的问项作适当调整，从而才能保证 SERVQUAL 测评方法的科学性；②针对不同服务行业，服务质量五要素也可以作适当调整，以便测评更加有针对性。由此可见，SERVQUAL 测评模型一诞生，帕拉苏拉曼等人便将其视为一种动态的服务质量测评方法，并且帕拉苏拉曼等人多次对此测评方法进行过修改和完善。

二、SERVPERF 测评模型

服务营销学者克罗宁和泰勒（Cronin & Taylor）认为，帕拉苏拉曼、泽丝曼尔和贝瑞对于服务期望的定义存在缺陷，因为：①顾客一般会将上一次的服务体验带入下一次服务期望之中，致使顾客服务期望不断抬高；②SERVQUAL 测评模型过于复杂，导致测评工作量加重。基于此，他们提出了“绩效感知服务质量测评方法”，即 SERVPERF 模型。他们认为，只要直接评估顾客感知的服务质量就可以确定服务质量水平，即以 $Q=P$ 来代替 $Q=P-E$。测评问卷与 SERVQUAL 模型中的问项相同，但只进行服务实绩测量而不测量服务期望。

克罗宁和泰勒分别采用 SERVPERF 和 SERVQUAL 两种方法对于银行、灭虫、干洗和快餐四个行业的服务质量进行测评，结果发现 SERVPERF 比 SERVQUAL 能够解释更多信息，分析结果也更加优越，并且问卷调查工作量和调查项目都大幅减少（问项由 44 个减少为 22 个）。

SERVPERF 测评模型是对 SERVQUAL 测评模型的继承和发展。作为一种新的感知服务质量测评方法，它对于 SERVQUAL 测评模型既有继承又有创新，从而成为当前普遍采用的服务质量测评模型。

三、Non-difference 测评模型

非差异测评模型（Non-difference）是由布朗、丘吉尔和彼得（Brown、Churchill & Peter）于 1993 年提出来的。他们认为，SERVQUAL 测评模型利用顾客感知服务质量与期望服务质量之间的差异来度量企业服务质量存在缺陷，因为顾客会将以前的服务经历带入下一次服务期望之中，从而削弱差异比较法的说服力。他们认为最好的测量方法就是直接度量消费者质量感知和服务期望之间的差异，故称为非差异（Non-difference）评价方法。

非差异（Non-difference）评价模型运用 SERVQUAL 量表中的 22 个问项，直接对顾客期望与顾客感知之间的差距进行测量，即将具体问题设计为“如何”的形式（如“服务提供商帮助您的意愿如何？”），而被测试者的回答通过个人感知分不同程度来表述服务绩效（或感知）与服务期望之间的差距，如“比我期望的要差很多”“比我期望的要差一点”“与我期望的差不多”“比我期望的要好很多”等。

无差异评价模型问卷简单，能够直接测试出既有服务质量与优质服务质量之间的差距。通过三位学者的实际调研，他们发现 Non-difference 比 SERVQUAL 要优越。

需要说明的是，非差异测评模型只能测评出现有服务质量与优质服务质量存在的差距，而不能具体测评出现有服务质量水平，对于企业改进和提升服务质量的指导意义会受到限制，因此，该模型目前并没有被广泛使用。

第七节　零缺陷服务质量管理

一、质量缺陷及其危害性

GB/T 19000—2008（ISO 9000:2005，IDT）标准对于缺陷的定义是：未满足与预期或规定用途有关的要求。通俗地说，质量缺陷就是质量不达标或者不能够满足顾客的要求，或者说，现有质量水平距离某一质量标准或者顾客要求存在差距。

（一）质量缺陷分类

质量缺陷可以依据不同标准进行分类。

1. 按照缺陷大小或等级分类

按照质量缺陷大小或等级不同进行分类，质量缺陷一般可以分为以下四类。

（1）轻微缺陷，即产品或服务质量与某一质量标准或者顾客要求存在很小差距，但并不影响其基本用途或者顾客利益，更不会对顾客造成伤害。如产品外观轻微破损、餐厅服务速度稍慢等。

（2）一般缺陷，即产品或服务质量与某一质量标准或者顾客要求存在一定差距，在一定

程度上影响其基本用途或者顾客利益。如产品外观明显破损、餐厅某一菜肴口感不佳等。

（3）严重缺陷，即产品或服务质量与某一质量标准或者顾客要求存在明显差距，在较大程度上影响其基本用途或者顾客利益。如产品安全性差、餐厅某一菜肴过咸或有异物等。

（4）致命缺陷，即产品或服务质量与某一质量标准或者顾客要求存在较大差距，严重影响其基本用途或者顾客利益。如产品安全性极差，会对顾客身心造成伤害；餐厅某一菜肴用地沟油烹制，严重影响顾客身体健康。

2. 按照缺陷发生频率分类

按照质量缺陷发生频率不同，质量缺陷一般可以分为以下两类。

（1）偶发性质量缺陷，即由于企业内外部原因所致而偶然发生的质量缺陷。其特点是：缺陷明显、偶然发生、原因清楚、易于排查和控制等。对于偶发性质量缺陷，企业一般都会比较重视，并且会在最短时间内采取措施加以排除和控制。

（2）频发性质量缺陷，即受制于企业既有技术和管理水平而经常发生和存在的质量缺陷。其特点是：缺陷较小、经常发生、原因不明、不易排除和控制等。对于频发性质量缺陷，企业领导一般不易引起重视，甚至会认为是“正常”状态和不可避免的。但久而久之会极大地影响企业形象，进而失去顾客。

（二）质量缺陷的危害性

产品、服务或者工程施工等如果存在质量缺陷，对于企业会造成较大的损害，具体表现为以下几点。

（1）影响顾客购买。如果产品或服务质量不达标或者不能够满足顾客要求，就会在一定程度上影响顾客利益，从而顾客必然放弃或减少购买，最终影响企业销量。

（2）影响产品或服务售价。一般来说，顾客愿意为高质量产品或服务支付更高价格，企业就能够获取更多利润；而对于低质量尤其是有质量缺陷的产品或服务，顾客只愿意支付较低价格，企业只能获取低微利润甚至亏损。

（3）影响企业形象。如果企业产品或服务的质量高，顾客能够从所购产品或服务中获得更大利益，必然会对企业称赞并传播企业的好口碑，进而提升企业形象。反之，如果企业产品或服务质量不达标或者不能够满足顾客的要求，顾客必然会通过各种途径表达对企业的不满和传播企业的坏口碑，进而损害企业形象。

（4）增加企业补救成本。如果产品或服务质量不达标或者不能够满足顾客的要求，顾客购买后就有可能向企业投诉，要求企业退换、维修、赔偿等，由此会极大地增加企业的赔付成本。据有人调查，很多企业将营业额的 15%～20%用在了测试、检验、变更设计、整修、售后保证、售后服务、退货处理以及其他与质量有关的成本上，即企业真正的浪费是质量低劣。如果减少质量缺陷，企业就能够减少成本和增加收益。

二、零缺陷质量观

“零缺陷”概念是 20 世纪 80 年代美国质量管理专家菲利普·克劳斯比提出来的。“零缺陷”并不是说产品或服务质量绝对没有缺陷，或者说缺陷等于零，而是要求企业把“零缺陷”作为追求目标，通过全面质量管理，在最大程度上降低质量缺陷或者说努力将缺陷降低到零。

与传统质量观相比，零缺陷质量观有以下三个重要特点。

（1）质量合格就是要符合标准或者顾客要求。企业生产产品或者提供服务，首先必须明确标准，这个标准可能是某一权威组织的规定，也可能是目标顾客的要求。但无论如何，企业必须有可以执行和衡量的标准，没有标准就无法对产品或服务质量好坏作出判断和评价。

（2）事前防范是提高质量的有效方法。传统观点认为，高质量来自于检验、测试和检查，即通过事后控制防止有缺陷产品进入市场。零缺陷质量观认为，检验是一种既昂贵又不可靠的质量管理方法，因为检查、分类和评估都只是事后弥补。实际上，质量管理最重要的是预防，因为如果没有错误存在，就根本不会发生疏忽错误的事情了。所谓预防，就是事先确定标准并要求每一位员工按照标准和程序行事，即所有人都第一次把正确的事情做对。

（3）严格执行标准而不是“留有余地”。一般认为，“人总是会犯错误的”，从而对于工作中的缺点和出现的不合格品往往持宽容态度。例如，不少企业设立事故率、次品率等，这就为不合格品出现创造了机会。零缺陷质量观要求抛弃“难免论”，对失误绝不能抱着宽容的态度，而是要追求100%合格。

三、零缺陷质量管理实施

1. 实施步骤

（1）建立推行零缺陷管理组织。事情的推行都需要有组织保证，通过建立组织，可以动员全体职工积极投身于零缺陷管理之中，提高人们参与管理的自觉性。当然，公司高层管理者要亲自参加，以表明决心和做出表率；还要任命相应领导人和建立相应制度；要教育和训练员工树立“零缺陷”目标和养成“零缺陷”习惯。

（2）确定零缺陷管理目标。确定零缺陷小组或个人在一定时期内所要达到的具体要求，包括目标项目、评价标准和目标值等。在实施过程中，采用各种形式将目标完成情况公布和督促。

（3）进行绩效评价。小组确定的目标是否达到要由小组自己评议，为此应明确小组的职责和权限。

（4）建立提案制度。直接工作人员对于不属于自己主观因素造成的错误原因，如设备、工具、图纸等问题，可向组长指出错误的原因，提出建议，也可以附上与此有关的改进方案。组长要同提案人一起进行研究和处理。

（5）建立表彰制度。无缺陷管理不是斥责错误者，而是表彰无缺陷者；不是指出人们有多少缺点，而是告诉人们向无缺点的目标奋进。

2. 具体要求

（1）每一个环节和层面都必须建立管理制度和规范，按照规定程序实施管理，责任落实到位，不允许存在漏洞。

（2）每一个环节和层面都必须有对产品或工作差错的事先防范和事中修正措施，保证差错不延续并提前消除。

（3）所有环节都不得向下道环节传送有缺陷的决策、信息、物资、技术或零部件等，企业不得向市场和消费者提供有缺陷的产品和服务。

（4）以人管理为中心，完善激励机制和约束机制，充分发挥每一个员工的主观能动性，使之不仅是被管理者，而且是管理者，以零缺陷的主体行为保证产品、工作和企业经营的零缺陷。

（5）根据市场要求和企业发展情况及时调整管理系统，保证管理系统对于市场和企业发展有最佳的适应性和最优的应变性。

3. 实施要点

（1）明确需求，即以客户需求为中心，完全满足客户合理化要求，并以此作为企业工作的出发点和归宿点。

（2）责任到位，即把零缺陷分解成目标，并将责任落实到各个部门甚至个人，进而分步骤实施。

（3）预先防范，即按照客户要求做好达到需求的各种准备，积极预防可能发生的问题。

（4）一次做对，即在工作过程中第一次就把工作做对，不把工作过程当作试验场或者改错场。

（5）准确衡量，即任何失误或制造的麻烦都以货币形式衡量其结果，不用抽象或含糊不清的名词。

（6）完善机制，即把实现零缺陷的优劣与个人晋升和收入直接挂钩，对出现的问题进行赔偿。

（7）强化训练，即通过培训提高全体员工的工作技能，以避免缺陷发生。

（8）调整心态，即利用各种方式不断扫除心理障碍，从思想上认识到实现零缺陷有利于企业也有利于个人，改变做人做事的不良习气。

（四）注意事项

（1）在服务设计上不预留隐患，从设计源头把握质量，严格防止先天性质量缺陷。

（2）在服务形成过程中，严格执行服务质量标准和流程，不制造缺陷。

（3）在服务提交过程中不传递质量缺陷，只要发现质量缺陷，任何人必须立即停止传递，决不能不负责任地将质量缺陷向下或向上传递。

（4）在服务过程中不隐瞒质量缺陷，无论任何人在任何时候发现服务缺陷，无论是自己造成的还是他人造成的，都必须毫无保留地讲出来和向有关部门或人员报告，这不仅是控制服务质量的需要，也是职业道德和人品所要求的。

总之，为了实现零缺陷，必须以零容忍的态度对待服务产品的生产和传递过程。

思考与练习题

1. 何谓服务质量？何谓良好服务质量？
2. 何谓顾客期望服务？顾客期望服务有哪些类型及其影响因素？
3. 何谓顾客感知服务？顾客感知服务有哪些层次及其影响因素？
4. 何谓服务接触？服务接触有哪些类型？不同类型服务接触顾客感知质量的影响因素有哪些？
5. 何谓服务接触链？影响顾客感知服务质量的服务接触链因素有哪些？
6. 结合某一服务企业实际，说明如何对其服务质量进行测评。
7. 企业应如何进行零缺陷服务质量管理？

第三章 服务消费

导语

与购买有形产品相比，消费者在选择和评价服务时更加困难，一是因为服务是无形的和非标准化的，二是因为服务消费与生产是紧紧连接在一起的。

——[美]瓦拉瑞尔·A·泽丝曼尔（Valarie A. Zeithaml）
玛丽·乔·比特纳（Mary Jo Bitner）

服务消费是一种过程消费而非结果消费。消费者或使用者将服务过程视为服务消费的重要组成部分，而不是像在有形产品消费中那样将结果消费作为消费的全部。

——[芬]克里斯廷·格罗鲁斯（Christian Gronroos）

【学习目标】

1. 了解服务消费的实质。
2. 了解服务消费的影响因素。
3. 掌握顾客评价有形产品和评价服务依据的差异性。
4. 掌握服务消费过程及其特殊性。
5. 掌握企业针对服务消费特殊性应当采取的营销策略。

服务企业要制定出恰当的营销策略，必须了解服务消费特征及其影响因素、服务消费过程及其特殊性、不同类型客户消费服务的特殊性等。这是企业制定营销策略的前提和基础，也是企业制定营销策略的依据。基于此，本章将对以上问题逐一加以介绍和分析。

第一节 服务消费及其实质

一、服务消费含义

服务消费是指人们对于非物质产品的购买和消费。如果顾客自己为自己提供服务或者未通过交易而获得服务，一般不列入服务消费之中。

人们购买和消费服务一般有三个目的：一是满足生理需要，包括增加生理愉悦和减轻生理痛苦，前者如理发、美容、按摩、游泳等，后者如医疗、康复、客运、保洁等。二是满足精神需要，包括增加精神愉悦和降低精神痛苦，前者如旅游、观看演出、参加培训、网络游戏等，后者如心理咨询、临终关怀等。三是满足增值和保护财产的需要，前者如银行服务、货运服务、绿化服务、律师服务、会计师服务等，后者如保险服务、保安服务、车辆看管服务等。

二、服务消费实质

由服务特征所决定，消费者购买和消费服务具有以下两个明显特征.

1. 服务消费是过程消费

有形产品的生产与消费是分开的，生产过程具有封闭性特征，即生产工人在生产车间里面按照加工程序加工和生产产品，在顾客购买前有形产品已经被企业生产出来了，有形产品是作为生产过程的结果被顾客购买和消费的，顾客基本上不参与生产过程，也很少有机会到达企业生产现场和亲眼目睹生产过程，也不知道产品是由哪些工人生产出来的以及生产过程经历了哪些环节，甚至对于产品是在哪一个地方以及由哪一个生产厂家生产出来的都并不十分清楚，在代工生产盛行和分工日益发达的今天更是如此。总之，对于有形产品的消费，消费者只是消费作为生产过程的结果或凝结物——产品。

服务的重要特征之一就是生产与消费同时进行，即服务产品的生产具有开放性，服务产品不可能被企业事先生产出来，然后再销售给顾客，企业生产服务的过程就是消费者消费服务的过程，并且顾客或多或少地要参与到服务过程之中，与服务人员一起共同完成服务过程。在这一过程中，消费者清晰地知道服务地点、服务场景、服务设施、服务人员、服务流程等，服务过程一旦结束，就意味着服务消费也结束了。针对过程消费，马克思曾经有过一段形象的描述，他说：“一个歌唱家为我提供的服务满足了我的审美需要，但是，我所享受的只是同歌唱家分不开的活动，他的劳动即歌唱一旦停止，我的享受也就结束了。”

需要说明的是，受服务消费为过程消费以及顾客参与服务过程的启发，当前一些制造类企业也开始引入顾客参与，即吸引顾客参与产品设计以及生产过程。企业根据顾客的设计及其个性化要求，生产和提供个性化的产品，以在最大程度上满足顾客的需要。由此说明，制造类企业也越来越趋向服务化，因此，制造类企业也需要服务营销理论加以指导。

2. 服务消费是体验消费

有形产品消费是物质消费，即消费者购买作为生产过程凝结物的物质产品，然后通过消费或使用而获得某种物质价值。例如，购买食品满足充饥和营养的需要，购买服装满足遮羞和御寒的需要，购买汽车满足代步和舒适的需要等。

由于服务具有无形性和生产与消费同步性特征，顾客购买和消费服务不是物质消费，而是体验消费，即体验服务带来的快感和满足。例如，购买旅游服务以放松身心和体验大自然的壮美，购买音乐演出服务以获得精神上的满足，购买理发服务以获得清爽和自信等。

一般来说，服务体验由以下四个要素构成。

（1）服务员工，包括与顾客直接接触的员工和虽然在顾客视线之外但同样为服务提供做出贡献的其他员工。由于服务具有无形性，服务员工在顾客眼中通常就是服务产品的一部分，员工的长相、仪容、着装、态度、专业服务能力等都会影响顾客对于服务的感知和评价。

（2）服务设施，包括顾客能够接触到的设施、设备和很少接近的设施、设备。服务设施、设备好坏以及先进程度，直接影响顾客对于服务质量以及服务企业的认识和评价。顾客在购买和享用服务之前，一般会依据服务设施状况形成服务预期；购买服务之后，一般会根据设施、设备的易用性和安全性等对服务质量做出评价。

（3）服务顾客，包括服务接受者和与其共享服务的其他顾客（即同属顾客）。由于服务生产与消费不可分割性，顾客通常需要参与到服务过程之中，顾客的参与热情和参与能力直接影响其对服务质量的感知和体验。同时，服务现场的其他顾客是否遵守服务规则和流程、顾客之间能否有效配合、顾客之间的相同性或差异性等，也会影响顾客对于服务质量的感受和体验。

（4）服务过程，即服务程序和环节，包括服务流程、服务时间进度、标准化和定制化等。由于服务不能事先生产出来，服务员工在为顾客提供服务时必须遵循一定的流程和环节，服务流程是否顺畅、服务环节多少、各环节之间能否紧密协调等，都会直接影响顾客对于服务的体验和感受。

第二节　服务消费量及其影响因素

一、服务消费量及其重要性

服务消费量是指人们花费多少钱用于购买和消费服务，或者说，在人们购买和消费总额中，服务消费所占的比重。

服务消费量对于服务消费者、服务提供者以及整个社会都具有十分重要的意义。

（1）提高服务消费量是增加消费者闲暇、提高个人素质和实现个人全面发展的重要手段。购买保洁、幼教、护理、绿化等服务和促进家务劳动社会化，就能够为自己赢得更多的闲暇时间；购买文化教育、科技培训、旅游娱乐、健美健身等服务，就能够不断提高个人素质，进而实现全面发展。总之，消费者购买和消费服务是社会进步的表现，同时也是推动社会进步的重要途径。

（2）提高服务消费量是增加服务供给和推动服务业发展的重要手段。消费决定生产，如果没有服务消费，服务生产和提供就失去了存在的意义和价值。推动消费者购买和消费服务，就为服务行业提供了发展的机会，进而推动服务质量全面提升。同时，整个服务行业的发展必然推动社会产业结构日趋合理，即按照“三二一”进行布局（即社会产业结构比例依次是服务业、制造业和农业）。

（3）提高服务消费量是完善市场经济体制的重要手段。消费者通过市场购买和消费服务，而非由政府把服务作为福利提供给顾客，就能够逐步减少政府直接参与经济活动，而是由市场主体，即企业向顾客提供服务，这就能够不断完善市场经济体制。

二、服务消费量影响因素

人们是否购买服务以及购买多少，一般受四个因素影响：社会分工和服务业发展水平、消费者收入水平、消费者闲暇时间多少以及消费者生活方式和消费习惯。

1. 社会分工和服务业发展水平

社会分工就是让擅长的人做自己擅长的事情,从而缩短社会劳动时间和提高社会生产率。社会分工越发达，人们对服务的需求就会越多。分工使人们局限并专注于某一狭小领域，为了满足工作和生活需求，就只能通过购买方式获得其他产品或服务；分工能够实现专业化，即某些人或某些公司能够在某一方面或领域做得更好，从而通过购买服务能够获得更大的价值和降低成本。例如，委托洗衣公司洗衣服，比自己洗衣服更洁净、更省事。

消费决定生产，生产亦决定消费。服务业发展水平在很大程度上影响甚至决定消费者是否购买服务以及购买多少。如果服务业发展水平高，消费者随时随地能够购买到所需要的服务，并且购买服务比自我提供服务更专业、更划算，消费者就会更多地购买服务而非自我提供服务。反之，如果服务业发展水平低，消费者购买服务需要耗费很多时间、体力和精神成本，并且通过购买获得的服务比自我服务质量还低，消费者必然会放弃购买服务而选择自我服务。

2. 消费者收入水平

消费者收入水平在很大程度上影响着服务消费量，尤其是直接影响人们对于娱乐性、精神性服务的消费。恩格尔定律认为，一个家庭收入越少，用于购买食品的支出在总支出中所占的比重就越大；随着家庭收入增加，用于购买食品的支出在总支出中所占的比重将下降，而用于服装、交通、通讯、娱乐、卫生保健和教育等方面的支出所占的比重将上升。事实也是如此，1957—2007 年，美国家庭人均消费支出中，家庭服务类消费由总比重的 39.8%上升到 59.7%；1978—2007 年，中国城镇家庭服务类消费比重由 7.98%上升到 28.07%。可见，随着经济发展和人们可支配收入水平提高，更多的人倾向于购买服务类产品。

3. 消费者闲暇时间多少

由于服务消费具有现场性和顾客参与性，服务消费通常需要耗费消费者一定的时间，如旅游服务、培训服务、健身服务、娱乐服务等都是如此。如果消费者有大量的闲暇和娱乐时间，就有可能购买服务和更多地购买服务。如周末休息与朋友约会，就可以安排吃饭、KTV、看电影、下午茶、运动等各类服务。如果消费者工作忙碌，没有闲暇和娱乐时间，即使有经济条件购买服务，也没有时间享受服务，从而就会拒绝和减少购买服务。

4. 消费者生活方式和消费习惯

消费者生活方式和消费习惯也会影响对服务的需求。如果消费者比较节俭，凡事都要自己亲自干，认为购买服务是浪费，从而就会减少购买和消费服务。如果消费者追求快乐和享受，就会愿意花钱买时间，从而增加购买和消费服务而非自我服务。

第三节 服务消费过程及其特殊性

一、服务消费过程及其步骤

服务消费过程是指消费者从产生购买欲望开始到实际购买和消费某一服务项目结束的整

个过程或时间段。

消费者购买服务与购买有形产品一样，一般要经过三个阶段和五个环节，即购前阶段（包括引起动机、收集信息和比较评价三个环节）、购买和消费阶段以及购后评价阶段（如图 3.1 所示）。

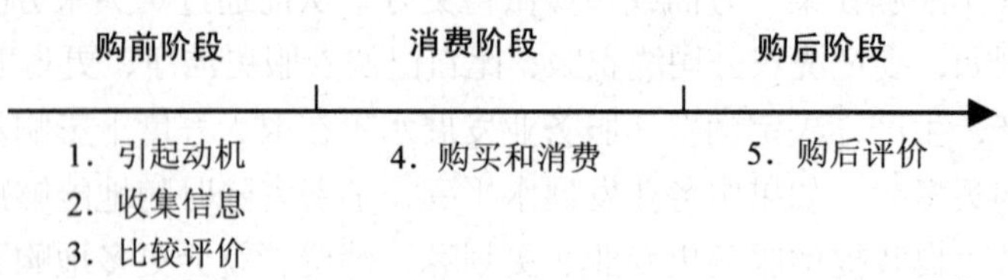

图 3.1　服务购买决策过程

（一）购前阶段

购前阶段是指消费者从产生购买动机开始到实际购买和消费服务之前的一段时间。在这一阶段，消费者一般会有三个过程：引起动机、收集信息和比较评价。

1. 引起动机

无论购买有形产品还是购买服务，消费者购买行为都是从购买动机开始的，没有购买动机就不会有实际购买行为。消费者购买动机来自于没有满足的需要，如果没有需要就不会有购买动机。消费者需要一般来自于三个因素的驱动：生理驱动、心理驱动和诱因驱动。

（1）生理驱动产生的需要，即人们为了维持生物有机体正常运转而产生的需要，如饥饿需要就餐、口渴需要饮料、寒冷需要衣物、疾病需要医疗等。这是人类的基本需要，也是维持人类生存的基本保证。当人体感觉到某种缺乏时，一般就会提出对某种产品或服务的需要，进而产生购买动机。

（2）心理驱动产生的需要，即人类作为高等动物而在心理上提出的某种期盼，如休闲需要、交往需要、炫耀需要等。这是在生理需要满足之后的一种高层次需要。当人们在心理上认识到某种缺失时，就会产生某种需要，进而引起购买动机。例如，基于放松需要而产生到歌厅飙歌的动机，基于休闲需要而产生旅游的动机，基于交往需要而产生到咖啡厅小坐的动机，基于炫耀和享受需要而产生购买飞机头等舱的动机。

（3）诱因驱动产生的需要，即人们因为受外部刺激而产生的某种需要，如商家宣传、他人影响等推动消费者产生某种需要。

2. 收集信息

当消费者认识到某种缺乏进而产生购买动机后，如果能够满足其需要的服务易于获得，或者服务内容较为简单进而购买风险较小，或者服务价格较为低廉进而购买成本较低等，消费者一般会马上实施购买。如果能够满足消费者需要的服务不易得到，或者消费者对所要购买的服务并不十分了解进而存在着购买风险，或者服务价格较高等，消费者一般都要花费相当的时间和精力去收集有关服务信息，包括服务供应商名称、服务内容、服务水平、服务承诺、企业形象、服务时间安排等。

消费者收集服务信息的途径一般有两个：一是人际来源的信息，二是非人际来源的信息。人际来源的信息主要包括个人以往的消费经验、亲戚朋友介绍等；非人际来源的信息主要包括企业广告宣传和企业自身网站等。如上所述，由于服务具有无形性，一般不适宜通过大众媒体进行展示；由于服务具有过程性和经验性，消费者更乐意接受相关群体的口碑传播。因此，消费者更愿意接受人际来源的服务信息。

3. 比较评价

消费者在收集有关服务信息的基础上，在头脑中就形成了若干个可供选择的服务提供商名单，为了做出更理性的选择，消费者还要按照某种标准和方法对各种备选服务提供商进行评价，包括收费高低、承诺多少、信誉高低、方便性等。

消费者对于服务产品的比较，除了在同类替代品之间进行对比外，还包括与自我服务进行对比，即将购买服务可能获得的利益及其付出的成本与个人自我服务可能获得的利益及其付出的成本进行对比，尤其是非专业性服务更是如此。如消费者会将服装干洗店服务与自己亲自洗衣服进行对比、将到餐厅就餐与自己亲自下厨进行对比。如果欲要购买的服务性价比低于个人自我服务的性价比，消费者可能就会放弃购买服务而选择自我服务。

（二）消费阶段

消费阶段是指消费者实际购买和消费服务的阶段。由于服务生产与消费具有不可分割性，当消费者与服务供应商接触后（尤其是顾客上门购买服务），以下几个因素对于消费者是否购买服务以及感知质量高低有重要。

（1）服务环境和有形设施。如果服务环境清新、设施先进、布局整洁等，就会给顾客留下良好印象进而促使顾客购买服务；如果服务环境凌乱、嘈杂、设施简陋等，就会给顾客留下不良印象进而导致顾客放弃购买服务。

（2）接待人员和服务人员素质高低。如果接待人员彬彬有礼、服务人员专业水平高，就会给顾客留下良好印象进而促使顾客购买服务；如果服务人员冷若冰霜、服务技能差，就会给顾客留下不良印象进而导致顾客放弃购买服务。

（3）服务流程和服务效率。如果服务流程清晰、服务秩序良好、排队等待时间短、服务效率高，就会给顾客留下良好印象进而促使顾客购买服务；如果服务环节复杂、标识不清、秩序混乱、服务效率低下，就会给顾客留下负面印象进而导致顾客放弃购买服务。

（4）同属顾客素质高低。同时等待接受服务的“其他顾客”对正在接受服务的顾客有重要影响。如果“其他顾客”表现良好、彬彬有礼、遵守服务规则和流程、主动分享服务参与经验，就会吸引顾客购买服务；如果“其他顾客”不遵守服务规则、大声喧哗、抽烟、随地吐痰、窥探别人隐私而服务人员又不加以制止，则会导致顾客对于服务供应商产生不良印象进而放弃购买服务。

（三）购后阶段

消费者购买服务后，一般会对服务提供商有一个综合评价，进而影响其后续行为——重购或转换、正面口碑或负面口碑。

消费者对于所购买的服务是否满意取决于其对服务的感知质量与期望质量的对比，如果感知质量符合期望质量，消费者一般就满意；如果感知质量超过期望质量，消费者就会非常满意；如果感知质量低于期望质量，消费者一般就不满意。

消费者对于所购买服务满意与否直接影响其后续行为。如果消费者对所购买的服务满意，在以后的购买活动中很可能继续购买该类服务和选择该服务供应商，并向其他人推荐介绍该项服务和该服务供应商。如果消费者对于所购买的服务不满意，在以后的购买活动中很可能放弃购买该类服务和该服务供应商，并向其他人传播该类服务和服务供应商的负面信息。

二、顾客评价产品和服务的依据

顾客评价有形产品和服务一般有三个依据：搜寻特性、经验特性和信任特性（如图 3.2 所示）。

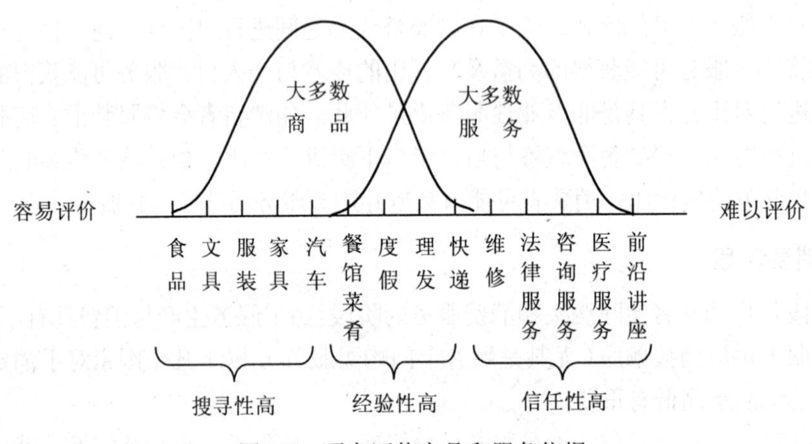

图 3.2　顾客评价产品和服务依据

1. 搜寻特性

搜寻特性是指消费者在实际购买之前就能够大致判断和确认的特性，如颜色、式样、硬度和气味等。如果产品或服务有明显的搜寻特性，消费者对其质量评价就相对比较容易，从而购买风险相对会比较小；如果产品或服务缺乏搜寻特性，消费者对其质量评价就较为困难，从而购买风险相对会比较大。绝大多数有形产品尤其是日用消费品如食品、饮料、文具、运动器材、家具等，都具有明显的搜寻特性；绝大多数无形服务如度假、理发、培训、咨询等，都不具有搜寻特性。总之，由于无形服务缺乏搜寻特性，消费者购买服务较购买有形产品会面临较大风险。

2. 经验特性

经验特性是指消费者在购买之前不能够了解或评估，只有在实际购买和消费之后才能够体验或感受到的特性，如味道、舒适性、耐用性等。如果产品或服务有明显的经验特性，即消费者只有在实际购买和消费之后才能够体验和感受到质量好坏，购买风险就相对较大，从而消费者购买就会比较谨慎。一般来说，较为复杂的有形产品如汽车、计算机、机器设备、房屋等，都有较明显的经验特性；绝大多数服务如饮食、理发、教学、空运、快递等，也都有较明显的经验特性。总之，由于服务具有明显的经验特性，消费者购买服务较购买有形产品会更加谨慎，服务企业推广新服务面临的困难也会更大。

3. 信任特性

信任特性是指消费者依据既有知识和经验在实际购买和消费之后也很难做出客观、准确和科学评价的特性，如科学性、先进性、前沿性等。如果产品或服务有明显的信任特性，即消费者在实际购买和消费之后仅凭自己的知识和经验无法对产品或服务质量做出判断，而是需要权威机构或专家凭借知识、经验或专门仪器才能做出判断，购买风险就会较大，从而消费者购买就会十分谨慎。少数高科技产品如医疗设备、航空设备等，一些高难度服务如高科技讲座、高难度手术、疑难杂症治疗等，往往拥有信任特性。消费者选择这些产品或服务的基本依据是企业形象、行业或社会声望、他人口碑等，消费者购买和消费之后究竟是否满意更多地取决于服务过程是否亲和、体贴、认真和专注。

从图 3.2 可知，左边多为有形产品，它们都具有较高的搜寻特性，顾客容易评价；中间和右边多为服务产品，它们都具有较高的经验特性和信任特性，越靠近右边，顾客评价难度就越大，购买就越谨慎。

三、服务消费特殊性及其营销策略

由于服务具有不同于有形产品的特点，致使服务消费与有形产品消费相比也具有一些特殊性，具体表现为以下七个方面。

1. 信息来源的人际性

消费者购买有形产品一般有四个信息来源：一是商业来源，即从企业广告、营销人员介绍、商品陈列、商品包装、商品说明书、商品展览等途径获得的信息；二是大众来源，即从大众媒体的客观报道和从消费者团体的评论中获得的信息；三是个人来源，即从亲朋、邻居和其他熟人那里获得的信息；四是经验来源，即从实际操作、使用和消费产品的经验中获得的信息。

消费者购买服务，信息来源相对比较单一，即主要依赖于亲朋好友、同事和熟人等获取信息，这是因为：第一，服务具有无形性，致使大众媒体很难有效地展示和传播服务，即通过大众媒体无法将服务的优点和独到之处展示给消费者；第二，服务具有过程性和经验性，曾经接受过某种服务和具有消费经验的消费者传达的信息更具有权威性，从而更容易赢得其他消费者的信赖，即消费者比较乐意接受相关群体的口碑传播。

需要说明的是，随着互联网技术的发展，消费者获取服务信息的途径不再是传统的口口相传，而是更多地通过互联网上一些消费者的评价、打分和抱怨等途径获取信息。

针对服务信息来源的人际性特征，服务企业可以采取以下相应的营销策略。

（1）利用顾客口碑传递服务信息。由于服务信息来源具有人际性特征，服务企业应当充分利用顾客口碑传递服务信息、推广服务项目和塑造企业形象。对此，服务企业可以采取如下措施：①提供超出顾客预期的服务，给顾客带来意外的惊喜，以推动顾客口碑传播；②在核心服务之外附赠一些有形产品，让顾客获得能够看得到的利益和产生物超所值的感觉，进而让顾客产生传播和分享的冲动，并有传播和展示的物质条件；③在服务过程中增加互动和交流，调动顾客积极情感，以推动顾客口碑传播；④故意制造和放任一些较小的服务失误，然后主动给予顾客提供高水平的服务补救，以推动顾客口碑传播；⑤对于传播企业服务信息的顾客给予奖励。例如，如果顾客将服务现场、服务过程以及个人的良好感受通过微信、微博等进行了传播和发布，企业提供打折、优惠券、赠品等。

（2）利用员工形象展示服务内容。由于服务具有无形性，在很多情况下服务员工形象及其服务水平就代表了服务公司的形象和服务水平。例如，医生通常代表医院的医疗水平、律师通常代表律师事务所的服务水平、美容师通常代表美容院的服务水平、培训师通常代表培训公司的培训水平等。基于此，服务企业在进行广告宣传时，应尽可能利用服务员工尤其是专业服务员工的形象，包括展示服务员工服务过程或亲切形象、介绍服务员工简历和服务案例、明示服务员工服务准则或承诺等，由此就能够增加顾客的直观感受和产生亲近感、信任感。如果仅仅泛泛地介绍服务公司概况或者聘请某一名人作为形象代言人，往往难以给顾客留下深刻印象，致使宣传效果大打折扣。

2. 消费认知的风险性

相对于购买有形产品，消费者购买服务会面临较大的认知和购买风险，这是因为：①服务具有无形性或者说缺乏搜寻特性，致使消费者在购买服务之前能够获得的信息较少，而是只能凭借过去的经验、服务企业形象以及其他消费者的评价等做出判断，而每一个消费者对于服务产品的评价都具有主观性，致使消费者无所适从；②服务质量通常没有统一标准，每一次服务都可能会因为服务人员、服务设施和服务环节等不同而导致服务质量发生变化，致使消费者购买服务的不确定性增强；③服务具有过程性，消费者购买服务后即使不满意也不能退换，因为此时服务已经被消费了，这也会增加消费者的购买风险；④很多消费者缺乏足够知识和经验，对于专业性或高难度服务很难做出正确评估和判断，由此也会增加消费者购买的风险性。

消费者购买服务通常面临四个方面的风险：①履行风险，即消费者购买的服务项目不能按照服务供应商承诺的标准得到履行；②财务风险，即消费者购买的服务项目如果出现问题或者未按照承诺标准来履行，消费者将要承担财务损失；③物质风险，即消费者购买的服务项目如果出现事故，则会给消费者造成肉体和精神上的伤害；④社会风险，即消费者购买某些不健康的服务项目会对个人声誉造成伤害。

针对服务消费认知的风险性特征，服务企业可以采取以下相应的营销策略。

（1）提升服务质量的稳定性和可靠性。为降低顾客认知风险和增加顾客购买信心，服务企业应当尽可能提升服务质量的稳定性和可靠性。对此，服务企业可采取如下措施：①制定清晰的服务质量标准和服务流程；②对全体员工进行提高服务质量意识和执行服务标准能力的培训；③监督员工执行服务标准（通过对顾客满意度进行调查，能够有效了解员工执行服务标准情况）；④采用激励和惩罚措施促使员工执行服务标准；⑤减少顾客参与和设置参与条件，以避免服务的不确定性。

（2）对服务质量提供承诺或担保。为减少和消除顾客购买风险，服务企业可向顾客提供承诺或担保，即通过公开媒体预示服务质量或服务效果，并以赔付作为担保。需要说明的是，服务承诺必须兑现，即实际服务如果达不到承诺标准，企业必须给予顾客赔付。如果服务承诺不能兑现，或者企业为赔付设置很多条件和障碍，就难以取得顾客信任。

（3）增加服务透明度。为降低顾客认知风险和增加顾客购买服务的信心，服务企业应当尽力增加服务的透明度，即让顾客能够全面了解、理解或看到服务过程。对此，服务企业可采取如下措施：①深入浅出地介绍专业性较强、内容较为复杂的服务，以减少顾客认知心理障碍；②增加服务演示和开辟体验空间，鼓励顾客参与和体验服务；③录制服务过程，并以视频形式在互联网上传播或在服务现场反复播放；④开放服务现场，允许顾客观摩服务过程。例如，一些高档餐厅，通常在操作间与顾客之间只有一层玻璃之隔，顾客可以清楚地透过玻璃看到厨师的整个操作过程，进而建立信任。

3. 质量识别的间接性

消费者购买有形产品一般可以依据款式、颜色、材质、做工、包装等产品自身因素直接判断产品质量好坏。由于服务具有无形性，消费者在购买服务之前无法看见、触摸和品尝服务，致使消费者只能依据价格、有形设施和服务环境等外在因素间接判断服务质量。例如，如果服务收费高、服务设施和环境好，消费者就可能认为服务质量较高；反之，则认为服务质量较低。

针对服务质量识别的间接性特征，服务企业可以采取以下相应的营销策略。

（1）利用价格传递服务信息。价格是明示服务质量的工具，服务企业可以利用价格手段传递服务信息和促使顾客形成合理预期。对此，服务企业可以采取如下措施：①依据服务质量高低、服务项目多少、服务时间长短、服务人员经验和专业程度等，分别制定不同的价格或收费标准；②明码标价，并将价格表挂在墙上或者放置在显眼处，让顾客能够一目了然；③保证服务质量、服务内容、服务效果等与服务收费标准相吻合，即一分价钱一分货，真正发挥服务价格对于服务效果的明示作用。

（2）利用服务设施传递服务信息。服务设施在一定程度上反映着服务质量，对于自助服务来说更是如此。对此，服务企业可以采取如下措施：①配置与服务质量、服务内容、服务收费标准等大致相吻合的服务设施，即如果企业定位于高端服务，就应当配置先进和现代的服务设施，并且尽可能做到设施齐全；如果定位于一般服务，可以配置中等和实用的服务设施。②明示服务设施操作流程，让顾客能够独立完成服务操作和顺利获得服务。无论服务设施多么先进，如果顾客不会操作服务设施，都会导致顾客不满和抱怨。

（3）利用服务环境传递服务信息。服务环境犹如有形产品的外包装，它在一定程度上反映着服务质量和服务公司定位。对此，服务企业可以采取如下措施：①提供与服务质量、服务内容、服务收费标准等大致相吻合的服务环境，即对于高端服务，服务环境应当优雅、豪华、奢靡等；对于一般服务，服务环境应当朴素、简洁、实用等。②安全、卫生、方便等是对于服务环境的基本要求，否则会导致安全隐患，从而失去顾客。

4. 品牌选择的有限性

消费者购买有形产品可供其选择的品牌非常多，甚至仅仅在一家商场就有无数个品牌的某一种产品可供消费者选择。相较于有形产品，消费者购买服务的选择余地非常小，这是因为：①服务具有同步性和现场性，消费者为节约购买时间和体力，一般是就近或在最方便的地点购买服务，即服务供应商或其某一服务网点一般仅为周边居民提供服务。服务供应商为避免惨烈竞争，一般不会聚集在同一个地区设立服务网点，即在同一个区域内，提供同种服务的企业数量一般不会很多。②服务具有易逝性，消费者一般无法通过邮购方式从其他地区购买服务，而是要在其工作和生活的地区购买服务，由此也导致可供其选择的服务供应商数量较少。③服务具有无形性，消费者在购买服务之前能够获得的信息一般较少，对于服务供应商了解也不多，由此也导致服务品牌选择的有限性。

针对服务品牌选择的有限性特征，服务企业可以采取以下相应的营销策略。

（1）向顾客提供尽可能多的服务信息。顾客掌握的信息越多，选择范围就越大，从而就越容易形成购买意图。对此，服务企业可以采取如下措施：①通过多种途径传播服务信息。

在技术高度发达和互联网日益普及的情况下，企业要善于利用网站、微博、微信等工具传播服务信息，让顾客通过多种途径都能够获得与企业相关的服务信息，进而能够将本企业列入顾客购买清单。②尽可能提供全面的服务信息。由于服务具有无形性，顾客无法从服务本身获得直观的服务信息，因此，服务企业在向顾客传递服务信息时应当尽可能全面，以让顾客对服务企业有清晰和准确的了解。③基于顾客利益提供服务信息。服务企业不要一味地介绍自身情况，而应当给予顾客提供承诺和担保，或者提供专业化服务水平证明以及权威人士评价等，由此才能增加顾客信任。

（2）通过连锁店和远程手段提供服务。由于服务具有现场性，往往会限制远距离顾客购买服务。对此，服务企业可以采取如下措施加以化解或弥补：①发展直营连锁或加盟连锁，扩展服务区域。在全球范围内，零售和餐饮是连锁经营成功的典范，家乐福、肯德基、麦当劳、星巴克等都依靠连锁经营扩大了服务区域，让更多顾客能够享受到这些企业的服务。②提供远程服务，让顾客借助互联网能够跨区域或跨国家获得服务，如网络销售、网上银行、网络视频课程等。

5. 品牌持有的稳定性

消费者购买服务较购买有形产品有更高的品牌忠诚度。这是因为：①由于服务具有无形性和过程性，消费者购买服务较购买有形产品一般要承担较多风险，由此导致消费者不敢轻易转换服务供应商；②由于服务具有无形性，消费者获取服务信息较为困难，对替代服务能否比现有服务更好也没有把握，从而不敢贸然转换品牌；③很多服务供应商会向消费者收取入门费或基础服务费（如医院在为病人手术之前要求病人接受常规性检查），消费者为减少服务开支一般不轻易转换供应商；④很多服务企业为保留顾客推出了“顾客忠诚计划”，即针对老顾客给予积分、奖励或优惠等，一些消费者为了获取更多优惠也会选择“忠诚”而非“跳槽”。

针对顾客持有服务品牌的稳定性特征，服务企业可以采取以下相应的营销策略。

（1）注重品牌形象塑造。由于顾客对服务品牌的忠诚度较高，服务企业更应该高度重视品牌塑造。对此，服务企业可以采取如下措施：①注重品牌命名和标识设计；②明确品牌定位；③保持服务质量的稳定性；④诚信经营，言必行，行必果。

（2）注重建立顾客关系。为防止顾客流失，服务企业应当注重建立顾客关系。对此，服务企业可以采取如下措施：①提供优惠服务；②提供超值服务；③提供个性化和定制化服务；④建立情感联系而非纯交易关系。

6. 接受创新的缓慢性

如果一个创新产品比原有产品拥有明显优势和兼容性，且容易演示和介绍，风险容易被感知，其扩散速度就会较快；反之，扩散速度就会较慢。相对于有形产品来说，创新服务扩散速度会较慢，这是因为：①由于服务具有无形性，其很难被演示和讲解，致使消费者了解新服务速度较慢；②由于服务具有过程性，消费者在购买服务之前很难感知和判断服务风险大小，致使消费者不敢贸然购买新服务，即新服务很难在短时间内被顾客所接受。

针对顾客接受创新服务的缓慢性特征，服务企业可以采取以下相应的营销策略。

（1）采取激励措施。任何顾客都有贪占小恩小惠的心理，对此，服务企业在推广新服务时，可以通过打折、赠送礼品、提供优惠券免费试用等方式鼓励顾客购买。

（2）提供承诺或担保。为消除顾客顾虑，最有效的激励手段就是承诺或担保。因此，服务企业在推广新服务时，可以向顾客提供承诺，并以赔付做担保。

（3）提供参观和体验服务。服务企业可以通过提供参观，让顾客亲眼目睹服务过程，以消除其顾虑，进而购买服务。同时，服务企业还可以开辟服务体验空间或免费给予顾客提供服务，以让顾客感受到服务的价值和利益，并消除对于服务的疑虑和顾虑，进而购买服务。

7. 服务过程的参与性

有形产品的生产完全由企业独立完成，消费者基本上不参与生产过程，从而对于产品质量问题不需要承担任何责任。如果顾客遭遇产品质量问题，一般会将责任全部归咎于制造商或供应商。由于服务生产与消费不可分割，顾客需要或多或少地参与服务过程，从而他们对于服务质量问题会或多或少地愿意或主动承担一些责任：可能自责没有给服务提供者讲清楚要求，或者自责没有有效扮演服务角色，或者愧疚于自身缺乏自助服务能力。

针对服务过程的顾客参与性特征，服务企业可以采取以下相应的营销策略。

（1）相机抉择是否需要顾客参与以及在多大程度上参与服务过程。顾客参与有时候能够提高服务效率和增加顾客享受服务的乐趣，有时候也会降低服务效率和增加服务质量的不确定性。对此，服务企业应相机抉择是否需要顾客参与以及让顾客在多大程度上参与。对此，服务企业可以考虑以下因素：①制定参与规则和设置参与者条件；②教育和培训顾客掌握参与知识和技巧；③鼓励顾客之间交流参与心得和分享参与经验；④限制问题顾客参与。

（2）对于顾客因为参与不当导致的服务失误不要过于指责和推卸责任。顾客不当参与有可能导致服务失误，并且顾客对于服务失误愿意承担一部分责任。对此，服务企业不要过于指责顾客，否则会进一步增加顾客的挫败情绪；也不要把所有责任都推卸给顾客，否则会消弭其他顾客的参与热情，或者导致顾客因为惧怕服务失误而放弃购买服务。

第四节　不同类型顾客购买服务的特殊性

一、不同性别顾客购买服务的特殊性

依据顾客性别不同，可以将顾客分为男性顾客和女性顾客。不同性别顾客具有不同的消费特征，企业针对不同性别顾客应当分别采取不同的营销策略。

1. 男性顾客购买服务的特殊性

男性顾客购买和消费服务具有以下明显特征。

（1）追求方便和快捷。男性顾客大多不愿意花费太多时间和精力去购买服务产品，如果服务提供商能够给男性顾客提供较好的价值，他们一般就不会再去寻找其他同类服务企业，这在理发、洗车等日常服务上尤为明显。

（2）决策理智，不易受广告宣传和促销活动影响。男性顾客多有分辨服务产品的知识和经验，购买服务更加理性，不易受外部环境和他人推荐影响。

针对男性顾客消费特征，服务企业应当采取以下营销策略。

（1）直接标注服务产品功能和类别，尽量使服务内容简单明了。

（2）服务人员更应当显示出专业水平和超群的服务能力，由此才能打动男性顾客。

2. 女性顾客购买服务的特殊性

女性顾客购买和消费服务具有以下明显特征。

（1）追求时尚和新潮。女性追求时尚、潮流，愿意尝试购买新服务，尤其是那些能够给女性带来塑身、美丽的服务，更是受女性欢迎，例如，美容服务、瑜伽课程、减肥训练等。

（2）注重环境、追求情调。女性顾客在购买服务时更易受环境和现场氛围影响，如果服务环境优良、富有情调、服务人员态度和蔼可亲等，就能够极大地调动女性顾客的购买欲望和热情。

（3）注重实惠、精打细算。女性顾客易受广告或商家促销影响，当服务企业推出限时打折或其他优惠活动时，就能够提高女性的购买欲望。

针对女性顾客消费特征，服务企业应当采取以下营销策略。

（1）精心设计服务环境。女性顾客更重视服务环境和情调，优美的服务环境和浓烈的现场服务氛围能够有效激发女性顾客的购买欲望，因此，服务企业应当尽可能营造良好的服务环境和氛围。

（2）服务宣传体现美丽和时尚。针对女性顾客进行宣传时，应当突出企业服务能够带给女性带来美丽和自信，以激发其购买欲望。

（3）开展促销活动。女性顾客通常精打细算，易受促销活动影响。基于此，服务企业可以选择在适当时机开展促销活动：打折、赠品、积分换礼等。

二、不同年龄顾客购买服务的特殊性

依据顾客年龄不同，基本上可以将顾客分为青年顾客、中年顾客和老年顾客。不同年龄顾客具有不同的消费特征，从而企业针对不同年龄顾客应分别制定不同的营销策略。

1. 青年顾客购买服务的特殊性

青年顾客购买和消费服务具有以下明显特征。

（1）追求新颖和时尚。青年人热情奔放、思想活跃、富于幻想、喜欢冒险。青年顾客对于新服务具有较高的尝试意愿和接受度，从而通常是服务企业突破市场的首要目标。例如，外国风味餐厅开设，一般会先吸引年轻消费者，进而通过年轻消费者影响其他消费者；还有一些企业推出的探险游项目，基本上也是定位于青年消费者的。

（2）追求自我和彰显个性。青年人追求自我，做事时希望体现自身特点以增加与他人的区分度。这一特点体现在消费行为上就是购买具有特色和个性的服务。

针对青年顾客消费特征，服务企业应当采取以下营销策略。

（1）注重创新。年轻人追逐潮流和购买新服务，企业推出的服务应当体现这一特性，同时，在宣传内容、宣传形式和媒体选择上，也要体现这一特性。例如，通过互联网进行宣传，利用微博、微信等社交平台进行宣传。

（2）彰显个性。青年顾客个性张扬，追求独立，对此，企业服务应体现这一特性，即从服务设计、定位、宣传、传递等方面都要体现这一特性，以刺激消费者购买。如中国移动公司针对青年学生推出的“动感地带”服务品牌，就是针对年轻人张扬个性的特点进行诉求的，从而很好地吸引了青年顾客。

2. 中年顾客购买服务的特殊性

中年顾客购买和消费服务具有以下明显特征。

（1）理性购买。中年顾客情绪反应平稳，很少感情用事，消费时比较仔细，为了降低购买风险，往往在多数人尝试之后或者搜集到足够信息之后再去购买。

（2）计划购买。中年顾客的购买和消费都是按照计划进行的，很少受购物环境、他人推荐介绍等影响，很少冲动购买。

（3）有丰富经验。中年顾客经验丰富，对产品和服务的分辨力都较强，购买时注重性价比最大化。

针对中年顾客消费特征，服务企业应当采取以下营销策略。

（1）突出利益，重视承诺。首先，对于中年顾客，服务供应商应当突出宣传本企业服务能够给顾客带来的实实在在的利益，并给顾客提供体验和尝试的机会。其次，为消除顾客购买顾虑，服务企业应当给顾客提供明确的服务承诺，并要切实兑现承诺。

（2）注重口碑营销。针对中年顾客理性、谨慎、广泛收集信息等特点，服务企业应重视口碑营销，鼓励和奖励相关顾客传播企业正面信息。

3. 老年顾客购买服务的特殊性

老年顾客购买和消费服务具有以下明显特征。

（1）追求方便。老年人由于精力不够、体力限制或行动不便等，通常会选择地理位置方便、不需要过多参与而是由人工提供全部服务的企业。如针对银行服务，老年人更倾向于窗口的人工服务而不是通过自动存取款机（ATM 机）或网上银行自助获取服务。

（2）对品牌和商家有较高的忠诚度。老年消费者在长期生活过程中形成了既定的生活习惯，他们不愿意花太多时间用于搜集相关信息，同时在购物时具有怀旧和保守心理。

针对老年顾客消费特征，服务企业应当采取以下营销策略。

（1）创造便利性。一是地理位置便利，以方便老年人达到；二是接受服务便利，以方便老年人获得和接受服务，最大程度上减少顾客参与。

（2）重视情感联系。老年顾客比较保守和恋旧，加之搜集信息能力有限，一般不轻易更换服务供应商。基于此，服务企业要重视与老年顾客沟通和情感交流，以在最大程度上保留顾客。

三、不同性格顾客购买服务的特殊性

依据顾客性格不同，基本上可以将顾客分为外向型和内向型、理智型和冲动型、独立型和顺从型等类别，不同性格顾客具有不同的消费特征，企业需要采取不同的营销策略。

1. 外向型顾客购买服务的特殊性

外向型顾客在购买过程中较为热情，善于沟通和交流，会主动询问有关服务特征、服务程序、服务标准、服务方式等方面的问题；易受广告宣传和服务人员介绍的影响；主动参与服务过程。

针对外向型顾客的消费特征，服务企业应当认真倾听顾客想法，恰当回答顾客问题；引导顾客正确参与和防止不当参与。

2. 内向型顾客购买服务的特殊性

内向型顾客在购买活动中沉默寡言，不善于交谈，其中又有两种情况：一是自己不擅长交谈，但愿意听取他人的意见；二是自己不爱讲话，也讨厌别人过多询问。

针对内向型顾客的消费特征，服务企业应当注意：对于自己不擅长说话但愿意听取他人意见的顾客，要热情提供相关信息，然后询问对方需求，谨慎发表自己的意见。对于自己不爱讲话也讨厌别人询问的顾客，要采取“关注，但是你不问我也不说”的态度，以减轻顾客心理压力。

3. 理智型顾客购买服务的特殊性

理智型顾客在购买前会搜集大量相关信息，购买过程中会多方比较，不易受广告宣传和他人推荐、介绍影响；购买谨慎，精打细算。

针对理智型顾客的消费特征，服务企业应当注意：充分尊重顾客的选择，只在对方需要的情况下才提供相关信息，不干扰顾客的选择，不将个人意见强加于顾客。

4. 冲动型顾客购买服务的特殊性

冲动型顾客易受购物环境影响，消费环境、服务人员、商家促销等都会引起该类顾客的情绪反应；购买决策通常受情感支配，稍有不满意会在短时间内改变购买决定。

针对冲动型顾客的消费特征，服务企业应当注意：提供良好的服务环境，如现场布置、温度、音乐、气味等。服务人员在服务过程中应当高度注意顾客情绪变化，适当与顾客沟通，保证顾客处于一个理想的消费情绪状态。

5. 独立型顾客购买服务的特殊性

独立型顾客购买目的明确，一旦确立购买意图就会采取积极行动，并且完全按照自身意图购买；购买决定很少受其他因素影响，即使遇到困难也不会轻易改变，购买行为果断迅速。

针对独立型顾客的消费特征，服务企业应当注意：一方面服务人员要对顾客购买目标和意图给予肯定，鼓励其根据自己的想法购买；另一方面，要根据顾客的询问给予解答，并在对方没有注意的地方予以补充，切忌反对对方的购买决策。

6. 顺从型顾客购买服务的特殊性

顺从型顾客有较强的从众心理，在购买时会关注其他顾客的购买情况，也会主动听取相关人员的劝导和安排，缺乏主见，一般是从众和随大流购买。

针对顺从型顾客的消费特征，服务企业应当注意：树立诚信可靠的企业形象，切忌弄虚作假和夸大宣传；服务人员在与顾客沟通时，要详细介绍服务的优缺点，并适当提供自己认为较为适合某顾客的具体服务项目，以获得顾客好感和刺激其购买欲望。

四、不同购买频次顾客购买服务的特殊性

依据顾客购买频次不同，基本上可以将顾客分为两类：初次购买者和重复购买者。两类顾客分别有不同的购买行为，服务企业应分别采取不同的营销策略。

1. 初次购买者购买服务的特殊性

首先，初次购买者通常对服务不甚了解，心存疑虑；其次初次购买者购买较为谨慎，在购买前会不断搜集相关信息，任何与服务有关的因素，如场景、人员、其他顾客等，都会成

为其评判该企业服务质量的重要依据。

针对初次购买者的消费特征，服务企业应当注意：向顾客详细介绍公司情况以及服务特点，以建立顾客购买信心；了解顾客以前购买的服务品牌及其特点，有针对性地做品牌优势对比，但不可诋毁其他品牌。

2. 重复购买者购买服务的特殊性

第一，重复购买者对于企业服务较为了解，有购买和参与经验，熟悉购买流程；第二，重复购买者对于以往购买的服务较为满意，对于企业有一定的情感和信任；第三，重复购买者对于轻微的服务失误多报以宽容态度，不会过于计较企业的服务失误；第四，重复购买者对于价格敏感度较低，不会因为其他企业的促销活动而转换购买。

针对重复购买者的消费特征，服务企业应当注意：由于这类顾客对于企业服务有所了解，服务人员除了更热情接待之外，更应当注重建立情感联系，多关心顾客，努力提供个性化服务，让顾客感觉其受到了特殊对待。

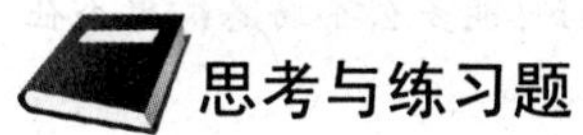

思考与练习题

1. 联系实际谈谈你对服务消费实质的理解。

2. 顾客评价产品和服务的依据有哪些？联系某一具体产品或服务实际，说明你是依据哪些因素对其进行评价的。

3. 与购买有形产品相比，顾客购买服务有哪些特殊性？

4. 针对服务消费的特殊性，服务企业应当采取哪些相应的营销策略？

第四章　服务营销目标

导语

顾客忠诚度是一个比市场份额更重要的利润决定因素。顾客忠诚度增加 5 个百分点，可能导致企业利润增加 25%～85%。

——[美]弗雷德里克 · 赖克赫尔德（Frederick F. Reichheld）
厄尔 · 萨赛（W. Earl Sasser）（Reichheld & Sasser）

仅仅因为顾客在使用产品或者服务方面的选择性很少，因此，不管他们可能多么不满意，也不在提高顾客满意度方面进行投资，这是没有道理的。

——[美]詹姆斯 · 赫斯科特（James Heskett）厄尔 · 萨赛（W. Earl Sasser）

【学习目标】

1. 掌握顾客满意和顾客忠诚的含义及其要点。
2. 正确把握服务质量、顾客满意、顾客忠诚之间的关系。
3. 明晰提升服务质量、提高顾客满意度和忠诚度的意义。

服务企业要有效地开展服务营销工作，必须明确服务营销目标、实现目标的手段及其中心工作。本书作者认为，服务企业营销的基本目标是建立顾客忠诚，建立顾客忠诚的前提是实现顾客满意，实现顾客满意的中心工作是提升服务质量。基于此，本章将对这些问题逐一进行阐述。

第一节　服务营销目标：建立顾客忠诚

一、顾客忠诚及其要点

（一）顾客忠诚含义的分歧

关于顾客忠诚含义，理论界和企业界都存在着认识上的分歧，但基本观点有以下三种。

1. 认为顾客忠诚是行为忠诚

有些学者认为，顾客忠诚就是行为忠诚，即把顾客忠诚定义为顾客重复购买行为。例如，纽曼和威伯尔（Newman & Werbel）将顾客忠诚定义为：忠诚的顾客是指那些反复购买某个品牌的产品、只考虑该品牌产品、不会寻找其他品牌信息的顾客。泰利斯（Tellis）将顾客忠诚定义为：顾客忠诚是指顾客对于某一特定品牌的重复购买或相对购买量的增加。塔克（Tucker）明确将顾客忠诚定义为“连续三次购买”。凯勒（Keller）认为，反复的购买行为已经十分明确地显示了顾客忠诚的存在。赫普沃斯（Hepworth）将顾客忠诚定义为“能够带来顾客再次购买公司产品或服务的行为”。美国西南航空公司在实际操作管理过程中，将“三次乘坐其飞机的顾客”称为忠诚顾客。

对于以上观点，批评者认为过于简单化，且不能反映真实情况。因为“忠诚”本身就带有情感色彩，单纯的行为取向难以解释忠诚。

2. *认为顾客忠诚是态度忠诚*

有些学者认为，顾客忠诚就是态度忠诚，即将顾客忠诚定义为顾客的一种积极情感或态度取向。例如，奥立佛（Oliver）将顾客忠诚定义为“顾客不受能引致其行为转换的外部环境变化和营销活动的影响，在未来持续购买所偏爱产品或服务的内在倾向和承诺”。莫温（Mowen）将顾客忠诚定义为“顾客对某一品牌持有正面态度并且对其有承诺以及意图在未来继续购买的程度”。格兰姆勒和布朗（Gremler & Brown）把服务业顾客忠诚定义为：“顾客向特定服务供应商的重复购买意愿和对其所抱有的积极态度，以及在对该类服务的需求增加时，继续选择该服务供应商为唯一供应源的倾向”。博温和舒梅克（Bowen & Shoemarker）认为，顾客忠诚度是顾客再次光临的可能性大小，并且顾客忠诚意味着顾客愿意成为该企业的一分子。

对于以上观点，批评者认为，顾客态度和情感一般不易测量，并且顾客对于企业如果仅仅持有积极态度和情感而无具体实际重购行为，对于企业是毫无价值和意义的。因此，仅仅从态度角度定义顾客忠诚也是不恰当的。

3. *认为顾客忠诚是态度忠诚与行为忠诚的统一*

有些学者认为，顾客忠诚是态度忠诚与行为忠诚的统一，即将顾客忠诚定义为态度和行为的复合体。例如，阿萨尔（Assael）将顾客忠诚定义为“对某一品牌的赞同所导致的、在较长时期内对该品牌产品的持续性购买行为”。奥立佛（Oliver）认为，“顾客忠诚感是顾客长期购买自己偏爱的产品和服务的强烈意愿，以及顾客实际重复购买行为”。迪克和巴素（Dick & Basu）依据顾客态度和行为将顾客忠诚与否分为4类（如图4.1所示），并认为“只有伴随着较高的态度取向的重复购买行为才是真正的顾客忠诚”。

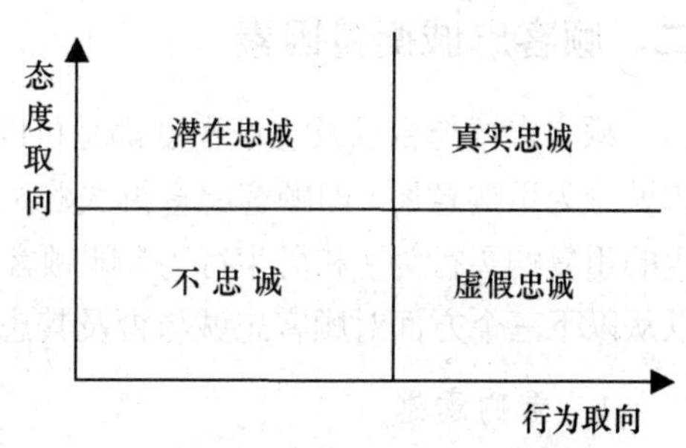

图4.1　顾客忠诚矩阵

当前绝大多数学者接受第三种观点，认为该定义比较全面、具体，能够反映“忠诚”的核心思想，即顾客忠诚首先表现为顾客对于企业或其产品和服务抱有积极态度和情感，在此基础上顾客对于企业或其产品和服务采取积极行为——重复购买。

（二）顾客忠诚含义及其要点

本书接受以上第三种观点，并将顾客忠诚定义为：顾客忠诚是指顾客在较长一段时间内，对于某种产品、服务、人员、品牌或组织本身保持的选择性偏好及其重复购买行为。对此定义，可以从以下五个方面加以解释和界定。

（1）顾客忠诚的主体是现实顾客而非潜在顾客。如果顾客从未有购买和消费过本企业的产品或服务，无论其对于企业抱有多么大的好感或亲近，或者打算在未来一段时间内购买企业的产品或服务，都不能算是忠诚。忠诚的顾客是指已经购买过企业的产品或服务，并且因为消费后感到满意而打算继续购买企业产品或服务的顾客。

（2）顾客忠诚的对象包括产品、服务、人员、品牌和组织等。顾客可能忠诚于某一具体产品或服务，也可能忠诚于提供服务的某一具体人员，也可能忠诚于某一品牌或者提供某一具体产品和服务的企业。

（3）顾客忠诚的内容包括态度成分和行为成分。顾客忠诚包括态度忠诚和行为忠诚，或者说是心理依恋和重复购买的有机统一。前者表明顾客对于某一产品、服务、人员、品牌和组织等持有积极态度和情感依恋；后者表明顾客对于某一产品、服务、人员、品牌和组织等采取了重复购买行为。

（4）顾客忠诚存在程度之分。顾客忠诚在程度上存在着差别，即顾客对于产品、服务、人员、品牌和组织等持有的积极态度和情感依恋程度不尽相同（如偏爱、仰慕、依恋），进而重复购买次数和购买量大小也不一样（如偶尔或少量重复购买、多次或较大量重复购买、持续或大量重复购买）。

（5）顾客忠诚具有时间性。第一，顾客忠诚是顾客在较长一段时间内的选择性偏好和重复购买行为，但不是无限或永久忠诚。当然，由于顾客各不相同，不同顾客的忠诚时间以及是否容易形成忠诚是有差别的。第二，顾客对于产品、服务、人员、品牌和组织等的忠诚时间长短也是有差别的。一般来说，顾客对于具体产品或服务的忠诚时间会较短（因为任何产品或服务项目都有生命周期，并且随着技术进步迅速，具体产品和服务项目的生命周期具有缩短的趋势），而对于服务人员、品牌和企业的忠诚时间会相对较长。

二、顾客忠诚衡量因素

顾客忠诚与否以及忠诚程度都是可以衡量的。琼斯和萨塞（Jones & Sasser）曾经将顾客忠诚分为重购意愿（即顾客愿意再次购买某种产品或服务的程度）、基本行为（即顾客实际发生的重复购买行为）和衍生行为（即顾客表现出来的对于企业的其他友好行为）。基于此，可以从以下三个方面对顾客忠诚与否及其忠诚程度进行衡量。

1. 重购意愿

重购意愿是指顾客再次购买同类产品或服务以及购买企业其他产品或服务的意愿或者承诺。测量顾客重购意愿一般可以从以下两个方面进行：一是顾客继续购买该企业产品或服务的可能性和意愿；二是顾客在同类产品或服务中选择该企业的倾向性。

2. 重购行为

重购行为是指顾客是否实际重复购买企业产品或服务以及购买数量或金额。测量顾客购买行为一般包括以下几项测评项。

（1）购买频率、购买量或购买金额。在一定时期内，顾客购买某一企业产品或服务的次数越多，顾客对于该企业忠诚度越高，反之则越低。此外，购买数量和金额也是衡量顾客忠诚行为的重要标志。顾客购买某一企业的产品或服务数量和金额越多，说明顾客对该企业越忠诚，反之相反。当然，由于产品或服务用途、性能、结构等因素会影响顾客重复购买次数、购买量或购买金额，因此，在利用这一指标时，必须根据不同产品或服务的性质区别对待，不可一概而论。

（2）顾客份额。顾客金额是指即顾客在某一时期购买本企业产品或服务的数量占其购买同类产品或服务总量的百分比。顾客份额越高，表明顾客忠诚度越高；反之，说明顾客忠诚度较低。

（3）选择时间。选择时间是指顾客在挑选和决定购买某一产品或服务时所耗费的时间。由于顾客对企业信托程度不同,因此购买对于不同企业产品或服务所耗费的时间也不尽相同。因此，顾客挑选和决定购买产品或服务所耗费的时间长短也可以鉴别顾客忠诚与否以及忠诚程度。一般来说，顾客挑选时间越短，说明顾客对于企业产品或服务的忠诚度越高，反之，则表明顾客的忠诚度较低。

3. 衍生行为

衍生行为是指顾客基于对企业产品或服务的购买意愿和实际重购行为而衍生出来的其他善意或友好行为，包括以下几项因素。

（1）引荐行为。引荐行为，即向亲戚、朋友和熟人推荐、介绍的意愿和行为。引荐和口碑传播发生在顾客对于企业产品或服务的喜爱和信任基础之上，因此，顾客引荐行为可以作为评判顾客忠诚与否的指标之一。引荐行为越强，说明顾客忠诚度越高；反之，则表明忠诚度较低。

（2）对价格的敏感度。对价格的敏感度，即对于产品或服务价格的关注程度及其购买行为受价格的影响程度。一般来说，顾客对于喜爱和信赖的产品或服务，价格承受能力强或敏感度低；对于不喜爱和不信赖的产品或服务，价格承受能力弱或敏感度高。所以，可以依据这—标准来衡量顾客对于某—产品、品牌或服务的忠诚度。当然，在运用这一标准时，要注意产品或服务对于顾客的必需程度和供求状况。

（3）对竞争产品或服务的态度。对竞争产品或服务的态度，即对于其他企业的产品或服务所持有的态度及其行为。如果顾客对于竞争产品或服务抱有好感或浓厚兴趣，或者高度关注竞争对手的营销行为，说明其对于某一品牌的忠诚度低；如果顾客对于竞争产品或服务没有好感或兴趣不大，或者对于竞争对手的营销行为置之不理，说明其对某一品牌的忠诚度高。

（4）对意外事件或质量缺陷的承受力。对意外事件或质量缺陷的承受力是指顾客对企业出现的意外事故或质量缺陷采取的态度和行为。一般来说，如果顾客对于企业出现的意外事故或质量缺陷报以同情和宽容态度，进而给予企业改正的机会，说明顾客对于该企业或其品牌忠诚度高；如果顾客对于企业出现的意外事故或质量缺陷不能容忍甚至夸大质量缺陷，进而提出很高的赔付或补偿要求，说明顾客对于该企业或其品牌忠诚度低。当然，在运用这一标准时，必须区分产品或服务质量问题的性质，即是严重问题还是一般性问题。

三、顾客忠诚对于企业的重要性

20 世纪 70 年代，美国营销科学研究院开展的“市场战略对利润的影响”项目，通过对全美 594 家企业近 3000 个战略业务单位进行调查发现,在影响企业利润的 37 种关键因素中，市场份额是最重要的因素——按照平均数计算，市场份额相差 10 个百分点，企业税前投资收益率（ROI）相差约 5 个百分点，其中市场份额领先者取得的收益率要比第五位及其以后的公司高出三倍。

此后，世界范围内出现了合并和收购浪潮，很多企业都想成为行业中的第一或者第二，并认为那些没有取得如此高的相对市场份额的企业注定是要失败或消亡的。

20 世纪 80 年代，美国服务营销学者赖克赫尔德和萨赛（Reichheld & Sasser）通过对服务行业调查发现：顾客忠诚度是一个比市场份额更重要的利润决定因素——颠覆了关于“市场份额决定企业赢利水平”的观点。

赖克赫尔德和萨赛通过对九大服务行业数百家企业进行调查发现，顾客忠诚度增加 5%可能导致企业利润增加 25%～85%（如图 4.2 所示）。由此他们认为，按照顾客忠诚度衡量的市场份额的质量比市场份额的数量更加值得企业重视。基于此，企业尤其是服务类企业应当以顾客忠诚作为基本或主要营销目标。

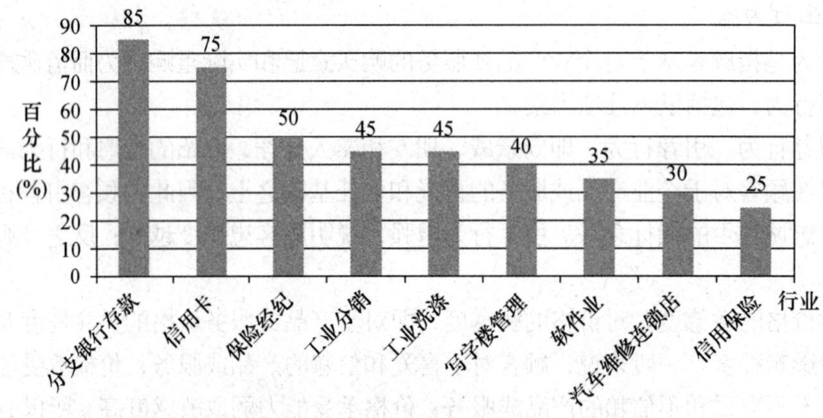

图 4.2　顾客忠诚度增加 5%可能带来的利润增加率

顾客忠诚为什么能够给企业带来更多利润呢？对此，赖克赫尔德和萨赛通过实证研究发现，顾客忠诚能够为企业带来更多利润的原因主要包括销量增加、成本降低、口碑效应和获取溢价。

（1）销量增加。顾客忠诚意味着顾客重复购买、增加购买或购买企业的其他类别产品和服务，由此必然推动企业产品或服务销量增加。在企业利润率不变的前提下，由于产品或服务销量增加，企业利润必然随之增加。

（2）成本降低。顾客忠诚可以大幅降低企业的营销成本、服务成本和补救成本等。有学者研究表明，发展一个新顾客所支出的费用是保留一个老顾客的 6 倍，让一个老顾客满意只需要花 19 美元，而要吸引一个新顾客就要花 119 美元。这是因为：①开发新顾客需要耗费较多的启动成本，包括广告和促销费用、了解顾客的时间成本、化解顾客异议的人力成本等。当顾客成为老顾客之后，交易时间和交易费用就会大幅减少。因为老顾客拥有充分的知识和购物经验，无需太多关心和诱导，他们能够在最短时间内迅速完成交易。②由于新顾客缺乏服务经历和经验，在服务过程中往往不能有效扮演角色，致使企业服务成本大幅增加。当顾客成为老顾客之后，他们就能清晰地了解服务流程和在服务中应当扮演的角色，并且有参与服务的经验和能力，甚至可以独立自主地完成服务和充当服务企业的生产资源，进而降低企业的服务成本。③由于新顾客缺乏经验和参与服务的能力，致使服务失误的可能性增大，并且新顾客对于补救的期望会更高，从而会增加企业的补救成本。当顾客成为老顾客之后，他们就拥有了相关知识和经验以及参与服务的热情和能力，从而服务过程会更顺利和服务失误会较少；即使发生服务失误，老顾客也会更理智，或者基于情感关系和面子而不会提出过高的补救要求，从而降低补救成本。

（3）口碑效应。忠诚顾客会向亲戚、朋友和其他熟人介绍和推荐自己钟爱的产品、服务、企业或品牌，尤其是在互联网时代更是如此。消费者依靠互联网能够在更广泛范围内传播企业相关信息，而且信息传播速度快、传播成本低、传播效果具有叠加效应，由此会给企业带来更多的顾客。这不仅会扩大企业的销售量，而且会节约企业的宣传推广费用。

（4）获取溢价。由于新顾客对于企业及其所要购买的产品或服务了解不深入，在购买时会更多地关注价格，并期望通过降低购买价格以降低购买风险，因而企业在接待新顾客时往往会给予打折、让利和直接降价等，由此会减少企业收益。老顾客对于企业及其所要购买的产品或服务较为熟悉和了解，他们之所以重复购买，更多地是基于对曾经购买过的产品、服务和企业的满意，他们在购买时不会过多地关注价格，或者说老顾客对于价格的敏感度没有新顾客高，这样，企业针对老顾客就不需要过于通过降低售价以吸引顾客，即针对老顾客可以获得溢价。

四、服务企业建立顾客忠诚的必要性

相对于提供有形产品的制造类企业来说，服务企业建立顾客忠诚更加重要。

（1）建立顾客忠诚是维持销售量的重要手段。①服务是非耐用消费品，顾客必然经常购买和重复购买，建立顾客忠诚是维系顾客的重要手段。如果没有顾客忠诚，顾客必然是经常转换供应商，企业服务项目销售就缺乏稳定性。②服务不能储存。正如洛夫洛克所说：顾客不可能一次购买服务的全部要素，把它们包起来，然后带回家等待以后消费。基于此，顾客必然是少量和多次性购买，企业只有建立顾客忠诚，才能维持销售的稳定性。③服务在空间上不能转移，服务企业的服务范围一般都是当地或企业周边顾客（即服务企业的辐射范围或业务覆盖空间有限），企业要想保持既有销售量，就必须稳定和保持既有顾客，而建立顾客忠诚是保持和稳定既有顾客的基本手段。

（2）建立顾客忠诚是扩大销售量的重要手段。由于服务具有无形性，顾客购买服务相对于购买有形产品具有较大的风险性。基于此，顾客选购服务更多地依据经验、信任和口碑等，而企业良好口碑的形成有赖于一批忠诚的顾客，即只有顾客忠诚才会形成口碑传播，进而才能有效地吸引其他顾客购买服务。因此，服务企业要想扩大销售量，就必须维持一批忠诚的顾客和推动顾客口碑传播。

（3）建立顾客忠诚是适应服务业务特征的需要。很多服务（如金融、保险、电信、电力、煤气、物业服务等）具有连续性，即顾客需要持续购买和消费某种服务，服务企业只有建立顾客忠诚和长期为顾客提供服务，才能满足顾客持续购买和消费的需要。

（4）建立顾客忠诚是应对竞争的需要。很多服务项目（如移动通讯业务、固定电话业务）都处在成熟期，且市场基本饱和。对此，较早进入某一行业的企业（如中国移动公司、中国电信公司），其中心任务就应该是维持现有顾客而不是一味地发展新顾客，即保持顾客忠诚和防止竞争对手抢夺市场是这些企业面临的中心任务。

（5）建立顾客忠诚是降低营销成本和提升赢利水平的需要。如上所述，顾客忠诚可以大幅降低企业的营销成本、服务成本和补救成本，同时还可以获取溢价。因此，企业要想获取更多利润，就应当竭尽全力地保持顾客忠诚。

第二节　建立顾客忠诚前提：实现顾客满意

一、顾客满意及其要点

（一）顾客满意含义的分歧

关于顾客满意的定义，基本上经历了以下两个发展阶段。

1. 第一阶段：20 世纪 70～80 年代

20 世纪 70～80 年代，学者们多把顾客满意定义为“顾客从所购产品或服务中获得的实绩与其对产品或服务期望的吻合程度”，并提出了相应的“期望-实绩”模型（如图 4.3 所示）。学者们认为，顾客在购买产品或服务之前，会基于以往消费经验、他人介绍以及企业宣传等，对于企业产品或服务形成某种预期。在实际购买和消费某种产品或服务后，会根据实际所得对产品或服务的实绩做出评价。如果获得的实绩达到或超过期望，顾客就会感到满意，否则，顾客就会不满意。例如，亨特（Hunt）将顾客满意定义为“消费经历至少与期望相一致时而做出的评价”。奥利弗和林达（Oliver & Linda）将顾客满意定义为“顾客根据消费经验所形成的期望与消费经历一致时而产生的一种情感状态”。恩格尔和布莱克韦尔（Engel & Blackwell）将顾客满意定义为“顾客对于所购买产品与以前产品信念一致时所做出的评价”。菲利普·科特勒（Kotler）将顾客满意定义为“一个人通过对一个产品的可感知的效果（或结果）与其期望值相比较后形成的感觉状态，是感知的效果和期望值之间的差异函数”。

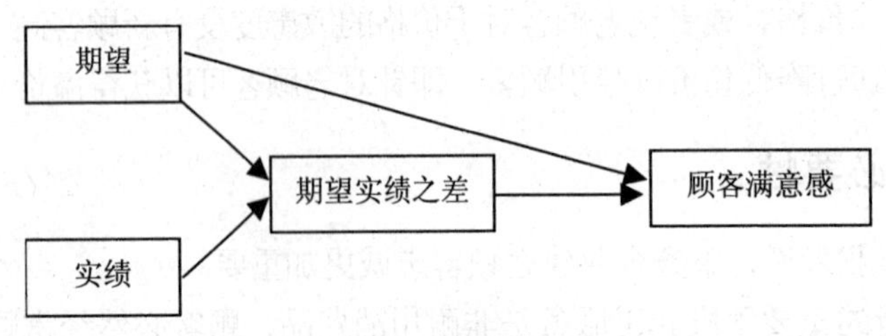

图 4.3　顾客期望-实绩模型

2. 第二阶段：20 世纪 90 年代以后

20 世纪 90 年代以后，很多学者认为影响顾客满意与否的因素很多，而不仅仅取决于服务实绩与期望的吻合程度；在很多情况下，由于顾客缺乏必要知识和消费经验，在购买某种产品或服务之前很难形成合理预期。基于此，学者们多将顾客满意定义为“顾客需求被满足后的心理状态”，并开发出了相应的顾客满意模型（如图 4.4 和图 4.5 所示）。例如，奥利弗（Oliver）认为，顾客满意感是顾客需要得到满足的一种心理反应，是顾客对于产品和服务的特征或者产品和服务本身满足自己需要程度的一种判断。弗朗科斯（Valerie S. Folkes）认为，顾客满意感是顾客对于服务结果进行评估与归因之后产生的情感状态。

（二）顾客满意及其要点

借鉴前人研究成果，本书将顾客满意定义为：顾客满意是指顾客依据某种标准对于其所接触、购买或消费的某种产品、服务、人员、品牌或组织本身的积极评价以及由此产生的愉悦心理。对此定义可以从以下五个方面加以理解和界定。

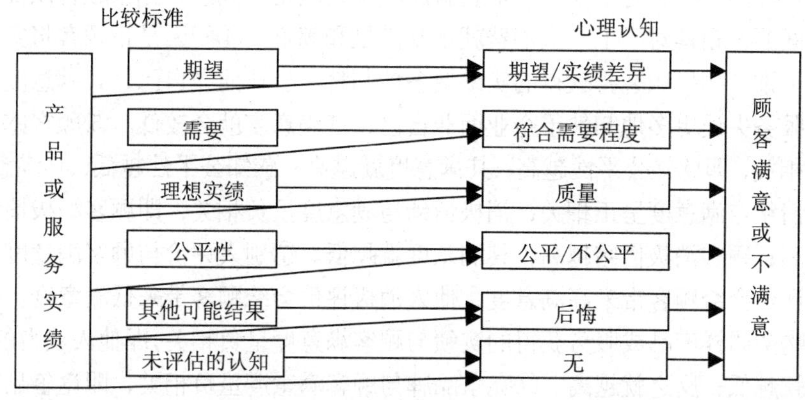

图 4.4　顾客满意模型

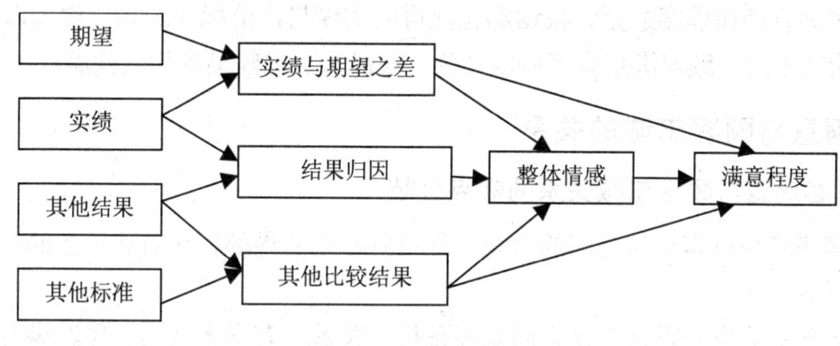

图 4.5　顾客满意模型

（1）顾客满意包括认知成分和情感成分。前者是指顾客对于其所接触、购买和消费的某种产品或服务的实绩与某一评价标准进行比较的结果（如吻合、超过或极大超过），后者是指顾客基于某种产品或服务的实绩与评价标准进行比较后产生的情绪（如满足、高兴和惊喜）。

（2）顾客评价客体可能是某一次具体交易活动或者所购买的具体产品或服务项目，也可能是多次消费经历或者企业整体。对于提供耐用消费品的企业来说，由于顾客购买次数较少，企业主要应测量顾客对于其具体产品和交易过程的满意程度；对于提供服务尤其是提供连续性服务的企业来说（如银行、保险、电信等），由于顾客需要经常购买和重复购买，企业主要应测量顾客对于企业的累积性和整体满意程度。

（3）顾客评价产品或服务的时机包括购买之前、购买过程中和购买之后。过去学者们多认为，顾客满意是指顾客购买和消费产品或服务之后的感受和评价。实际上，顾客对于企业及其产品和服务的评价不仅在消费后，而且在购买之前（如接触企业及其产品、服务或营销活动时）和购买过程中（如在销售现场对于产品或服务的体验、与销售人员和服务设施的接触、置身于服务环境的时刻等）对企业及其产品和服务都会有满意或不满意之评价。

（4）影响顾客满意的因素很多，包括期望、实绩、消费经历、成功或失败的归因、公平性、顾客情绪、别人评价、别人实绩、竞争品牌等，并且不同顾客满意与否的影响因素也不尽相同。不同因素对于顾客满意与否的具体影响表现为：①顾客期望与满意度呈负相关，即顾客期望值越高，越不易实现满意；顾客期望值越低，越容易实现满意。这就是常说的“知足常乐”。②产品或服务实绩与满意度呈正相关，即获得的实绩越大，顾客就越满意；获得的实绩越小，顾客就越不满意。③消费经历与顾客满意度呈负相关，即如果顾客以往消费经历是消极的和负面的，则其对于下一次消费就比较容易满足和满意；如果顾客以往消费经历是积极的和正面的，则其对于下一次消费就不易满足和满意。④归因是指顾客将实绩大小或服务失误归咎于谁。如果顾客将获得的实绩更多地归咎于企业而非自己，其满意度就会较高；如果顾客将服务失误更多地归咎于企业而非自己，其满意度就会较低。⑤顾客感知公平性与满意度呈正相关，即感知公平性越高，其满意度就越高；感知公平性越低，其满意度就越低。⑥顾客积极情绪与满意度呈正相关，消极情绪与满意度呈负相关，即顾客积极情绪越高，其满意度就越高；顾客消极情绪越高，其满意度就越低。⑦别人评价与顾客满意度呈正相关，即他人积极评价会给顾客带来高满意度，他人消极评价会给顾客带来低满意度。⑧别人花费同样费用或购买同样产品或服务获得的实绩与顾客满意度呈负相关，即他人获得的实绩越大，顾客满意度就越低；反之就越高。⑨竞争品牌与顾客满意度呈负相关，即竞争品牌给顾客带来的满意度越高，顾客对于所购产品或服务的满意度就越低；反之则相反。

（5）顾客满意存在程度之分，根据顾客获得的实绩与评价标准的吻合程度以及由此带来的顾客情绪状态不同，顾客满意程度可以分为一般满意、比较满意和高度满意。

二、顾客满意与顾客忠诚的关系

（一）顾客满意与顾客忠诚关系的观点分歧

关于顾客满意与顾客忠诚之间的关系，理论界和企业界都存在着认识上的分歧，但基本观点有以下三种。

（1）认为顾客满意与顾客忠诚之间是强正相关关系。有学者认为，顾客满意与顾客忠诚之间存在着强正相关关系，即顾客满意必然引起顾客忠诚，同时，顾客忠诚必然是以顾客满意为前提和基础的。例如，卡斯帕（Kasper）研究发现，顾客忠诚与顾客对于商品认知及其满意有高度相关性；哈洛韦尔（Hallowell）通过对零售银行顾客进行调查发现，顾客满意与顾客忠诚之间存在着正相关关系。赫斯科特（Haskett）认为，顾客满意直接导致顾客忠诚。

（2）认为顾客满意与顾客忠诚之间是非相关关系。有学者认为，顾客满意与顾客忠诚之间没有必然的联系，对于产品或服务高度满意的顾客会有转换行为，而对于产品或服务不满意的顾客也会有重购行为。美国贝恩公司调查发现：在声称对产品满意的顾客中，有65%～85%会转向其他产品；在汽车行业尽管有85%～95%的顾客声称对于产品满意，但只有30%～40%会再次购买同一产品或同一厂家的某一产品。

（3）认为顾客满意与顾客忠诚之间是弱相关关系。很多学者认为，顾客满意与顾客忠诚之间存在密切相关性，但非线性关系。舒梅克和刘易斯（Shoemaker & Lewis）研究发现，满意是忠诚的必要条件而非充分条件，即满意未必引起忠诚，但忠诚顾客一定是满意的。美国施乐公司在20世纪90年代调查发现，“完全满意”顾客购买8个月后再次购买的机率是“比较满意”顾客的六倍。还有人对医疗保健和汽车业调查发现：“一般满意”顾客的忠诚率为23%，“比较满意”顾客的忠诚率为31%，“高度满意”顾客的忠诚率为75%。

那么，顾客满意与顾客忠诚之间究竟是什么关系呢？从逻辑上来说，顾客满意与顾客忠诚之间存在密切相关性，即顾客满意会引起顾客忠诚，顾客重购行为一般也是建立在满意基础之上的。那么，为什么一些学者却发现顾客满意并非必然引起忠诚呢？有些重复购买的顾客为什么并非必然以满意为基础呢？对此，一些学者也进行了研究。

（二）满意顾客不忠诚的原因

顾客满意并非必然引起忠诚，一般有以下几个方面的原因。

（1）顾客满意度测评本身有问题。在对顾客满意度进行测评时，测评本身对于测评结果有重要影响。具体表现为：①问题排放顺序影响测评结果。一般来说，如果把肯定性问题放在前面，测评出来的顾客满意度会相对较高；如果把否定性问题放在前面，测评出来的顾客满意度会相对较低。因为顾客一般会首先选择前面的问题。②测评时间影响测评结果。如果在顾客刚刚购买和消费过某种产品或服务之后进行测评，测评出来的顾客满意度一般会相对较高，因为顾客购买就是建立在需要、喜爱和满意基础之上的，并且此时顾客也没有掌握更多的相关产品或服务信息，即评估参照物相对较少；如果在顾客购买和消费过某种产品或服务之后一段时间再进行测评，测评出来的顾客满意度就会相对较低，因为此时产品或服务给顾客带来的新鲜感和价值都已经降低，并且顾客也掌握了更多的相关产品或服务信息，即评估参照物相对较多。③被调查者心情影响测评结果。如果被调查者心情舒畅，测评出来的顾客满意度就会较高；反之就会较低。

（2）顾客不愿意承认做了错误的购买决定。有些顾客会因为自尊或者面子问题，不愿意承认自己做了错误的购买决定，即使对所购买的产品或服务不满意，也不愿意承认，但其内心实际上存在不满意，从而就不会有重购行为。

（3）产品或服务项目更新换代快。如果产品更新换代非常快，如电子类产品、时装等，顾客对于所购买的产品即使满意，往往也不会重复购买，因为在一段时间之后产品生命周期就完结了。对于一些服务项目也是如此。

（4）产品或服务供应充足，顾客选择余地大。如果产品或服务供应充足，即同一时期有众多企业同时生产和提供某种产品或服务，则顾客满意就并非必然引起忠诚，因为此时顾客转换供应商的成本非常低，而转换购买则可能获得更大的价值。

需要说明的是，随着技术进步迅速而带来的产品同质性增强以及随着生产力快速发展和市场开放而带来的产品供应量极大丰富，顾客满意与顾客忠诚之间的关联性会降低。此时，只有那些高度满意的顾客才可能产生忠诚，而一般满意的顾客就不易产生忠诚。对于企业来说，建立和保持顾客忠诚难度会越来越大。

（三）不满意顾客重复购买的原因

顾客对于其所购买的产品或服务虽然不满意但却重复购买，一般有以下几个方面的原因。

（1）可供企业选择的产品或服务供应商非常少。如果存在行业垄断（包括限制竞争的法律或专有技术等），如中国铁路总公司、国家电网、自来水公司、燃气公司、有线电视、殡仪馆等，即使顾客对于其所购买的产品、服务或企业本身不满意，顾客仍然会重复购买，因为没有其他供应商可供顾客选择。

（2）顾客高昂的改购代价。如果顾客转换供应商成本非常高，如转换电信运营商需要更换电话号码、转换医院会增加一些基础检查费用等，此时，顾客对于现有产品或服务即使不满意，一般也不会轻易转换供应商，以免增加额外开支和遭受损失。

（3）受顾客忠诚计划约束。有些企业为了保持顾客忠诚通常会采取一些经济手段，如积分、赠送优惠券等，一些顾客为了从既有供应商那里获得经济上的好处，即使对于现有产品、服务或供应商不满意，往往也会选择继续重购而非转换供应商。

需要说明的是，当前越来越多的国家开始打破行业垄断、放开行业经营，从而为顾客提供了越来越多的选择机会。在此背景下，不满意顾客重复购买的可能性会越来越小，企业要想保持顾客忠诚，就必须在增加顾客满意度方面下工夫，而不是企图依靠政府政策实现垄断经营或者构筑转换门槛以阻止顾客转换。

三、顾客满意对于企业的重要性

顾客满意不仅是企业赢得顾客的重要手段，也是企业提升员工士气、增强竞争力和提升赢利能力的重要手段。具体来说，顾客满意对于企业具有以下重要性。

（1）促进顾客购买。顾客初次购买一般是建立在对其所接触的产品或服务满意或基本满意基础之上的，尤其是在可供顾客挑选的产品或服务供应商越来越多的情况下更是如此。如果顾客对于其所接触的产品、服务或供应商不满意，或者第一印象差，一般不会实施购买。因此，企业要想促进产品或服务销售，在销售前或者销售过程中，必须增加顾客满意度。

（2）促进顾客忠诚。如上所述，顾客满意与顾客忠诚之间存在密切相关性。尽管随着产品同质性增强和产品供应日益丰富，顾客满意与顾客忠诚之间的关联度在降低，但高度满意的顾客仍然能够带来顾客忠诚，而不满意顾客重购的可能性则会越来越小。因此，企业要想保持顾客忠诚，就必须在更高程度上实现顾客满意。

（3）促进顾客正面口碑传播。顾客满意与顾客正面口碑传播之间呈现正相关关系，即顾客满意度越高，其正面口碑传播的可能性越大，从而越能够给企业带来更多的顾客。

（4）提升员工士气。顾客满意意味着员工的劳动得到了顾客的认可和给顾客带来了有效价值，从而员工会有成就感。同时，如果员工为顾客提供了满意的服务，一般更能够赢得顾客的尊重和信任，甚至顾客愿意与员工建立良好的私人关系。所有这些都会提升员工士气，进而促进员工不断提升服务质量。

（5）节约经营成本。顾客满意能够降低企业退货、更换、修理、返工、补救等成本，同时降低企业宣传和推广成本，从而获取更多利润。

（6）提升企业竞争力。企业提升顾客满意度就等于在顾客周围构筑了一道高高的篱笆，从而能够有效地阻止顾客转向竞争者。如果顾客对于现有产品或服务供应商非常满意，其对于竞争品牌就不再愿意花费时间和精力去了解，甚至对于竞争对手开展的促销活动也会不闻不问。

（7）获得溢价。满意顾客愿意为他们所得到的产品或服务支付更高成本，即满意顾客对价格不敏感，从而企业可以为其产品或服务制定一个相对较高的价格，由此就能够获得更多利润。

第三节　实现顾客满意手段：提升服务质量

一、服务质量含义

本书第二章将服务质量定义为“顾客在购买和接受服务过程中实际体验或感受到的服务水平与其预期的服务水平的吻合程度”。此定义表明：①服务质量是顾客感知质量；②服务质量具有主观性；③服务质量具有过程性；④服务质量形成于顾客与企业接触的整个过程和各个环节；⑤提高服务质量有赖于企业内部整体配合。

二、服务质量与顾客满意的关系

关于服务质量与顾客满意之间的关系，学术界曾经有过长期争论，其根本原因是这两个概念的含义接近甚至等同。在早期，这两个概念基本上都被定义为“顾客实绩与期望的吻合程度”。此外，这两个概念都可以在特定交易层面和整体层面进行定义。由于定义不同，对于其关系的理解和实证结果也不同。但基本观点有以下三种。

（1）认为服务质量是顾客满意的结果。一些学者认为，顾客满意发生在特定交易之中，是顾客对于单次交易活动的态度。服务质量是顾客对于服务组织的长期态度或者说是对于多次交易活动的综合体验，它虽然受单次交易活动的影响，但又不完全决定于单次交易活动。因此，服务质量发生于顾客满意之后，是多个或多次顾客满意的累积。例如，帕拉苏拉曼、泽斯曼尔和贝瑞认为，顾客满意发生在某次特定交易之中，服务质量却是顾客对于服务或产品的长期态度，因此，顾客满意是服务质量的前因。博尔顿和德鲁（Bolton & Drew）也认为，服务质量作为一种较为稳定的因素，是顾客满意的后果。门泽尔、宾斯托克和卡恩（Mentzer、Bienstock & Kahn）也认为，顾客满意先于服务质量发生，是服务质量的前因。

（2）认为服务质量是顾客满意的前因。有些学者认为，顾客满意是顾客对于企业的综合和全面评价，它受多个因素的影响。服务质量只是顾客对于企业服务状况的评价，它是形成顾客满意的其中一个因素。因此，服务质量发生于顾客满意之前，即由于企业提供了高质量的服务，从而才有顾客满意。例如，克罗宁和泰勒（Cronin & Taylor）对多个服务行业进行实证研究，开始假设服务质量是顾客满意的结果，但经过验证性因子分析后发现，服务质量是顾客满意的前因要素。安德森、福内尔和莱曼（Anderson, Fornel & Lehmann）通过对服务质量与顾客满意之间的关系进行研究发现，服务质量是顾客满意的前置变量。鲁伊特、布勒摩尔和彼特斯（Ruyter, Bloemer & Peeters）通过对服务质量与顾客满意之间的关系进行研究发现，服务质量是影响顾客满意度的最主要因素。麦克杜高和莱维斯克（McDougall & Levesque）研究发现，服务质量和感知价值是顾客满意最重要的驱动因素。格罗鲁斯认为：“这个问题是显而易见的，没有讨论的必要。与有形产品相似，顾客首先了解产品的质量特性，然后综合考虑价格及其他‘成本’，在此基础上才能形成满意或不满意的心理。服务也是如此，顾客先感知服务质量，然后考虑其他‘付出’，最后才会形成满意或不满意的心理……即顾客首先对服务质量进行感知，然后是对这种服务质量满意或不满意的感知，而不是相反。”帕拉苏拉曼、泽斯曼尔和贝瑞在经过一段时间的研究后，也更正了以前关于顾客满意是服务质量前因的观点，转而提出服务质量是顾客满意的前因变量，并提出了如图 4.6 所示的服务质量、顾客满意、顾客忠诚之关系模型。

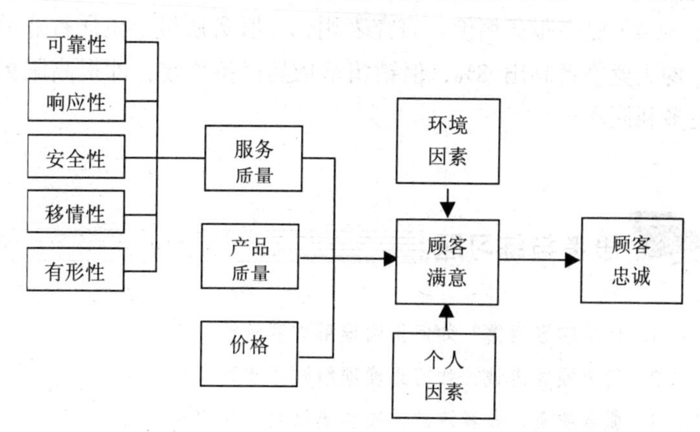

图 4.6　服务质量、顾客满意、顾客忠诚关系模型

（3）认为服务质量与顾客满意之间互为因果。有些学者认为，服务质量与顾客满意之间是一种非递归关系，即认为服务质量是顾客满意的驱动因素，同时顾客满意对服务质量也具有影响作用，即服务质量与顾客满意之间的关系是双向的。

按照本书作者对于服务质量和顾客满意的定义，本书接受以上第二种观点，即认为服务质量是顾客满意的前因，顾客满意是服务质量的结果。同时认为，顾客满意并非仅仅受服务质量的影响，而是同时受多个因素的影响，但对于服务企业来说，服务质量是影响顾客满意的最重要因素。基于此，服务企业要想提高顾客满意度，就必须竭尽全力地提高服务质量，或者说尽力缩小顾客感知服务质量与期望服务质量之间的差距。

三、企业提升服务质量的重要性

如上所述，服务营销的目标是建立顾客忠诚，建立顾客忠诚的前提是实现顾客满意，实现顾客满意的重要手段是提升服务质量。基于此，本书作者认为，提升服务质量是服务企业的核心工作，不断缩小顾客感知服务质量与期望服务质量之间的差距是本书研究的中心内容。

具体来说，提升服务质量对于企业具有以下重要性。

（1）保留顾客和防止顾客流失。服务质量与顾客满意、顾客忠诚之间具有密切相关性，提高服务质量是保留顾客的重要手段。据日本学者研究发现，服务行业顾客流失的首要原因是服务质量差。因为服务质量差导致顾客流失数量占顾客流失总数量的68%。企业如果能够提高服务质量，就能够在最大程度上防止顾客流失。

（2）吸引新顾客和扩大销售量。由于服务具有无形性，顾客口碑是企业选购服务的重要信息来源。提高服务质量能够为企业赢得顾客的良好口碑，进而吸引更多新顾客，由此推动企业服务销量不断增加。

（3）降低经营成本。①提高服务质量可以减少推广成本。如上所述，提高服务质量能够赢得顾客的良好口碑，进而依靠顾客口碑吸引新顾客，从而就可以减少企业宣传和推广费用。②提高服务质量可以减少服务运营成本。研究发现，在服务业运营中，有超过35%的成本是因为质量低下、重复工作和改正错误的支出，如果能够提高服务质量，就可以节约这35%的成本。③提高服务质量可以减少服务补救成本。服务质量差，服务过程和结果不能够达到顾客的期望和要求，在顾客看来就属于服务失误，从而企业需要给予顾客提供补救或赔付，由此会增加企业开支。如果企业提高服务质量，就能够有效地防范和减少服务失误，进而节约服务补救成本。

（4）提高服务售价。研究表明，在服务质量上位居行业前五位的服务企业，其价格水平平均比竞争者高出 8%，但销售量依然保持稳定，即提高服务质量可以获得溢价，进而获取更多利润。

思考与练习题

1. 何谓顾客满意？如何正确理解顾客满意？
2. 何谓顾客忠诚？如何正确理解顾客忠诚？
3. 服务质量、顾客满意、顾客忠诚之间是何种关系？
4. 提高服务质量、顾客满意和顾客忠诚有何价值和意义？

第五章　服务营销模型

导语

仅把市场营销学的概念、模型和技巧应用于服务领域是行不通的，必须建立服务导向的理论架构。

——[美]约翰·拉斯摩（John Rathmall）

泛泛地谈营销观念已经不适用于服务营销，服务营销的成功需要新的理论来支撑。如果仅把产品营销理论改头换面地应用于服务领域，服务营销的问题仍然无法解决。

——[美]花旗银行副总裁林恩·萧斯塔克（Lynn Shostack）

【学习目标】

1. 了解服务营销 7P's 模型内涵及其存在的不足。
2. 了解服务营销三角形内涵及其具体内容。
3. 了解服务剧场模型、服务产出模型、服务生产系统模型的内涵及其具体内容。
4. 了解服务特征应对模型及其具体应对策略。
5. 了解服务利润链模型及其具体内容。
6. 了解服务质量差距模型及其具体内容。

有形产品营销的经典模型是 4P's 模型。该模型认为，企业要实现赢利目标，必须针对所选定的目标市场，将产品（product）、价格（price）、渠道（place）和推广（promotion）四个要素进行最佳配合。尽管后来一些学者提出了 4C 理论和 4R 理论，企图替代和超越 4P's 模型，但到目前为止，4P's 模型仍然没有被动摇，它仍然是指导有形产品，尤其是消费品营销活动的经典模型。由于服务具有无形性、生产与消费不可分割性、异质性和易逝性等特征，4P's 模型并不能有效地指导服务营销工作。那么，服务营销究竟应当运用何种理论和模型加以指导呢？对此，服务营销学者进行了不懈探索，并提出了多个理论和模型。本章集中对这些理论和模型加以介绍和评价，并明确本书欲要采用的模型。

第一节　服务营销 7P's 模型

7P's 模型是美国学者布姆斯和比特纳（Booms & Bitner）于 1981 年提出来的。该模型认为，由服务特征以及由此引起的服务消费特殊性所决定，服务企业要有效地满足顾客需要进而实现赢利目标，必须综合运用产品（product）、价格（price）、渠道（place）、推广（promotion）、人员（people）、过程（process）和有形展示（physical evidence）七个因素，并要将这七个因素进行最佳配合。由于这七个因素的英文单词第一个字母皆为“P”，故简称为7P's。

一、7P's 模型内容

7P's 模型就是在 4P's 模型基础上增加三个“P”，即人员（people）、过程（process）和有形展示（physical evidence）。那么，这三个因素的具体内容是什么呢？为什么要增加这三个因素呢？

1. 人员

人员是指参与到服务过程之中并对服务过程和服务结果产生影响的所有人员，包括直接服务人员、辅助服务人员、接受服务的顾客以及等待接受服务的其他顾客。

（1）由于服务具有无形性，在顾客眼中服务人员通常就是服务产品的一部分；同时，在现实服务工作中，服务人员素质高低、专业能力大小、认真程度等，都对服务质量有重要影响。因此，服务企业必须十分重视对于服务人员的选拔、培训和管理。

（2）由于服务具有过程性，顾客通常需要参与到服务过程之中，顾客的参与热情、参与能力以及与其他人的合作态度等，对于顾客感知服务质量有重要影响。因此，服务企业必须十分重视对于顾客的选择（即选择合适顾客，放弃和拒绝不恰当顾客）以及引导、教育和管理。

（3）由于顾客感知服务质量是在顾客与服务企业接触过程中形成的，服务现场的其他服务人员虽然不直接为顾客提供服务，但只要他们进入顾客的视野，其言行举止都会影响顾客感知服务质量；一些辅助服务人员如后台支撑人员，虽然没有进入顾客视野，但其工作对直接服务人员有重要影响，因此，他们也是服务质量的贡献者或消减者。基于此，服务企业对于所有服务人员都需要加强管理。

（4）很多服务是有多个顾客在服务现场同时接受服务（如培训服务、健身服务）或者排队等待依次接受服务（如银行营业厅办理业务、理发店理发），顾客之间会相互影响。如果顾客普遍都遵守服务规则、积极参与服务过程、相互之间友好合作和帮助，就能够保证服务过程顺利进行，并且给顾客留下积极和美好的印象（即顾客感知服务质量高）；如果一些顾客破坏服务规则和流程、不愿意或者没有能力参与服务过程、或者不愿意与其他人合作等，都会影响服务过程顺利进行，并给顾客留下消极和丑陋印象。因此，服务企业必须十分重视对于服务现场顾客的管理。

总之，服务现场的所有人员都直接和间接影响着服务质量，从而进一步影响着顾客是否购买和接受服务，因此，“人员”构成了服务营销要素之一。

2. 过程

过程是指服务企业向顾客提供服务的步骤和程序。由于服务不能事先生产出来，而是由服务人员在服务现场为顾客创造和提交，服务企业究竟按照何种程序和步骤为顾客提供服务，对于顾客感知服务质量有重要影响。如果服务流程顺畅、清晰、顾客到达方便、不需要长时间排队等待等，顾客一般会欣然购买和接受服务；如果服务流程复杂、混乱、缺乏标识和引导、顾客到达不便、需要长时间排队等待等，顾客往往就会放弃购买和接受服务。总之，服务过程影响着顾客购买和接受服务，也影响着顾客对服务质量的感知，因此，“过程”就构成了服务营销要素之一。

3. *有形展示*

有形展示是指能够直接和间接展示服务内容和服务水平的一切有形物，包括服务场所位置及其周边环境、服务场所内部设施及其布局、服务场所内部风格情调等。由于服务具有无形性和缺乏搜寻特征，有形展示就成为了顾客选择和评价服务的重要依据。如果服务场所交通便利、设施豪华、富有情调等，一般会给顾客留下服务质量优良的印象，进而顾客愿意购买和接受服务；如果服务场所位置偏僻、设施简陋、环境污浊等，往往会给顾客留下服务质量低劣的印象，进而顾客会放弃购买和接受服务。总之，有形展示影响顾客购买和接受服务，也影响顾客对于服务质量的感知，因此，"有形展示"就构成了服务营销要素之一。

服务营销 7P's 要素及其具体内容如表 5.1 所示。

表 5.1　服务营销 7P's 内容

服务营销要素	服务营销要素具体内容
产品（product）	顾客利益、服务组合、服务标准、服务蓝图、服务品牌、服务承诺、服务补救
定价（product）	定价目标、定价依据、定价方法、定价技巧、价格计量方法
渠道（place）	服务范围和地域、服务网点位置选择、服务网点数量抉择、中间商和代理渠道选择、服务加盟商选择、网上服务抉择
推广（promotion）	服务广告与媒体选择、服务公关活动、服务促销活动、服务人员推销活动、服务体验与展示
人员（people）	服务人员招聘与培训、服务人员考核与激励、服务人员授权与监督，顾客参与要求、顾客兼容性管理
过程（process）	服务接触链设计与管理、服务流程设计与管理、服务过程中的沟通与交流、个性化服务
有形展示（physical evidence）	服务场所位置及其周边环境、服务场所内部设施及其布局、服务场所内部风格情调

二、7P's 模型存在的争议

英国学者佩恩（Payne）认为，按照营销学的理解，产品是包括"包装"在内的，而服务营销中的"有形展示"可以被看作是服务产品中的"包装"，即"有形展示"不应当单独作为服务营销组合因素之一。基于此，佩恩提出了一个包括产品（product）、价格（price）、渠道（place）、推广（promotion）、人员（people）、过程（process）和顾客服务提供(provision of customer service)的 7P's 模型（如图 5.1 所示）。

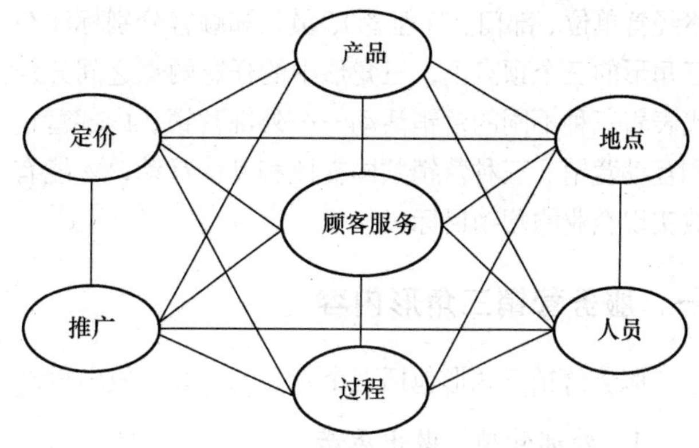

图 5.1　佩恩的服务营销 7P's 模型

所谓"顾客服务提供"，是指企业为销售核心服务而提供的支持性服务，类似于有形产品的"售后服务"。随着服务企业竞争日益激烈，企业要推动服务产品销售，就必须提供更多和更好的支持性服务，以让顾客获得更大的价值。不仅如此，由于服务具有无形性，顾客购买服务存在较大的风险，如果企业给顾客提供更多和更好的服务保障，就能够在一定程度上降低顾客的购买风险，进而推动顾客购买服务，即“顾客服务”对于服务企业比对于制造类企业更加重要。基于此，佩恩将“顾客服务提供”作为服务营销组合因素之一。

需要说明的是，对于佩恩提出的“顾客服务提供”这个“P”也存在着争议，认为该因素也可以纳入到产品因素之中。因为按照营销学的观点，企业提供的产品是整体产品，整体产品包括核心产品、形式产品和附件产品三部分，而“顾客服务提供”显然属于整体产品中的附加产品。

三、7P’s 模型评价

7P’s 模型是建立在 4P’s 模型这一成熟且被广泛接受和应用的有形产品营销模型基础之上的，既突出了这一理论模型的正统性，又强调了服务营销与有形产品营销的区别，从而具有较大的理论意义和对企业的指导价值。

但 7P’s 模型也存在一些缺陷和不足。首先，7P’s 模型没有明确指出服务产品与有形产品在产品、定价、渠道和推广四个因素上的区别，以至于在实际工作中往往只能套用有形产品营销中关于产品、定价、渠道和推广的观点与做法，从而会影响营销效果。其次，4P’s 模型基本上是以开发新顾客为营销目标的，这对于有形产品营销比较有指导意义，因为顾客购买有形产品频率相对较低，企业要保持和扩大产品销售量，就必须不断开发新顾客。而对于服务来说，由于顾客购买频率相对较高，加之服务销售通常受地域或空间限制，企业更应该以保留现有顾客为营销目标。保留顾客的前提是增加顾客满意度，增加顾客满意度的前提是提升服务质量，而 7P’s 模型不是以提升服务质量为中心的营销模型，从而对于服务营销的指导价值会受到影响。

第二节　服务营销三角形

服务营销三角形是美国学者卡尔和泽姆科（Karl & Zemke）于 1985 年提出来的（如图 5.2 所示）。该模型将服务的三个关键参与者即公司（或战略经营单位、部门、管理者）、员工和顾客分别标注在三角形的三个顶点上，三角形中的任意两点之间分别代表着三种不同的营销活动——外部营销、内部营销和互动营销。三种营销共同支撑和良性互动，才能有效实现企业的营销目标。

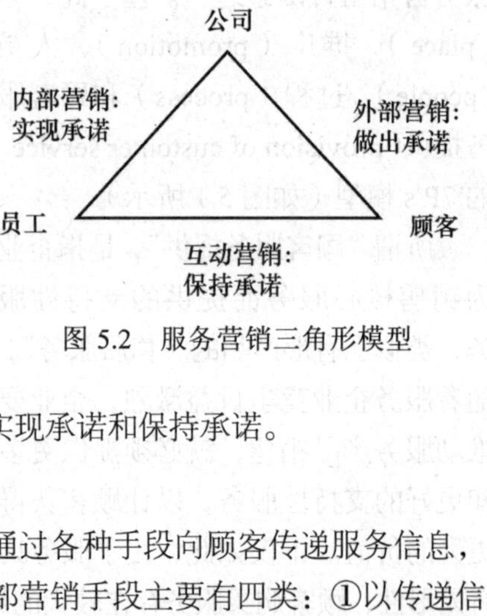

公司
内部营销：实现承诺
外部营销：做出承诺
员工
顾客
互动营销：保持承诺

图 5.2　服务营销三角形模型

一、服务营销三角形内容

服务营销三角形包括三个方面的内容：做出承诺、实现承诺和保持承诺。

1. 外部营销：做出承诺

外部营销是指企业针对外部顾客进行营销，即企业通过各种手段向顾客传递服务信息，并就服务质量和服务结果向顾客做出保证。服务企业外部营销手段主要有四类：①以传递信息和刺激需求为目标的营销手段，包括广告、公关、促销和人员推销等；②以增加顾客兴趣和建立信任为目标的营销手段，包括展示、体验、参与设计和生产；③兼有信息传递和服务承诺功能的营销手段，包括服务人员、服务设施、服务环境、服务价格、服务品牌、服务口号、服务标语等；④以建立顾客信任和消除购买疑虑为目标的营销手段——服务承诺，即通过公开媒体向顾客预示服务质量和效果，并以赔付做担保。

如果服务企业不能通过恰当手段将服务信息告知给顾客，并让顾客认识到本企业服务与竞争者的区别，就难以唤起顾客的购买欲；如果服务企业不能通过恰当手段展示自己的服务，就难以让顾客形成合理的预期，致使顾客感知服务与期望服务无法吻合；由于服务具有无形性，顾客购买服务风险较大，如果服务企业不向顾客提供适当的承诺或担保，就难以消除顾客的购买风险和建立顾客信任，从而会影响顾客购买服务。

2. 内部营销：实现承诺

内部营销是指企业针对内部员工进行营销，即企业采用各种手段提高员工素质、调动员工热情和激发员工士气，以让员工按照企业向顾客提供的承诺标准来为顾客提供服务，进而增加顾客满意度。

现实生活中很多服务都是通过人员向顾客直接提供的，即企业向顾客传递的服务信息和提供的服务承诺要依靠服务员工来传递和实施，如果没有高素质的服务员工为顾客提供服务，企业的所有服务承诺都将化为泡影。因此，服务企业必须十分重视对服务人员的营销与管理工作。

企业与员工之间存在着一种类似于企业与顾客之间的关系——员工为企业工作获得相应收益：经济收入、私人友谊、经验积累、工作成就感等。当然，员工在获得收益的同时也要付出相应的成本：丧失时间和独立性、完成业绩的困难和压力、不惬意的工作条件和人际关系、办公室政治等。对此，企业可借鉴外部营销理论管理员工，即开展内部营销。按照营销理论，应注意以下几点。

（1）员工与企业双方必须自愿交换，不能强买强卖。员工是劳动力的出卖者，企业是劳动力的购买者，买卖双方都是自由和自愿的，不能强买强卖，也不能以扣押相关证件等对员工相威胁，更不能剥夺人身自由。

（2）员工与企业双方必须是等价交换，员工收益应该能够弥补其付出的成本。如果员工收益低于成本而工作本身又缺乏价值和乐趣，可能会发生三种情况：一是要求更高的收益和更好的工作条件；二是想办法减少成本即通过不遵守工作标准来实现（如怠工、偷工减料、慢待顾客等）；三是离职或跳槽。

（3）企业应尽可能“购买”优秀员工。员工素质高低和服务能力大小，对于服务质量和顾客满意度有重要影响。因此，企业必须十分重视员工招聘和选拔工作，争取把符合工作岗位要求和具有发展潜质的员工招聘到公司。

（4）企业应在最大程度上提升员工工作能力。产品如果得到有效保养和合理利用，就能够延长使用年限和发挥更大价值。同理，一个人通过培养和教育，其潜能和价值更是无限的。因此，企业应十分重视员工培训工作，通过不间断和有针对性的培训，不断提升员工服务热情和服务能力，以最大程度地发挥员工价值。

3. 互动营销：保持承诺

互动营销是指服务员工针对外部顾客进行营销，即服务员工将企业承诺给顾客的服务不折不扣地提交给顾客，以让顾客获得与企业承诺相吻合的服务。

为保证服务员工兑现和执行服务承诺，服务企业必须十分重视以下三个方面的工作：①制订严格、清晰和具有操作性的服务标准和服务流程，让员工依据标准和流程为顾客提供服务。②适当授权，让员工有条件和有积极性地为顾客提供个性化服务，以满足顾客特殊要求，进而扩大服务销量和赢得顾客良好口碑。③引导和教育顾客合理参与服务过程，以保证服务过程顺利进行，进而让顾客获得满意服务。

二、服务营销三角形评价

服务营销三角形指明了服务的关键参与者（即公司、员工和顾客）分别应当扮演的角色和应当承担的责任，如果三方都能够有效扮演各自角色和履行应当承担的责任，服务工作就能够顺利进行，并且能够有效保证服务质量。服务营销三角形模型简洁、清晰，易于理解和应用。

服务营销三角形也存在一些不足。一是比较笼统，将复杂的营销工作仅仅归纳为三个承诺：做出承诺、实现承诺和保持承诺，并不能完全反映服务营销工作的内容；二是没有将所有的服务营销要素都包括其中，例如，服务中间商选择与管理、服务供求关系管理、服务补救等问题均没有包括其中，这会影响服务营销效果。

第三节　服务剧场模型

服务剧场模型是美国服务营销学者格罗夫和菲斯克（Grove & Fisk）于 1983 年提出来的。该模型把服务过程比作是一场戏剧演出，其拥有与舞台产品一样的构成要素。服务水平高低或顾客感知服务质量大小，是由各种服务要素共同作用的结果。企业要提高服务质量，必须同时发挥各种服务营销要素的作用，并要将多个服务要素进行有效配合（本书作者将服务剧场模型绘制如图 5.3 所示）。

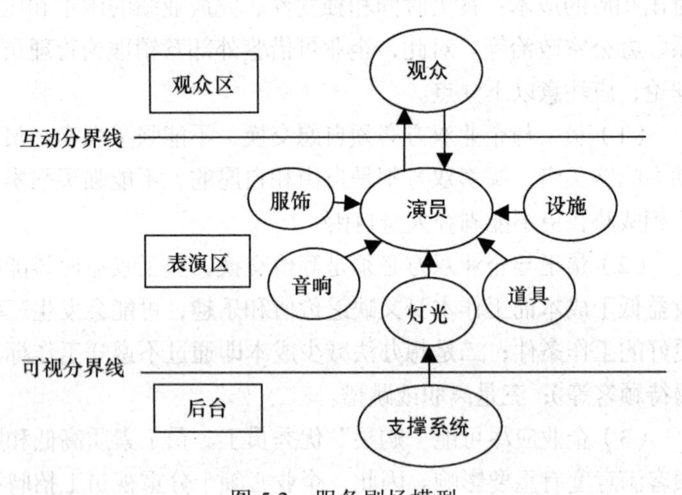

图 5.3　服务剧场模型

一、服务剧场模型内容

服务剧场模型包括两条分界线、三个区域和六个要素，具体解释如下。

1. 两条分界线

服务剧场模型中的两条分界线分别是互动分界线和可视分界线。互动分界线把服务员工与顾客分开，类似于舞台表演把演员与观众分开。互动分界线之外为顾客等候区，类似于舞台表演的观众区；互动分界线之内为服务区，类似于舞台表演的前台或演员演出区。可视分界线把服务区与支撑区分开，类似于舞台表演把前台与后台分开。可视分界线之外为服务区或表演区，顾客（或观众）能够看得到；可视分界线之内为服务支撑区（即支撑前台服务人员服务的区域），类似于舞台表演的后台，顾客（或观众）不能够看到。

2. 三个区域

服务剧场模型中的三个区域分别是顾客等候区、服务区和支撑区。顾客等候区是顾客等待接受服务的区域，类似于舞台表演的观众区或观众席；服务区是服务人员为顾客提供服务的区域，类似于舞台表演的演出区；支撑区是支撑前台服务人员服务的区域，类似于舞台表演的后台。

3. 六个要素

服务剧场模型中的六个要素分别是服务员工、服务设施、服务场景、服务过程、服务支撑和服务顾客。

（1）服务员工，即直接为顾客提供服务的人员，类似于舞台表演的演员。服务人员（或演员）长相、服饰、热情和礼节等，直接影响着顾客的情绪和第一印象，也影响着顾客对于服务质量的感知，尤其是对于高接触服务来说更是如此。

（2）服务设施，即提供服务的工具，类似于舞台表演的音响、道具等。在依靠设施和工具提供服务以及自助服务的情况下，此要素十分重要。

（3）服务场景，即为顾客提供服务的场所及其布局和设计，包括面积大小、风格情调、颜色、亮度、温度、湿度等，类似于剧目表演的舞台。在顾客上门购买服务的场合，服务场景十分重要，它影响“演员”的表演，更影响“观众”的心情。

（4）服务过程，即服务人员为顾客提供服务的过程，也是顾客接受和享受服务的过程，类似于剧目演出。此要素对于顾客感知服务质量影响最大。服务人员在服务过程中的认真程度、专业水平和互动性等，都是顾客评价此要素的重要依据。

（5）服务支撑，即支撑服务人员为顾客提供服务的设施、系统、人员和行为等，类似于剧目表演的后台。服务支撑（即后台）不对顾客（即观众）开放，但对于服务人员顺利提供服务有重要支持作用。

（6）服务顾客，即购买和接受服务的人，类似于舞台演出的观众。顾客（或观众）是否遵守服务规则（即演出秩序）、参与程度（即热情和互动）、顾客之间的关系等，对于服务人员（即演员）工作积极性和服务质量都有重要影响。

一场剧目或演出（即服务提供过程）的整体水平高低，是演员（即服务人员）、观众（即顾客）、设施（即服务工具）、场景和后台支撑等互动和整体配合的结果，缺少任何一个要素，服务质量就会大打折扣。

二、服务剧场模型启示

依据服务剧场模型，服务企业要满足顾客需要和提升顾客感知服务质量，必须同时重视和做好以下几个方面的工作。

（1）服务人员除了业务水平和技能之外，其长相、服饰、风度等，也会影响顾客对于服务质量的感知，其影响程度不亚于演员的相貌和舞台着装。因此，服务企业在招聘服务员工时，对此应加以关注。

（2）服务设施包括道具、设备、照明、温度、色调等，都影响着顾客对于服务的期望和服务质量评价。服务企业应注重服务场所的设计和服务工具的提供。

（3）成功的前台表演依赖后台的支持，绝大多数服务产出都伴有前台与后台共同作用和相互影响。因此，服务企业必须建立有效的后台支撑系统。

（4）把前台与后台隔离是十分必要的，因为很多企业的服务运作过程，其后台行为与前台表现大相径庭。当然，在某些情况下，服务组织也可以允许顾客接近后台以形成差异化，此时，企业必须注意后台行为的设计和执行。

（5）服务人员演出必须与观众（即顾客）进行有效沟通和交流，充分调动观众（即顾客）的积极性和吸引观众（即顾客）参与到服务过程之中，以共同完成服务和共创价值。

三、服务剧场模型评价

服务剧场模型用人们熟悉的戏剧表演来描述服务过程，具有直观、易懂等优点。服务剧场模型抓住了服务的关键要素和环节，对于服务企业具有较好的指导价值。

但该模型也存在一些不足：一是服务剧场模型展示的仅仅是服务现场的情景，对于服务工作开展之前以及服务提交之后企业应当承担的职责和任务（如服务网点选择、服务承诺和沟通、服务定价、服务补救等）没有描述和介绍。二是该模型对于高接触服务尤其是面对面接触服务比较有指导意义，但对于低接触服务、人机接触服务以及远程服务等，其指导价值有限。

第四节　服务产出模型

服务产出模型是美国服务营销学者兰吉尔德和贝特森（Eric Langeard & John Bateson）于1981年提出来的。该模型认为，顾客在服务场所实际体验和获得的服务利益大小（或服务利益包）受三个因素影响：可见要素、不可见要素和其他顾客。企业要有效地为顾客提供服务和增加顾客感知价值，就必须科学地设计可见服务要素、不可见服务要素和有效管理服务现场的其他顾客（如图5.4所示）。

一、服务产出模型内容

服务产出模型要素或具体内容包括可见要素、不可见要素和其他顾客，分述如下。

1. 可见要素

可见要素是指顾客在服务场所能够看得见的服务要素，包括直接服务人员、辅助服务人员、服务设施和设备以及其他有形要素等。兰吉尔德和贝特森将直接服务人员和辅助服务人员称作“服务提供者或接触员工”，将服务设施、设备以及其他有形要素称作“无生命环境”。对于高接触服务来说，可见要素对于顾客感知服务质量影响巨大。

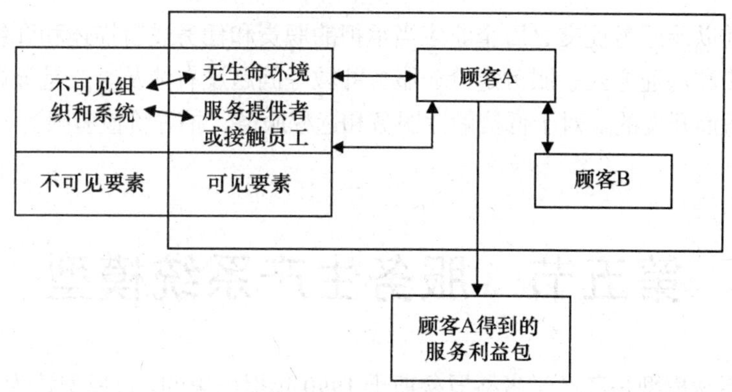

图 5.4 服务产出模型

2. 不可见要素

不可见要素是指处在顾客视线之外但却为服务产出做出贡献的服务要素，包括后台支撑人员、支持性设施、信息系统等。不可见要素处在顾客视线之外，在服务现场顾客看不见也接触不到，但其对于前台服务人员和服务设施、设备等起着重要支撑作用，从而保证服务工作的顺利进行。

3. 其他顾客

其他顾客是指在服务现场与顾客一道同时接受服务或等待接受服务的顾客。在服务产出模型中，兰吉尔德和贝特森将其称为“顾客 B”，当然，也包括顾客 C、顾客 D 等。在顺次提供服务或同时为多个顾客提供服务的情况下，“其他顾客”的表现如是否遵守服务秩序、是否具有参与服务的热情和能力、是否愿意与别的顾客交流和互动等，对于服务工作能否顺利进行以及顾客感知服务质量影响巨大。

二、服务产出模型启示

服务产出模型对于服务企业运营具有以下重要启示。

（1）顾客获得的服务利益包大小受三个因素影响：①顾客在服务现场能够看得见或接触到的服务人员、服务设施和设备等有形要素；②顾客在服务现场看不见也接触不到的后台支撑人员、支撑系统和设备等不可见要素；③在服务现场与顾客一道同时接受服务或等待接受服务的其他顾客。三个因素缺一不可，如果缺少任何一个因素，顾客获得的服务利益包就会大打折扣。

（2）企业要有效地为顾客提供服务，必须同时做好三个方面的工作：①提升服务接触要素，包括提升服务人员素质、提升和养护服务设施和设备；②确保服务支撑系统；③有效管理服务现场其他顾客，确保每一个顾客都遵守服务规则和流程，并防范顾客之间发生冲突。

三、服务产出模型评价

服务产出模型比较清晰地归纳和提炼出了服务现场顾客感知服务质量的影响因素，服务企业可以据此设计和规划服务要素，以便更好地为顾客提供服务。服务产出模型比较简洁，对于服务企业具有较强的指导价值。

当然，服务产出模型也存在一些缺陷：一是该模型基本上是服务现场体验模型，对于服务工作开展之前以及服务提交之后企业应当承担的职责和任务没有描述和介绍，如服务网点选择、服务承诺和沟通方式、服务定价、服务补救等问题没有涉及。二是该模型基本上是针对高接触性服务而开发的，对于低接触性服务和远程服务，指导价值有限。

第五节　服务生产系统模型

服务生产系统模型是芬兰学者格罗鲁斯于 1990 年提出来的。该模型认为，顾客在服务现场体验和感受的服务利益大小受四类因素影响：可见要素、不可见要素、企业精神和文化以及顾客期望。企业要有效地为顾客提供服务和增加顾客感知价值，就必须科学地设计可见要素、不可见要素、企业精神和文化以及有效管理顾客期望（如图 5.5 所示）。

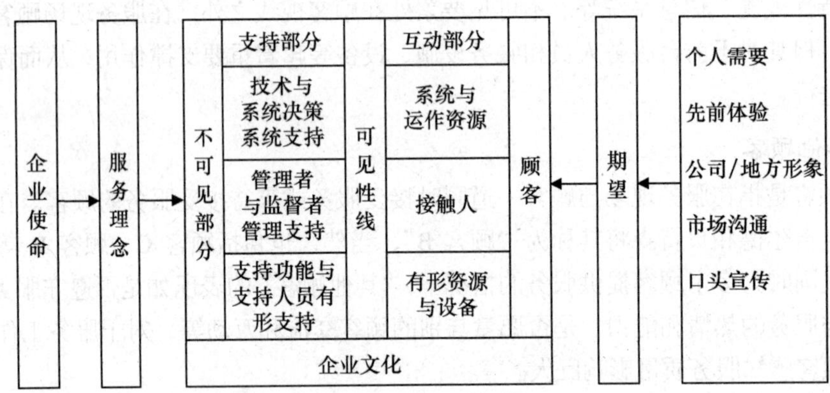

图 5.5　服务生产系统模型

一、服务生产系统模型内容

服务生产系统模型要素或具体内容包括可见要素、不可见要素、企业精神和文化以及顾客期望，分述如下。

1. 可见要素

可见要素又称互动要素，是指顾客在服务现场能够看得见和接触得到的服务要素，包括直接服务员工、有形资源和设备、系统和运作资源等。

2. 不可见要素

不可见要素又称支持要素，是指顾客在服务现场看不到但对于服务质量有重要贡献的要素，它处于企业的后台，通常包括技术支持（即技术系统）、管理支持（即管理和监督人员）和有形支持（包括支持功能和支持人员）等要素。

3. 精神和文化要素

精神和文化要素是指支撑企业发展的一些无形要素，包括企业使命（即企业存在的价值和意义）、企业文化（即企业经营管理的宗旨和行为准则）和服务理念（即企业以何种态度和准则为顾客提供服务）等。

4. 顾客期望

顾客期望是指顾客购买服务之前对于服务的预期，它在很大程度上影响顾客感知服务质量（顾客感知服务质量决定于顾客实际体验服务与顾客期望服务的吻合程度）。影响顾客期望服务的因素主要包括顾客个人需要、顾客以前的消费经历、企业形象、企业广告以及服务现场的口头沟通等。

二、服务生产系统模型启示

服务生产系统模型对于服务企业运营具有以下启示。

（1）服务是一个系统和整体，缺少任何一个环节和因素，顾客感知服务质量就会受到影响。

（2）服务中的可视或互动部分反映了顾客与服务组织的接触，由顾客和企业服务要素共同组成。如果互动部分质量差，不管可视线后面质量有多好，顾客感知到的服务质量都是差的，即可视线后产生的优质技术质量经常被可视线前较差的互动质量所破坏。因此，服务企业必须高度重视对顾客可视因素的管理。

（3）直接与顾客打交道的服务员工是服务组织中最关键的资源，他们要在关键时刻通过观察、提问等方法了解顾客需求；通过有效提供服务，满足顾客需求；通过对顾客追踪了解顾客满意状况及其服务工作存在的问题，进而采取相应补救对策。因此，服务企业必须十分重视对于服务人员的选拔、培训和激励。

（4）有形设施和服务提交程序对于顾客感知服务质量有重要影响。很多服务尤其是技术复杂性服务，需要通过设施、设备等提供，对此，服务企业需要完善和优化服务设施和设备。对于自助性服务，一定要清晰标注服务操作流程，以便顾客独立和顺利完成服务。

（5）在不可视部分或支持部分中发生的事情对于互动部分的结果有重要影响。基于此，服务企业不要忽视对于不可视部分的管理，而是应当通过优化后台支撑系统以更好地发挥其对于前台服务的支持作用。

（6）顾客自己是服务质量的重要贡献者。这是因为：①顾客是服务质量的感知者，其对于企业服务质量感知的高低受其对服务期望的影响；②顾客是服务质量的贡献者，顾客通过参与服务过程和有效扮演其角色，与服务人员共同完成服务过程。因此，服务企业必须十分重视对于顾客进行教育、引导和管理。

三、服务生产系统模型评价

服务生产系统模型比较全面和细致，除了考虑顾客直接接触因素和后台支撑因素之外，还考虑了企业使命、企业文化、企业服务理念以及顾客期望服务等，这对于企业设计和规划服务更加有指导意义，即企业要有效提高服务质量和顾客感知价值，除了重视有形要素包括服务接触要素和后台支撑要素之外，还要重视无形要素即企业使命、企业文化和企业服务理念等，同时还要关注和管理顾客期望服务，尤其是要适当降低顾客过高的期望服务。

当然，服务生产系统模型也有一些缺点，表现为：①基本上是服务现场体验模型，对于服务工作开展之前以及服务提交之后企业应当承担的职责和任务没有描述和介绍，如服务网点选择、服务承诺和沟通、服务定价、服务补救等都没有介绍。②基本上是针对高接触性服务而开发的，对于低接触性服务和远程服务，指导价值有限。③没有考虑现场其他顾客，实际上现场其他顾客对于正在接受服务的顾客有重要影响。④相对复杂，尤其是企业使命、企业文化、企业服务理念等较难设计和落实。

第六节　服务特征应对模型

服务特征应对模型是美国服务营销学者帕拉苏拉曼、泽丝曼尔和贝瑞于 1985 年首先提出来的，后来一些学者对此模型进行了补充和完善。该模型认为，由于服务具有无形性、生产与消费不可分割性、异质性和易逝性等特征，从而会给服务营销工作带来一些挑战和机遇。基于此，服务企业可以采取措施消除或减弱服务特征对于营销带来的挑战，同时采取措施利用或强化服务特征对于营销带来的机遇，进而稳定和扩大服务销售，以实现更多利润（如图 5.6 所示）。

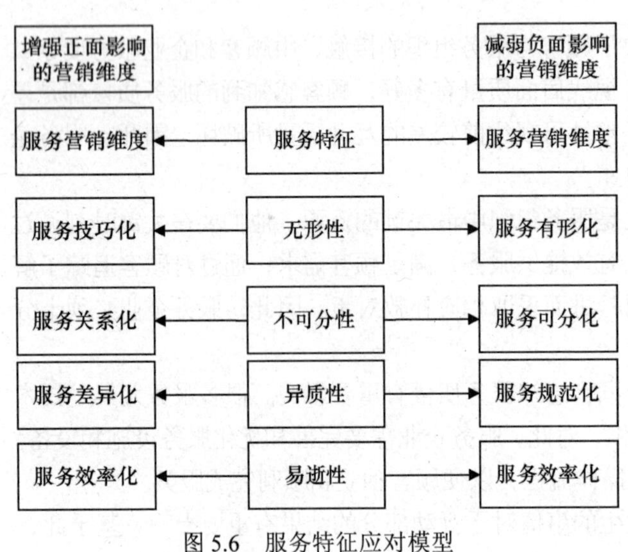

图 5.6　服务特征应对模型

需要说明的是：帕拉苏拉曼、泽丝曼尔和贝瑞仅仅提出了消除服务特征为营销带来挑战的策略，后来一些学者在他们三人观点的基础上，提出了利用服务特征为营销带来机遇的策略，由此就构成了由八个营销维度组成的服务特征应对模型。

一、服务特征应对模型内容

服务特征应对模型包括以下八个方面的内容。

1. 服务有形化

服务有形化是指服务组织为无形服务创造或提供有形线索和证据，以方便顾客了解、识别和选择服务，进而降低顾客购买风险和推动顾客购买服务。服务有形线索是指服务过程中能够被顾客直接看到和感知到的一切有形物。服务营销学者道格拉斯·霍夫曼（K.Douglas Hoffman）认为，“对公司物证的管理包括每一件有形的东西，从公司的物质设施到小册子和名片，一直到员工个人。”

服务有形化是针对服务无形性特征及其给营销工作带来的挑战提出来的。如上所述，由于服务具有无形性，从而会给服务营销工作带来巨大挑战，如缺乏搜寻特征，影响顾客选择；不易展示和宣传，影响服务推广；不能申请专利，难以建立区别和竞争优势；服务失误较难取证，影响服务补救；服务成本较难衡量，影响服务定价。对此，服务企业可以采用有形化策略，以弱化或消除无形性特征对于服务营销工作带来的挑战。

服务有形化工具主要包括以下内容。

（1）服务场景，即服务组织为顾客提供服务的场所及其相关的有形和无形因素，包括服务场所、有形设施和风格情调等。服务场景类似于有形产品的外包装，是顾客识别和选择服务的最重要工具，尤其是对于顾客上门购买服务的企业来说更是如此。因此，服务企业应有效地利用服务场景以建立区别、形成竞争优势和促使顾客形成合理预期。

（2）服务人员，即服务组织中直接为顾客提供服务的人员及其相关辅助人员。企业服务人员是企业的活广告，其形象、穿着、礼节、服务态度和专业性等，都直接影响顾客对于服务企业的态度和信任，进而影响顾客是否购买和消费服务。因此，服务企业必须十分重视招聘、培训和管理服务人员，努力以其良好的形象、饱满的热情和专业的服务精神等吸引顾客购买服务。

（3）服务品牌，即服务组织用以区别竞争对手和方便顾客识别的名称、标识、图案、色彩和吉祥物等。服务品牌是服务企业最具有区别性的外在特征，是顾客选购服务的重要依据，因此，服务企业要十分重视品牌命名、标识设计以及门头色彩的运用等，以在最大程度上吸引顾客和建立顾客信任。

（4）服务承诺，即服务组织通过公开媒体向顾客预示服务质量或效果，并以赔付做担保的行为。服务承诺通常以文字形式出现，是对服务质量或顾客利益的保证，能够消除顾客购买服务的风险和不确定性，从而有助于吸引顾客购买服务。因此，对于服务质量相对稳定和标准化程度较高的服务企业来说，应尽可能给予顾客提供服务承诺。

（5）服务价格，即服务组织的收费标准。服务价格和收费既是企业为顾客提供服务的回报，也是企业展示服务的重要有形工具，顾客可以依据服务价格形成服务预期，进而决定是否购买服务。因此，服务企业应尽可能制定清晰、明确的服务收费标准，并将服务收费标准展示在服务场所。

2. 服务技巧化

服务技巧化是指服务组织通过提升服务人员的服务技巧和将服务过程戏剧化，以使顾客能够看到或感受到服务价值，从而愿意购买和消费服务。

服务技巧化是针对服务无形性特征及其带来的营销机遇提出来的。如上所述，由于服务具有无形性，会给服务营销活动带来一些机遇，如服务价值可以被感知或享受，对顾客有神秘感和吸引力；服务能够被表演和戏剧化，企业可以依靠技巧和过程吸引顾客。对此，服务企业可以采用技巧化策略，以有效地利用无形性特征给服务营销带来的机遇。

服务技巧化工具主要包括以下几种。

（1）服务知识化，即通过提高服务人员的知识素养和运用服务知识以增加顾客价值，从而吸引顾客购买和消费服务。服务知识包括与服务有关的各种自然知识和社会知识，它既是服务技能的基础，也是服务技能层次较高的表现。服务人员知识化途径主要有：①依据学历和接受教育程度招聘知识员工；②定期对员工进行知识培训；③鼓励和奖励自学员工。

（2）服务技能化，即通过培养和提升服务人员的服务技巧和能力以给顾客提供更多利益，从而吸引和保留顾客。服务技能是指服务人员为顾客提供服务的技艺、能力及其娴熟程度。技能化营销在服务业中有广泛应用，尤其是在人员操作性较强的服务行业如餐饮、旅游、体育比赛、艺术表演、教育等行业更是如此。服务技能化途径主要有：①实施服务操作和技能培训；②组织员工参加服务技能大赛，如餐饮行业的“厨师大赛”、美容行业的“美容比赛”

等；③设立不同的技能职称或岗位和提供不同等级的薪酬；④按照服务人员技能或等级制定服务收费标准。如医院按照医师职称不同，分别收取不同的诊断费；理发店按照理发师等级不同，收费标准也不尽相同。

（3）服务专业化，即通过提高服务人员专业化水平以给顾客提供独特价值，从而吸引顾客购买和消费服务。服务专业是指服务人员经过专业学习而获得的知识、技能及其特长，通常以获得专业资格证书为标志，如注册会计师、资产评估师、设计师、美容师等。由专业人员提供服务通常能够给顾客带来特殊利益，并将服务风险降到最低，进而有效吸引顾客。服务专业化途径主要有：①鼓励和支持员工参加专业资格认证考试和获得认证资格；②高薪招聘某一领域的专家，并挂牌开展服务，如专家门诊；③短期聘请外部专家，如医院聘请外部专家坐诊、药品经销商聘请专家开设讲座。

3. 服务可分化

服务可分化是指服务组织在服务过程中让顾客与服务提供者适当分离，以提高服务效率和减少服务质量不确定性，进而吸引和保留顾客。

服务可分化是针对服务不可分割性特征及其带来的营销挑战提出来的。如上所述，由于服务生产与消费不可分割，从而会给服务营销带来巨大挑战，如限制服务能力发挥，影响服务规模扩张；服务资源不能被均衡使用，影响企业经济效益；顾客排队等待现象难以避免，影响顾客满意度；顾客参与会增加服务难度和影响服务效率；服务失误不易掩盖，增加顾客投诉和企业赔付成本；顾客感知质量形成于多个服务接触点，加剧服务管理难度。对此，服务企业可以通过采用可分化策略，以弱化不可分割性特征给服务营销工作带来的挑战。

服务可分化策略主要包括以下内容。

（1）利用中间商提供服务，即服务主供商利用中间商向顾客提交或办理服务，以隔离或部分隔离顾客与服务主供商的接触，减少主供商在服务接触环节的失误以及服务纠纷发生的可能性，从而防止顾客流失。需要说明的是，利用中间商向顾客提交服务，并不意味着服务主供商可以对中间商撒手不管，事实上，中间商服务失误也会导致顾客对于服务主供商的不满，进而减少和放弃购买服务。

（2）自助服务，即服务组织通过向顾客提供服务设施、工具或用品等，让顾客自己完成全部或部分服务，以减少顾客与服务人员的接触以及服务失误发生的可能性，进而保留顾客。随着技术进步和物质手段提升，当前越来越多的服务企业采用自助服务，如银行自助取款、加油站自助加油、停车场自助取卡、地铁站自助购票等。需要说明的是，采用自助服务，一是要操作简单，二是要安全可靠，三是要能够快速排除服务故障，四是要有人员提供辅助服务。

（3）网络服务，即服务组织利用互联网和由顾客在网络上通过自助方式完成或获取服务，以免顾客与服务组织人员或设施之间直接接触，从而减少和遮蔽服务失误，防止顾客流失。随着互联网技术快速发展，当前越来越多的服务企业通过互联网为顾客提供服务，如网上银行、网上订票、网上预订宾馆等。需要说明的是，采用网络服务，一是要操作简便，二是要保证安全，三是要支付方便，四是要有互动和提醒，五是要有明确的操作流程说明。

4. 服务关系化

服务关系化是指服务组织通过与顾客直接接触和互动，进而建立良好的关系和保持顾客忠诚。

服务关系化是针对服务的不可分割性特征及其带来的营销机遇提出来的。如上所述，由于服务生产与消费不可分割，从而也会给服务营销工作带来一些机遇，如有助于企业了解顾客需求和有针对性地提供服务；有助于培养情感和建立关系。对此，服务企业可以采用关系化策略，以有效利用不可分割性特征给服务营销带来的机遇。

服务关系化策略主要有以下方法。

（1）利用和扩大服务接触，即服务组织通过对服务场景的设计，有意扩大服务接触面，进而将优良的服务环境、先进的服务设备、高素质的服务员工和娴熟的服务过程等展示在顾客面前，以增加顾客对于服务企业的信任和吸引顾客购买服务。当前不少服务企业不是遮掩服务空间而是通过开放方式展示服务或操作过程，如餐厅不是采用实体墙壁而是用透明玻璃隔离操作间，让顾客能够看到烹饪过程，进而建立信任。

（2）增加服务互动性，即服务人员主动与顾客沟通、交流和表达关爱等，以培养与顾客之间的私人情感和建立顾客关系，进而保留顾客。需要说明的是，服务人员在与顾客沟通时，一是要避免窥视顾客隐私；二是要避免喋喋不休，尤其是针对内向型顾客更是如此；三是要避免传播和泄露顾客信息。

（3）发展会员关系，即服务组织利用会员制为大客户和常客提供优惠或增值服务，以长期保留顾客。会员制是一种双赢策略，一方面，能够给会员带来优惠或增值服务；另一方面，能够给企业带来稳定的顾客群。现实生活中采用会员制的企业越来越多。

5. 服务规范化

服务规范化是指服务组织通过制定服务规范、服务标准和服务流程，以引导和约束服务员工的心态和行为，从而实现服务质量的稳定性和顾客利益的保证性，进而吸引顾客购买和消费服务。

服务规范化是针对服务异质性特征及其带来的营销挑战提出来的。如上所述，由于服务具有异质性，从而会给服务营销工作带来巨大挑战。如服务质量不稳定，影响品牌形象建立；服务不易标准化和规范化，影响对员工工作考核；服务失误没有评判标准，增加服务纠纷发生的可能性。对此，服务企业可以通过采用规范化策略，以弱化异质性特征给服务营销工作带来的挑战。

服务规范化策略主要包括以下方法。

（1）设计和贯彻服务理念，即服务组织通过设计和贯彻服务理念以约束服务员工的心态，从而确保服务质量的稳定性和吸引顾客购买服务。服务理念是服务组织用语言文字公开传播的服务主张和思想，一般包括服务宗旨、服务使命、服务目标、服务方针、服务政策、服务原则和服务精神等。服务宗旨是指服务组织存在的目的和意义；服务使命是指服务组织在社会经济发展中担当的角色和责任；服务目标是指服务组织在服务运营中期盼实现的目标；服务方针是指服务组织开展服务活动的指导思想；服务政策是指服务组织开展服务活动的依据；服务原则是指服务组织开展服务活动的准则；服务精神是指一家服务组织开展服务活动的习惯性行为。在服务理念中，“宗旨”“使命”和“目标”属于较高层次，相对比较抽象；“方针”“政策”“原则”和“精神”属于操作层，比较具体。

服务理念营销主要包括三个方面内容：一是设计服务理念——设计服务理念一般应遵循顾

客导向、独特性、前瞻性和继承性等原则；二是传播服务理念——传播服务理念一般应坚持公开、持续和内外统一等原则，以让服务理念深入人心；三是兑现和执行服务理念——服务理念不是企业对外宣传的工具，而是用来约束员工心态的，必须保证贯彻执行，否则就毫无价值。

（2）制订和执行服务标准，即服务组织通过制订和监督执行服务标准以约束服务员工的行为，从而确保服务质量的稳定性和吸引顾客购买服务。服务标准化是实现服务质量稳定性的保证，没有统一的服务质量标准，企业服务质量必然波动不定。

服务标准营销主要包括两个方面内容：一是制订服务标准。制订服务标准应当明确、具体和力求定量化，同时，不同行业、不同机构和不同岗位的服务质量标准应当有所侧重；二是执行服务标准。服务标准制订出来以后，相关部门必须监督执行，以确保服务质量标准实施。

（3）服务工业化，即采用工业化大生产方法为顾客提供服务，以确保服务质量和吸引顾客购买服务。服务工业化的前提是服务标准化和规范化；先进的机器设备是服务工业化的保障手段。

6. 服务差异化

服务差异化是指服务组织通过提供个性化服务，以满足顾客特殊的、个性化的要求，进而增加顾客满意度和保留顾客。

服务差异化是针对服务的异质性特征及其带来的营销机遇提出来的。如上所述，由于服务具有异质性，从而会给服务营销工作带来一些机遇。如能够满足顾客个性化要求，能够发挥服务人员的能动性，可以通过差别定价为顾客提供不同服务。对此，服务企业可以通过采用差异化策略，以有效利用异质性特征给服务营销带来的机遇。

服务差异化主要包括以下方法。

（1）服务个性化和定制化，即服务组织针对不同顾客分别提供不同的服务或分别采用不同的方法提供服务，以满足顾客的个性化需要，进而吸引和保留顾客。由于顾客具有多样性和差别性，必然要求企业提供个性化服务，这样才能满足不同顾客的需要。企业实施个性化服务一般应把握几个关键点：①通过调查、观察和沟通以了解顾客需求；②建立顾客档案卡，随时掌握顾客需求变化情况；③按照顾客要求提供服务；④及时将新的服务信息告知顾客，以帮助顾客形成和确立新的服务需求；⑤适应顾客新的需要或引导顾客建立新的需求。

（2）服务特色化，即服务组织为顾客提供独特的、竞争对手难以模仿的服务，以满足顾客独特和猎奇需要，进而吸引和保留顾客。特色服务一般由技术诀窍、秘方、独特地理位置、别具一格的环境等所产生。例如，餐饮企业的独特调味品、医疗机构的祖传秘方、洗浴中心含有硫黄的温泉、生态餐厅等。特色服务在满足顾客基本需求的同时，能够给顾客带来一些独特价值，从而具有吸引力。

（3）服务创新，即服务组织通过采用新的技术、设备、人员和服务流程与技巧等，为顾客提供新的较原来价值更大或成本更低的服务，进而吸引和保留顾客。一项服务创新能否被顾客接受进而能否为企业带来利益，关键在于两点：一是能够为顾客带来新的或更大的价值；二是能够降低顾客为获取服务所付出的成本，包括货币成本、时间成本和体力成本等。

服务创新手段主要包括：①利用新技术、新设备为顾客提供服务；②利用优秀员工为顾客提供服务；③提升服务标准；④简化服务流程；⑤创新服务技巧和方法。

7. 服务可调化

服务可调化是指服务组织通过对服务供给和需求进行调节，以使顾客能够及时和方便地获取服务，进而愿意购买和消费服务。

服务可调化是针对服务的易逝性特征及其带来的营销挑战提出来的。如上所述，由于服务具有易逝性，从而会给服务营销带来巨大挑战。如服务容易消逝，导致企业巨大浪费；服务不能储存，高峰期需求难以满足；服务不能退换，顾客利益容易受损；服务供求关系较难协调，经常存在资源闲置和顾客排队等待等现象。对此，服务企业可以采用可调化策略，以弱化易逝性特征给服务营销带来的挑战。

服务可调化策略主要包括以下方法。

（1）调节服务时间，即服务组织通过调整和灵活安排服务时间，以适应顾客需求和缓解服务需求与供给之间的矛盾，进而吸引和保留顾客。调节服务时间的方法主要有：①灵活安排服务时间，以适应顾客消费习惯；②延长营业时间，以满足顾客不同要求；③全天候服务，以为顾客随时提供服务。服务企业通过调整和灵活安排服务时间，一是能够满足顾客对于服务时间的要求，让顾客在方便的时间购买和接受服务；二是能够捕捉和创造营销机会，增加服务人群；三是能够在最大程度上利用服务资源，增加企业收益。

（2）调节服务地点，即服务组织通过调整和灵活安排服务地点，以适应顾客需求和缓解服务需求与供给之间的矛盾，进而吸引和保留顾客。调节服务地点的方法主要有：①上门服务，即把服务地点转移到顾客所在地，如维修企业上门维修、快递公司上门取货、教育机构上门辅导等；②流动服务，即不在固定地点而是流动为顾客提供服务，如维修服务、出租车服务等；③多网点服务，即服务组织增设服务网点，扩展服务范围，以为更多顾客提供服务。服务企业通过调整和灵活安排服务空间，一是能够方便顾客就近获得服务，从而吸引顾客增加购买服务；二是能够捕捉和创造营销机会，从而扩大服务规模；三是能够在最大程度上利用服务资源，增加企业收益。当前很多服务企业如银行、电信、洗衣店、快递公司等都通过增设服务网点以扩大服务范围，从而服务更多顾客。

（3）调节服务价格，即服务组织通过调整和灵活定价，以缓解服务需求与供给在时间上的矛盾，进而满足顾客需要并充分利用企业服务资源和服务能力。调节服务价格的方法主要有：①分时段定价，即服务高峰时段与服务低谷时段的服务价格不一致，如供电公司定价；②服务高峰期提高售价，如旅游景点在旅游旺季到来时提高门票价格；③服务淡季打折销售，如航空公司机票在旅游淡季打折销售。调节服务价格能够有效地缓解服务需求与供给之间的关系，进而有效利用服务资源和在最大程度上减少顾客排队等待现象。

8. 服务效率化

服务效率化是指服务组织通过提高服务生产率以增加服务供给和更好地满足顾客需要，从而吸引顾客购买和消费服务。

服务效率化是针对服务的易逝性特征及其带来的营销机遇提出来的。如上所述，由于服务具有易逝性，从而会给服务营销带来一些机遇。如服务不会腐烂和变质，服务永远是新鲜的；推动服务企业完善服务流程和过程管理，以节约服务时间和提高服务效率；推动服务企业合理布局服务空间，以有效利用服务资源。对此，服务企业可以通过采用效率化策略，以有效利用易逝性特征给服务营销带来的机遇。

服务效率化策略主要包括以下方法。

（1）时效服务，即服务组织通过提升服务速度和加快服务效率，以在最大程度上利用服务能力和满足更多顾客需要，从而吸引顾客购买和消费服务。如餐饮业的快餐服务、邮政业的特快专递服务、铁路公司的高铁服务等都是如此。时效服务方法主要包括：①改进服务设施和工具；②培训服务人员以提高其服务能力；③优化服务系统；④简化服务流程；⑤制定和严格执行服务标准。

（2）集约服务，即服务组织在同一服务场所内为顾客提供各种不同的服务（包括关联服务和一揽子服务），以充分利用服务空间和满足顾客更多需要，从而吸引顾客购买和消费服务。如一些娱乐场所提供吃住玩一条龙服务、万达城市综合广场服务等即是如此。集约服务方法主要包括：①设计和提供配套服务，如饭店套餐；②捆绑销售，即将有关联的服务项目强行捆绑和打包销售；③提供多个相关联服务以供顾客自由选择。集约服务一是能够节省企业的服务资源和空间，从而在有限的服务空间内服务更多顾客；二是能够降低顾客选择和购买服务的时间成本、体力成本和精神成本，从而挽留更多顾客；三是能够有效展示服务场景和服务过程，从而创造服务需求。

（3）联合服务，即两家或多家服务组织（包括业务相同和相关的服务企业）联合为顾客提供服务，以弥补服务时间不足和服务资源在空间上不易转移等问题，从而吸引顾客购买和消费服务。联合服务方法主要有：①同一地域的同类企业联合服务。例如，当需求高峰到来时，优势企业可以借助非知名企业的服务资源为顾客提供服务，从而实现共赢。优势企业挽留了顾客，非知名企业的资源得到了利用。②不同地域的同类企业联合服务。例如，企业为了满足异地顾客需要，不需要转移本企业服务资源而是在异地寻找合作企业并通过合作企业为顾客提供服务，由此就能够扩大企业的服务范围和提升服务能力。例如，不同地域旅游公司之间的合作就是如此。③同一地域或不同地域的相关企业联合服务。例如，旅行社、运输公司、宾馆等企业之间的合作，就充分发挥了各家服务公司的优势，既更好地满足了游客旅行的需要，也扩大了各服务公司的业务。两家或多家服务公司联合为顾客提供服务对于解决服务易逝性有重要作用：一是能够在最短时间内提升服务能力和满足顾客需要；二是能够拓展服务空间，从而在更大范围内为顾客提供服务；三是能够整合资源、发挥优势，从而更好地服务顾客。

二、服务特征应对模型评价

服务特征应对模型是针对服务特征给企业营销工作带来挑战和机遇提出来的，每一个应对策略都是与具体的服务特征及其带来的营销挑战或机遇相对应的，因此，该模型具有很强的操作性和实用性，对于企业实际服务营销工作具有很强的指导意义。

但该模型也存在一些缺陷：一是显得零碎，缺乏整体性和有机联系；二是两两对应策略通常不能同时运用于一家服务企业。例如，一家服务企业不能同时使用有形化策略和技巧化策略。

第七节 服务利润链模型

服务利润链模型是美国服务营销学者赫斯克特、萨塞和施莱辛格（James L. Heskett, W. Earl Sasser,Jr. & Leonard A. Schlesinger）于1994年提出来的。该模型描述了企业内部服务质量、员工满意、员工忠诚、企业外部服务质量、顾客满意、顾客忠诚、企业赢利率等变量之间存在的正相关关系，并指明了服务企业为增加赢利水平而应当重点关注的工作内容（如图 5.7 所示）。

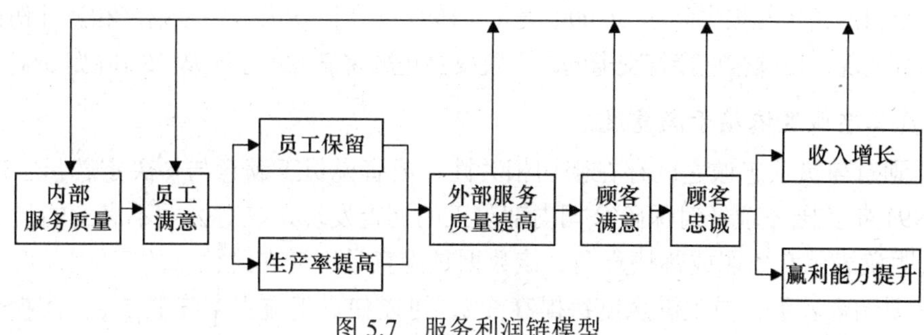

图 5.7　服务利润链模型

一、服务利润链模型内容

服务利润链模型具体包括以下基本的内容。

1. 企业绩效来自顾客忠诚

20 世纪 80 年代，美国服务营销学者赖克赫尔德和萨赛（Reichheld & Sasser）通过对美国 9 个服务行业数百家企业进行调查发现:“顾客忠诚度是一个比市场份额更重要的利润决定因素”此观点颠覆了关于“市场份额决定企业赢利水平”的观点。赖克赫尔德和萨赛通过对九大服务行业数百家企业进行调查发现，顾客忠诚度增加 5%可以导致利润增加 25%～85%。因此，企业要增加收益和提高赢利能力，就必须在最大程度上提高顾客忠诚度。

2. 顾客忠诚源于顾客满意

顾客满意与顾客忠诚之间存在密切相关性，即顾客满意一般会引起顾客忠诚，而顾客重购行为一般也是建立在满意基础之上的。虽然有些因素会弱化顾客满意与顾客忠诚之间的相关性，如产品或服务项目更新换代极快以及产品或服务供应充足等，致使满意顾客并不一定忠诚；由于垄断因素和改购代价限制等，致使重复购买的顾客也并非都是建立在满意基础之上的，但顾客满意与顾客忠诚之间的正相关关系基本方向没有改变。因此，企业要想建立顾客忠诚，就必须在最大程度上提升顾客满意度。

3. 顾客满意决定于感知服务质量

尽管影响顾客满意的因素很多，但服务质量是影响服务行业顾客满意的首要因素；同时，导致服务行业顾客流失的首要原因也是因为服务质量差。服务质量差导致顾客流失占顾客流失总数量的 68%。因此，服务企业要想提高顾客满意度，就必须在最大程度上提高服务质量。

4. 服务质量决定于员工忠诚及其素质

由于服务具有现场性，员工素质高低对于顾客感知服务质量影响巨大。第一，员工素质影响和决定企业服务能力及其实际服务水平，很难设想低素质的服务员工能够提供高水平的服务。第二，员工长相、服饰、仪表、态度、礼节等都会影响顾客情绪，进而影响顾客感知服务质量。

员工忠诚对于员工素质及其服务质量有重要影响。首先，忠诚员工具有丰富的服务经验和技能，从而能够更好地为顾客提供服务；其次，忠诚员工具有良好的服务意识和服务理念，从而能够尽心尽力地为顾客提供服务；最后，忠诚员工对于新进员工有感召力和示范作用，从而能够帮助企业吸引更多优秀员工和促进其他员工更好地做好本职工作。有人研究发现，一家汽车交易行用一个有一年以下销售工作经验的销售代表替换一个有5～8年销售经验的销售代表，结果每一个月的销售额损失高达 36 000 美元。1991 年美国学者对一家财产和意外伤害保险公司员工调查发现，与顾客直接打交道的员工跳槽会把顾客满意度水平从 75%降到 5%。

5. 员工忠诚度依赖于满意度

员工满意与员工忠诚之间存在密切相关性，或者说员工满意与否决定着员工保留或是跳槽。1991 年美国一项针对保险公司内部员工的调查发现，在对公司不满意的员工中，有 30%的人明确表示有离职或跳槽意向，该数据是满意员工潜在跳槽率的三倍。《哈佛商业周刊》的一项调查表明，员工满意度每提高 3%，可以使员工流失率降低 5%、企业运营成本降低 10%、企业劳动生产率提高 25%～65%。当时被列为全美十个最好工作单位之一的美国西南航空公司，由于员工对公司满意度极高，其员工年跳槽率低于 5%，员工保留率位居全美航空业之首。

6. 员工满意度与公司内部服务质量直接相关

公司为员工提供的服务质量直接决定着员工满意与否。关于企业内部服务质量高低，美国 MCI 公司曾经专门对 7 个电话顾客服务中心工作人员做过调查，结果发现影响服务人员工作满意度的因素从高到低排序依次是：工作本身、培训、提升的公平性、尊重和个人尊严、团队合作、公司对员工生活福利的关心程度。按照美国行为科学家弗雷德里克·赫茨伯格（Fredrick Herzberg）的双因素理论，这些因素可以分为保健因素和激励因素。前者包括工作本身、报酬、企业对员工生活福利的关心等；后者包括培训、公平性、在尊重和个人尊严方面的待遇等。

二、服务利润链模型评价

服务利润链模型明确描述了企业内部服务质量、员工满意度、员工忠诚度、企业外部服务质量、顾客满意度、顾客忠诚度、企业赢利率等变量之间存在的正相关关系，从而为企业指明了增加收益而应当关注的重点工作，对于服务企业具有较好的指导价值，同时也具有很强的操作性。

但该模型也存在一些缺陷：一是没有关注所有服务营销要素。例如，企业提高外部服务质量的因素很多，而不仅仅是提高员工忠诚度。二是完全基于服务思想而没有管理思想，这一思想主旨并非就能够实现既定目标。例如，员工是有惰性的，仅仅依靠正激励并非就能够激发其服务热情和提升其工作能力，在一定情况下采取管理甚至惩罚手段也是必要的。

第八节　服务质量差距管理模型

服务质量差距管理模型是美国服务营销学者帕拉苏拉曼、泽丝曼尔和贝瑞于 1985 年提出来的。该模型描述了服务企业经常面临的五大质量差距及其产生的原因，进而给出了一些缓解和弥合服务质量差距的具体方法，从而能够有效地指导服务企业不断提高服务质量（如图 5.8 所示）。

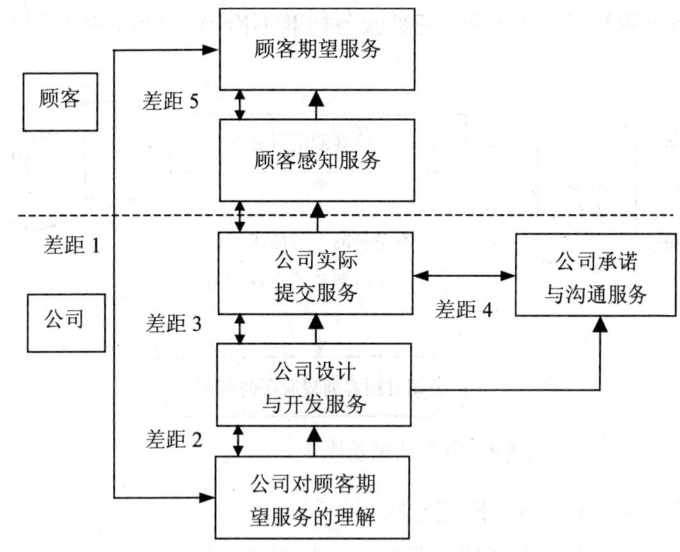

图 5.8　服务质量差距模型

从图 5.8 可知，服务质量差距模型以虚线为界由上下两部分构成。

虚线之上部分为顾客差距，即顾客感知服务与顾客期望服务之间的差距。顾客感知服务是指顾客实际体验或感受到的服务，顾客期望服务是指顾客期望或预想得到的服务。如果顾客感知服务达不到期望服务，顾客就会认为服务质量差，进而产生不满和抱怨，并最终放弃购买和消费服务或者转换服务供应商。

虚线之下部分为供应商差距，即供应商在为顾客提供服务的整个过程中面临和存在的各种差距，它是导致顾客差距的根本原因。服务供应商通常面临四种差距：一是信息差距（差距 1），即服务供应商对于顾客期望的认识和了解与顾客的实际期望之间的差距；二是标准差距（差距 2），即服务供应商实际开发和设计的服务及其标准与供应商对顾客期望服务的认识与理解之间的差距；三是提交差距（差距 3），即服务供应商实际提交给顾客的服务与供应商开发和设计的服务及其标准之间的差距；四是履行差距（差距 4），即服务供应商实际提交给顾客的服务与供应商对顾客的服务承诺和沟通之间的差距。

一、服务质量差距管理模型内容

服务质量差距管理模型包括以下五个方面的内容。

1. 差距 1：信息差距

信息差距是指服务供应商对于顾客期望的认识和了解与顾客实际期望之间的差距。现实生活中，很多企业实际上并不了解顾客期望和要求的服务，甚至仅仅根据自己的认识和感知来判断或猜测顾客期望的服务，由此必然导致服务质量差距 1。

具体来说，导致服务质量差距 1 的原因有两个：一是不完备的市场需求调研，二是公司内部缺乏有效沟通（如图 5.9 所示）。

2. 差距 2：标准差距

标准差距是指服务供应商实际设计和开发的服务及其制定的服务标准与供应商对于顾客期望服务的认识与理解之间的差距。现实生活中，一些企业虽然了解顾客的期望，但基于成本节约、领导者个人嗜好或者主观偏见等原因，却不愿意按照顾客的期望设计和开发服务，即企业开发标准与顾客期望标准不吻合，由此必然导致服务质量差距 2。

具体来说，导致服务质量差距 2 的原因有四个：一是缺乏正确的服务组合理念，二是服务流程和蓝图不清晰，三是服务标准不恰当，四是服务场景和有形展示错误（如图 5.10 所示）。

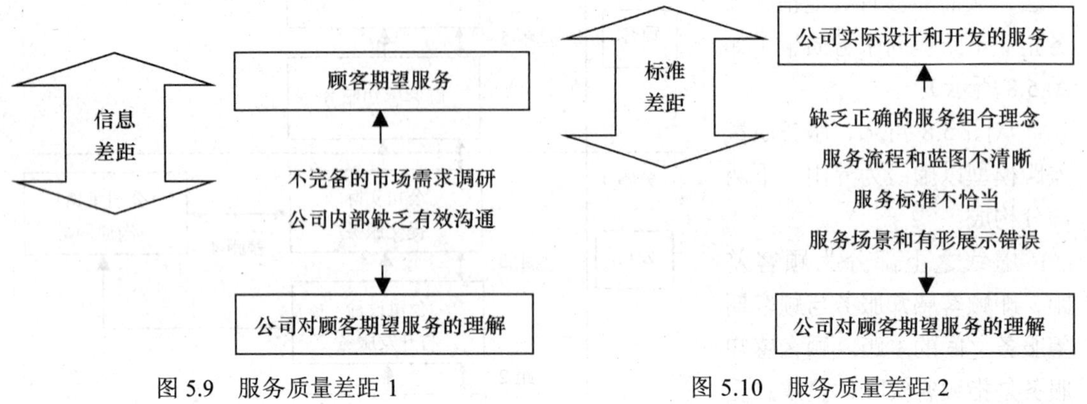

图 5.9　服务质量差距 1　　　图 5.10　服务质量差距 2

3. 差距 3：提交差距

提交差距是指服务供应商实际提交给顾客的服务与供应商设计和开发的服务及其标准之间的差距。现实生活中，一些企业虽然按照顾客的期望和要求进行了服务产品开发、服务标准和流程制定以及服务场景设计，但在向顾客提交服务时却没有按照设计和开发的标准进行提交，致使顾客实际获得的服务与公司设计和开发的服务不吻合，由此必然导致服务质量差距 3。

具体来说，导致服务质量差距 3 的原因有四个：一是服务员工问题，二是服务顾客问题，三是服务中间商问题，四是服务供求不匹配（如图 5.11 所示）。

4. 差距 4：履行差距

履行差距是指服务供应商实际提交给顾客的服务与供应商对顾客的服务承诺和沟通之间的差距，即企业言行不一、不能说到做到。现实生活中，一些企业为了吸引顾客购买服务，会采用各种传播工具宣传和推广服务；也有一些企业为了消除顾客认知风险，会通过公开媒体向顾客承诺服务。但限于企业实际服务能力或者服务态度，企业实际向顾客提交的服务却达不到传递和承诺的标准，由此必然导致服务质量差距 4。

具体来说，导致服务质量差距 4 的原因有四个：一是公司过度承诺，二是公司内部缺乏整合营销沟通，三是公司对顾客期望缺乏管理，四是服务定价不能反映实际服务水平（如图 5.12 所示）。

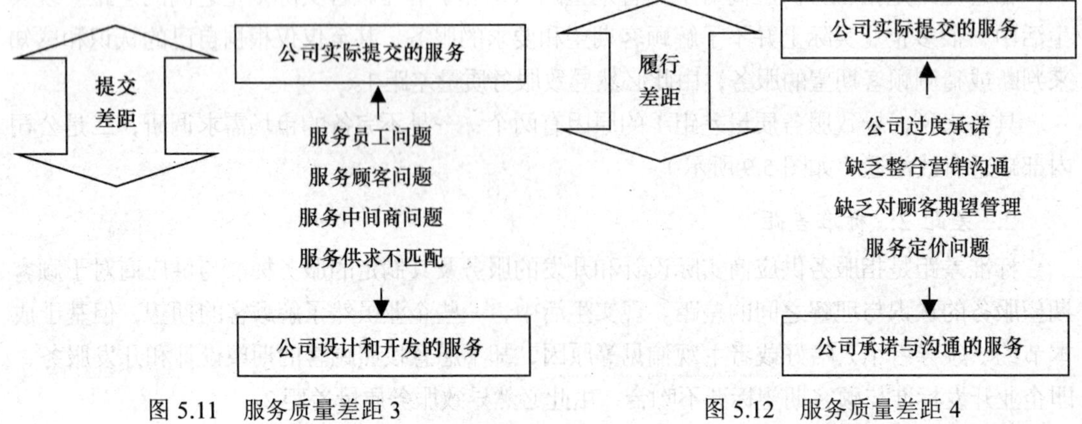

图 5.11　服务质量差距 3　　　图 5.12　服务质量差距 4

5. 差距5：感知差距

感知差距是指顾客实际体验或感知的服务与顾客期望服务之间的差距。现实生活中，由于服务供应商自身工作存在一系列差距或不足，必然导致顾客感知服务达不到期望要求，即产生服务质量差距5。

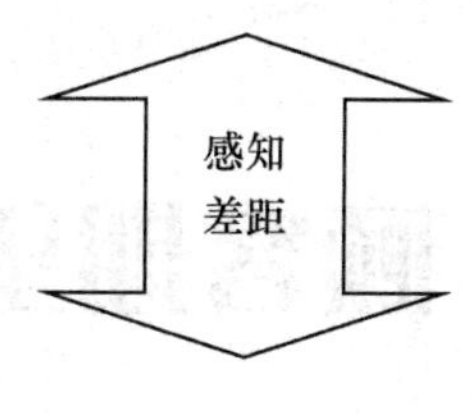

顾客期望服务

公司不了解顾客期望服务
没有按照顾客期望设计和开发服务
没有按照设计和开发要求提交服务
没有按照承诺和沟通要求提交服务

图5.13　服务质量差距5

具体来说，导致服务质量差距5的原因有四个：一是服务公司不了解顾客期望服务，二是服务公司没有按照顾客期望要求设计和开发服务，三是服务公司没有按照设计和开发要求向顾客提交服务，四是服务公司没有按照承诺和沟通标准向顾客提交服务（如图5.13所示）。

二、服务质量差距管理模型评价

第一，服务质量差距管理模型比较全面和清晰地描述了服务企业经常面临和存在的五种差距及其产生差距的原因，进而为企业缓解和弥合服务质量差距提供了思路和方法。企业可以借此工具，全面测评和诊断企业服务质量状况，进而找到改进和努力的方向，以便不断提高服务质量和增加顾客满意度。第二，该模型比较符合服务企业实际，对于服务企业有较强的指导价值。第三，该模型简洁、清晰、易懂、易用。

正由于该模型具有以上优点，本书拟采用该模型作为指导工具以构建服务营销学科体系和指导企业开展服务营销工作。

思考与练习题

1. 服务营销7P's模型有哪些优点和不足？
2. 何谓服务营销三角形？
3. 你可否进一步完善服务剧场模型？
4. 请对比服务产出模型与服务生产系统模型的优缺点。
5. 服务企业应当如何针对服务特征制定相应的营销策略？
6. 何谓服务利润链模型？服务利润链模型对于服务企业有何启示和借鉴价值？
7. 何谓服务质量差距管理模型？

第六章　顾客期望服务调研

导语

虽然大多数人对于期望是什么有一个直觉认识，但对于营销人员来说需要一个更加精确的对期望的定义，以便理解、测量和管理顾客期望服务。

尽管企业获利的关键在于满足顾客期望，但很多企业并不知道顾客真正想要什么，它们认为自己知道顾客想要什么，并自以为是地提供产品和服务。

——[美]瓦拉瑞尔 · A · 泽丝曼尔（Valarie A. Zeithaml）

玛丽 · 乔 · 比特纳（Mary Jo Bitner）

服务性企业对于顾客的态度和习惯一直有许多假设或猜想。服务公司负责人普遍会根据长期经验逐渐形成对顾客的看法，但却缺乏具体事实。每一位管理者对于顾客认为什么事情重要都有自己的一套理论，但只有极少数人是依据精确的研究而来。

——[美]卡尔 · 阿尔布瑞克特（Karl Albrecht）

让 · 詹姆克（Ron Zemke）

【学习目标】

1. 掌握顾客期望服务调研的基本方法和程序。
2. 掌握服务公司内部沟通的方法及其原则。

服务质量差距 1（即信息差距）是指企业对于顾客期望服务的认识和了解与顾客实际期望之间不一致（或者说企业不了解顾客期望服务）。导致服务质量差距 1 的原因主要有两个：一是不完备的市场需求调研，二是公司内部缺乏有效沟通。由于服务质量差距 1 的存在，必然导致企业实际服务不能够满足顾客的期望和要求，进而导致企业实际服务没有市场。因此，企业要保证服务产品销售，首先就必须对顾客期望服务有准确和深入的了解，进而依据顾客期望设计和开发服务。

了解顾客期望服务或者说弥合服务质量差距 1 的方法主要有两种：一是加强外部市场调研，二是加强公司内部沟通。对此，本章将详细加以介绍。

第一节　外部市场调研

一、顾客期望服务调研及其必要性

顾客期望服务是指顾客在实际购买和接受服务之前希望达到或期盼达到的服务水平。

按照顾客期望服务水平不同，顾客期望服务可以分为理想服务和适当服务。理想服务是指顾客心目中向往和渴求的服务水平，或者说是顾客希望企业达到的服务水平；适当服务是指顾客实际能够接受的最低服务水平，或者说是顾客对于实际服务能够容忍的底线。

按照顾客期望服务清晰程度不同，顾客期望服务可以分为模糊期望、显性期望和隐性期望。模糊期望是指顾客客观存在但其本人却无法清晰表述的期望；显性期望是指顾客在实际购买服务之前就已经清晰地存在于其头脑中的期望；隐性期望是指不需要专门表达而理所当然地存在的期望，即顾客认为服务企业对于其期望是不言自明的。

顾客期望服务调研有广义和狭义之分。广义的顾客期望服务调研是指企业采用各种方法和途径了解顾客期望服务，既包括实地调研，也包括二手信息收集。狭义的顾客期望服务调研仅指实地调研，即企业亲自收集第一手信息，包括正规调研和非正规调研。更狭义的顾客期望服务调研仅指正规调研，即企业采用科学方法，有目的、有计划和系统地收集、整理、分析和报告与企业相关的顾客期望服务，并给出一些解决问题的建议。本书基于一般狭义角度定义顾客期望服务调研，即企业采用正规和非正规方法，实地调查和了解顾客期望服务。

顾客期望服务调研对于服务企业具有十分重要的意义，并且企业需要持续开展调研而非一劳永逸。具体来说，开展顾客期望服务调研对于服务企业具有以下重要性。

（1）顾客期望服务调研是企业发现市场机会的前提。从某种意义上说，市场机会就是市场上存在的还未被满足的顾客期望。企业通过顾客期望服务调研，可以了解哪些顾客期望已经得到满足，哪些顾客期望还未得到满足，而没有满足的顾客期望就是企业的机会，企业可以开发相应的服务产品加以满足。如果企业不进行顾客期望服务调研，而是贸然开发某种服务项目或进入某个市场，就难以保证企业提供的服务项目与顾客期望服务相一致，最终必然招致失败。

（2）顾客期望服务调研是企业开发和设计服务产品及其制定相应营销策略的基础。营销的准则就是了解顾客期望并设法满足之,即企业要想实现赢利目标就必须竭力满足顾客期望,满足顾客期望的前提是了解顾客期望,了解顾客期望的有效手段则是开展顾客期望服务调研。也就是说，顾客期望服务调研是企业制定相应营销策略进而满足顾客需要的基础。如果企业不进行顾客期望服务调研，就很难保证开发的服务项目有市场和有销路。

（3）顾客期望服务调研是企业改进和调整营销策略的依据。在企业决策执行过程中，顾客期望服务调研取得的资料可以作为检验企业战略和计划是否可行的依据，也决定是改进营销策略还是调整营销策略的依据。

二、顾客期望服务调研方法

企业经常采用的顾客期望服务调研方法主要有以下几种。

1. 服务现场跟踪调查

服务现场跟踪调查是指在一次服务交易结束之后，企业在服务现场立即展开对顾客满意或不满意的调查。具体调查方法可以是填写调查问卷表，也可以直接按键（选择满意或不满意），也可以采用询问方法。

服务现场跟踪调查的优点是：①顾客刚刚经历过服务过程，对于整个服务事件记忆清晰，能够表达真实观点；②企业主动跟踪调查，可以获得较多的样本，从而保证调查对象比较全面。

但该方法也存在一些缺点：①顾客意见不是建立在与其他企业服务状况充分对比的基础之上，顾客意见可能存在偏颇；②在服务现场面对面接受调查，顾客有可能碍于面子而隐瞒真实思想。

2. 顾客投诉分析

顾客投诉分析是指对于企业收录和登记的顾客投诉信息进行分析，以探寻和发现顾客期望或未被满足的期望。在通常情况下，顾客投诉意味着顾客期望未得到满足。通过对顾客投诉记录进行分析，可以发现顾客有哪些期望得到了满足，还有哪些期望未得到满足；顾客最看重的期望是什么，顾客不太重视的期望又是什么？丹麦一家咨询公司主席克洛斯·穆勒（Claus Moller）认为："我们相信顾客的抱怨是珍贵的礼物。我们认为顾客不厌其烦地提出抱怨、投诉，是把我们在服务或产品上的疏忽之处告诉我们。如果我们把这些意见和建议汇总成一套行动纲领，就能够更好地满足顾客的需求。"

对于顾客投诉进行分析，一是要保证分析客观、准确、全面，避免主观臆断和粗枝大叶；二是要探究投诉背后的真正原因，而不要被投诉的表面问题所掩盖；三是针对不同阶段的顾客投诉进行对比分析，以便发现企业在不同阶段存在的主要问题；四是针对不同人群的顾客投诉进行对比分析，以便深入了解不同顾客对于服务期望的差别性。

需要说明的是，顾客投诉分析仅仅是企业了解顾客期望服务的方法之一，但并不是非常全面和有效的方法。因为顾客投诉并不能完全真实地反映顾客满意状况，不满意的顾客并非都投诉。

3. 关键事件研究

关键事件是指关键的和对于顾客满意或不满意有显著或重要影响的事件。关键事件研究是指对于顾客所经历的满意或不满意服务过程及其重要事件进行记录并加以研究，以了解和发现顾客期望服务。这种方法的基本程序是：①邀请典型顾客回忆所经历的满意或不满意服务过程及其关键环节或事项；②如实记录顾客的回忆；③分析和提炼导致顾客满意或不满意的关键因素及其原因；④邀请顾客对于分析结果加以确认或补充。

关键事件研究是顾客投诉分析的一种有效替代方法，并且具有一些特有优点：①了解信息比较全面，因为顾客是基于对整个服务过程和所有环节进行的回顾；②了解信息比较真实，因为所有信息都是顾客直接提供的，是顾客真实思想的表达。当然，这种方法也有一些缺点：①费时费力；②合适的顾客不易找到；③对于关键事件的判断标准很难统一。

4. 顾客期望服务会谈

顾客期望服务会谈是指邀请一些主要和固定客户参加企业座谈会，让顾客就企业服务满意或不满意问题充分发表意见，进而了解顾客期望服务。这种方法的一般程序是：①选择会谈对象。一般应选择大客户、长期固定客户和有影响力的客户；既包括情感友好型客户，也包括一般关系客户。客户应当有较好的语言表达能力和沟通能力。②确定会谈场所。可以选择在公司会议室和接待室，也可以选择在宾馆会议室或者饭店的包厢（一边就餐一边会谈）。③引导顾客发表意见。一般应由公司高层主管主持会议和引导顾客发表意见，可以是顾客逐次发表意见，也可以是针对不同问题逐次发表意见。④如实记录顾客意见。公司一般应当安排不少于两个人同时记录，在征得顾客同意的情况下，可以对顾客意见进行录音。⑤整理和分析顾客意见。由记录人员分别整理顾客意见，然后再加以对照。对于有分歧或理解不一致的顾客意见，可以委托第三人评判。在整理顾客意见的基础上，还要对顾客意见或期望进行分析和评价。哪些意见或期望是合理的，对此，企业可以创造条件加以满足；哪些意见或期望是不合理的，对此，企业应当与顾客进行沟通和解释，以求得顾客的理解。

顾客期望服务会谈的优点是：①顾客无拘无束，可以充分发表意见；②顾客之间可以相互启发，进而对相关问题展开讨论。但这种方法也存在明显缺点：①顾客之间可能会相互影响，以至于不能获得个性化的意见；②有些顾客可能会碍于面子而不能坦率地发表意见，或者表达意见比较委婉，以致于记录人员不能了解其真实意图。

5. 流失顾客调查

流失顾客调查是指专门针对流失的顾客进行调查，以了解顾客流失的原因或者其期望未得到满足之处。具体调查方法可以是一对一和面对面问询，也可以是填写调查问卷，还可以邀请多个流失顾客进行座谈。这种调查方法具有很强的针对性，能够深入了解顾客流失的原因，进而帮助企业建立预警系统和防范机制。但其缺点是：①流失顾客往往不愿意接受调查；②流失顾客在回答问题时往往会带有情绪色彩或者夸大企业服务存在的问题；③有些顾客可能不愿意透露流失的真实原因。

6. 问卷调查

问卷调查是指通过发放调查问卷，以了解顾客对于企业服务的需求、期望或满意状况。调查问卷可以是电子版，也可以是纸质版；调查形式可以是面对面调查，也可以是通过电话、互联网、邮寄或微信等形式进行调查。

问卷调查法是了解顾客期望服务的最正规方法，对于调查数据能够进行定量分析。但该方法的缺点是：①调查对象可能并非企业或某项服务的真实顾客，致使调查结果不能完全反映顾客真实期望；②调查对象填写问卷不认真，以至于调查结论的科学性受到怀疑；③不易了解问卷之外的问题，致使特殊问题得不到了解。

三、顾客期望服务调研程序

顾客期望服务调研一般应遵循以下五个程序（如图 6.1 所示）。

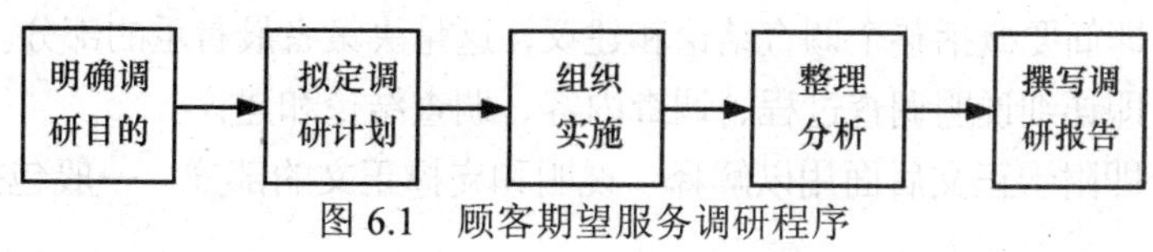

图 6.1　顾客期望服务调研程序

1. 明确调研目的

开展顾客期望服务调研，首先必须明确调研目的。顾客期望服务调研一般有三个目的：①描述性调研，即实际描述顾客期望服务情况；②探究性调研，即在收集资料的基础上，探究某种现象背后的真实原因；③因果性调研，即探究变量之间的关系。

2. 拟定调研计划

在正式实施调研之前，一般应考虑清楚以下三个问题。

（1）确定所需资料。针对调研目的确定收集哪些资料。若资料过少，不足以取得可靠根据；若资料过多，收集起来费时费钱，徒然浪费。

（2）确定调研方法。如上所述，顾客期望服务调研方法有跟踪调查、顾客投诉分析、关键事件研究、顾客期望会谈、流失顾客调查和问卷调查等，对此，企业应当根据调查目标选择合适的调查方法。

（3）确定接触方式。企业应当根据调查方法选择合适的与顾客接触的方式。

3. 组织实施

正式调研工作可以由本企业工作人员承担，也可以委托专门的调查公司实施。无论由谁实施，都必须重视和做好现场调查人员的选拔和培训工作。调查人员一般应有一定的文化水平和工作经验，了解本企业基本情况，最好具备服务营销、统计等相关知识；性格外向，善于与陌生人沟通；工作认真，有克服困难的信心和勇气。面谈访问必须争取让被访问者的友好而真诚地合作，才能收集到有价值的第一手资料。

4. 整理分析

在调研人员将相关数据收集之后，需要进一步对数据进行分析和解读。一般来说，对于定量数据，运用数理统计方法，如卡方分析、回归分析、因子分析、判别分析、聚类分析和对应分析等，可以得出一些有价值的结论。

市场调查者面临的最大挑战，是将纷杂的调查数据转换成能够被董事、经理和将依据调查结论做出决策的职员迅速阅读和理解的形式。因为大部分使用市场调查结果的人员并未受过统计学训练，既没有时间也不能专业性地分析调查信息。

当使用者对其理解的资料感到确信时，他们会非常愿意应用它；如果经理们不知道怎样去理解和解释数据，或者他们不能够确信调查结论，往往就会导致调查结论被束之高阁。

5. 撰写调研报告

调研目的显然不是让大量的统计数字、表格和数学公式搅乱决策者的头脑，而是要对决策者关心的问题提出结论性的建议，因此，调查者必须对所调查的问题写出正式报告。撰写调查报告应当简明扼要，突出重点；文字简练，通俗易懂；观点明确，分析透彻；力求客观，避免加带个人感情因素；结构完整，安排合理。

一般来说，一个完整的调查报告应当包括以下内容。

（1）引言，即说明调查目的、对象、范围、方法、时间、地点等。

（2）摘要，即简要概括整个调查结论和建议，这是决策者最看重的部分。

（3）正文，即详细说明调查过程、调查内容、调查结论和建议。

（4）附件，即附于正文后面用以解释、说明和支撑正文的部分，一般包括样本分配、数据图表、问卷附本、访问记录、参考资料等。

提交调查报告后，调查人员的工作并未结束，他们还应当追踪了解调查报告是否已经被采纳，采纳程度和实际效果如何，以便总结调查工作的经验和教训，进而进一步提高市场调查的水平。

第二节　公司内部沟通

一、公司内部沟通及其必要性

沟通是指信息发送者通过各种渠道或方式把信息传递给接收者，并使接收者接受和理解所传递信息的过程。

沟通无处不在，沟通随时随地伴随一个人的学习、工作和生活。沟通能够分享信息、增长知识、消除误解、培养情感、达成共识、统一价值观等。因此，在现代社会，无论是一个人还是一个组织，都必须养成沟通的习惯和掌握沟通的技巧。

公司内部沟通是指公司内部各部门之间、上下级之间以及不同人员之间相互沟通。按照沟通方向不同，可以分为横向沟通（平行部门或人员之间的沟通）和纵向沟通（上下级部门或人员之间的沟通）；按照沟通正式程度不同，可以分为正式沟通（按照既定程序或正式安排进行的沟通）和非正式沟通（随时随地进行的沟通）；按照沟通方式不同，可以分为面对面沟通、电话或短信沟通以及邮件沟通；按照沟通价值或效果不同，可以分为积极沟通（发布正面信息或传递正能量）和消极沟通（发布负面信息或传递负能量）。

在一些大型服务机构，高层管理人员通常没有机会亲自获得顾客需求的第一手资料。公司规模越大，管理人员直接与顾客建立互动关系就越困难，从而直接获取顾客需求的第一手资料的可能性就越小，甚至在阅读和了解顾客期望调研报告之后，由于没有亲历服务过程，仍然不能切身体会顾客的真实需求。相反，前台一线服务人员通常直接面对顾客和为顾客提供服务，并且在服务过程中与顾客有很多沟通和交流，一些服务人员甚至与顾客建立了良好的私人关系，他们对于顾客需求有比较深入的了解。如果高层管理人员不与前台一线人员接触或者不信任前台人员反映的问题，就会进一步拉大服务质量差距 1。因此，服务企业要想缩小服务质量差距 1，就必须在公司内部加强沟通，尤其是要重视一线服务人员与上级部门及管理人员的沟通。

二、公司内部沟通原则

为提升沟通效果和节约沟通成本，公司内部沟通一般应遵循以下三个基本原则。

（1）信息正确，即传递的信息准确无误。信息正确是工作顺利开展的基础。在沟通中，信息发布者可能会受客观环境或主观情绪影响，以至于不能将正确信息传达给对方，进而影响或延缓工作的开展。因此，信息发布者在传递信息时，必须准确表达和诉求，必要时还要进行验证确认，以确保对方准确无误地接受信息。

（2）信息完整，即传递的信息完整，不是断章取义和有选择地传递信息。信息完整是工作顺利进行的保证，如果掌握的信息支离破碎、残缺不全，将难以做出正确判断和科学决策，执行起来难免走样。

（3）提供证据，即信息发布者提供相关事实或数据以支撑信息内容或发布者观点。用事实和凭据说话是最有说服力的，特别是在敏感的区域，言之有物更显其价值。

三、影响服务公司内部沟通的因素

服务公司内部沟通是否顺畅以及沟通效果好坏，通常受下列因素影响。

1. 个人因素

影响沟通的个人因素包括个人有选择接受因素和个人沟通技巧因素。

（1）有选择接受。一般来说，人们拒绝或片面接受与其期望不一致的信息。研究表明，人们往往听或看他们有所准备或想听和想看的东西，甚至只愿意接受中听的信息，拒绝不中听的信息。因此，在沟通时，人们往往会下意识地忽略某些信息，从而造成信息的丢失。

（2）沟通技巧差异。人们的沟通技巧存在很大差异，有的人不能完整地进行口头表达，但却能用文字清晰简洁地写出来；有的人口头表达能力很强，但不善于听取别人的意见；有的人阅读速度较慢，且理解比较困难。所有这些都阻碍有效沟通，从而歪曲信息内容和造成信息失真。

2. 人际因素

影响沟通的人际因素包括双方相似程度、信任性以及信息来源的可靠性等。

（1）双方相似程度。沟通双方在性别、年龄、智力、种族、社会地位、兴趣、价值观、能力等方面的相似程度，直接影响沟通的顺畅性和沟通效果。沟通一方如果认为对方与自己很相近，就会比较容易接受对方的意见，并达成共识；反之，沟通就存在障碍。

（2）信任性。沟通是发送者与接收者之间“给”与“受”的过程，双方诚意和相互信任至关重要。研究表明，很多经理人员主观地认为他们所听到的信息是有偏见的，为了防止“偏听偏信”，他们会根据自己的想象对“偏见”进行“纠偏”，结果却导致了更大的偏差。

（3）信息来源的可靠性。信息来源的可靠性决定于诚实、能力、热情和客观。有时，信息来源并非可靠，但只要接收者认为可靠，他就愿意接受和信任，即信息来源的可靠性实际上是指接收者主观认为的可靠性。

3. 结构因素

影响沟通的结构因素包括沟通双方地位差别、信息传递链长短、团队规模以及空间大小等。

（1）地位差别。沟通双方地位高低对于沟通方向和频率有重要影响，表现为：①人们更愿意与地位高的人沟通。与地位高的人沟通有助于获得同伴承认和尊重，也有助于自己未来事业发展；②地位高的人更愿意相互沟通；③信息趋向于从地位高的人流向地位低的人；④在沟通中，地位高的人常居于中心位置；⑤地位低的人常通过尊敬、赞扬和同意等来获得地位高的人的关注。

（2）信息传递链长短。信息传递链是指信息从发出者到接收者所经过的环节。信息传递链越多，到达目的地的时间越长，信息失真率就越高。研究表明，公司董事会的决定经过 5 个等级传达后，信息失真率达 80%。其中，副总裁一级保真率为 63%、部门主管为 56%、现场经理为 40%、一线工长为 30%、普通员工为 20%。

（3）团队规模。团队规模越大，沟通就越困难。这是因为：①随着团队规模扩大，沟通渠道增长大大超过人数增长，如 5 个人的团体，有 n（n−1）/2 即 10 条沟通渠道；10 个人的团队有 45 条沟通渠道；20 个人的团队有 190 条沟通渠道。②随着团队规模扩大，沟通形式将更加复杂，由此也会导致沟通更加困难。

（4）空间大小。空间越小，沟通人员之间距离越短，交往频率就越高，沟通就越顺畅。反之则相反。

四、基于弥合服务质量差距 1 的内部沟通方法

为了弥合或缩小服务质量差距 1，服务公司内部应当在以下几个方面加强沟通。

1. 高层管理人员主动倾听服务一线员工意见

服务机构一线人员被称为“跨边界人员”，他们作为服务的终端，直接与顾客进行亲密接触，是连接企业与顾客的纽带，他们最了解顾客期望以及公司服务存在的问题。如果高层管理人员能够主动倾听一线服务人员意见，就能够更加深入和全面地了解顾客期望和需求。

高层管理人员了解一线服务员工意见的方法很多，如召开各种类型的讨论会和交流会、直接邀请一线服务人员到办公室汇报相关情况、主动到一线服务现场了解情况、利用问卷对一线员工进行调查等。

2. 建立鼓励一线员工主动反应意见的机制

一线员工往往会从与顾客的接触过程中了解一些顾客的真实想法，甚至偶尔产生一些“奇思妙想”，这对服务机构了解顾客期望服务和改进服务大有裨益。这时，服务机构应该为员工提供一个自由表达想法的通道。在日常企业运营中，服务机构应为员工开辟更多反映问题的渠道，对积极反映意见和提出合理化建议的员工给予奖励，建立健全员工主动反应意见的机制。在此方面也可以采取很多措施，如设立意见箱、开辟网上讨论空间、建立微信群、公开高层管理人员电话和邮箱、有奖征集员工意见和建议等。

3. 调查中间顾客

中间顾客包括批发商、代理商、经纪人等，他们是公司为之服务的机构和人员，这些机构和人员最终要为顾客服务。中间顾客作为连接服务机构与最终顾客的中介，接触到的信息面较宽，通过对中间顾客的调查，不仅有助于满足中间顾客的服务期望，还能获得最终顾客的相关信息，有助于改进和提高服务质量。

思考与练习题

1. 顾客期望服务调研有哪些基本方法？
2. 顾客期望服务调研应遵循何种程序？
3. 服务公司内部沟通应遵循何种原则？
4. 服务公司内部沟通有哪些基本方法？

第七章 服务产品设计与开发

导语

一个恰当的服务组合可以保证顾客从组织中获得较好的服务结果……服务生产与传递过程特别是顾客所感知的服务接触质量或互动质量，是服务不可分割的组成部分。

——[芬]克里斯廷·格罗鲁斯（Christian Gronroos）

所有服务企业都面临着提供何种产品以及采用什么生产过程来创造这些产品的选择。

——[美]克里斯托弗·洛夫洛克（Christopher H. lovelock）

【学习目标】

1. 了解顾客利益与服务组合。
2. 了解服务蓝图及其绘制方法。
3. 了解服务标准及其设计原则。
4. 了解新服务及其开发程序。

服务质量差距 2（即标准差距）是指企业实际设计和开发的服务与顾客对于服务的实际期望不一致（或者说企业没有按照顾客实际期望设计和开发服务）。导致服务质量差距 2 的原因主要有四个：①企业缺乏正确的服务组合理念；②企业服务流程和服务蓝图不清晰；③企业服务标准不恰当；④企业服务场景和有形展示错误。由此必然导致企业实际服务不能够满足顾客的期望和要求，进而导致企业服务产品没有市场。

服务企业要有效弥合或缩小服务质量差距 2，进而满足顾客对于服务的期望和要求，必须采取有针对性的措施，具体包括：①正确理解和设计服务组合；②科学设计服务流程和绘制服务蓝图；③制定与顾客期望相吻合的服务标准；④有效设计服务场景。对于这些问题，本章将详细加以介绍。

第一节 服务组合及其设计

一、服务产品设计依据——顾客利益或购买实质

顾客利益是指顾客期望获得的价值或满足。由顾客利益所决定，顾客购买实质是指顾客

购买某一产品或服务所追求的价值或利益。从表面上看，顾客购买的是具有某种形状、外观和颜色的产品或者具有某种特征的服务，但实际上顾客购买的是该产品或服务能够给其带来的利益。例如，顾客购买服装，实际上并不是购买服装本身，而是购买服装能给自己带来的遮羞、御寒和美化自我的利益；顾客购买冰箱，实际上购买的是冰箱能给自己带来的制冷、保鲜之价值；顾客到某一风景点旅游，购买的并不是看风景本身，而是放松身心、陶冶情操；顾客乘坐飞机，实际上购买的是快捷和舒适地空间位置的转移。

任何企业包括制造类企业和服务类企业,对于顾客利益或购买实质都必须有清晰地认识，并且在进行产品或服务设计和开发时严格遵守顾客利益或购买实质，即企业进行服务设计和开发必须考虑：①给顾客提供何种利益；②为哪些顾客提供某种利益；③让顾客花费多少经济成本获得某种利益；④以何种方式承载某种利益；⑤在何种地点、由何种人、以何种方式将利益提交给顾客。

二、服务组合及其理解工具

服务组合又称服务包、一揽子服务，是指服务企业为满足目标顾客某一需要而提供的一揽子或一系列服务，它由一系列无形或有形服务要素组成。

对于服务组合有不同的理解，并且服务营销学者开发出了不同的理解服务组合的工具，主要有服务之花、服务包、基本服务组合、扩大的服务组合等。下面逐一介绍。

（一）服务之花

服务之花概念和模型是由美国服务营销学者克里斯托弗·洛夫洛克（Christopher Lovelock）提出来的。洛夫洛克认为，企业提供给顾客的服务犹如一束花朵，分别由核心服务（类似于花蕊）和附加服务（类似于花瓣）组成，附加服务围绕在核心服务周围犹如花瓣围绕着花蕊,故称为“服务之花”(如图 7.1 所示)。

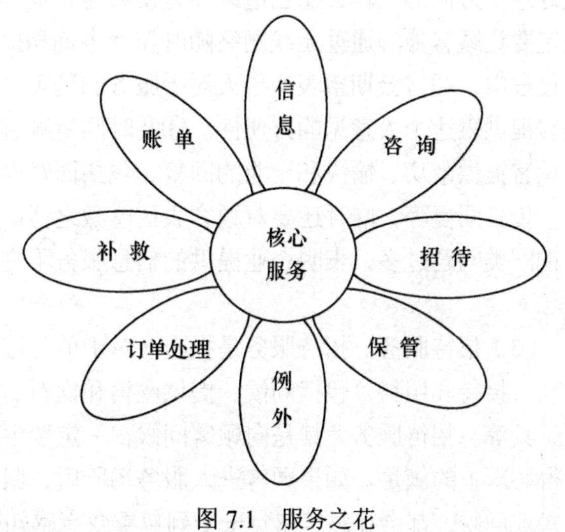

图 7.1 服务之花

洛夫洛克认为，尽管各种服务的核心部分（即花蕊）有很大不同，但附加要素（即花瓣）基本上是相同的。本书作者在洛夫洛克提炼和归纳的基础上将附加服务分为八类：信息服务、咨询服务、招待服务、保管服务、例外服务、订单处理、信息反馈与补偿服务、付款与开账单服务。

洛夫洛克认为，一束花朵如果花蕊和花瓣同时存在，形状构造也很好，且相互辉映，整个花朵就会十分美丽，从而才富有吸引力；如果花蕊或花瓣有所残缺或凋零，或者相互之间不协调，整个花朵就没有生机，也就缺乏吸引力。同理，一个设计精良和管理出色的服务，其核心要素和附加要素都非常完美，且相互支持，对于顾客才具有吸引力；一个设计不良或运行不善的服务，其核心要素或附加要素存在缺失或者不协调，对于顾客就缺乏吸引力。因此，企业在进行服务产品设计和开发时，必须保证核心服务和附加服务同时存在，且两者要相互协调和支持。

调查显示，核心服务对于顾客是否购买某项服务有 30%的影响力，但要占企业 70%的成本；附加服务对于顾客是否购买某项服务有 70%的影响力，但只占企业 30%的成本。当然，对此结论也有人提出异议。戴维斯（Stan Davis）认为，如果一家航空公司忘记了给顾客预订舱位，即使航空公司提供的其他服务完美无缺，顾客也不会说这家航空公司所有服务中只是这一点让人感到美中不足，相反，顾客会认为这家航空公司对经营一窍不通。

附加服务具体要素解释如下。

（1）信息服务。信息服务是指企业为方便顾客获取服务而向顾客提供的各种相关信息，包括前往服务地点的路线图、服务时间安排、服务价格、顾客参与说明、警告、提醒、变更通知、预订确认等。企业提供信息的方式包括员工介绍、书面通知、宣传手册、说明书、录像带、触摸屏、网络公告和菜单式录音电话等。如果企业能够通过多种手段向顾客提供全面、清晰和准确的服务信息，就能够极大地方便顾客获取服务信息，从而吸引顾客购买该企业的服务，否则，顾客就会因为不了解企业服务以及获取服务信息难度大、成本高而放弃购买该企业的服务。因此，企业在进行服务设计时，必须考虑向顾客提供哪些信息、通过何种手段向顾客传达信息等。

（2）咨询服务。咨询服务是指企业针对顾客提出的各种问题和建议而做出的应答、解释以及互动和交流。在很多情况下，咨询服务是一对一的，也是对信息服务的补充和深化，即如果企业提供的信息服务不完整，一些顾客会进一步咨询和提问。针对咨询服务，企业应当做好三个方面的工作：①创造条件方便顾客咨询并要降低顾客的咨询成本。在互联网时代，一定要让顾客能够通过无线网络随时随地咨询和提问。②方便顾客表达个人意见。在接受服务过程中，顾客会期望表达个人对于服务的赞美、建议和意见等，对此，服务企业应当给予顾客提供表达个人意见的方便性。③及时回复顾客咨询和意见表达与建议。企业应当及时给予顾客提供亲切、愉快和专业的回复，包括面对面口头回复、电话回复、邮件回复、信函回复、传真回复等，同时还要对顾客表达感激之情。需要说明的是，顾客咨询问题过多尤其是咨询同类问题过多，表明企业提供的信息服务不完整，这是企业需要改进和增加信息服务的信号。

（3）招待服务。招待服务是指企业对于前往服务地点购买和等待接受服务的顾客给予的问候、接待和照料，包括问候、提供座椅和饮料、提供休息或等候场地、提供便利设施或交通工具等。招待服务尤其是向顾客问候，一定要主动、亲切、友好和愉悦，从而才能让顾客获得心理上的满足。如果顾客进入服务场所后，服务人员视而不见、冷若冰霜或者仅仅是职业式地问候，都会让顾客感觉未受到尊重或者感知服务质量差，进而放弃或转换购买服务。

（4）保管服务。保管服务是指企业帮助顾客看管和照料随身携带的各种物件，如儿童看护、宠物照料、车辆停泊、贵重物品保管、手提包存放、衣帽间等。顾客到服务场所购买和接受服务，通常会随身携带一些物品，对此，他们期望服务企业给予照料和保管，以便消除接受服务过程中的障碍，对此，服务企业应当给予满足。在提供保管服务方面，企业一定要把安全放在第一位，坚决避免顾客物品丢失和受损，否则，就会极大地增加顾客不满和企业赔付成本。

（5）例外服务。例外服务是指企业针对顾客特殊情况和要求而提供的常规服务之外的附加服务。顾客特殊情况通常包括生理缺陷（或残疾）、个人嗜好、个人禁忌、知识和能力匮乏、个人错误等。对于顾客因为生理缺陷、个人嗜好和个人禁忌等提出的特殊要求，企业应尽力给予满足；对于顾客因为知识和能力匮乏而无法参与和完成服务，企业应尽力给予帮助；对于顾客因为个人错误而无法正常接受服务甚至导致企业利益受损，企业应尽可能给予宽容和原谅。

（6）订单处理。订单处理是指企业接受和处理顾客订单或购买活动的过程，包括接受申请、输入订单、预订和告知顾客等环节。当顾客产生购买欲望后，一般会通过电话或互联网向企业下达购买订单或通知，对此，服务企业必须及时受理，并且要礼貌、体贴和准确，当处理好顾客订单后，要及时告知顾客，并且要让顾客确认获得告知信息。订单处理服务在促成顾客购买方面具有重要作用，如果企业受理顾客预订不及时、不礼貌、不准确等，都有可能导致顾客流失。当前，随着互联网及其相关技术在企业预订系统中的应用，订单处理过程更加简单和快捷。

（7）补救服务。补救服务是指企业针对服务失误给顾客造成的损失而给予顾客的补偿行为。企业提供服务补救，表明企业勇于承担责任和对于顾客负责的精神，从而能够赢得顾客信任和建立顾客忠诚。

（8）付款和开账单。付款和开账单服务是指企业为顾客提供支付便利和及时开具账单，这是所有服务的共同要求，除非该项服务是免费的。在此方面，企业应做到以下几点。①为顾客提供消费对账单，让顾客明明白白消费。不提供对账单或对账单错误，都是一次不愉快的消费经历，必然导致顾客不满。②给予顾客提供支付上的方便。当前越来越多的顾客不愿意携带现金，而是希望通过刷卡（包括信用卡、借记卡等）或在网络上支付，对此，企业应当引入这些支付系统。③为顾客开具发票。如果企业不提供发票或者在顾客索要后勉强提供发票或者发票字迹模糊、信息不完整等，都是一次令顾客不满意的服务经历。

以上八类附加服务可以进一步分为两类：便利的附件服务和增加价值的附件服务。前者是指基于顾客方便获得服务而提供的附加服务，包括信息服务、订单处理服务、方便付款和开账单服务；后者是指为增加顾客价值而提供的附加服务，包括咨询服务、招待服务、保管服务、例外服务、补救服务。

（二）服务包

服务包概念是美国服务营销学者詹姆斯·菲茨西蒙斯（James Fltzslmons）提出来的。他将服务包定义为“在某种环境下提供的一系列产品和服务的组合”。菲茨西蒙斯认为，从顾客心理感受和服务实施角度来看，企业要给消费者提供令人满意的服务，不仅要考虑显性服务和隐性服务，而且还要考虑服务实施所依托的载体，即支持性设施和辅助物品。这些要素结合起来就构成一个完整的服务包，即企业为顾客提供服务和满足顾客某一需要的“包裹”。

具体来说，服务包由以下四个要素构成。

（1）支持性设施，即为顾客提供服务的大型基础性设施和物质资源，如高尔夫球场、滑雪场的缆车、民航公司的飞机等。支持性设施一般是一次性投入和多次使用，采用固定资产折旧法处理。

（2）辅助性物品，即为顾客提供服务的辅助性和防范性工具，如高尔夫球场的球棒、滑雪场的滑雪板、民航飞机上的救生衣等。辅助性物品是服务公司提供服务或顾客获得服务的依托和载体。

（3）显性服务，即顾客获得的能够用感觉器官感受或觉察到的一组利益，如打过一场高尔夫球后的身心放松、滑雪后的刺激和快感、乘坐航班从甲地转到乙地等。这是顾客购买服务所获得的核心价值和利益，通常也是顾客购买服务所追求的实质。

（4）隐性服务，即隐藏在核心服务之后的顾客能够模糊或隐约感受到的一组利益，如在高档球场打球显示身份与众不同、参加滑雪比赛显示冒险的个性、乘坐头等舱显示尊贵等。

（三）基本服务组合

基本服务组合概念和模型是芬兰服务营销学者格罗鲁斯（Christian Gronroos）提出来的。格罗鲁斯认为，以前的服务营销理论总是试图区分核心服务与外围服务（即附加服务），但从管理角度来看，应当区分的是三个层次的服务而不是两个层次。

格罗鲁斯认为，基本服务组合包括核心服务、便利服务和支持服务三个层次。

（1）核心服务，即企业为顾客提供的基本利益或效用，它体现了企业的基本功能和存在价值。如旅馆提供住宿服务、航空公司提供运输服务等。当然，一个企业可以有多个核心服务，如一家航空公司既可以提供短距离旅游服务，也可提供长距离货物运输服务。

（2）便利服务，即方便核心服务使用的服务。企业为让顾客容易获得核心服务，必须有便利服务配合，如饭店接送顾客服务、航空公司订票服务等。如果没有便利服务配合，顾客不能顺畅地获得或享受核心服务，因此就会拒绝购买。

（3）支持服务，即用于增加服务的价值或使本企业的服务同竞争者的服务区分开来的服务。如饭店房间内供住客洗澡用的肥皂、牙膏，供住客旅游用的地图和旅游手册等。

格罗鲁斯认为，便利服务与支持服务之间的区别并不总是明确的。在某种情况下，一种服务可能是便利服务，如民航长途飞行中的餐饮服务，但在短途飞行中，它就有可能成为支持服务。但从管理者角度来说，正确区分便利服务和支持服务非常重要，因为便利服务是必不可少的，如果缺少了便利服务，服务组合就无法发挥作用。但支持服务主要是用于竞争的，即使缺少了支持服务，核心服务仍然能够正常发挥作用。

（四）另外一种基本服务组合

依据菲利普·科特勒的整体产品观点及其模型，整体服务或者说服务组合也可以分为三个部分或层次，即核心层、感知层和扩增层（如图 7.2 所示）。

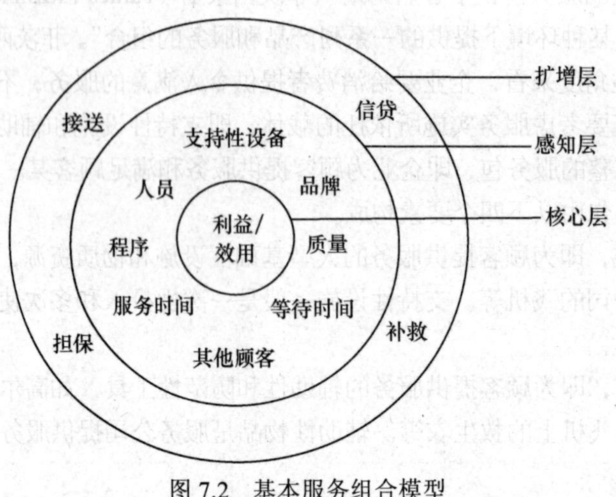

图 7.2　基本服务组合模型

（1）核心层，即顾客从服务中能够获得的利益或价值，它是企业的服务项目为市场接受的关键，也是企业在市场上存在的基础，体现了企业最基本的功能。它回答这样一些问题：顾客真正在寻找什么？企业服务实际上能够满足顾客什么需求？

（2）感知层，即顾客在与服务企业接触或购买服务过程中能够凭借感觉器官接触或感受到的有形和无形要素，一般包括以下八个方面：①人员，即履行或提供服务的人员；②品牌，即赋予一项服务或一系列服务的名称及其相关说明；③程序，即提供服务的基本流程和环节；④质量水平，即服务履行的专业可信度等级；⑤服务时间，即专业人员履行服务所需要的时间（如一次保健时间的长短）；⑥等待时间，即顾客为获得服务需要等待的时间；⑦支持性设备，即员工为顾客提供服务需要依靠和凭借的工具与设施；⑧其他顾客，即在服务现场同时等待或接受服务的顾客。

（3）扩增层，即企业为了消除顾客购买风险和方便顾客购买服务而提供的支持性服务，包括接送、信贷、担保、补救等。

（五）扩大的服务组合

扩大的服务组合概念和模型是芬兰学者格罗鲁斯提出来的。格罗鲁斯认为，基本服务组合并不等同于顾客感知的服务组合，因为它涉及的只是顾客感知服务中的结果部分而没有涉及过程部分。实际上，一个完整的服务组合必须站在顾客角度进行设计，同时将“结果质量”和“过程质量”纳入其中，即向顾客提供全面和综合的服务组合。格罗鲁斯认为，扩大的服务组合除了基本服务组合之外，还应该包括服务可获得性、服务组织与顾客互动性以及顾客参与性三个要素（如图 7.3 所示）。

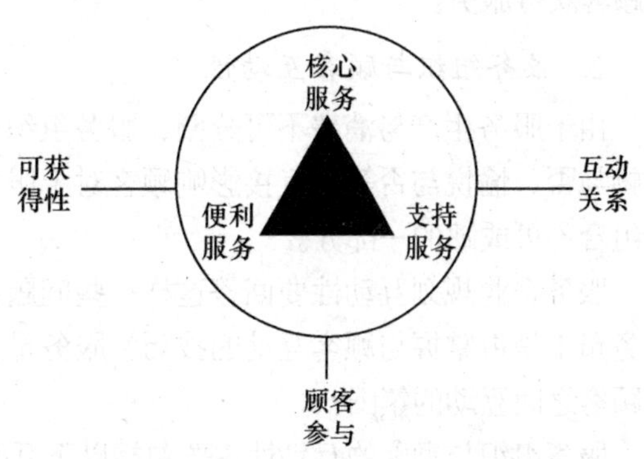

图 7.3　扩大的服务组合模型

1. 服务可获得性

服务可获得性是指顾客购买或获取服务的难易程度或方便程度。由于服务生产和消费具有不可分割性，基本服务组合设计得再完美，如果顾客不能够或不容易获得该服务，也不会购买和消费服务，企业的服务就毫无价值。

服务组织尤其是顾客需要亲自到达服务场所才能够购买和接受服务的组织，如银行、邮局、零售店、干洗店、理发店等，都必须十分重视服务可获得性的规划。顾客对于零售商可获得性的要求之高，以致于零售业被认为是一个立地行业，即零售商的经营成败在很大程度上取决于其位置的选择。自动提款机（ATM 机）的设置地点决定了顾客使用率的高低，据 1990 年《美国银行家报》调查，在全美大城市中，安置 ATM 机的最佳地点依次是官方建筑物、商业区和写字楼、大学、交通枢纽等。

制造商对于附着在有形产品上的服务，同样也需要规划服务的可获得性。

规划服务的可获得性需要回答这样一些问题：提供服务的位置是否便利顾客到达？服务场所及其周边是否有足够的停车场地？营业时间是否适合顾客？是否有足够的员工为顾客提供服务？能否采取其他措施让顾客更方便地获取服务？如果在开发服务时不能或没有考虑到

这些因素，就会给顾客购买服务设置障碍，从而导致顾客转向其他服务组织。

具体来说，规划服务的可获得性应当综合考虑以下因素。

（1）服务地点方便性。服务地点方便性主要决定于服务场所数量及其布局，包括距离顾客远近、路况好坏、有无公共交通、有无停车场等。

（2）服务时间安排。服务时间安排的基本原则是与顾客期望保持一致，即以顾客方便为原则。

（3）服务场景设计。银行自动取款机、铁路和地铁自动售票装置、餐厅柜台的高度等都必须方便顾客，否则，顾客就有可能放弃购买服务。

（4）服务员工数量及其能力。员工数量过少、服务能力不足等，都会导致顾客排队等待现象，进而导致顾客放弃购买服务。

（5）技术应用及其水平。利用新技术能够有效地为顾客提供服务和方便顾客获得服务，但技术应用必须简单、方便，否则，可能会阻止顾客使用这些技术。

需要说明的是，由于服务行业的差异性，不同服务行业的可获得性要素及其重要程度会存在差别，服务企业在进行服务组合设计时必须充分考虑本行业的特点，以在最大程度上方便顾客获得服务。

2. 服务组织与顾客互动性

由于服务生产与消费不可分割，服务组织与顾客之间必然存在互动关系，并且互动过程顺畅与否、愉悦与否等，直接影响顾客对于服务质量的感知。因此，服务过程的互动性是服务组合不可或缺的一部分。

服务企业规划互动性要回答这样一些问题：服务员工是否有与顾客互动的愿望和热情？服务员工是否掌握与顾客互动的技巧？服务员工能否调动顾客的互动热情？服务员工能否创造顾客之间互动的氛围？

服务组织与顾客的互动性主要包括以下几个方面的内容。

① 服务员工与顾客互动。这种互动取决于员工的行为，即员工说什么、做什么以及如何说、如何做等。

② 有形资源和技术资源与顾客互动。如服务生产和传递过程中所需要的自动售货机、计算机、工具和设备等。

③ 服务系统与顾客互动。如等候系统、座位设置、结算系统、送货系统、维修系统、服务预约系统、顾客抱怨处理系统等。

④ 在服务场所等待或正在接受服务的顾客之间的互动。

服务企业规划服务互动性要回答这样一些问题：服务员工是否有与顾客互动的愿望和热情？服务员工能否调动顾客的互动热情？服务员工能否创造顾客之间互动的氛围？

进行服务互动性设计应体现以下原则。

（1）主动、热情。服务人员应当主动与顾客互动，包括打招呼、询问（了解需求或顾客对服务的感受）、解释或告知（解释服务过程或告知顾客可能存在的问题）；在互动过程中，服务人员应当始终保持热情和友好。

（2）方便、融洽。服务企业人员、设施和服务系统等，都应当方便顾客接触和互动，即在服务场所必须安排有相关服务人员指导顾客和接受咨询，相关服务设施和服务系统必须操作方便和安全。

需要说明的是，针对不同类别的服务，顾客与服务组织的互动层面及其互动形式都可能存在着差别，企业在进行服务组合设计时必须充分考虑所在行业及其与顾客接触的特点。

3. *顾客参与性*

顾客参与性是指顾客与企业或服务人员一道共同完成服务过程。由于服务生产与消费不可分割，在服务过程中顾客不是消极被动地接受服务，而是积极主动地参与服务过程，这是企业顺利完成服务和顾客有效享受服务所必需的，也表明顾客对于其所感知的服务具有反作用。如果顾客不愿意或没有能力参与服务过程，服务质量就有可能下降。例如，假若病人不愿意向医生提供病情的真实信息，医生就不可能做出正确的诊断，从而导致治疗失败或效率降低。

服务企业在进行顾客参与性设计应当考虑以下问题。

（1）在服务过程中顾客应当扮演何种角色或在多大程度上参与服务过程。如果要求顾客参与过多或者过少、顾客不愿意参与或者没有机会参与，都会导致顾客退出或不接受服务。例如，一些年长者、文化程度偏低者或身体有缺陷者不愿意接受完全自助服务，很大程度上是因为没有参与热情和能力。相反，针对年轻人和文化程度较高者，就应当为其提供更多的参与机会，否则，他们就会因为没有参与和展示能力的机会而感到服务索然无味，进而放弃购买服务。

（2）顾客需要具备何种知识和能力参与服务过程。从心理学角度来说，人们对于自己不熟悉或不具备驾驭能力的事物往往采取回避态度。所以，当服务过程对于顾客的知识和能力提出要求时，一定要注意控制在顾客力所能及的范围内，一旦这种要求超出了顾客的承受范围，顾客就会对服务望而却步。因此，服务企业在将新技术引进顾客自助服务系统时，一定要考虑顾客是否具备操作和使用新技术或者服务系统的能力。

（3）如何引导和教育顾客参与服务过程。对于复杂的服务，企业或员工要引导和教育顾客参与，提升顾客的参与热情和能力，这包括：对于新引进的自助服务设备和系统，要配备相关人员给予操作上的技术指导和协助；对于成熟的自助服务设备和系统，要提供详细的操作方法和程序说明；鼓励顾客之间相互指导和帮助。

（4）对于有效参与的顾客提供何种奖励和激励。服务企业可以通过激励方式引导顾客积极参与，如通过自助服务系统独立完成服务可以获得价格优惠或获得奖励，如银行通过减免手续费方式引导顾客通过网上银行完成交易和办理其他业务；电信运营商通过积分奖励等方式引导顾客通过互联网办理业务或缴费。

（5）鼓励和安抚没有能力参与或参与失败的顾客。顾客没有能力参与服务或者参与失败，都会产生挫折感，进而会放弃购买服务。对此，服务企业在进行服务设计时，还要考虑如何鼓励和安抚顾客，绝不能嘲笑顾客的参与能力和鄙视顾客的失败参与；对于因顾客参与不当导致的损失，不要过多指责顾客，更不能要求顾客承担服务失败的损失；对于没有信心参与的顾客，要给予鼓励和示范。

三、基于服务组合的服务设计

设计服务产品一般应遵循以下四个程序。

（1）确定核心服务。服务企业进行服务设计，首先必须明确满足顾客何种需要或者给顾客提供何种价值，这是企业存在的基础。不能够提供符合顾客需要的核心服务或者核心服务缺乏竞争力，企业都难以赢得顾客，从而会失去生存基础。

（2）确定基本服务要素。在确定核心服务的基础上，企业应当进一步明确以何种形式承载和反映核心服务，包括服务品牌、服务标准、服务蓝图、服务人员、服务设施、服务水平和服务内容等。没有这些支撑要素，核心服务就失去了载体，企业就难以有效地将核心服务提交给顾客，顾客也无法有效地获得核心服务。

（3）确定扩大的服务要素。在确定基本服务要素的基础上，企业还需要进一步明确扩大的服务要素，包括服务的可获得性（包括服务地点、服务场所、服务时间、服务能力等）、互动过程（包括员工如何招呼顾客、如何沟通、员工礼节等）和顾客参与方法（包括顾客参与程度、顾客扮演角色、教育和引导顾客等）。如果服务过程内容设计缺失或者服务过程不恰当，顾客为了获取核心服务需要耗费很多时间和精力，或者在接受服务过程中经历了不方便和不愉快，即使核心服务价值很大，顾客感知服务质量也会不高。

（4）确定附加服务要素。在确定扩大的服务要素基础上，企业还应当进一步明确提供哪些附加服务要素，包括服务承诺、服务补救、赊销和信贷、额外服务等。提供附加服务能够进一步增加顾客价值和减少顾客风险与损失，从而在更大程度上赢得顾客。

第二节 服务流程规划与蓝图绘制

由于服务具有过程性和现场性，顾客通常需要参与到服务过程之中，因此，企业进行服务产品设计和开发还包括服务流程设计与服务蓝图绘制，以便顾客清晰地了解服务流程和顺畅地获得服务。

一、服务流程及其设计

（一）服务流程及其特征

流程是指完成某件事（如加工某个零件、提供某项服务）时所经历的步骤和遵循的顺序。也有人将流程定义为：企业以输入各种原料和顾客需求为起点，经过企业内部加工和传递进而输出对顾客有价值的产品或服务为终点的一系列活动。《牛津英汉大词典》对流程的解释是：一个或者一系列连续的有规律的行动，它们以特定的方式发生，最终导致了某种特定结果。这个定义更强调的是“有规律性的”“连续行动或操作”并最终导致了“某种特定的结果”。一般而言，最简单的流程往往由一系列单独的任务组成，存在着一个“输入”和一个“输出”，“输入”在经过若干个流程之后最终变成“输出”。从本质上讲，流程就是一系列活动。流程概念最初仅限于工业领域，实质上是制造流程的概念。例如，加工产品，从原料开始要经过一系列的锻压和打磨等工序，一直到产品被加工出来，整个过程就是生产流程。

随着服务业的兴起，在有些服务业中也存在着类似于制造业流程的程序性安排，并由此引申出服务流程的概念。服务流程是指服务企业向顾客提供或交付服务的步骤和程序，或者说是顾客购买和消费服务所经历的步骤和程序。由于服务生产与消费不可分割以及服务不能被企业事先生产出来，因此，企业为顾客提供服务必然有一个或长或短的过程或流程，这个流程通常包括若干个环节，各环节之间又存在着先后顺序。例如，顾客入住酒店，一般要经过登记、领取房间钥匙、入住，一直到离开时付费和交回房间钥匙等过程。

相对于生产流程，服务流程具有以下明显特征。

（1）互动性。由于服务生产与消费不可分割，因此，在整个服务过程中都存在着顾客的参与及其与服务企业之间的互动，如果顾客不能有效扮演其角色和服务员工缺少互动的热情与能力，都会影响服务的进程和服务质量。

（2）差异性。由于服务具有现场性，不同顾客对于服务流程往往会提出不同的要求，对此，服务企业既要按照既定的服务流程为顾客提供服务，同时又要保持服务流程的柔性或弹性，以尽可能满足顾客的个性化要求。

（3）难以控制性。由于顾客参与服务过程，而顾客行为相对于组织内部而言是难以控制的，一旦流程中的某一个环节出现问题，就会直接导致顾客不满。

（二）服务流程设计原则

服务流程设计一般应遵循以下原则。

（1）适应性原则，包括适应顾客要求和适应服务场地现状。服务流程设计首先必须保证方便顾客，在最大程度上减少顾客转换服务接触环节和耗费时间、精力寻找服务窗口；同时，还要最大程度地利用服务场地。

（2）灵活性原则，即服务流程中的各个环节和系统要具有灵活性和机动性，根据情况设置例外流程，以增强服务流程的适应性和满足一些顾客的特殊要求。

（3）清晰性原则，即服务流程必须清晰，让顾客一目了然，同时从一个服务环节到另一个服务环节应当有清晰的指示或引导。

（4）经济性原则，即服务流程设计应保证企业服务设施、设备和人员等在最大程度上得到利用，尽可能减少和消除服务资源闲置的情况。

（三）服务流程类型及其设计应当注意事项

服务流程可以依据不同标准进行分类，本书按照顾客参与程度将服务流程分为三类：生产线式服务流程、顾客参与式服务流程和顾客自助式服务流程。

1. 生产线式服务流程

生产线式服务流程是指类似于制造类企业的生产线流程。由于制造业的操作工人各自在生产流水线上完成一定程序的操作，工作效率非常高，且不易出现差错，很多服务企业开始借鉴这种方法。例如，麦当劳、肯德基的服务流程即是如此。

生产线式服务流程设计应当注意以下几点。

（1）对工作任务进行分解和明确各自分工。生产线方法的基本思路就是把整体服务工作分解和细化，每一个人仅仅承担生产流水线上的某一具体环节工作，把具体工作做专、做深。

（2）制定服务标准。对于每一个环节，都应制定出明确的服务质量标准，员工在服务标准指导下开展工作。

（3）控制服务人员的自主权。为保证服务质量标准，企业应在最大程度上控制员工的自主权，即员工只需要按照标准化操作方法完成和提交服务即可，不需要员工具有创造性。

（4）尽可能采用机器设备代替服务人员。采用机器设备一是能够提高服务效率，二是能够保证服务质量的稳定性，三是能够最大程度上避免人为因素对于服务质量的影响。

2. *顾客参与式服务流程*

顾客参与式流程是指把顾客作为生产要素纳入服务生产系统之中，即顾客需要在服务过程当中扮演相应角色。很多服务如理发、美容、健身、培训等，都需要顾客参与。对于此类服务，在进行流程设计时，就应当把顾客纳入到服务流程之中。

顾客参与式流程设计应当注意以下几点。

（1）明确顾客参与环节和内容。企业首先应当明确在服务流程之中，哪些环节和内容需要顾客参与，哪些环节和内容不需要顾客参与。

（2）体现服务流程的适应性和灵活性。现实生活中，有些顾客愿意参与，有些顾客不愿意参与，同时，顾客参与能力大小也不一样。对此，在进行服务流程设计时，要为顾客的参与留下更多空间，以便顾客参与和个性化服务得到保证。

（3）给员工提供更大的自主权。由于顾客参与式服务流程存在变化性，服务企业应当给予员工适当授权，让员工根据顾客参与热情和参与能力分门别类地提供服务，以满足顾客个性化要求。

3. *顾客自助式服务流程*

顾客自助式服务流程是指顾客依靠机器、设备和系统自助完成或获得全部服务的流程。当前越来越多的服务企业通过设备和系统由顾客自己独立完成服务，以便节省人力成本和避免员工在接触过程中出现差错。例如，自助购票、自助加油、自助取款、网上银行等。

顾客自助式服务流程设计应当注意以下几点：

（1）服务流程清晰、具体（但不要繁琐）；

（2）每一个环节都有具体操作方法和示例；

（3）对于不当操作有提醒和告知。

二、服务蓝图及其绘制

（一）服务蓝图及其内容

服务蓝图又称服务流程图，是用以描述服务过程的图表或示图，其作用是方便服务人员提供服务和顾客了解与参与服务。更具体地说，服务蓝图就是把企业的服务流程通过图表表达和展示出来，以便相关人员熟悉和了解企业服务过程，进而更好地完成服务或体验服务。

服务蓝图是美国服务营销专家萧斯塔克于 20 世纪 80 年代提出来的。她认为，在建筑业和制造业都有很长的工程设计传统，即在建筑施工或产品制造之前先绘制建筑图纸或产品制造流程，用以指导建筑工程施工或产品制造过程。由于建筑设计图纸是用蓝线特别绘制的，故称为蓝图。但长期以来，服务却没有具体说明。一项服务甚至一项非常复杂的服务，在没有任何正式和清晰地描述其服务过程之前就被推出来，从而很难保证服务质量。因此，服务业也应当绘制服务流程图或服务蓝图，将服务过程或环节逐一标出，以便服务人员按照流程为顾客提供服务，顾客也按照流程接受服务。

一个完整的服务蓝图包含了整个服务提交过程及其相互之间的关系，其中有些流程是信息处理流程，有些流程是顾客接触流程，还有一些关键点（通常用菱形表示，以强调该步骤的重要性）和失误点（通常用圆圈特别标出，用以警示服务人员特别注意）。服务蓝图在结构上一般由三条界线和四个区域组成（如图 7.4 所示）。三条界线分别是互动分界线、可视分界线和内部互动分界线；四个区域分别是顾客活动区域、前台员工活动区域、后台员工活动区域和支持性活动区域。

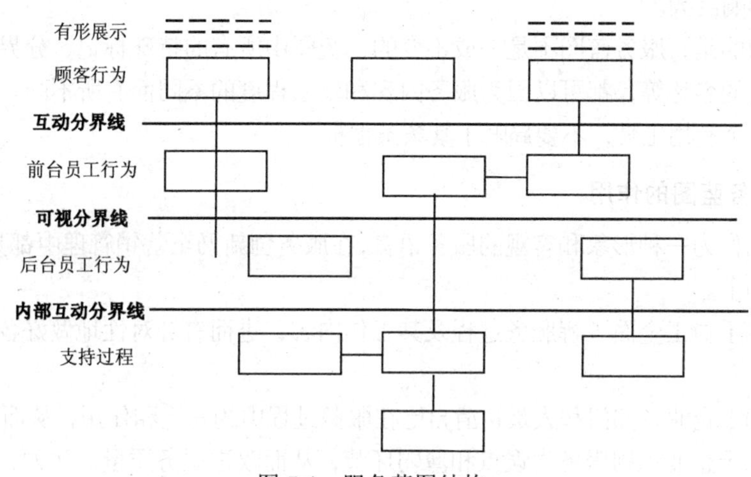

图 7.4　服务蓝图结构

服务蓝图具体内容如下。

（1）互动分界线，即把顾客与服务企业分开的界线，又称顾客与企业接触线。在互动分界线之外为顾客活动区域，在互动分界线之内为企业前台员工活动区域。一旦顾客跨过互动分界线或者说有垂直线穿过互动分界线，就表明顾客与服务组织发生了直接接触或者说一个服务接触产生了，顾客对服务企业的质量感知就形成于一个一个的接触环节和接触过程。

（2）可视分界线，即把顾客能够看得到的企业服务情景与顾客不能够看得到的企业服务情景区分开来的界线。在可视分界线之外为前台员工行为，前台员工行为是顾客能够目睹到的，对于顾客感知服务质量的形成和影响至关重要；在可视分界线之外为后台员工行为，后台员工行为顾客看不到，即在顾客视线之外为顾客提供服务。通过服务蓝图能够清晰地看到有多少服务是在可视线以内发生的？有多少服务是在可视线以外发生的？从而能够很轻松地得出顾客是否被提供了很多可视服务。

（3）内部互动分界线，即用以区分直接服务人员工作与支持性服务人员工作的界线。垂直线穿过内部互动分界线就代表发生了内部服务接触。内部服务接触在顾客视线之外，但它对于顾客感知服务质量也有一定影响。

（4）顾客活动区域，即顾客与服务企业接触之前所在的区域。在顾客活动区域内，顾客行为不易被企业看到，但其行为一般包括搜寻信息、比较评价、选定服务商，以及服务人员或设施等。在顾客活动区域，如果服务员工能够提前介入并对顾客行为施加影响，有助于促使顾客购买该企业的服务。

（5）前台员工活动区域，即直接与顾客接触和为顾客提供服务的员工所在的区域。在前台员工活动区域内，服务人员直接与顾客接触和互动，如果有任何服务失误都会直接暴露在顾客面前，从而对于顾客感知服务质量的形成至关重要。

（6）后台员工活动区域，即后台员工开展服务活动的场所，通常不对顾客开放，类似于生产企业的生产车间。在该活动区域内，如果发生服务失误，服务企业可以适当隐瞒服务失误，对于企业形象影响相对较小。

（7）支持性活动区域，即支持前台员工和后台员工提供服务的活动区域。支持性服务人员完全不与顾客接触，他们的服务活动对于顾客来说完全是隐秘的，但其对于顾客能否获得和享受服务影响巨大。

需要说明的是，服务蓝图不是一成不变的，蓝图中所有的特殊标记、分界线数量以及每一个组成部分的名称等，都可以因为服务内容和复杂程度的不同而有所不同。服务蓝图只是服务设计的一个有用工具，不要局限于其条条框框。

（二）服务蓝图的作用

服务蓝图作为一种形象和客观的服务语言，在服务创新乃至营销管理中都具有重要作用。其具体作用如下。

（1）有助于员工全面了解服务过程及其工作内容，进而有针对性地做好各项工作和提高服务效率。

（2）有助于企业各部门和人员认清自己在服务过程中的角色和作用，从而加强协调性。

（3）有助于企业识别服务失误点和薄弱环节，从而改进服务质量。例如，从服务蓝图可以判断服务过程是否合理，还有哪些地方需要调整和改变，所进行的改变将如何影响顾客接触，从而为质量改进指明方向。

（4）有助于企业认识服务关键环节和核心工作，从而提升服务质量。服务蓝图明确指出了顾客的角色，以及在哪些环节或区域顾客能够感受到质量，哪些是重要的服务接触点。这不但有利于企业有效地引导顾客参与服务过程并发挥积极作用，也有利于企业通过设置有利的服务环境与氛围来影响顾客满意度。同时促使公司谨慎确定哪些员工将和顾客接触，是谁向顾客提供服务证据，哪些东西可以成为服务证据，从而促进合理的服务设计，明确质量控制活动的重点。

（5）有助于顾客认识服务流程，消除服务“迷失”，从而更好地接受和购买服务。第一，顾客可以依据服务蓝图的指导，一步一步地完成和接受服务，以避免服务遗漏和迷失；第二，对于服务流程中的关键点和可能失误点，顾客可以提前做好准备，有效地扮演角色和参与服务，以保证服务顺利进行和避免服务失误发生；第三，针对不同活动区域，顾客也可以分别扮演不同的角色和发挥不同作用，以协助企业完成服务。

（三）服务蓝图绘制

服务蓝图是使无形服务系统可视化的一种方法。服务企业通过绘制服务蓝图，可以更好地对服务系统进行管理，甚至绘制服务蓝图本身就是服务产品设计与开发的一部分，如果没有服务蓝图，企业就不清楚如何向顾客提交服务。

一般来说，绘制服务蓝图应遵循以下步骤。

1. 确认服务内容和流程

在这一步骤中，首先需要确认服务内容，即企业为顾客提供何种服务。有的企业是为顾客提供单一内容的服务，有的企业是为顾客提供多个内容的服务，但无论如何都必须清晰描述服务的具体内容。在明确服务内容的基础上，简单绘制出服务环节和过程，并将服务环节链接起来。

2. 厘清各服务环节之间的关系

在此阶段，明晰服务过程中每一环节的工作内容、注意事项以及各环节之间的关系。

3. 绘制出服务过程中的不同分界线

在此阶段，分别绘出互动分界线、可视分界线和内部互动分界线，以明确哪些区域是向顾客开放的，哪些区域是对顾客隐蔽的。

4. 标明关键环节和服务失误点

在此阶段，服务企业应当根据逻辑分析和经验总结出服务关键环节和容易失误点，并用警示和提醒语言加以告知。

5. 在服务接触环节绘制出有形展示

顾客感知服务质量是在顾客与服务企业接触过程中形成的，其中顾客能够看到的有形物对于顾客感知服务质量的形成有重要影响，因此，服务企业应当特别标明服务有形展示，以提醒服务员工给予高度重视。

三、服务流程再造

（一）服务流程再造及其原因

流程再造概念是美国学者迈克尔·哈默和杰姆斯·钱皮（Michael Hammer & Jame Champy）于 1993 年在《再造公司》一书中首先提出来的。他们将流程再造定义为：“为了飞越性地改善成本、质量、服务、速度等企业重大运营基准，对工作流程进行根本性重新思考并彻底改革”。简单地说，流程再造就是以工作流程为中心，重新设计企业的经营、管理及其运作方式，或者说是“从头改变，重新设计”。也就是说，企业为了适应顾客新的需要和新的竞争环境，摒弃已经成为惯例的运营模式和工作方法，以工作流程为中心，重新设计企业的经营、管理和运营方式。

服务流程再造是指企业对于现有服务流程进行重新设计和改造，以使其能够更顺畅地为顾客提供服务，进而给企业带来更大的经济效益和提高顾客满意度。

随着技术进步、顾客需求变化、企业服务能力提升以及竞争更加激烈等，企业原有的服务流程可能会暴露出一些问题，如缺少方便性、成本较高、不利于各部门密切配合等，这就需要对服务流程加以改造和优化。

（二）服务流程再造原则

服务流程再造一般应遵循以下基本原则。

（1）方便顾客原则。在以顾客为中心的时代，任何单纯以技术或产品为导向的服务流程再造都不可能成功，只有真正从顾客需求出发的流程再造，才有可能获得成功。

（2）顾客参与原则。企业进行服务流程再造不应闭门造车，而应邀请重要顾客参与，倾听他们的意见，由此才能保证服务流程再造能够适应顾客的要求。

（3）节约成本原则。企业是赢利组织，进行服务流程再造也应当考虑成本与收益之间的关系，如果流程再造导致成本大幅增加则是得不偿失的。

（三）服务流程再造程序和方法

服务流程再造一般应遵循以下程序和方法。

1. 成立专门的工作小组

企业一旦决定实施服务流程再造，高层领导必须充分意识到该项目的重要性。要想使服务流程再造能够顺利实施，必须成立专门的工作小组，小组人员要具备开拓的精神以及对服务流程再造的全面了解，才能更好地保证服务流程再造项目的成功实施。

2. 寻找和识别现有服务流程存在的问题

在这一阶段，企业要通过对顾客和优势服务企业进行调查，以发现自身服务流程存在的缺陷和不足，进而明确要改进的环节和内容。比如，海尔的“国际星级一条龙服务”流程，被分解为研发、制造、售前、售中、售后、回访六个环节，各个环节都有规范化的操作要求。

3. 按照改进原则重新设计服务流程

在此阶段，企业应根据内外环境，结合企业战略和标杆企业服务流程情况，重新设计适合本企业的服务流程。流程再造可以是渐进式的，即渐进和温和地进行变革；也可以是革命式的，即根本的和革命性的变革。

4. 绘制服务流程图

服务流程再造后，企业应当以清晰的服务流程图（即服务蓝图）反映新的服务流程，以便员工按照新的服务流程图为顾客提供服务，顾客按照新的服务流程图接受服务。

5. 实施新流程

要推动新的服务流程顺畅地实施，企业就要对员工进行充分培训，以使其转变价值观，掌握实施新流程所需要的知识和技能。同时还要做好企业文化以及评价体系的转变，引导和规范员工行为，提高他们对变革的积极性和学习热情，为新流程实施提供保证。

6. 评价与反馈

新的服务流程实施后，企业还要组织相关人员对新流程进行监测和评价，包括服务效率和效益提升情况、服务成本节约情况、顾客满意情况等。如果新的服务流程实施效果明显，企业就应继续实施新流程；如果实施过程中存在问题，企业就应当找出问题和进一步完善服务流程，即形成一个闭环系统，以不断提升服务流程对环境的适应性。

第三节　服务标准制定

企业在进行服务组合设计时，不仅要考虑向顾客提供何种内容的服务以及如何提供这些服务，同时还要考虑应当按照何种标准或水平提供服务。这是服务企业创造差异化的重要手段，也是保持服务质量稳定性的重要手段。

一、服务标准及其重要性

服务标准是服务质量标准的简称，是指服务机构用以指导和管理服务行为的规范。

关于服务能否制定标准，理论界和企业界都存在着认识上的分歧。

一种观点认为，服务不宜制定标准。这是因为：①由于服务具有无形性，其质量好坏基本上是顾客的主观感受，企业很难建立客观的评估标准。②服务通常是由人提供的，不同服务人员由于知识、经验、态度和个性等存在差异，因而对于服务标准的理解和执行能力必然存在差异，企业即使制定完善的服务质量标准也不能保证员工有效执行标准。③服务通常需要顾客参与，由于顾客知识、经验、参与热情和能力等不同，也会导致服务质量标准无法履行。④制定服务标准并按照标准为顾客提供服务，难免导致服务僵化、呆板，不能满足顾客灵活性需要，最终导致顾客不满。因此，服务企业在为顾客提供服务时应强调适应性、灵活性和差异性，而不是强调标准化或按照标准为顾客提供服务。

另一种观点认为，服务企业应当制定和执行服务标准，并且服务能够标准化和规范化。这是因为：①不少服务工作具有常规性和惯例化，如银行柜台服务、宾馆接待服务等，这些常规性服务工作的内容和过程基本上是固化的，因而能够将其规范化和标准化。②不同顾客对于常规性服务往往有着比较明确和大致相同的期望和要求，如果企业不能够满足顾客的基本期望和要求，顾客就会不满，因此，将常规性服务进行标准化和规范化，也是满足顾客需要的手段。③将常规性服务标准化，服务员工在为顾客提供服务时才有据可循，从而能够减少服务失误和顾客抱怨。④当前很多服务工作是由机器设备和依靠技术手段来提供的，如银行自动取款机、高速公路自助取卡等，对于这些服务，制定质量标准和规范不仅具有必要性，而且具有可行性。从现实情况来看，当前很多优秀服务企业，如麦当劳、肯德基、联邦快递、迪斯尼等，都有明确、清晰的服务质量标准。因此，服务企业制定和执行服务标准不仅具有必要性，而且具有可行性。

本书作者赞同服务标准化。制定服务标准对于企业具有以下重要意义。

（1）服务标准是服务员工的工作目标和方向。企业只有制定出清晰和明确的服务标准，员工才知道什么样的服务是好的、符合企业所要求的，就可以按照这个目标去努力。如果没有服务标准，员工就会迷失方向。

（2）服务标准是服务员工的工作依据和评价手段。企业只有制定出清晰和明确的服务质量标准，员工才有工作依据，即按照服务标准为顾客提供服务。同时，服务标准也是人力资源部门考核和评价服务员工工作业绩的依据。人们常说："如果你不能衡量，你就无法管理"。而要能够衡量，人们就必须对衡量对象及其标准达成共识，没有公认的标准就没有考评依据，从而就无从考评。

（3）服务标准是服务质量的保证或稳定器。企业拥有清晰和明确的服务质量标准，并且每一个员工都执行服务标准，就能够在最大程度上保证服务质量。如果没有服务质量标准，每一个员工都根据自己的认识、理解和能力提供服务，服务质量必然是混乱的、波动的。

（4）服务标准是企业形象的载体。企业拥有清晰和明确的服务质量标准，就表明企业对顾客树立了认真负责的态度，必将增加顾客喜爱和信任程度，进而树立起良好的企业形象。

二、服务标准内容和类型

（一）服务标准内容

服务标准内容很多，但基本上可以按以下两个标准进行分类。

（1）可以依据服务流程分类，如将服务流程分为接待服务、服务过程和售后服务等。也可以按照具体服务内容进行区分，如医院服务分为挂号服务、诊断服务、取药服务、收款服务、治疗服务、护理服务等。

（2）可以依据服务提供方式分类，如将服务提供方式分为人工服务、机器服务和网络服务，进而分别制定不同服务方式的服务标准。

（二）服务标准类型

按照服务标准能否量化或清晰考评，服务标准基本上可以分为硬性标准和软性标准两类。

1. 硬性标准

硬性标准是指能够用定量化、时间化或“是否”“有无”等语言加以清晰表述和准确判断的服务标准。以下服务事项通常应当制定硬性服务标准。

（1）服务内容。服务内容是指企业向顾客提供哪些具体服务项目。对于服务内容，企业通常应当制定“是否”或“有无”等硬性服务标准。例如，企业能否提供某种服务？企业是否有某项内容的服务？

（2）服务水平。服务水平是指企业所提供服务的品质高低。对于服务水平，企业通常应当设定硬性服务标准。例如，教学水平不低于一定分值，园林绿化成活率不低于一定百分比，驾驶员培训学校考试通过率不低于一定百分比。

（3）服务专业性。服务专业性是指服务员工按照专业技术要求规范地为顾客提供无差别的服务，如服务技术标准、操作方法等。对于专业性服务，如机器安装和维修、汽车维修和保养、地板铺设等，通常需要制定硬性服务标准，以便服务人员按照服务标准操作，进而保证服务质量的稳定性和一致性。

（4）服务数量。服务数量是指在一定时间内提供多少服务或者为多少人（或物件）提供服务。对于用数量计量的服务，通常应当制定硬性服务标准。例如，在一定收费标准前提下，企业应当服务多少个人或物件；咨询公司应当提供哪些项目的服务？园林公司修剪多大面积的草坪？清洁公司打扫多大面积的卫生？

（5）服务时间。服务时间是指一次或连续性提供多长时间的服务。对于用时间计量的服务，如按摩服务、康复训练服务、培训服务、心理咨询服务等，通常应当制定硬性服务标准，即一次服务不能少于多少时间。

（6）等候时间。等候时间是指顾客等待接受服务的时间。对于需要等待接受的服务，企业通常应当制定明确的等候时间限度，如果超过最大限度等候时间，企业应当给予顾客提供一定的补偿。例如，快递公司必须在多长时间内送达货物，维修公司必须在多长时间内修理好机器设备，飞机晚点不能超过多长时间，顾客排队等待接受服务不能超过多长时间，电话铃声响过几声必须接听，顾客投诉应当在多长时间内予以回复或给予解决。

（7）服务流程。服务流程是指服务程序和步骤。对于存在多个服务环节和服务内容的服务，企业通常应当制定硬性服务标准。例如，企业有哪些服务程序？企业服务顺次是什么？每一个服务程序不能少于多少时间或者顾客排队等待不能超过多长时间？

（8）服务沟通。服务沟通是指企业向顾客传递相关信息或与顾客进行互动。如传递服务信息、接受顾客咨询、解答顾客疑问等。对于服务沟通或互动，通常应当设定“是否”或“有无”以及时间限定等硬性标准。例如，顾客咨询必须有人接待和回复以及必须在多长时间内回复，顾客打电话必须有人接听以及必须在电话铃声响过几声内接听。

硬性服务标准明确、具体，便于员工遵守，便于企业考评，便于顾客监督和衡量，也便于相关机构分辨服务纠纷之责任，因此，服务企业对于能够量化的服务内容，应当尽可能制订硬性服务标准。

2. 软性标准

软性标准是指不能够用定量化或时间化语言加以清晰表述和准确评判，而是只能用定性化或模糊语言加以表述和评判的服务标准。以下内容通常应当制定软性服务标准。

（1）仪表。仪表是指员工的外在形象，包括服饰和仪容等。对于员工仪表，一般只能制定软性服务标准。例如，要求员工穿着得体、整洁大方、化淡妆，不得穿奇装异服、不得浓妆艳抹。当然，对于不同服务企业以及不同服务岗位员工来说，对于员工仪表通常会有不同要求，例如，银行、电信、航空公司等一般要求服务员工穿着庄重的制服，而饭店、娱乐场所等，一般要求员工穿着有个性的服饰。员工仪表是服务企业打造差异化和个性化的手段之一。

（2）态度。态度是指员工以什么方式对待顾客，一般包括语言、语调、表情、神态和肢体动作等。对于员工态度，一般只能制定软性服务标准。例如，要求员工语言得体、语调柔和、面带微笑、神情专注、坐姿端庄等。员工态度反映了员工的服务意识，更影响顾客对于服务质量的感知，因此，服务企业尤其是高接触性服务企业，通常都要对员工服务态度提出要求并制定相应的标准。

（3）禁忌。禁忌是指禁止、限制或员工不得有的状态或从事的行为。如员工不得说什么话、不得做什么事、不得有哪些不恰当动作等。对于员工禁忌，一般只能制定软性服务标准。例如，一些服务企业规定“不得慢待顾客”“不得冷淡顾客”“不得歧视顾客”“不得对顾客指指点点”等。

（4）服务设施与工具。服务设施与工具是指企业为顾客提供服务的物质手段。对于自助服务，服务设施与工具尤为重要，并且企业通常应当制定基本的服务标准。如设施正常、安全，操作简便等。

（5）服务环境。服务环境是指服务企业或员工为顾客提供服务的场所及其有形和无形环境的总称。对于服务环境，一般只能制定软性服务标准，如保持地面、墙面、桌椅干净卫生，桌椅或办公用具要摆放整齐，保持办公环境清新，不得在服务区大声喧哗，不得将食品和饮料带进服务区。

（6）服务技巧。服务技巧是指创新性和技巧性服务手段。为鼓励服务创新，服务企业可以制定一些服务技巧方面的软性标准，如“针对特殊情况不要拘泥于固化的服务流程”“以顾客满意和顾客利益最大化原则为顾客提供服务”。

（7）例外服务。例外服务是指常规服务之外的服务。例外服务主要是针对特殊顾客或顾客特殊要求提出来的。对于例外服务，一般只能制定一些原则规定而无法一一列举，如规定“在不大幅增加企业服务成本的前提下，尽可能满足顾客的一些特殊要求”。

（8）服务沟通。服务沟通是指企业向顾客传递相关信息或与顾客进行互动。如上所述，对于服务沟通，①应当设定“是否”“有无”等硬性服务标准；②对于沟通方式，一般应当设定软性服务标准，如要求员工主动、热情、和蔼、礼貌、不厌其烦、语言生动、神情专注、肢体动作得体等。

软性服务标准灵活、富有弹性，便于企业灵活运用和执行，因此，服务企业对于那些不易量化的服务内容，一般应制定软性服务标准。

知识延伸

福特汽车公司的硬标准和软标准

在本章我们把顾客定义的服务标准分为两种：一种是“硬”标准或尺度，它是可以被计数、计时或通过核算观察得到的运营尺度；另一种是“软”标准，它是建立在意见基础之上的尺度，不能通过计数或计时得到，只能向顾客询问。硬标准与软标准之间的区别通过实例来说明会更为清晰。我们用福特汽车公司对其销售商使用的顾客关怀标准为例。福特汽车公司根据对2 400名顾客进行的市场调查了解到他们对汽车销售和服务的期望，建立了以下7条对顾客至关重要的服务标准：

（1）顾客要求服务的预约在约定日期一整天都有效；

（2）必须在4分钟内开始接待顾客；

（3）礼貌地指出顾客需要的服务，准确地记录在修理单上，并且与顾客逐一核对；

（4）每次进行服务一定要正确；

（5）顾客询问后的1分钟内提供服务的基本情况；

（6）在约定的时间替代车必须准备好；

（7）提供详细的作业、保险范畴和收费的说明。

硬标准和尺度：

上面有几项标准属于硬标准，它们可以被计数、计时或者通过核算观测到。如第2条和第5条，可以由雇员在开始服务时计时。硬标准可以是：①达到某种标准时间次数的频率或者百分比；②次数的平均数。其他可以计数或者核算的标准有1、4、6条。接电话的服务员可以记录下顾客要求服务的预约在一天内有效的次数。顾客重新拜访的次数可以计算出来，从而作为衡量4条的尺度。在约好的时间准备好的替代车的数量也可以在顾客取车时清点得到。

软标准和尺度：

正如爱因斯坦所说：“并非所有有价值的东西都可以计数，也并非所有能够计数的东西都有价值。”看看第3条和第7条标准，它们就不能被计数或计时。这些标准代表着一些顾客需要的软行为。标准7要求一种不同形式的衡量尺度：顾客对这些行为是否恰当的感知与看法。这并不是说软标准不能被衡量，相反，它们必须以一种不同的方式来衡量。

软标准在员工满足顾客需求的过程中提供指导、准则和反馈，并且通过测量顾客的理解与信任得以度量。这些标准对于人际互动性服务，如专业服务中的销售和提供过程尤为重要。

（资料来源：瓦拉瑞尔·泽丝曼尔等著，张金成等译，机械工业出版社，2008.P234）

三、制定服务标准原则

企业制定服务标准一般应遵守以下原则。

1. 吻合性

吻合性是指服务质量标准必须与顾客需求相吻合。当然，对此原则也有人持不同意见，认为顾客导向的服务标准具有不可行性，因为：①“顾客导向”的本质是差异化和个性化，而标准化则是反差异化和反个性化的；②“顾客导向”要求关注顾客的“特殊要求”，而标准化则要求“一视同仁”；③“顾客导向”要求赋予服务人员更多的操作自由和处理顾客问题的权利，而标准化则是约束服务人员行为和自由的。因此，标准化与顾客导向之间难以兼容。

实际上，标准化与顾客导向之间也存在统一性。①顾客导向是指按照顾客期望和要求制定服务质量标准，虽然不同顾客对于某一服务需求存在着差别，但不同顾客对于某一服务尤其是常规性服务也有一些共同期望和要求。企业按照某一类顾客群的共同期望或要求制定某些服务质量标准，就是把标准化与顾客导向统一起来。②企业满足顾客个性化要求不是无原则的，对于明显不合理、无法达到或大大增加企业服务成本的个性化要求，企业应在解释的基础上拒绝提供。

2. 明确性

明确性是指服务质量标准必须明确、具体和可以衡量。因为服务质量标准就是要把笼统的、含糊的顾客期望转化为清晰的规定。如规定露出“八颗牙齿”的微笑服务、接听电话不能超过三声等。

3. 可行性

可行性是指服务质量标准必须能够被执行。建立标准不代表确立目标，它意味着设计一个可以实现的工作过程，并使之不断地执行下去。否则，服务质量标准就毫无价值和意义。基于此，企业设计服务质量标准必须充分考虑员工的执行能力。如果员工不理解和不接受服务标准，在服务过程中就不愿意执行服务标准；如果服务标准超出员工服务能力，即员工没有能力执行服务标准，员工就会灰心丧气；如果企业强制推行员工不理解、不接受和没有能力执行的服务标准，员工就会选择对抗、怠工和跳槽。

4. 挑战性

挑战性是指服务质量标准要有一定高度，让员工经过持续学习和努力才能达到质量标准要求。如果质量标准过低，一是不能满足顾客的期望和要求，二是对于员工缺乏刺激性，不能有效激发其潜能。研究表明，在服务标准既有挑战性又切合实际时才能产生最佳的绩效水平。

四、制定服务标准程序和方法

企业制定服务标准一般应遵循以下程序。

1. 分解服务过程和识别服务接触环节

一项完整的服务通常包括许多过程和环节，企业必须针对不同过程和顾客接触环节分别制定服务标准。基于此，企业首先应该分解服务过程和识别服务接触环节。分解服务过程方法一般有：按照服务流程进行分解，如将服务流程分为接待顾客阶段、实际服务阶段、送别顾客阶段和售后沟通阶段；按照服务环节和内容进行分解，如医院服务分为挂号、诊断、取药、交款、治疗等环节；按照服务提供方式进行分解，如将服务过程分为人工服务和机器服务；按照是否有顾客接触进行分解，分为有接触服务和无接触服务。分解服务过程和识别服务接触环节，就为设计和制定服务标准打下了基础。

2. 确定服务标准内容和类型

企业究竟应当制定哪些服务标准以及应当把该类服务标准设计为硬性标准还是软性标准，是制定和设计服务标准的第二个阶段。对于一家追求卓越的服务公司来说，应当针对所有服务环节和内容都制定清晰的服务标准，如果有难度，至少应当在顾客接触环节制定清晰的服务标准。

究竟应当制定硬性服务标准还是软性服务标准，企业必须充分考虑顾客基于何种标准评价服务。鉴于硬性标准有很多优点，如容易执行和测量，在该步骤中，很多企业会轻率地选择硬性标准，如在设计服务补救质量标准时，明确制定了服务补救速度标准、服务补救水平标准等，但实际上即使执行了这些服务补救标准，也并非就能够让顾客满意。因为服务失误发生原因、顾客归因、服务失误严重程度以及顾客感知损失大小等都存在差别，因而顾客对于服务补救速度和水平会有不同要求。与其如此，不如制定软性的服务补救标准，如顾客满意标准效果更好，因为服务补救的目的就是化解顾客不满和增加顾客满意度。对此，可通过对顾客现场询问和事后调查加以衡量。

3. 确定服务标准水平

服务标准有高低之分，企业究竟应当制定何种水平的服务质量标准一般应考虑四个因素：①同行业基本服务质量标准水平；②相关服务行业质量标准水平；③企业现有服务资源和服务能力；④公司自身定位以及目标顾客需求水平。

4. 撰写服务标准文稿

在确定服务标准内容、类型和水平的基础上，就可以着手撰写服务标准文稿，即用文字描述具体服务标准。撰写服务标准文稿有两种方法：一是独立撰写，即企业独立完成服务质量标准文稿；二是参考和借鉴，即在参考和借鉴其他企业服务质量标准的基础上完成本企业的服务质量标准文稿。

5. 征求意见

为检测服务质量标准的有效性和可行性，企业完成服务质量标准文稿之后，必须在一定范围内向相关人群征求意见。一般来说，企业应当向四类人群征求意见：①企业中高层管理人员。企业中高层管理人员的意见代表着企业的追求和目标，也代表着企业未来成长的方向。②企业一线服务人员和辅助服务人员。一线服务人员和辅助服务人员是服务提供者，也是服务标准的执行者，如果他们不认同、不执行服务标准，服务标准只能束之高阁。③目标顾客。目标顾客是服务的接受者，如果目标顾客不认同服务标准，服务标准就毫无价值。④服务中间商。服务中间商是服务协作者，很多服务是依靠中间商来完成和提交给顾客的，如果服务中间商不认同和不愿意执行服务标准，服务标准就难以落实。

6. 修改与完善

在征求各方面意见的基础上，企业应当进一步修改和完善服务标准。在此阶段企业应避免犯两类错误：①迎合特定人群意见。不同人群对于服务质量标准有不同意见和要求，一般来说，顾客期望企业服务质量标准高一些，以便获得更大利益；一线服务员工期望服务质量标准适当降低一些，以便有能力执行服务标准。对此，企业应当综合各方意见，而不要迎合某一类人群。②不接受他人意见。企业不要一意孤行、我行我素，完全不考虑其他人意见，而是将服务质量标准强加于企业员工，更有甚者是将其他企业的服务质量标准完全照搬照抄，然后在企业强行推行，这往往难以取得理想效果。

7. 执行与考评

服务质量标准如果不被执行就毫无价值，因此，当服务质量标准制定出来以后，企业全体员工必须严格执行服务质量标准，即按照服务质量标准为顾客提供服务。同时，人力资源管理部门要按照服务质量标准考核员工，营销部门和客服部门要按照服务质量标准征求顾客对服务工作的意见。企业还应将考评结果和数据及时反馈给员工，以便员工及时了解存在的不足和明确进一步努力的方向。

第四节　服务场景规划与设计

由于服务具有无形性和同步性，为降低购买风险，顾客在购买服务之前通常会依据服务场景来识别和评价服务，因此，服务场景设计对于缩小服务质量差距 2 至关重要。

一、服务场景及其构成要素

服务场景是指企业向顾客提供服务的场所及其相关的有形和无形因素的总称。

关于服务场景构成要素，理论界存在着不同的分类方法。服务营销学者比特纳（Mary Jo Bitner）将服务场景分为三类：一是周围因素，包括温度、空气质量、噪音、音乐、气味等；二是空间布局与功能因素，包括空间布局、设施、家具等；三是标志/象征/物品因素，包括人工制品、装潢风格等。

本书将服务场景按照从外到内、从硬件到软件分为三类：服务场所、有形设施和风格情调。

1. 服务场所

服务场所是指服务机构所在地域及其周边环境，包括距离顾客远近（如果距离顾客较远，就会耗费顾客很多时间和体力，从而顾客会放弃选择）、交通便利性（包括路况好坏和有无公共交通）、周边企业类型（如果周边集聚很多同类服务企业或者建有公园、娱乐设施等，就能够有效吸引顾客）、周边环境（包括空气质量、声音、气味等）、附属设施（如有无停车场）等。

2. 有形设施

有形设施是指服务机构的内外设施，包括建筑物，设施、设备和工具，办公用品，如桌椅、电脑、网络、记事本、文件夹、名片，员工服装，各种饰品等。

3. 风格情调

风格情调是指服务场所的装修和装饰，包括整体布局、颜色、灯光、气味、温度、声音、格调、氛围等。

二、服务场景对于员工和顾客的影响

服务营销学者比特纳构建了一个服务场景与员工和顾客内在反应及其行为关系的框架图，以此说明服务场景对于员工和顾客的认识、情感、生理和行为等都有重要影响（如图 7.5 所示）。

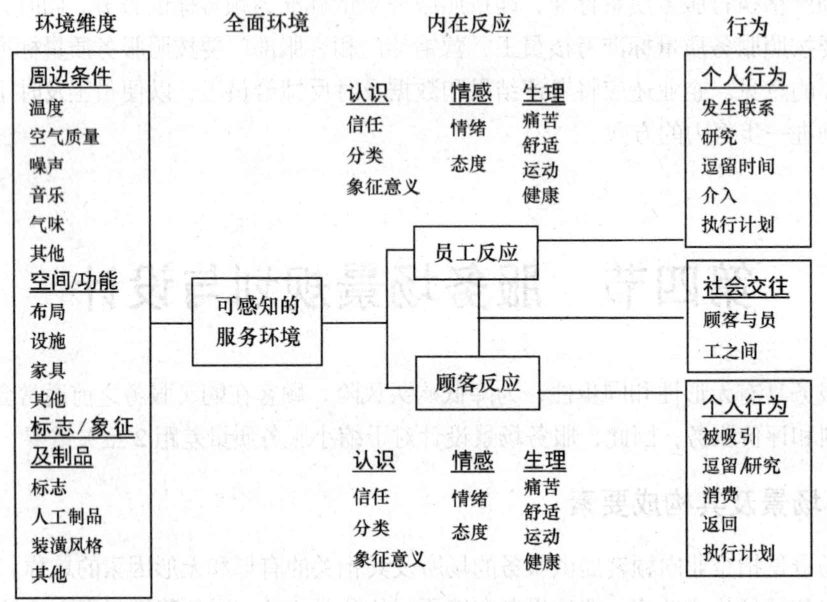

图 7.5　服务场景与行为关系框架图

（一）服务场景对于认识的影响

认识是个人的思考过程，包括信任、分类和象征性意义。①服务场景影响信任。服务场景是一种非语言交流形式，它影响人们对于某一个地方、某一个人、某一产品或服务等的信任。调查显示，不同店堂气氛会改变顾客对于该店出售的某种物品的印象。②服务场景影响人们对于公司的归类。调查显示，餐饮业有一套特殊的显示“快餐模式”和“豪华入座模式”的环境因素。③服务场景影响一个公司的象征意义。例如，人们通过一家公司的装修风格判断该公司属于哪一种个性及其服务对象。

（二）服务场景对于情感的影响

情感包括情绪和态度。情绪是指个体受到某种刺激后产生的一种身心状态。阿诺德（M. B. Arnold）认为，情绪是一种身心体验倾向，它趋向于接近感知有益的物体和远离感知有害的物体，同时这种体验倾向还伴随有相应的生理变化。卡姆保斯（Campos）将情绪定义为“个体与环境之间关系的心理现象”。巴戈齐（Bagozzi）等认为，情绪区别于心情：①心情通常比情绪持续时间长（从几个小时到几天），且没有情绪强烈；②心情通常没有意向或目标性，而情绪有意向或目标性（即有一个目标或参照物）；③心情一般不伴随有行为倾向，情绪则伴随有行为倾向。钱路（2010）在总结前人研究成果的基础上，将情绪定义为“内心感受经由身体表现出来的状态”。学者们普遍认为，情绪通过三个方面来体现：①心理感受，即内心的喜、怒、哀、乐；②生理反应，即伴随心理感受而引发的生理变化，如心跳加快、血压升高、呼吸急促、皮肤电反应等，这些变化主要由内分泌系统变化所决定，较少受当事人主观控制；

③外部表情，即伴随心理和生理变化而引起的外部表情变化（包括面部表情、体势表情和言语表情），它是情绪的外部流露。其中面部表情是最能反映情绪变化的外部表情，如大惊失色、神采飞扬、怒形于色、横眉冷对等。鲍彻和艾克曼（Bouecher & Ekman）研究发现，不同情绪会显现在不同的面部：悲哀显现在眼睛，快乐和厌恶显现在嘴部，惊愕显现在前额，愤怒显现在整个面孔上。

伊扎德（Izard）把人类情绪分为三类共十种，分别是正面情绪——“高兴”和“快乐”；负面情绪——“厌恶”“生气”“罪恶”“鄙视”“害羞”“悲伤”“害怕”；中性情绪——“惊讶”。威斯顿和泰勒根（David Weston & Auke Tellegen）在双因素情感模型中把人类基本情感分为两类：正面情感和负面情感。拉罗斯和斯廷坎普（Laros & Steenkamp）也把人类情绪分为两类：积极情绪和消极情绪，前者包括满足、快乐、爱和自豪，后者包括悲伤、害怕、愤怒和羞愧。

消费者情绪形成的原因究竟是什么呢？学者们普遍认为，情绪主观体验的产生是以客观事物和对象是否满足人的需要为中介的，或者说，需要是情绪产生的基础。长期的社会生活和实践活动使人们形成了不同的需要，从而引起人们不同的态度和体验。依据需要是否获得满足，情绪具有肯定和否定之分。那些能够满足已激起的需要或能促进这种需要得到满足的事物，便引起积极情绪，如满足、高兴、喜悦、爱慕等；不能满足需要或可能妨碍某种需要得到满足的事物，便引起消极情绪，如痛苦、忧愁、厌恶、恐惧、憎恨等。也有研究表明，个体在成功时会表现出自信、感激等积极情感；当出现失败时，愤怒、内疚、惊愕等消极情感会处于支配地位。

环境心理学认为，任何环境（包括自然环境和人文环境）都会引起两方面的情感：高兴或不高兴以及唤起程度（刺激或兴奋程度），由此可以将服务场景分为以下四类。

（1）兴奋型——既令人愉快又有唤起作用。

（2）放松型——令人愉快但没有唤起作用（或令人昏昏欲睡）。

（3）苦恼型——有唤起作用但不令人愉快。

（4）抑郁型——令人不愉快且使人昏昏欲睡。

（三）服务场景对于生理的影响

服务场景能够在生理方面给人以影响。例如，太大噪声会引起生理上不适，房间温度过低或过高会使人发抖或大汗淋漓，空气质量差会使人呼吸困难，光照过强或过暗都会减弱视力并造成身体不适。所有这些生理反应都会直接影响人们是否愿意在某些环境下停留和喜欢该环境。

当然，由于个体差异或其他因素（如到达该环境时的心情或目的），人们对于服务场景的反应是有差别的。人们对环境反应的性格特点是“唤起性寻找”，唤起性寻找者喜欢并寻找强烈刺激，回避唤起性寻找者倾向于安静环境。

（四）服务场景对于行为的影响

（1）服务场景影响个人行为。个人对地点的反应行为表现为靠近和远离。靠近行为包括在某一地点产生的所有正面行为，如逗留、研究、操作和发生联系；远离行为则相反，表现为不愿逗留、研究、操作和发生联系。调查显示，消费者行为（如购物、放弃、花费时间多少、研究购物商店等）与环境密切相关，并且环境影响交易成功程度。有音乐相对于没有音乐的环境购物者会认为时间较短，慢节奏音乐会使顾客感觉更悠闲并花钱更多；气味可以减弱人们对于停留时间的意识，与产品一致的气味使顾客花更多时间考虑其购物决定；病人及其家属相信，令人不愉快的气味给人不干净的印象，清洁剂的气味表明不良气味被掩盖了。一家私人疗养院发现，最好的气味是没有气味。

（2）服务场景影响人们的社会行为。研究表明，环境影响交往行为，如身体接近状况、座位安排、空间大小等，都会影响顾客与员工以及顾客之间的交流。

三、服务场景对于营销工作的重要性

服务场景对于服务营销具有重要作用，具体表现在以下几个方面。

（1）建立区别。服务场景是最能有形和具体地传达企业形象和定位的工具。服务场景设计可以将一个服务企业同其竞争对手区分开来，并表明该服务所指向的细分市场。

（2）传递信息。服务场景作为部分服务内涵的载体是顾客获得第一印象的基础，服务场景的好坏直接影响顾客对于企业服务的第一印象。

（3）刺激需求。产品外观能否满足顾客感官需要，直接影响顾客是否采取行动购买该产品；同样，顾客在购买服务时，也希望能从感官刺激中寻求到某种东西。

（4）引导期望。运用有形展示可以让顾客在使用服务前大致把握服务特征和功能，并形成合理期望，避免因顾客期望过高而难以满足所造成的负面影响。

（5）提升感知质量。与服务过程有关的每一个有形展示——设施、设备、人员仪表等，都会影响顾客感觉中的服务质量。优良的有形展示能够使顾客对于服务质量产生“优质”的感觉。

（6）协助培训员工。在不同的服务场景下，人们会有不同的行为举止。基于此，服务企业可以通过设计优良的服务场景以约束服务员工的行为，让服务员工行为高雅、举止得体、声音柔和。

四、服务场景规划与设计方法

依据服务场景包含的要素，服务企业进行服务场景设计应依据从外到内、从大到小、从硬件到软装的顺序依次进行设计。

1. 服务场所位置选择

服务企业选择服务场所位置，首先要考虑服务提供者与顾客的接触方式。一般来说，服务提供者与顾客接触方式有三种。

（1）顾客上门找服务提供者。对此服务接触方式，服务场所位置至关重要，因为它影响着顾客能否找到服务组织以及是否能够到达服务组织。例如，宾馆、餐厅、银行、商店、理发店、健身中心、医疗中心、培训中心等，其所处位置是影响顾客光顾的主要因素之一。对此，服务组织必须十分重视服务场所位置的选择。

（2）服务提供者上门找顾客。对此服务接触方式，服务场所位置并不十分重要，因为服务组织处在不同位置并不影响顾客获得服务以及为获得服务而付出的成本。例如，住宅维修服务、家电维修服务、房屋保洁服务、月嫂或保姆服务等，公司所处位置一般并不影响顾客购买服务。对此，服务场所可以选择在地价便宜的偏远地点，或者接近原料和劳动力资源的地方。

（3）服务提供者与顾客在约定地点交易。对此服务接触方式，服务场所位置最无关紧要，因为顾客可以根据自身方便性或者所处位置选择交易地点。例如，汽车抛锚服务、人身救护服务等多是如此。对此，服务组织通常要设立多个服务场所，但服务场所位置并不十分重要。

对于顾客上门购买的服务组织，其位置选择一般应考虑以下三个因素。

（1）公司可见性。可见性是指能够被看到的程度。服务公司的理想位置是从交通干线上能够看到公司（最好是一览无余），并且公司是面向交通干线的。

（2）与周围环境相容性。相容性是指与周边环境协调和统一，包括建筑物高低、颜色、格调一致，企业经营内容相似。

（3）顾客方便性。方便性是指方便顾客到达服务场所，包括路况好坏、有无公交线路、有无停车场等。

2. 服务有形设施设计

有形设施设计一般应考虑以下因素。

（1）服务组织性质和目标。核心服务的性质决定其设计参数，如消防站必须有足够空间安置消防车、值班人员和维护用设备等。

（2）地面资源及其限制。土地资源受成本、规划等限制，良好设计必须考虑这些限制因素。在市区，土地是超值的，建筑物只能向上发展；土地使用法令、建筑外观和结构等条例在设计时必须遵守。在郊区和农村，通常能够提供更大和更廉价的土地，空间限制相对较小，使设计有更大的灵活性。

（3）柔性在进行有形设施设计时要考虑如何满足服务扩展的需要，如何适用于将来新的不同服务。要为未来发展留有空间。

（4）美学因素。设计的美学因素对消费者的感觉和行为有显著影响；同时它们也影响着员工及其所提供的服务。

（5）适应性。有形设施要与周边环境相协调。

3. 内部环境设计

内部环境设计主要包括以下几点。

（1）面积。服务场所面积大小或服务设施以及办公用品尺寸大小，都会给顾客传达不同的意义。一般来说，公司场所面积和有形设施尺寸越大，顾客就越会把公司看成有实力和安全可靠的。当然，也有顾客把大公司看作非人性的和不关心顾客的。

（2）形状。不同形状会刺激消费者产生不同的情绪反应。垂直形状或线条给人以坚硬、严肃和阳刚之气；水平形状或线条给人以放松和宁静之感；斜形和线条给人以进取、主动和运动之感；曲线形状和线条给人以娇柔和流畅之感。总之，在设施设计中，使用不同形状会创造出不同的视觉效果，从而达到不同的期望。

（3）颜色。颜色包括色彩、色度和亮度。色彩是指颜色的种类，一般分为暖色（如红色、黄色和橙色）和冷色（如蓝色、绿色和紫色等）。不同色彩给人以不同的感觉：暖色给人以舒服和非正式的感觉，如红色代表浪漫和爱情、黄色代表阳光和温暖、橙色代表直率和友好；冷色则给人以孤独、宁静和正式的感觉，如蓝色代表宁静和安详、绿色代表生命和希望、紫色代表神秘和威严。研究表明，零售店要吸引顾客，选择暖色调特别是红色和黄色，要比采用冷色调好得多。色度是指颜色的浓淡程度，亮度是指色调的明亮或阴暗程度，它们也都不同程度地影响着人们的感受、情绪和行为。

（4）灯光。灯光代表服务气氛，进而影响服务节奏和人们的心情。灯光暗淡显得服务环境更正式，服务节奏会放慢，消费者谈话语调会更柔和；灯光明亮显得服务环境更兴奋和欢快，服务节奏会加快，顾客之间以及顾客与员工之间的沟通会更频繁。

（5）音乐。音乐强度和曲调影响人们对于服务场所的感受，也影响人们的情绪和行为。在轻柔的音乐环境下，人们会不自觉地放慢脚步，心情会更舒畅，更有交流的欲望，也感觉时间过得更快。在强烈刺激的音乐环境下，人们会加快行走的脚步，心情会变得烦躁，没有交流的欲望，也感觉时间过得很慢。因此，服务场所一般不宜播放过于强烈刺激的音乐（否则会驱使顾客快速离开），而是应选择轻柔、和缓的音乐。

（6）气味。气味影响形象，也影响人们的情绪和欲望。咖啡店、面包店、花店和香水店等，都可以使用芳香味推销其产品。面包店可以巧妙地使用风扇将刚出炉的面包香味吹散到街道上，餐馆或小吃店也可以利用香味达到良好的销售效果。

（7）温度。温度影响生理和心理，进而影响情绪和行为。温度过高或过低，人体都会有不舒服的感觉甚至引起疾病，进而导致心情不佳和没有消费的欲望。因此，服务场所必须十分重视对于温度的调控。服务场所温度高低应以人体舒适为原则。

（8）触感。触感是指利用感觉器官接触物体而引起的内在感受，触感影响情绪和行为。例如，座椅的厚实感、地毯的厚度感、咖啡店桌子的木材感和大理石地板的冰凉感等，都会给消费者带来不同的感受，进而影响其情绪和行为。基于此，服务企业为营造不同的服务风格，可以选择不同的装修和装饰材料并设计不同的装修和装饰风格。

第五节　新服务开发

随着顾客需求变化、企业技术水平提高以及员工服务能力的增强等，企业需要不断开发新服务以满足顾客需要，由此才能保持企业的青春与活力。

一、新服务及其类型

服务营销学者泽丝曼尔等将新服务分为以下6类。

（1）重大变革，即为尚未定义的市场提供新的服务。这是全新服务，所有第一次出现的服务都属于此。

（2）创新业务，即为现有市场的同类需求提供新的服务，而该市场已经存在满足同类需求的服务。如一项门到门接送旅客的机场班车服务与传统的出租车和客车服务就形成竞争关系。

（3）为现有市场提供新的服务，即向现有顾客提供公司原来不能够提供的服务（也许其他服务组织可以提供），如一家书店向顾客提供咖啡服务等。

（4）服务延伸，即扩大现有的服务产品线，如饭店增加新的菜谱，航空公司增加新的航线等。

（5）服务改善，即改变已有服务的性能，包括加快服务过程的执行、延长服务时间、扩大服务内容等，这是服务变革中最普遍的一种形式。

（6）风格转变，即并不从根本上改变服务，只是改变其外表（如同改变消费品的包装）。这是服务变革中最为时尚的一种形式。如改变饭店色彩、改变飞机颜色等。

洛夫洛克（Lovelock）将新服务开发分为主要业务创新、开始新业务、针对现有市场的新服务、服务线延伸、服务改进和服务形式改变等六种类型。博斯公司（Booz）提出了更广泛的服务开发类型：全新服务、新服务线、现有服务线的延伸、现有服务改进、重新定位、成本降低。

二、开发新服务面临的挑战

企业开发新服务面临很大风险。格里芬（Ken Griffin）研究发现，服务企业在过去五年中新开发的服务产品对企业收入的贡献为 24.1%，对利润的贡献为 21.7%。但同时发现，新服务项目的成功率平均为 58%。在企业全部新服务开发活动中，约有 1/3 的新服务产品以失败告终。

服务营销专家萧斯塔克（Lynn Shostack）认为，由于服务不能触摸、测试和试验，人们通常采用语言形式来描述服务，由此会给服务开发带来很多风险，主要表现为。

（1）过于简单，即对于服务的描述不具体。因为要描述一个完整而复杂的服务系统，仅靠语言描述很难深入和具体，致使人们很难深入了解和理解服务。

（2）不全面，即对于服务的描述会有遗漏。因为每一个人对于服务的描述都会有意或无意忽略许多细节或他们不熟悉的要素，以至于人们不能全面地理解服务。

（3）主观性，即对于服务的描述具有个人主观色彩。因为人们在描述服务时，会因为个人知识、经历、好恶等不同而有不同取舍，以至于不同人对于同一服务可能会有不同描述。

（4）偏见性，即对于服务的描述带有个人主观偏见。因为每一个人在描述不清晰的事物时，总是倾向于选择对自己有利的语言或定义，例如，何谓“迅速”“灵活”“热情”“友好”等，不同人往往会有不同的理解和定义。

（5）易于被模仿。由于新服务不易申请或获得专利，因此，开发新服务面临被模仿的风险，由此也导致企业开发新服务具有惰性。

三、开发新服务原则

开发新服务一般应遵循四个原则：效益性、顾客中心性、准确性和系统性。

（1）效益性，即能够为企业带来利润。由此要求，企业开发新服务必须有市场，同时顾客愿意为获得新服务而付出一定的经济成本。

（2）顾客中心性，即必须以满足顾客需要和解决顾客面临的某类问题为中心。

（3）准确性，即对于服务概念的描述必须准确、具体、清晰、全面。

（4）系统性，即有意识、有组织和系统地开发。

四、开发新服务程序

企业开发新服务与开发有形产品一样，一般要经过七个程序：构思、筛选、服务概念形成与测试、商业分析、服务开发、市场试销和正式上市。

1. 构思

服务构思是指关于满足顾客某种新的服务需要或以新的方式满足顾客某种服务需要的设想。一个服务构思一般包括两方面内容：一是描述顾客服务需求，二是构思满足顾客某种服务需求的方法和手段。这两个方面表明，在顾客需求与服务提供之间建立联系非常重要。

一切新服务开发都是从构思开始的。构思来源很多，从企业外部来看，顾客、竞争对手、科研机构、大学和优秀企业经验等，都是企业获得新服务构思的重要来源。从企业内部来看，研发人员、营销人员以及普通职工等，也是服务创新构思的重要来源。

头脑风暴法是形成构思和开发新服务的有效方法，在现实生活中应用较为广泛。头脑风暴法又称智力激励法、脑力激荡法，是由美国BBDO广告公司创始人亚历克斯·奥斯本（Alex F. Osborn）于1938年首创的，它是一种通过会议形式让所有参加者在自由、愉快、畅所欲言的气氛中，通过相互交流，每一个人都毫无顾忌地提出自己的想法，让各种思想火花自由碰撞，好像掀起一场头脑风暴，引起思维共振产生组合效应，从而产生创造性的设想。

2. 筛选

筛选是指企业根据自身资源、技术、能力和管理水平等，对于所获得的构思进行抉择，或者说是对于服务创新构思的可行性做进一步论证。在构思阶段，任何人都可以天马行空、无拘无束地展开设想，设想越奇特越好。但构思是否可行以及能否把构思变成现实或落实构思，需要进一步论证，包括：顾客确实需要某种服务吗？顾客愿意为获得某种服务而支付费用吗？企业具备提供某种服务的资源和能力吗？一旦市场打开，企业有能力阻止竞争者进入吗？

通过筛选可以较早地放弃那些不切实际的构思，以免将企业资源耗费在没有前途的服务项目上。在此阶段企业要避免两种错误：一是"误舍"，即舍弃了有前景和可行的构思；二是"误用"，即保留了没有市场前景和不可行的构思。

3. 服务概念的形成和测试

服务概念是指用语言清晰描述的服务构思或设想，包括服务要解决的问题、服务能够给顾客带来的好处、服务过程、员工和顾客在服务过程中扮演的角色等。服务构思仅仅是一种服务创新的设想或见解，企业要进行服务开发，还必须把构思进一步明确化和清晰化，由此才能进一步了解和判断服务构思变为现实的可行性。

服务概念形成之后，企业还应对服务概念进行测试，以进一步判断服务开发的可行性。服务概念测试是指将服务概念呈现给消费者，以了解其对于服务概念的态度和反映，包括：消费者能否清晰了解服务概念？对于服务概念持有赞同还是否定态度？是否愿意购买新服务？愿意为新服务支付多少费用？等等。

需要说明的是，对于服务概念进行测试难度较大，因为服务具有无形性，无法将服务做出实物或模型，甚至不能用图形展示服务，由此导致对于服务的描述比较抽象，顾客对于创新服务很难有深入的了解和理解。

4. 商业分析

商业分析是指对于创新服务进行经济效益分析，即了解创新服务在商业领域里的成功概率或者说能否给企业带来经济效益以及带来多少效益。主要分析内容包括：服务需求分析、收益分析、成本分析、竞争分析等。常用的分析工具主要有盈亏平衡分析、投资回收期分析、投资报酬率分析等。

5. 服务开发

服务开发是指企业针对创新服务项目进行投资、招聘和培训服务人员、购买各种服务设施、建立服务标准、设计服务流程等。在此阶段，新服务开发相关人员必须通力合作，以使新服务具体化和细节化，否则，即使很小的运营细节也会使一个好的服务思想付诸东流。

6. 市场试销

市场试销是指企业对新服务项目进行试验性销售，以了解顾客对于新服务的反应或发现存在的问题。如一家航空公司推出某项为残疾人服务的新业务，它可以选择某个航线或者某些顾客进行试销。如果顾客反应良好，就可以正式推向市场；如果顾客提出异议，就应进一步加以改进和完善。

7. 正式上市

正式上市是指企业将新服务项目正式推向市场。在此阶段，企业应进一步明确服务标准、服务流程、服务定价、服务推广、服务承诺、服务补救等具体策略，以保证实际提交服务与开发服务相一致。

思考与练习题

1. 何谓顾客利益或购买实质？
2. 何谓服务之花、基本服务组合和扩大的服务组合？
3. 基于服务组合进行服务产品设计应当注意哪些问题？
4. 服务标准及其内容是什么？制定服务标准应当遵循什么原则？
5. 何谓服务流程、服务蓝图以及服务流程再造？如何绘制服务蓝图？
6. 何谓服务场景？服务企业应当如何进行服务场景规划和设计？
7. 何谓新服务？开发新服务应当遵循哪些程序？

第八章 服务参与者管理

导语

在服务经济时代，人的价值比在工业时代时更加重要。在工业时代，很多企业把员工当成螺丝钉。在服务业时代不可以这样做，因为服务员工往往决定着顾客的体验，也决定着服务的成败。

——佚名

因为顾客是服务生产和供给的参与者，他们可能会潜在地使顾客感知质量模型中的差距 3 增大，也就是说，顾客本身会影响供应商提供的服务是否符合顾客的特定要求。

除非服务分销商在服务接触过程中愿意并且能够像服务主供商那样提供服务，否则，其所提供服务的价值就会降低，服务主供商的声誉就可能受到损害。

——[美]瓦拉瑞尔·A·泽丝曼尔（Valarie A. Zeithaml）

玛丽·乔·比特纳（Mary Jo Bitner）

【学习目标】

1. 掌握基于弥合服务质量差距 3 的员工管理方法。
2. 掌握基于弥合服务质量差距 3 的顾客管理方法。
3. 掌握基于弥合服务质量差距 3 的中间商管理方法。

服务质量差距 3（即提交差距）是指企业实际提交给顾客的服务与企业设计和开发的服务不一致（或者说企业没有按照设计和开发要求或标准向顾客提交服务）。导致服务质量差距 3 的原因主要有四个：一是服务员工问题，二是服务顾客问题，三是服务中间商问题，四是服务供求不匹配。由此必然导致顾客不满、抱怨和投诉，并最终导致顾客流失。

服务企业要有效吸引和保留顾客，必须针对导致服务质量差距 3 的原因采取有对性的措施，包括有效管理服务员工、有效管理顾客、有效管理中间商和有效协调服务供求关系。本章主要介绍前三个问题，即服务参与者管理。服务供求关系管理留待下一章介绍。

第一节 服务员工管理

一、服务员工及其重要性

服务员工是指在服务类公司工作的所有员工。服务类公司员工相对于制造类公司员工，其地位和作用更加重要。

1. 服务员工是服务公司的化身

（1）服务员工通常就是服务本身。在许多个性化服务中，如表演、培训、理发、维修等，员工通常就是服务本身，即顾客购买服务实际上看中的是提供服务的个人而非服务机构，或者说顾客通常追随服务人员个人，如果服务人员转换服务机构，顾客通常会随之转换服务机构。

（2）服务员工是服务机构的化身。制造类企业的化身是实物产品，服务类企业的化身是员工，员工素质和形象代表着服务公司的素质和形象，甚至歇班员工也反映着他们所在公司的形象。正由于此，迪士尼公司要求其员工只要出现在公众面前，就必须保持工作状态时的态度和行为，只有下班后在顾客看不到的真正的幕后，才可以放松其行为。

（3）服务员工代表着服务品牌。员工集合了服务本身、企业形象和营销人员形象于一身，是服务品牌形成的最重要的接触点，是企业传递服务承诺的可见因素。

2. 服务员工是服务质量的保证

（1）服务可靠性几乎全部受一线员工控制。在以人为主体的服务传递中，服务人员的可靠性就意味着服务的可靠性，员工素质高低直接决定着企业能否有效兑现和履行其承诺的服务。试想，假若一位律师思路混乱、表述不清，其提供的服务怎么可能让委托人信任呢？即使在自助化服务的情况下，如自助售货、自助取款等，幕后员工对于确保服务系统正常运转也起着至关重要的作用。

（2）服务响应性直接决定于员工素质。一线员工通过助人意愿和服务及时性，直接影响顾客对于响应性的感知。如果员工反应迟钝、面无表情，顾客感知的服务响应性必然很差。服务企业只有招聘头脑灵活、反应迅速和具有助人意识的服务员工，才有可能提升服务的响应性。

（3）服务安全性依赖于员工传递服务的可信性和建立信任的能力。如果员工没有接受过基本教育和培训，也缺乏实际工作经验，顾客就不会相信员工提供服务的安全性。假若一个医生没有接受过专门的医学教育和积累一些临床经验，患者对其服务安全性的感知必然很差。

（4）服务移情性更是与服务员工密切相关。员工只有投入热情、激情并富有同情心，才能主动和自觉地为顾客提供服务，即服务具有良好的移情性。假若员工麻木不仁，对别人的请求无动于衷，干工作得过且过，就很难主动和自觉地为顾客提供服务，从而顾客感知的移情性也会很差。

（5）服务有形性也在很大程度上受服务员工影响。员工的外表和着装是服务有形性的重要方面，其在很大程度上影响顾客对于公司服务质量的判断。即使在远程服务上，员工对于服务质量的影响作用也没有减弱。康奈利和菲斯克（Connelly & Fisk）提出了“网上笑脸”（e-smile）概念，即在基于网络支持的服务中，网络服务员工友好态度、顾客对其身份真实性的判断等对于顾客感知服务有用性和持续购买有正向影响。

3. *服务员工是服务公司的营销员*

由于服务公司员工直接代表服务组织并影响顾客满意度，因此他们也就扮演了营销者的角色，他们是公司的活广告，其形象和行为直接影响顾客对于服务公司的选择。在一些服务公司，服务人员甚至还要扮演传统销售角色，如银行出纳员被要求销售银行金融产品。

二、服务公司员工类型

服务营销学者贾德（R.Judd）按照服务员工参与营销活动程度以及接触顾客程度不同，将服务公司员工分为四种类型（如图 8.1 所示）。

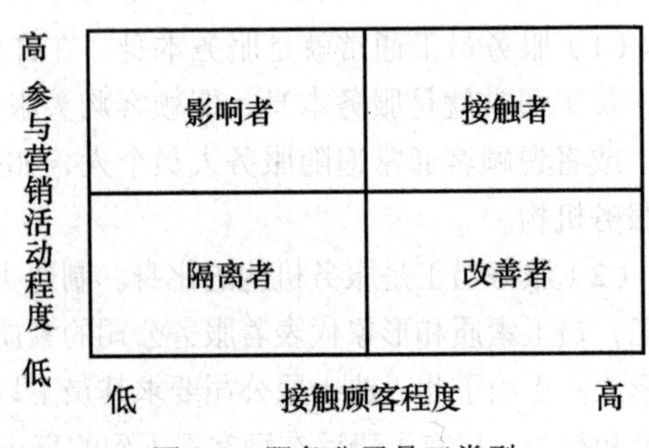

图 8.1 服务公司员工类型

（1）隔离者，即参与营销活动程度和接触顾客程度都较低的员工，主要是管理人员和后台支撑人员，如采购人员、人力资源管理人员、数据处理和后台支撑人员等。他们基本上不直接参与营销活动，也很少与顾客接触，其主要职责是对一线服务人员和营销人员起支撑和服务作用，即服务“内部顾客”。他们需要尽心尽责和具备专业能力，以在最大限度上满足其他部门和人员的要求；对其工作绩效考核，主要应当由其服务的部门进行考核和评价。

（2）改善者，即参与营销活动程度较低但接触顾客程度较高的员工，主要是一线辅助人员，如接待和登记人员、电话接线员、客服人员、顾客引导人员等。他们基本上不直接参与营销活动，但却直接接触顾客甚至在第一时间接触顾客。他们需要有良好的服务意识和助人意识、有较强的沟通能力和理解能力、有处理突发事件的应变能力以及满足顾客特殊要求的灵活性，同时还应当兢兢业业、性格温和、任劳任怨。

（3）影响者，即接触顾客程度较低但参与营销活动程度较高的员工，主要是二线策划和设计人员，如市场研究人员、服务产品设计与开发人员、营销策略与方案制订人员等。他们需要具备顾客意识和对顾客需求反应的敏感性，需要具备创新意识和独到见解。他们应当主动接触顾客和养成倾听顾客意见的习惯，同时企业也应当为其创造和提供更多接触顾客的机会。

（4）接触者，即参与营销活动程度和接触顾客程度都较高的员工，主要是一线服务人员和销售人员。他们对于企业营销工作和顾客感知服务质量影响巨大。他们需要有良好的服务意识、较强的沟通能力、具备专业知识和能力以及处理突发事件的能力等。同时，他们还应当具备赢得顾客信任的品德和保持顾客忠诚的能力。

三、跨边界人员及其管理

（一）跨边界人员及其类型

简单地说，跨边界人员就是服务企业内直接为顾客提供服务的一线人员，因为他们处在服务组织的边界上工作并直接与顾客接触，故称为跨边界人员或跨边界角色。服务营销学者汤姆森（J.D.Thompson）将跨边界人员定义为“连接组织与外部世界的人”。

按照服务人员在服务组织中所处地位及其工作方式不同，跨边界人员一般分为专业服务人员和辅助服务人员。

专业服务人员居于服务组织的中心位置，他们拥有丰富的专业知识和技能，并且依靠这些知识和技能为顾客提供个性化服务，即他们的服务方式是个性化和差异化的。例如，律师、医生、教师等都属于专业服务人员。

辅助服务人员居于服务组织的底层，通常是为完全自主决策购买的顾客提供服务，一般不需要特别的专业知识和技能就能够为顾客提供服务，并且服务方式基本上是惯例化的。例如，餐饮、零售和通信行业的营业员、服务员、收费员、接待员等，基本上就属于辅助服务人员。

（二）跨边界人员的重要性

跨边界人员是连接服务组织内部运营与外部顾客的纽带，他们在理解、过滤和解读往来于服务组织与顾客之间的信息和资源过程中担任关键角色。具体来说，跨边界人员承担以下两类职能：

（1）信息传输者。跨边界人员代表服务公司与外部顾客进行沟通，并将所收集的外部信息反馈给服务组织。他们在内部分享信息，为满足和改进顾客需求、改善服务传递等方面提供了很多机会。

（2）服务公司代表。跨边界人员是服务公司的代表，外部顾客就是通过跨边界人员来认识和了解服务公司的。其他人员通常隐藏在公司背后，他们很少或根本就不与顾客接触。

（三）跨边界人员面临的冲突及其化解方法

跨边界人员在服务工作中除了要付出脑力、体力和技能之外，还要非同寻常地付出情感，包括对陌生顾客微笑、与陌生顾客视线接触、对陌生顾客表示欢迎和进行友好交谈等。同时还要处理人与人之间、组织与组织之间的冲突以及服务质量与服务数量的平衡等问题。

具体来说，跨边界人员通常面临四种冲突（如图 8.2 所示）。

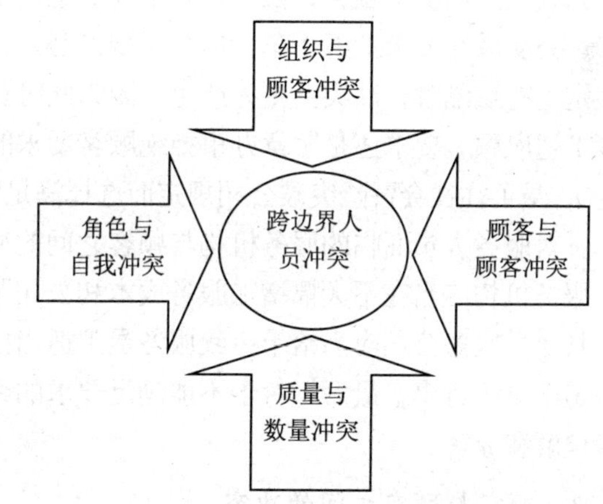

图 8.2　跨边界人员面临冲突类型

1. 角色与自我冲突

服务人员所扮演的角色及其被要求从事的工作与其个人意愿、个性、生活取向和价值观等之间经常存在冲突。该种冲突具体表现在以下四个方面：

（1）角色与个人意愿冲突，即服务人员所从事的工作并非是个人愿意和追求的，也不符合其兴趣和志向，只是迫于生活压力或暂时就业而选择了既有工作，这在辅助服务人员当中比较普遍。

（2）角色职责与个人观点冲突，即角色职责对于服务人员的要求与服务人员个人对问题的看法或所信奉的价值观之间存在冲突。例如，一些服务人员对于“顾客永远是对的”这种观点就难以接受；很多专业服务人员更有可能在其自我形象范围内从事工作，而非保持组织和顾客要求的“和蔼态度”。

（3）角色职责与个性冲突，即角色职责对于服务人员的要求与服务人员的个性或偏好存在冲突。例如，有些角色要求性格沉稳、安静，但服务人员本人却可能活泼爱动。当角色职责要求员工改变形象或穿着特定服装以适应工作要求时（如年轻律师被要求剪去长发和穿三件套西装），冲突会进一步加剧。

（4）角色职责与个人感受冲突，即角色职责对于服务人员的要求与服务人员的真实情感之间存在冲突。例如，跨边界人员通常被要求隐藏真实心情（即压制个人情感），始终向顾客展示与角色形象相符合的“外表”和“脸孔”（当感受很痛苦并受到侵犯时仍要保持微笑），从而导致服务人员感到压抑甚至痛苦。

针对服务人员面临的角色与自我冲突，服务机构应采取相应的管理措施。第一，在挑选服务人员时，应注重心理素质测试，尽可能录用那些心胸开阔、抗压能力强、能够将情绪与工作分开的员工。第二，服务机构应注重对服务员工进行心理疏导和调适，给员工提供倾诉和发泄的机会，当员工受到顾客不公平对待而感到委屈或屈辱时，管理人员应当给予安抚或奖励。第三，在平时培训工作中，应多引导服务员工将角色与自我分开，使其善于“忘我”、善于进入服务角色。例如，演员在演戏时可以完全不在乎“挨打挨骂”，因为他们已经进入了角色，已经“忘我”，他们知道挨打挨骂的并不是他们本人而是戏剧中的角色，遭受打骂对他们本人人格并没有损失。服务企业可以将这个道理运用于服务员工管理之中。

2. 服务机构与顾客之间的冲突

服务人员经常要面对究竟是满足顾客特殊要求还是遵守公司章程的矛盾。例如，顾客要求维修人员上门提供服务，但公司并不提供上门维修服务而是要求顾客将维修产品送到公司维修；公交乘客要求就近下车，但公司规定必须在停车点停车。当员工认为服务组织在政策或规定上有缺陷时，冲突会更为严重，因为此时员工要面临究竟是冒风险（即突破公司规章制度）适应顾客要求还是照章办事拒绝顾客要求的选择；如果服务人员收入依赖于顾客（如小费），员工往往会冒险突破公司规定而选择满足顾客特殊要求。

针对服务人员面临的服务机构与顾客之间的冲突，服务机构应采取相应的管理措施。首先，服务机构应当在不大幅增加服务成本和公司服务能力的范围内尽可能满足顾客的特殊要求；其次，服务公司应当给予一线服务员工适当授权，以处理顾客特殊问题的灵活性，以便服务员工见机行事；最后，对于不能满足要求的顾客，要给予充分解释和说明，尽可能求得顾客理解和谅解。

3. 顾客与顾客之间的冲突

服务人员经常要面对两个或多个顾客对服务有不同期望和要求以及彼此之间利益受侵害的情况，这在顺次提供服务（如银行出纳服务、医生诊断服务）和在同一场所同时为多个顾客提供服务（如教师授课、演员演出）的情况下更是如此。

顾客之间的冲突通常表现为以下几种情况：

（1）在顺次提供服务的情况下，如果服务人员按照某些顾客的特殊要求提供个性化服务，就会导致其他顾客因为等待时间过长或不喜欢服务提供方式而不满意。

（2）在同时为多个顾客提供服务的情况下，服务人员很难满足口味各异顾客的不同要求。例如，学校或培训机构的授课老师很难满足众多学员对于授课方式和风格的不同要求，即“众口难调”。

（3）顾客之间具有不兼容性或者彼此侵害对方利益。例如，有的顾客在服务场所吸烟或大声喧哗，就会影响其他顾客的利益；有的顾客不遵守排队秩序或者插队，就会侵害正常排队顾客的利益。

针对服务人员面临的顾客与顾客之间的冲突，服务机构应采取相应的管理措施。首先，服务公司应依据大多数顾客的要求制定相应的服务原则和规章制度，以满足大多数顾客的要求；其次，服务机构和人员应严格执行规章制度，拒绝和避免不公平对待顾客或者歧视某些顾客的行为；再次，服务人员应尽可能避免在服务高峰期或者有其他顾客在服务现场的情况下为一些顾客提供耗时很长的个性化服务，更不能在服务时间与熟悉的顾客闲聊；最后，服务员工应及时发现和制止顾客不当行为，对于不遵守服务规则和现场服务秩序的顾客进行教育和劝阻。

4. 服务质量与服务数量之间的冲突

服务人员经常要面对提高服务效率和提升服务效果的矛盾，即他们通常被要求为顾客提供令人满意的服务，同时还要经济有效、节约成本。当然，有的服务是质量决定一切，如科学研究、医疗服务；有的服务主要由数量决定，如文件存档、清洁房间等。但大多数服务工作介于以上两者之间，即要求取得质量与数量的平衡，服务人员经常要面对这种平衡问题。

针对服务人员面临的服务质量与服务数量之间的冲突，服务机构应采取相应的管理措施。首先，服务公司应当对服务环节或内容进行分类，明确哪些服务环节或内容主要以质量为目标，哪些服务环节或内容主要以数量或速度为目标。其次，针对不同服务目标应当分别制定不同的考核措施——针对质量目标应由顾客和相关专家进行评价，并且考核标准是个性化的；针对数量目标应事先设定考核标准和数量要求，然后由公司相关部门或人员进行考评。

四、基于弥合服务质量差距 3 的员工管理

导致服务质量差距 3 的员工原因主要有三个：一是服务员工不了解或不理解服务公司的服务标准；二是服务员工不愿意执行公司的服务标准，可能原因是缺乏服务意识、角色与自我冲突、心情不佳、逃避责任、减轻压力、公司考核与激励不合理等；三是服务员工没有能力执行服务标准。

为有效弥合服务质量差距 3，服务公司必须加强对服务员工的管理。美国学者杰弗里·普费弗（Jeffrey Pfeffer）认为，能够正确管理员工的公司通常比未能如此的公司胜出 30%～40%。

基于弥合服务质量差距 3，服务公司可以从以下四个方面管理服务员工（如图 8.3 所示）。

（一）按照岗位条件选拔合适员工

按照岗位条件选拔合适员工的依据有以下两种。

1. 依据岗位职责确定员工条件

服务员工条件一般包括服务能力、服务意愿、心理特征和外在形象四个方面。由于具体岗位不同，对于这四个条件要求的侧重点也不尽相同。

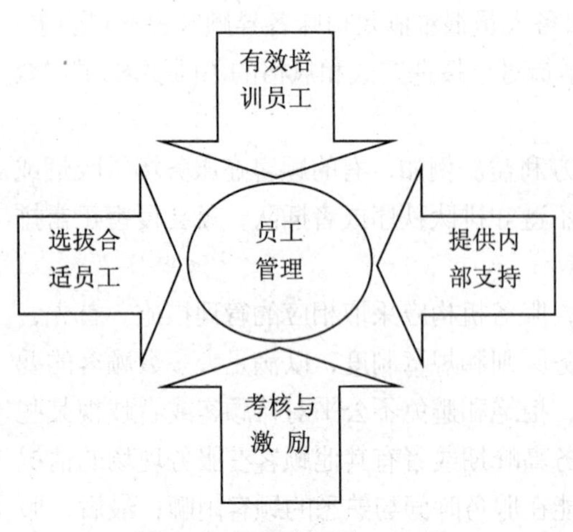

图 8.3 服务公司员工管理

（1）服务能力。服务能力是指从事某一服务工作所必需的专业知识和技能。专业服务人员（如律师、医生、教授等），服务能力往往是第一位的。因为这些专业所要求的知识和能力不是在短时间内能够获取的。因此，服务企业在选拔专业服务人员时，应当把服务能力放在首位，而服务能力的标志就是接受过相关专业正规教育和取得过相关成果。

（2）服务意愿。服务意愿是指从事某一服务工作的态度和兴趣。一般服务人员（如接待员、接线员、出纳等），服务态度往往是第一位的。美国罗森柏斯公司（Rosen－bluth）首席执行官豪尔·罗森柏斯（Hal Rosenbluth）曾经说过："我们想要的不是专业技能，而是态度好的员工。我们可以培训员工，让他们从事所有技术工作，但是我们无法强迫他们对人友善。"美国西南航空公司首席执行官赫伯·凯莱赫（Herb Kelleher）也说："招聘从寻找具有良好态度的员工开始——这就是我们想要的——乐意为其他人服务的员工。"因此，服务企业在招聘一般服务人员时，应当把服务态度放在首位，而服务态度的标志一般包括积极、乐观、阳光、助人、富有同情心等。

（3）心理特征。心理特征主要包括心理承受能力（包括承受挫折、承受抱怨、承受误解甚至人格侮辱等能力，如能够任劳任怨）、合作意识、性格特点等。研究表明，服务效率与乐于助人、细心、喜欢交际等个性密切相关。因此，服务企业在招聘服务员工尤其是一线员工时，应当尽可能录用那些性格开朗、外向、注重细节和追求完美的员工。

（4）外在形象。外在形象主要包括相貌、体形、仪容、神态等。不少一线服务人员如空姐、歌手、演员、教师等都对外在形象有一定要求。因此，服务企业在招聘服务员工尤其是高接触服务员工时，应尽可能考虑外在形象，一般不宜招聘有明显生理缺陷的服务员工。

2. 服务企业应当采用恰当方法选拔合适员工

菲茨西蒙斯（James A.Fitzsimmons）认为："还没有一种完全可靠的测评人的服务导向的方法。"但在实践中，服务企业选拔员工时可综合采用以下方法。

（1）抽象提问。抽象提问是指直接向被试者提出一些知识性、技巧性或技术性的问题，以考查被试者对相关知识或服务技能的掌握程度，以及口语表达能力和逻辑思维等。但需要说明的是，有些人善于言辞，有些人比较内向，面试官不要被"吹牛者"所迷惑。

（2）情景展示。情景展示是指直接展示或播放一个服务场景，然后要求被试者针对场景中面临的问题做出选择或给出答案。例如，在一个就餐服务场景中，一个顾客声称一道菜看不新鲜并要求退换，同时还大声吵闹，对此，你该如何处理？采用情景展示招聘服务员工，可以判断求职者基本服务态度、灵活应变能力、性格特征等。

（3）角色扮演/工作模拟。角色扮演/工作模拟是指直接要求求职者参与到一个模拟情景中，通过实际服务和处理棘手问题以展示自己的服务技巧和服务能力。角色扮演与情景展示的区别是，前者要求被试者"做"出来，后者要求被试者"说"出来。

（二）按照优质服务标准培训员工

服务企业招聘到合适的服务员工后，一定要通过培训才能安排上岗。如果不经过培训就直接安排上岗，很可能给服务企业造成难以弥补的损失。

培训服务员工应注重以下两个方面。

1. 确定培训内容

服务企业在培训员工之前首先应确定培训内容。一般来说，服务员工培训内容应当包括以下几个方面。

（1）服务理念，即向员工灌输企业价值观，以促使员工树立服务意识和遵守公司服务准则。美国中西航空公司以提供“最好的空中服务”为荣，所有员工包括驾驶员、行李处置员和搬运员等，都要参加历时两天的观念培训。美国丽嘉酒店所有员工都要参加基础培训，并随身携带印有公司座右铭的卡片——“我们是有教养的人，要为有教养的人服务”。

（2）服务标准和规章制度，即向员工灌输和讲解公司制定的服务标准和规章制度，以便员工按照服务标准和规章制度为顾客提供服务，进而保证实际提交给顾客的服务与公司服务标准相吻合。

（3）服务技能，即向服务员工传授服务技能，以让员工掌握为顾客提供优质服务的本领。有些服务如美容美发服务、洗衣和熨烫服务、整体橱柜安装服务、家电维修服务等，都需要专门的知识和技能。对此，服务企业对相关岗位和人员要提供技能培训，以让服务员工有能力为顾客提供服务，进而保证服务提交与服务标准相吻合。

（4）沟通能力，即培训员工掌握沟通技巧、礼节和养成良好沟通的习惯。由于服务生产与服务消费不可分割，员工在为顾客提供服务时应当与顾客进行适当沟通和交流，以便了解顾客需要和培养情感，进而建立顾客忠诚。因此，服务企业应当十分重视对于员工沟通能力的培养和训练。

2. 选择培训方法

服务企业应当根据员工需要和培训工作要求，分别采用不同的培训方法，包括以下几点。

（1）课堂教学，即聘请某一方面的专家就服务理念、服务标准、服务技巧、沟通技巧和专业知识等相关知识进行讲授，以丰富员工的服务知识，进而提升其服务能力。

（2）专题讨论，即针对服务过程中的重要问题开展讨论，并寻找解决问题的方法，以锻炼员工独立思考的习惯和提升服务创新能力。

（3）经验介绍，即邀请优秀员工介绍服务经验，为员工树立优质服务标准和榜样，进而推动员工提升服务意识和服务能力。

（4）情景模拟，即设计一个服务场景，通过模拟或演练以展示服务理念和服务方法，让员工在参与和互动中提升服务意识和服务能力。

（5）参观学习，即组织员工到优秀企业（包括同类企业和不同类企业）参观、交流和感悟，以让员工获取直接经验，进而提升服务意识和服务能力。

（三）为员工优质服务提供有效支持

为促进服务员工更有效地为顾客提供服务，服务企业必须为员工提供相应的支持，包括技术和设施支持、组织支持以及管理支持等。具体如下：

1. 技术和设施支持

服务员工要有效率和效果地工作，就必须有适宜的设施和技术做支撑，否则员工提供优质服务的愿望就有可能受挫，尤其是在服务技术水平不断提高和顾客自助服务的情况下更是如此。试想，如果企业信息化技术和管理落后，对顾客信息了解和管理不完善，企业怎么可能有针对性地为顾客提供服务呢？如果企业服务设施落后、老化，操作复杂，员工怎么可能提高服务效率和效果呢？

2. 组织支持——促进团队合作

团队被定义为“一小群具有互补性技能的个体，他们肩负着共同的目标，拥有一致的绩效目标，工作中彼此支持”。很多服务尤其是针对大型组织的专业服务如施工服务、咨询服务等，往往需要团队协作才能完成。这是因为，第一，团队合作有助于减轻员工压力和紧张感。很多服务工作令人沮丧、费神和具有挑战性，团队合作可以在成员之间相互鼓励、相互安慰，树立克服困难的勇气和信心。第二，团队合作能够提升员工提供优质服务的能力。因为一个人的知识和能力总是具有局限性的，团队合作可以实现知识和能力互补，即发挥一加一大于二的效果。因此，服务企业应尽可能发挥团队作用和促进团队合作以共同完成服务任务。

促进团队合作的具体方法包括以下内容。

（1）基于顾客需要和为顾客提供服务设立团队。企业不要依照传统的职能部门设立团队，而应当基于顾客需要和为满足顾客需要而设立团队，这就意味着企业应当按照项目需要组建团队，而不管其职能关系如何。

（2）鼓励“人人都有顾客”的态度。如果每一位员工都知道自己是为最终顾客提供优质服务的组成部分，并且知道自己必须支持谁才能使优质服务成为现实，团队合作就会加强。

（3）设立团队目标和回报。当团队整体被嘉奖而不是按照每一个人的成绩和表现获得嘉奖时，团队努力和精神就会受到鼓励。

3. 管理支持——给一线员工授权

授权是指适当授予一线员工独立决策和采取行动的权力，即允许员工按照自己认为最好的方式行使权力。服务营销学者戴维·鲍恩和爱德华·劳尔（D.E.Bowen & E.E.Lawler）列举了授权可能给服务组织带来的收益和成本。

授权可能带来的收益包括以下几项。

（1）能够对顾客要求和服务失误迅速做出反应。在服务提供过程中，得到授权的员工对于顾客个性化要求或服务失误能够迅速做出决定而不需要层层向上级请示，从而避免了过程冗长的命令链，进而增加顾客满意度。如果员工未有得到授权，当顾客提出个性化要求或遭遇服务失误时，就需要向上级职能部门层层反应，由此会耗费很多时间，让顾客苦苦等待，从而导致顾客不满甚至失去顾客。

（2）提升员工工作满意度和角色自豪感。大多数员工不希望成为“机器人”，他们希望就如何做得更好能自己做出决定。研究表明，自主性和决策自由度可以提高员工的工作满意度，并减轻角色压力。

（3）提升员工服务顾客的热情。由于员工对自身和工作有更好的感觉，他们会将这种感觉倾注到对顾客的感情之中，进而充满热情和激情地为顾客提供服务。

（4）提升员工服务创新意识和思路。被授权的员工有一种强烈的主人翁意识和责任感，从而愿意提出一些创新的思路和方法以改善现有服务。由于员工被授权，其创新思路和方法能够被贯彻和执行，从而有创新的动力。由于员工被授权，其工作不再是按部就班和消极被动的，而是积极主动和富有创意的，从而创新服务会不断被创造出来，即授权是服务创新的源泉。

（5）增加顾客满意度和正面口碑传播。通过授权而使员工充满工作热情和出色地为顾客提供服务，必将提高顾客感知服务质量和满意度，进而促使顾客正面口碑传播并保持忠诚。

授权可能带来的成本包括以下几方面。

（1）增加人员选拔和培训费用。为了防止员工滥用授权，企业对于被授权的员工必须更加重视选拔和培训（尤其是要重视员工品德和修养），由此会增加一些费用；同时，被授权员工一般应当是企业正式员工而非兼职员工或季节工，由此也会导致企业人工费用增加。

（2）降低服务效率。被授权的员工如果为某些顾客花费更多时间提供服务，则服务总体时间就会延长，降低服务效率，并导致其他顾客等待更长时间。

（3）降低顾客公平感知。有些顾客可能认为照章办事才是公平的，如果针对不同顾客提供不同服务，顾客会认为受到了不公平对待，从而满意度降低。

（4）员工滥用授权或做出错误决定。员工被授权后，在缺少监督的情况下可能会大手大脚，不计成本地为顾客提供服务或者轻易答应顾客的不合理要求，由此会导致服务成本大幅增加。同时，服务员工也可能因为做出错误决定而导致企业受损。

适合授权的组织包括：业务单元是差别化和定制化的；顾客是长期关系顾客；技术非常规化或者较为复杂；商业环境复杂且不可预测；管理人员和员工都有责任意识。

授权一般应当遵循这样几个原则：明确公司的核心价值观和任务要求；权限范围下移；允许员工参与；将授权公开；建立反馈机制。

（四）对员工服务工作进行科学考核和激励

彼得·德鲁克（Peter F.Drucker）说：“你不能衡量它，就不能管理它。”IBM公司总裁路易斯·郭士纳（Louis V. Gerstner）说：“如果强调什么，你就检查什么；你不检查，就等于不重视。”这些论述都说明了考核和激励的重要性。

考核和激励服务员工一般应注重以下三个方面的工作。

（1）制定恰当的考核标准。没有恰当的考核标准，考核就会走向歧路。因此，服务企业必须根据服务性质和自身情况制定恰当的考核标准。首先，不同企业应当有不同的考核标准，企业不要照抄照搬其他企业的考核标准。其次，不同岗位或不同类别员工应分别采用不同的考核标准。例如，对于专业服务人员和辅助服务人员就不应当采用同样的考核标准。最后，随着企业发展和顾客需求变化，企业对员工的考核标准也应不断调整和优化。

（2）选择合适的考核方法。企业可以建立量化考核标准，然后由人力资源管理部门针对员工工作表现一一对照打分；也可以定期由员工对自己的工作进行总结和汇报，然后由相关人员做出评价；也可以采用顾客投诉分析、顾客实际调查、扮演神秘顾客等方法考核服务员工。但当前一些企业采用的由员工之间互相打分评定员工业绩的方法是不恰当的，因为员工之间存在利益冲突，从而不可能客观和准确地对他人以及自己的工作做出评价。

（3）给予有效的奖惩。如果没有激励和惩罚，企业就不需要对员工进行考核，否则只能是巨大的浪费。企业激励员工的方法和手段有很多，包括物质奖励、精神激励、职位晋升等。

同时，对于那些多次违犯公司纪律或给顾客带来损失进而影响公司利益的员工，应适当给予处罚，以达到教育本人和警示其他员工的目的。但一般来说，处罚员工要非常慎重，并且对于被处罚者要坚持治病救人原则，给予改正的机会。

第二节　顾 客 管 理

一、顾客参与服务及其必然性

顾客参与服务是指顾客作为服务资源直接介入服务生产和服务传递过程之中，进而为服务工作做出贡献。也就是说，顾客购买和消费服务，不完全是被动的接收者或纯粹消费者，而是作为服务资源与服务企业一道完成服务过程。

有形产品的生产和提供，顾客基本上不参与到生产过程之中，而是仅仅作为生产结果的接受者；服务产品的生产和提供，顾客需要参与到服务过程之中，与服务人员一道完成服务过程，顾客不仅是服务的接受者，而且是服务的生产和创造者。

顾客参与服务过程的必然性取决于以下两个方面。

（1）服务具有现场性。服务是典型的生产与消费同时进行的活动，在许多情况下，只有服务员工、顾客甚至服务环境中的其他人员通力合作，才能生产出最终的服务产品。如果顾客不参与服务过程或介入服务活动之中，服务工作就无法开展。

（2）服务具有过程性。顾客购买服务的过程就是其享受服务和生产者创造与提供服务的过程，如果没有顾客介入，生产者通常不能提供服务甚至服务就不能存在。

二、顾客参与服务活动类型

按照参与程度不同，顾客参与基本上可以分为三类：低度参与、中度参与和高度参与。

1. 低度参与

低度参与是指在服务过程中顾客只需要耗费一定的时间和体力到达服务现场，安心、安静和全程接受与享受服务即可，全部服务工作由服务公司员工独立完成。例如，交响音乐会即是如此，去听交响乐的人只需要准时到达演出现场聆听和欣赏音乐服务即可。此时，顾客最好不要有过多参与（甚至不需要鼓掌），否则会影响演员演出和其他观众欣赏音乐。在低度参与的情况下，顾客基本上只是服务的接受者，但其需要付出一定的时间和体力到达服务现场，需要付出一定的精力和情绪配合服务人员。

2. 中度参与

中度参与是指在服务过程中顾客需要耗费更多时间、体力和精力与服务人员沟通并提供一些相关信息和有形物等，以帮助服务组织顺利生产和提交服务。例如，律师帮助委托人打官司，就需要委托人提供真实和详细的信息，包括叙述案件背景、发生过程以及提供相关证据等。在中度参与的情况下，顾客不仅仅是服务的接受者，而且要付出脑力、体力和提供相关信息，以协助服务人员完成服务和提升服务质量。此时，顾客在一定程度上扮演了生产者的角色。

3. 高度参与

高度参与是指在服务过程中顾客需要耗费很多时间、体力和精力以卷入服务生产过程之中，直接扮演和充当生产人员，进而独立或与服务人员一道完成服务过程。例如，个人健康训练、培训服务、自助加油服务等即是如此。在高度参与的情况下，顾客不仅是服务的接受者，而且是服务的直接生产者和服务质量的贡献者，即顾客独立或与服务员工一道完成服务，如果顾客不能有效参与，就无法顺利完成服务，或者服务质量大打折扣。

依据顾客参与服务程度不同，服务提供方式通常可以分为三种类型：一是企业独立完成全部服务；二是企业与顾客联合完成服务；三是顾客独立完成全部服务。

以顾客到加油站加油为例，按照顾客参与程度不同可以分为六种服务类型：一是服务人员加油，并在加油机旁直接收款；二是服务人员加油，顾客到收款处付款；三是服务人员加油，顾客在加油机上自动付款；四是顾客加油，服务人员在加油机旁收款；五是顾客加油，并到收款处付款；六是顾客加油，并在加油机上自助付款。

三、顾客参与程度影响因素

顾客参与服务程度高低或内容多少，主要受以下三类因素影响。

1. 服务本身因素

服务本身因素主要包括以下两个方面。

（1）服务标准化程度。顾客参与程度与服务标准化程度呈负相关，即服务标准化程度越高，要求顾客参与服务活动和过程越少；服务标准化程度越低，要求顾客参与服务活动和过程越多。这是因为，标准化服务必然要求保证服务过程的可控性和统一性，而顾客是企业外部不可控制因素，如果顾客参与服务活动过多，必然会降低服务过程的可控性和统一性。因此，标准化服务总是倾向于减少顾客参与。例如，麦当劳、肯德基等快餐连锁服务即是如此。相反，服务标准化程度低就意味着顾客需求具有差异化和个性化，而顾客参与是企业满足顾客个性化需要的重要手段。例如，医疗服务、健身服务等即是如此。

（2）服务自动化程度。顾客参与程度与服务自动化程度呈正相关，即服务自动化程度越高，越要求顾客参与服务活动之中；服务自动化程度越低，越要求顾客减少参与服务活动。这是因为，自动化服务意味着服务机构向顾客提供服务设施和工具，让顾客自主和自助地完成服务，而顾客自主和自助地完成服务即意味着顾客高度参与服务过程。例如，自助取款、网上银行、自助购票、自助加油等都需要顾客高度参与。相反，如果服务自动化程度较低，主要依靠人工提供服务，如银行营业厅服务、维修服务等，顾客参与程度就会相对较低。

2. 顾客因素

顾客因素主要包括以下三个方面。

（1）顾客拥有知识和能力。顾客拥有知识和能力与顾客参与程度呈正相关关系，即顾客掌握相关知识越多和参与能力越强，越会自觉和更多地参与到服务过程之中；如果顾客掌握相关服务知识较少和没有能力参与服务，就会减少和拒绝参与到服务过程之中，而是完全被动地接受服务。现实生活中，年轻人接受教育程度较高，掌握相关知识尤其是高技术知识和互联网知识较多，参与能力普遍较强，因此更愿意参与到服务过程之中，甚至更积极和更主动地参与服务活动。相反，老年人接受教育程度相对较低，掌握知识尤其是互联网知识相对较少，参与能力有限，从而更愿意接受人工服务而不愿意过多地参与到服务过程之中。

（2）顾客参与热情。顾客参与热情与参与程度呈正相关关系，即顾客参与热情越高，越会主动地参与到服务过程之中；如果顾客没有参与热情，就会拒绝参与服务过程。一般来说，年轻人比老年人更有参与热情，外向型性格的人比内向型性格的人更有参与热情，敢于冒险的顾客比保守型顾客更有参与热情。

（3）顾客之间的关系。顾客之间关系和谐、彼此熟悉和了解，或者相同性较多（如年龄相同、学历相同、地域相同等），顾客就更愿意参与到服务过程之中，甚至在参与过程中互相学习、互相合作和互相帮助；如果顾客之间关系不协调、不熟悉或者差异性较大（包括年龄差异、学历差异、职业差异、文化差异等），顾客参与热情和参与程度就会降低。

3. 员工因素

员工因素主要包括以下两个方面。

（1）员工对于顾客参与持有态度。如果员工对于顾客参与持有积极和鼓励态度，顾客就会更愿意参与；如果员工对于顾客参与持有消极和排斥态度，顾客就不愿意参与。

（2）员工对于顾客成功和失败参与持有态度。首先，如果员工对于顾客成功参与持有赞许态度并采取奖励措施，就会大大激发顾客的参与热情；如果员工对于顾客成功参与持有无所谓态度，就会降低顾客的参与热情。其次，如果员工对于顾客参与失败持有宽容和原谅态度，就会激发顾客的参与热情；如果员工对于顾客参与失败持有嘲笑、批评和讥讽态度，就会降低顾客的参与热情。

四、顾客参与对于服务企业的影响

顾客参与对于服务企业既有正面影响，也有负面影响，具体影响表现在以下三个方面。

1. 影响服务成本

顾客参与从正反两个方面影响服务成本，即顾客参与既可能降低服务成本，也有可能增加服务成本。

首先，顾客参与特别是高度参与或者自助服务，可以适当减少服务企业员工，即参与服务的顾客可以被看作是企业的“部分员工”，从而增加服务企业的人力资源。如超市和仓储店的毛利率通常低于百货商店和专业商店，主要就是得益于顾客参与即自助服务带来的成本节约。

其次，不当的顾客参与或过度参与也可能增加企业成本。这是因为：

（1）服务作业难以实现标准化。由于顾客需求具有多样化，顾客参与致使服务作业难以实现标准化，要求企业服务产品的生产向多品种、小批量方向发展，而这又必然受到一些条件的制约。

（2）服务生产率会受到影响。服务过程是一个开放系统，顾客参与会影响服务生产率，包括：不准确的信息会影响员工工作效率；为满足顾客个性化需求，服务人员需要与之交谈，致使难以控制时间。

（3）服务难度增大。若没有顾客参与，服务人员以企业的标准程序工作，工作就会较为顺利；顾客参与服务，经常会增加许多额外工作，这使得服务人员的心理负荷增加。

（4）对员工提出更高要求。顾客参与服务过程，要求员工必须具备足够的技能以便在服务过程中扮演好辅导员、教练、老师等角色，从而企业需要支出额外费用以训练服务人员。

2. 影响服务质量

顾客参与从正反两个方面影响服务质量，即顾客参与既有可能提高服务质量，也有可能降低服务质量。

首先，积极有效的顾客参与可以提高服务质量，具体原因如下。

（1）顾客有效参与是保证服务质量的必要条件，这在高度参与的行业如教育、保健、康复等行业特别明显。在这类服务中，服务产出高度依赖顾客参与，如果没有顾客参与，顾客期望的服务产出是不可能得到的，甚至服务工作根本就无法开展。

（2）顾客有效参与是保证服务质量的重要条件。以医疗为例，患者对治疗过程积极有效参与，如对病情如实和清楚地叙述、遵守治疗方案和积极配合医生、对医生和护士态度友善等，都是保证治疗效果的重要条件。

其次，不当或过度的顾客参与也可能降低服务质量，具体原因如下。

（1）扰乱服务程序。如果顾客参与过多，在每一个服务环节都表达自己的主张和要求，往往就会打乱服务程序，致使员工在无序状态下服务，从而会影响服务质量。

（2）影响员工心情。如果顾客参与过多或者提出一些过分要求，可能会影响员工心情，致使员工不能集中精力和保持良好的心情为顾客提供服务，进而导致服务质量下降。

3. 影响顾客感知价值

顾客参与从正反两个方面影响顾客感知价值，即顾客参与既有可能提高顾客感知价值，也有可能降低顾客感知价值。

首先，顾客参与可以带来积极情绪，进而提升感知价值。研究表明，如果顾客相信在相互影响的服务中已有效完成了自己的一部分任务，他们更容易对服务感到满意。

其次，不当的顾客参与也会降低顾客感知服务质量。例如，满足有过分要求的顾客，可能会延误对“其他顾客”的服务，这在银行、邮局、商店等服务柜台经常发生；在课堂上，某些同学发言过多，会影响其他同学的发言机会和占用老师授课时间，从而影响其他同学的感知服务质量。

五、基于弥合服务质量差距 3 的顾客管理

导致服务质量差距 3 的顾客原因主要有三个：一是顾客不能有效扮演其角色或履行其职责；二是顾客参与服务过程不当或者说错误地参与服务过程；三是顾客之间存在冲突或者说具有不兼容性。

基于弥合服务质量差距 3，服务公司一般可以从以下四个方面管理顾客（如图 8.4 所示）。

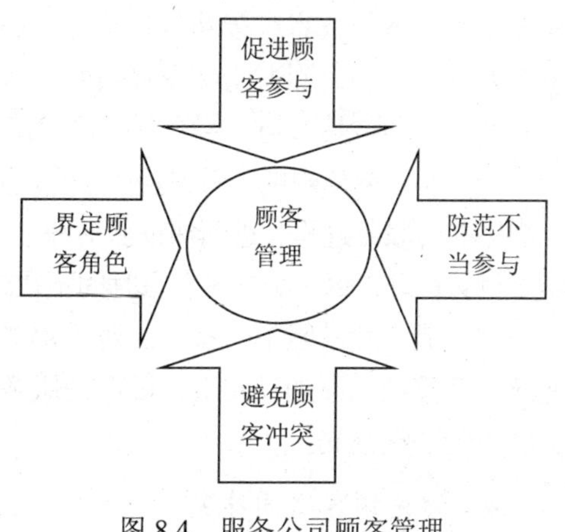

图 8.4　服务公司顾客管理

1. 明确界定顾客角色

服务企业首先应当界定顾客角色，即要求顾客在服务过程中扮演何种角色或者从事何种工作。只有界定顾客角色，才能有效管理顾客。一般来说，服务企业可以让顾客扮演以下三种角色：

（1）帮助自己。服务企业可以要求顾客利用服务设施和设备独立为自己提供服务，即顾客自助服务。此时，顾客就成了企业的生产资源（即顾客扮演服务人员的角色），从而可以减少企业的服务成本，并减少服务接触失误的机会和减轻企业对于服务失误应当承担的责任。

（2）帮助他人。服务企业可以安排顾客帮助正在接受服务的其他顾客，即要求顾客直接为其他顾客提供服务或指导其他顾客顺利完成服务。如培训机构、驾校等通常安排学习进度快的学员辅导学习进度慢的学员。此时，顾客就成了企业的生产资源（即代替服务企业的服务人员），从而可以减少服务企业的人力成本，并增进顾客之间的融洽性。

（3）为公司促销。服务企业可以鼓励和推动顾客为企业推荐、介绍新顾客或者传播企业正面口碑并对企业服务项目进行宣传和推广等。此时，顾客就成了企业的营销人员，并且营销效果会好于企业正式营销人员——由于服务具有无形性和异质性，人们更愿意接受亲戚、朋友或其他熟人的推荐和介绍。

2. 促进顾客有效参与

如上所述，顾客有效参与服务过程能够降低服务成本和提高服务质量，因此，服务企业应当促进顾客有效参与。对此，服务企业可以采取以下措施：

（1）吸引合适顾客参与。服务企业可以通过清晰定位以吸引合适顾客购买服务和排除不恰当顾客光顾公司，对此服务企业应当告知顾客其服务对象是谁？目标顾客应当具备什么条件？

（2）指导顾客恰当参与。为促进顾客有效参与和提升顾客参与能力，服务企业应当通过讲解、告知和演示等方式教育顾客参与方式，进而避免顾客不当参与。对于高接触服务、复杂服务、创新服务和参与能力弱的顾客更需要指导和教育。

（3）奖励恰当参与顾客。为调动顾客参与热情和激发顾客学习参与知识与提升参与能力，服务企业对于那些恰当和顺利地完成了在服务过程中的角色的顾客应当给予奖励，包括表扬、精神鼓励和物质激励等。这在教育培训、拓展训练、康复中心等服务机构中经常被使用。

3. 防范顾客不当参与

如上所述，不恰当的顾客参与有可能增加服务成本和降低服务质量，因此，服务企业应当防止和避免顾客不当参与。对此，服务企业可以采取以下措施。

（1）规定参与者条件。服务企业应当制定明确、清晰的参与者条件，对于不符合条件的顾客不允许参与或者直接劝阻其参与。例如，拓展训练、登山、攀岩、马拉松长跑等项目的主办方就应当制定明晰的参赛者条件，对于不符合条件者，如心脏病患者和年纪较大者等，限制或直接劝阻其参与，否则就会产生巨大隐患。

（2）制定参与规则。服务企业应当制定明确、清晰的参与规则，要求每一个参与者必须按照规则参与服务过程，进而保证服务秩序。例如，在教学课堂上，学生举手方允许发言；在教学案例讨论时，每一个学生发言时间不得超过 3 分钟；在运动比赛时，必须配置安全设施。

（3）制止和劝阻不当参与。对于那些不符合参与条件和不遵守参与规则的顾客，服务企业应当直接制止或加以劝阻，以保证服务规则被落实和执行。如果容忍不当参与，服务规则就会成为一纸空文。

4. 避免顾客之间冲突

在顺次提供服务和同时为多个顾客提供服务的情况下，顾客之间会因为服务期望不一致、价值观不一致（如课堂上对某一观点的意见分歧）、个人行为不恰当（如不遵守排队规则、在服务场所抽烟或大声喧哗、窥探别人隐私等）以及生理差异（如在游泳池，男性顾客与女性顾客会因为穿着产生冲突；在驾校，身高顾客与身矮顾客会因为频繁调换座椅而产生冲突）、教养差异（有些顾客知书达理、文明礼貌，有些顾客缺少教养）和习惯差异（有些顾客有良好的卫生习惯，有些顾客则比较随意或邋遢）等而产生冲突。对此，服务企业应当注意防范和避免。在此方面，服务企业通常可以采取以下措施：

（1）求同，即通过细分化和定位战略，最大程度上吸引相似的顾客群和排斥不同顾客。这在现实生活中运用较多。很多酒店会按照收入水平或社会阶层进行市场细分，然后专门选择某一类顾客作为服务对象，以避免不同阶层顾客之间的冲突。如五星级酒店就基本上是为高端客户提供服务的。个别学校按照性别细分，然后专门选择某一性别顾客作为服务对象，如过去有专门的女子学校。一些饭店按照消费者口味或忌讳不同进行市场细分，然后专门选择某一顾客群作为服务对象，如清真饭店就是专门为穆斯林信徒提供服务的。

（2）存异，即公司将具有一致性特征的顾客安排在一起，尽可能减少不同类别顾客之间的接触和相互影响。例如，飞机分为头等舱和商务舱，高铁和动车分为一等座和二等座，高校将男生和女生分别安排住宿和管理，银行营业厅窗口分别处理不同顾客及其不同类别业务。

（3）限制，即制定顾客行为准则，并通过张贴、播放、提醒、告知等方式要求顾客遵守，以防止一些顾客不当行为影响其他顾客利益。例如，服务场所张贴戒烟规定和排队规则；银行营业厅划定“一米线”。

（4）化解，即服务企业及时发现和化解顾客之间的冲突并对潜在冲突保持敏感性。在此方面企业和服务人员应当注意：在处理顾客冲突时不能偏袒任何一方和激化矛盾，而是采取“劝和”策略和隔离顾客之间的直接接触；对于严重的顾客冲突，要借助执法部门的力量加以解决。

第三节　服务中间商管理

一、服务中间商及其类型

（一）服务中间商及其作用

服务中间商是指将服务主供商设计和开发的服务转手提交给最终顾客的中间人或机构。

在服务提供过程中，服务中间商的作用与一线服务人员或营销人员相似，即直接接触顾客和影响顾客对服务质量的感知。但它又不等同于服务公司人员，它们是独立的服务机构，即它与服务主供商之间不是隶属关系，而是交易关系。因此，服务机构对于中间商的管理要比对于公司服务人员的管理困难得多。

（二）服务中间商类型

服务中间商基本上可以分为以下三类。

1. 特许服务商

特许服务商是指接受某一服务机构的服务特许权的中间商。其中提供或转让服务特许权的机构称为特许方；接受服务特许权的服务商称为接受方。在标准化的服务行业，特许转让呈现增长趋势。

2. 服务代理商和经纪人

服务代理商是指接受服务机构委托与顾客签订服务合同的中间商，包括销售代理商和购买代理商。

销售代理商是指接受服务主供商委托，代理主供商销售其产品或服务的中间商。主供商之所以将销售权委托给代理商，主要原因是主供商（即委托人）没有兴趣、感觉不能胜任或者缺乏做销售的资源等。销售代理商一般比服务主供商更了解市场，同时拥有宽泛的分销网络和社会资源，从而愿意接受主供商委托代理销售其产品或服务，进而获得佣金。

购买代理商是指接受购买人委托代理为其购买产品或服务的中间商。购买者之所以委托代理商购买某种产品或服务，主要原因是他们对于所要购买的产品或服务不了解、不熟悉，或者缺少购买渠道等。购买代理商有充足的产品或服务知识，甚至是某一领域的专家，有良好的关系资源，从而能够为委托人（即客户）提供有益的市场信息和使其获得较好的服务与合适的价格。很多公司和个人常常委托购买代理商去寻找艺术品、古玩和珍贵珠宝等。

经纪人是指把卖方和买方带到一起，并帮助谈判和促成交易，进而向委托一方收取佣金的中间人。经纪人很少卷入财务和担保风险，不作为买方和卖方的长期代表。最熟悉的经纪人类型有房地产经纪人、保险经纪人和证券经纪人等。

服务代理商和服务经纪人在许多方面是相同的，但也存在一些区别：服务代理商一般长期为委托机构或委托人工作，服务经纪人一般短期甚至一次性地为委托机构或委托人工作。

服务代理商和经纪人在保险、金融、旅游、演艺和体育等服务行业比较普遍。

3. 电子渠道商

电子渠道商是指以电话、电视、互联网等电子信息技术作为服务手段的服务中间商。发展较快的形式有以下几种。

（1）互动电视。最简单的方式就是点播视频，在宾馆通常提供这种服务，顾客对其有线系统内的多部电影选择观看（当顾客按动遥控器时，出现一个信息菜单，顾客可以选择感兴趣的任何频道），也可以根据愿望进行暂停、倒片和停止等。

（2）在线医疗。美国在线同意提供一种免费服务，网站会找到医生、护士、药剂师和营养师，随时回答医学问题，医生虽然不能真正在线开具处方或诊断，但能够用一般性术语提供信息和提出治疗建议。

（3）高级自动柜员机。高级自动柜员机不同于普通的银行自动柜员机，它可以购买折扣机票，或在顾客等待取款的时候放映电影片断和广告等。

（4）在线园艺。在线园艺是一家网上商店，其花园设计软件允许顾客自己设计花园，网站上有照片、提示、建议、礼物登记、区域种植指南和一个花园设计中心，让顾客在自己设计好花园后，选择购买所需要商品。

二、利用中间商分销服务利弊

服务主供商利用服务中间商分销服务，既有优点也有缺点。

1. 优点

（1）有利于扩大服务销售规模。由于服务生产与服务消费不可分割，服务主供商如果采取直销方式，就意味着其服务销售范围局限于某一个地区性市场，尤其是人的因素所占比重较大的服务更是如此。服务主供商利用分销商就能够扩大服务产品销售地区和范围，进而扩大服务销售规模。

（2）有助于迅速打开新市场。一些企业直接进入陌生市场，可能会因为对当地市场不了解或缺少必要的人际关系而迟迟不能打开市场。利用当地中间商拓展市场，更有助于打开销路。

（3）减少主供商风险。实行直接分销，服务主供商需要承担全部财务风险，包括投资兴建服务场所、广告活动、服务质量或者服务项目的开发等。利用中间商分销服务，分销商与主供商可以共担风险。

2. 缺点

（1）服务理念不一致。这在国际性服务机构尤其明显——由于经济和文化环境差异，当地中间商在追求目标、服务理念和做事风格等方面都可能与服务主供商不一致，致使服务行为和实绩偏离服务主供商标准。对此，国际性服务机构需要加强对当地服务中间商的领导、培训和监督。

（2）服务质量难统一。当多家服务机构共同提供服务时，委托人与中间商之间最大的问题是服务标准不一致和服务质量难统一，这在高度专业化的服务当中尤为突出。

（3）利益冲突。服务中间商与服务主供商之间是交易关系，如何分配收入是其争论焦点之一。服务主供商对交易价格的调整，会直接影响服务中间商利益，从而影响中间商提供服务的积极性并由此影响服务实绩。

（4）授权与控制冲突。服务主供商为了适应某地具体情况需要给予中间商一定自主性和灵活性，但这会导致服务统一性失控。如果服务主供商强调服务统一性，又会限制中间商自主性和灵活性。

（5）责任不明确。选择授权战略，服务主供商与服务中间商的角色就会产生疑问：由谁从事市场研究以识别顾客的需要，是服务主供商还是中间商？由谁决定服务供给的标准，是特许人还是被特许人？

三、基于弥合服务质量差距 3 的中间商管理

服务主供商管理服务中间商一般有以下三种策略。

1. 控制策略

控制策略是指主供商严格按照合同规定对中间商的服务进行考核和控制。

如果主供商把中间商看成是自己的延伸部分，就可以选择控制策略。采用控制策略的服务企业认为，当其建立了服务绩效标准、考评方法和收益分配方案后，中间商就会做得很好。

使用控制策略，主供商必须是有影响力的一方，即拥有顾客急需或忠诚的独特服务，或者拥有其他形式的经济权利。同时，主供商必须制定服务标准、考评方法，并以绩效水平为基础给予中间商报酬和奖励。

2. 授权策略

授权策略是指主供商允许中间商在服务提供中有较大的灵活性并能自主处理一些服务

事务。

如果主供商把中间商看成是自己的客户，就可以选择授权策略。采用授权策略的服务企业认为，由于服务具有现场性和差异性，给予中间商授权，就能够调动中间商的积极性和促使中间商灵活地为顾客提供服务。

采用授权策略，服务企业应为中间商提供以下服务，以促使其更好地为顾客提供服务：

（1）帮助中间商建立顾客导向的服务流程。服务主供商对于与服务绩效有关的问题进行调查和标准化研究，然后把研究成果作为一种服务提供给中间商。

（2）提供必要的支持系统。福特汽车公司在对顾客进行调查并确立了表达顾客最重要期望的六种服务标准之后，发现交易商和服务中心不具备实施、评估和提高服务的技能，于是，福特汽车公司介入并且提供研究和过程支持，以帮助交易商。

（3）提升中间商服务能力。服务主供商应投资于培训或其他方式的开发，以提高中间商及其员工的知识和技能。

3. 合作策略

合作策略是指主供商与中间商一起研究最终顾客，建立服务特色，改进服务质量和改善沟通方式。

如果主供商把中间商看成合作者，就可以选择合作策略，包括共同了解最终顾客、建立服务标准、改善服务供给、诚实沟通等。具体包括：

（1）目标结盟。在合作开始的时候，使服务公司目标与中间商目标结合。

（2）磋商与合作。从服务质量的报酬到服务环境，委托人特别重视与中间商的协商，在制定政策之前，会征求其意见和看法。

思考与练习题

1. 按照参与营销活动程度以及接触顾客程度不同，服务企业员工通常可以分为哪几种类型？对于不同类型员工各有什么特殊要求？
2. 服务企业跨边界人员通常面临哪些冲突？对于这些冲突一般应当如何化解？
3. 基于弥合服务质量差距 3 的员工管理内容和方法是什么？
4. 何谓顾客参与服务？顾客参与服务类型有哪些？影响顾客参与服务程度的因素有哪些？
5. 基于弥合服务质量差距 3 的顾客管理内容和方法是什么？
6. 服务主供商应当如何管理服务中间商？

第九章　服务供求关系管理

导语

大多数服务企业无法把它们的产品储存起来。在需求水平相对稳定和可以预测的情况下，缺乏库存并没有关系。但在面临需求大幅变动和生产能力有限的服务组织中，它却会造成问题。

——[美]克里斯托弗·洛夫洛克（Christopher H Lovelock）

顾客等待多久远没有他们认为等了多久或者他们感觉等待是否公平更重要。对等待时间的感知可以与实际等待时间相差很大。

——[美]理查德·麦特斯（Richard Metters）

在高峰时期，我们拒绝顾客；在低谷时期，我们的设施闲置，我们的雇员站在四周，看上去很烦躁。

——某企业管理者

【学习目标】

1. 了解服务需求及其波动性原因。
2. 了解服务供给能力及其限制因素。
3. 了解服务供求关系类型。
4. 了解平衡服务供求关系的基本策略。
5. 了解缓解顾客排队等待的管理策略。

在很多情况下，一个企业的服务供给能力是固定不变的，或者在短时间内是很难改变的，但顾客对于服务的需求却经常发生变动，加之服务具有易逝性特征，致使服务企业不可能像制造类企业一样通过储存方式以缓解服务需求与供给之间的关系，致使企业服务供给与顾客需求之间经常存在不匹配现象，进而导致服务提交与服务设计和开发不一致，即产生服务质量差距 3。因此，服务企业要有效弥合或缩小服务质量差距 3，还必须管理服务供求关系，以使两者保持平衡和协调。

第一节　服务供求及其矛盾

一、服务需求及其波动性

1. 服务需求及其波动形式

服务需求是指人们具有支付能力的对某一服务产品的需要或欲望。

相对于有形产品需求，顾客对于服务的需求具有不稳定性或波动性，其波动形式分为周期性波动和随机性波动两种。

（1）周期性波动。周期性波动又叫规律性波动，是指在一定时间周期内（如一天、一周、一个月）服务需求高峰和低谷出现的时间呈现规律性。如旅游需求表现出明显的年周期波动，即在一年时间内的不同季节呈现出旅游高峰期和低谷期；出租车服务呈现出较为明显的日周期波动，即在一天时间内呈现出高峰期和低谷期，表现为在上下班前后乘坐出租车人数较多，在上班期间乘坐出租车人数会减少。

（2）随机性波动。随机性波动是指服务需求变化是随机的和没有规律的。如医疗、保险等的需求多呈现出随机性，即服务需求高峰期和低谷期何时到来往往无法预测。

2. 服务需求波动原因

服务需求波动主要受以下因素影响。

（1）自然和气候因素。自然和气候影响人们对于服务的需求，例如，天气突然变冷，导致生病人数增加，从而对于医疗服务需求量必然增加，而对于外出旅游服务需求必然减少。

（2）文化和习惯因素。菲茨西蒙斯说："我们中的大部人在相同的时间吃饭，都在七月和八月度假。"由于文化和习惯影响，必然导致人们在某些时间段内集中消费，而在另一些时间段内则没有消费，即服务需求忽高忽低。

（3）政策和法律因素。政策和法律因素会影响人们对于服务的需求，例如，我国"十一"长假会推动人们对于旅游服务的需求，进而导致对于交通运输、宾馆等服务需求大大增加。

3. 服务需求波动对于企业的危害性

服务需求波动会给企业带来很大危害，具体表现如下。

（1）服务资源不能被均衡地使用。由于服务生产与消费具有同步性，加之服务不能够储存，服务需求波动必然导致企业服务资源不能够被均衡地使用，即需求高峰到来时，服务资源被过度使用，表现为服务员工加班加点工作，劳动强度提高，机器设备满负荷甚至超负荷运转，不能得到正常保养和维护，进而导致员工疲惫不堪和离职、机器设备提前报废。当需求低谷到来时，企业服务资源闲置，员工无事可做，甚至百无聊赖，从而会给企业造成直接经济损失。

（2）顾客需求不能被有效满足。由于服务不能够储存，当需求高峰到来时，必然导致一些顾客的需求无法得到满足。这不仅会给企业带来直接经济损失，而且会损害企业形象。例如，春运期间很多旅客因为买不到车票而对铁路公司吐槽或直接传播负面信息。

（3）服务质量难以保证。当服务需求高峰到来时，面对顾客需求压力和排队等待现象，服务员工为了加快服务速度和增加服务数量，难免会失去热情、专注和耐心等，进而导致顾客感知服务质量下降，并最终影响企业形象和利润。

二、服务供给能力及其限制因素

（一）服务供给能力及其类型

服务供给能力又称服务生产能力或者服务能力，是指服务企业在某一时点或时段内在执行既定服务质量标准前提下能够提供服务的数量或者服务顾客的人数。

按照服务能力构成不同，服务能力一般分为三个因素：一是服务场所（或场地）和设施，如银行营业厅及其服务系统、酒店包厢和操作间、学校教室和教学设施；二是服务设备和工具，如银行营业厅里的电脑和自动取款机、酒店里的桌椅和餐具、学校教室里的多媒体和桌椅；三是相关服务人员，包括专业服务人员和辅助服务人员，如银行出纳和支撑人员、酒店厨师和服务员、学校老师和教辅人员。

其次，按照服务能力发挥程度不同，服务能力一般分为最佳供给（或服务）能力和最大供给（或服务）能力。最佳供给能力是指在保证正常服务质量和充分利用服务资源条件下的服务能力。最佳供给能力表明服务资源得到最有效利用，但没有被过度使用，即“服务机器”处于“最佳负荷运转”状态；同时也代表着优质服务产出，即顾客能够获得较高的服务质量。最大供给能力是指服务资源被最大程度利用时所产生的服务能力。最大供给能力表明服务资源利用达到了企业最大限值，即“服务机器”处于“最大负荷运转”状态；同时也代表着最大服务产出，从而会对服务质量产生影响。

在通常情况下，服务最佳供给能力是低于最大供给能力的。如学生并不希望教室里每一个座位都被占用，顾客到餐厅就餐并不希望人满为患，否则会导致顾客感知服务质量下降。同时，如果服务能力超过最佳供给能力，也会造成员工筋疲力尽和服务设施、设备被过度使用的现象，最终影响服务能力发挥。但在有些情况下，服务最佳供给能力是接近最大供给能力的，如剧院演出的最佳状态是所有座位都被观众坐满，此时能够最大程度上激发演员的演出热情，并促进观众互动和狂欢，进而让观众形成良好的服务感知和难忘的服务体验。

（二）限制服务供给能力的因素

服务企业可以在短期或者长期内扩展或收缩服务能力，但在某一给定的时刻，其服务能力是固定的。限制服务供给能力的因素主要有时间因素、人员因素、场所和设施因素、设备和工具因素以及顾客自身因素等，其中最紧缺的资源就是限制服务能力的最主要因素。

1. 时间因素

由于服务生产与消费同时进行以及服务不可储存性特征，对于许多服务尤其是逐次为顾客提供服务的行业来说，时间就成为限制服务能力的最根本因素，即服务人员没有充足时间为顾客提供服务，即使需求过剩和顾客排队等待，服务人员也无法创造出更多时间以满足顾客需求。例如，律师、咨询师、理发师和心理顾问等都是如此，即使公司业务非常繁忙，这些人员也同所有人一样一天只有 24 小时。由于时间因素限制，这些服务行业要想在短时间内扩张服务能力往往比较困难，即工作人员一天最多只能工作 24 个小时。对于这些服务行业来说，提高服务效率和时间利用率对于其提高盈利率至关重要。

2. 人员因素

由于服务生产与消费同时进行，对于许多服务尤其是高接触性专业服务来说，人员就成为限制服务能力的最主要因素，即这些行业往往没有足够的优秀服务人员为顾客提供服务，即使需求过剩和顾客排队等待，企业也无法在短时间内招聘到优秀服务人员以满足顾客需求。例如，律师事务所、会计师事务所、咨询公司、医院、大学等都面临着人员限制问题。对于这些服务企业来说，如果招聘和储存过多的专业服务人员，就有可能造成服务需求低谷时期的人员浪费；如果专业服务人员过少，就会造成服务需求高峰时期顾客排队等待和放弃购买现象。当然，相对于时间因素来说，人员因素对于服务能力扩张的限制要小一些，因为人的能力和潜力具有高度灵活性，服务机构可以通过激励方式激发人的潜能，以提高服务效率；也可以安排员工加班加点工作，或者招聘兼职服务人员。

3. 场所和设施因素

由于服务生产与消费同时进行，对于许多服务尤其是需要顾客亲自到达服务现场和依靠设施来提供服务的行业来说，服务场所和设施就成为限制服务能力的主要因素，即这些企业没有足够数量的场所和设施来为顾客提供服务，即使需求过剩和顾客排队等待，企业也无法在短时间内扩大服务场所和增添服务设施。例如，飞机场、停车场、游泳池、滑冰场、歌舞厅、超市、酒店、学校等都无法在短时间内扩容，铁路公司、高速公路公司、电信公司、游乐场等都无法在短时间内增加相应设施，如修建铁路和高速公路、铺设光缆、购置游乐设备等。

场所和设施限制是很多服务企业扩张服务能力的巨大障碍，尤其是在城市土地使用限制越来越紧张的情况下更是如此。因此，服务企业在选择服务场地时，一定要有预见性和前瞻性，最好预留一些发展空间。

4. 设备和工具因素

在依靠机器设备和工具为顾客提供服务的行业，设备和工具是限制服务能力的主要因素，即这些行业和企业没有足够数量的机器设备和工具为顾客提供服务，即使需求过剩和顾客排队等待，企业也无法在短时间内购置和增添机器设备与工具。例如，航空公司、铁路公司、运输公司、物流公司等都无法在短时间内增添飞机、列车、卡车等，环保和车辆监测机构无法在短时间内购置环保或车辆检测设备，银行无法在短时间内添置更多自动存取款机等。

工具，尤其是价值不高、占地面积不大的工具，对于服务能力扩张的限制要小一些；但设备，尤其是价值昂贵或占地面积较大的设备，对于服务能力扩张的限制非常大。

5. 顾客因素

在一些需要顾客参与尤其是高度参与的自助服务行业，顾客也会成为限制服务能力的重要因素。例如，银行自动取款机自助取款、加油站自助加油、地铁自助购票等，如果顾客参与能力差，就会占据服务设施很长时间，进而影响其他顾客获取服务。

对于可能存在的顾客限制因素，企业一般可以在自助设备附近附有使用指南以指导顾客，也可以鼓励顾客之间相互帮助以完成服务，对于全新的服务设施也可以安排现场服务人员进行指导。

（三）服务供给能力受限的危害性

服务企业在短时间内不能扩展服务能力会给服务企业带来较大危害，具体表现如下。

（1）顾客需求不能被充分满足。由于服务企业不能在短期内扩充服务资源，当服务需求高峰到来时，企业就无力为所有顾客提供服务，致使有些顾客不能获得所需要的服务，从而必然招致顾客不满，同时也会导致企业丧失赢利机会。

（2）顾客排队等待成为常态。由于企业不能在短时间内扩充服务资源，当服务需求高峰到来时，顾客难免需要排队等待。如果顾客排队等待时间过长、排队不公平或者排队环境不佳等，都会招致顾客不满和流失。

（3）企业扩张服务规模受到限制。由于企业不能在短期内扩充服务资源，必然限制其服务能力，进而限制其服务规模和销售业绩，最终影响企业赢利水平。

三、服务供求关系类型

如上所述，服务供给能力在一定时间内通常是固定不变的，而服务需求经常发生变化或者波动，由此必然导致服务供给与服务需求之间经常存在不平衡现象（如图 9.1 所示）。假若用水平线表示企业服务供给能力（由于服务能力在一定时间内是固定的，故用水平线表示），其中最上面一条水平线代表企业最大供给能力（由于最大供给能力通常是有极限的，故用一条线来表示），第二条水平线与第三条水平线之间的区域代表最佳供给能力（由于最佳供给能力通常可以在一定范围内扩展，故用两条水平线之间的区间来表示），第三条水平线以下代表服务供给能力利用不足。用曲线表示顾客对于服务的需求（由于服务需求经常发生变化，故用曲线来表示），则服务需求与服务供给之间就呈现出四种不同的状态：需求绝对过剩、需求有所过剩、供求平衡和供给过剩。

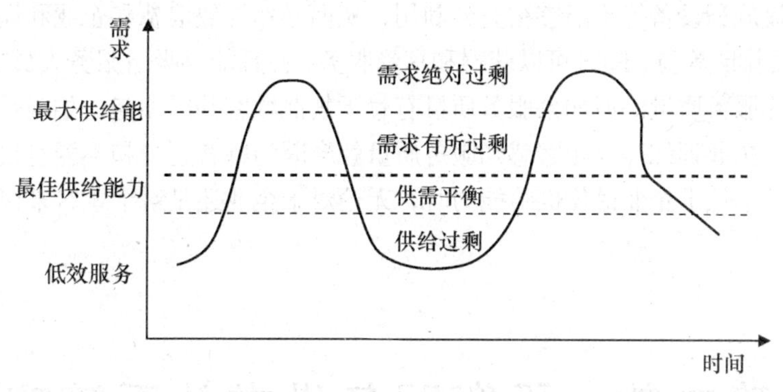

图 9.1　服务供求关系类型

1. 需求绝对过剩

需求绝对过剩是指顾客对于服务的需求绝对超过企业最大供给能力现象，或者说企业即使发挥最大供给能力仍然不能够满足顾客对于服务需求的现象。例如，春运期间铁路运输、旅游旺季酒店服务等都是如此。在此情况下，服务企业要么超负荷使用服务能力以尽力满足顾客需求，要么让顾客长时间排队等待或者拒绝为某些顾客提供服务。如果超负荷使用服务能力，必然导致服务人员、服务设施和设备等被过度使用，进而导致员工离职、设备停运和设施损坏等现象，同时也会导致服务质量严重下降和顾客不满；如果让顾客长时间排队等待或者拒绝为某些顾客提供服务，必然导致顾客抱怨和投诉，进而影响企业形象和企业收益。因此，当顾客对于服务需求绝对超过企业最大供给能力时，无论对于企业还是对于顾客来说都不是一种理想状态。

2. 需求有所过剩

需求有所过剩是指顾客对于服务的需求超过企业最佳供给能力但小于最大供给能力的现象。在此情况下，企业要么为满足顾客需要在一定程度上超负荷使用服务能力，即员工被安排加班或者提高劳动强度、机器设备超负荷使用等，由此会导致员工满意度降低和出现跳槽现象以及机器设备提前报废；要么让顾客耗费一定时间排队等待接受服务或者拒绝为一部分顾客提供服务，由此必然招致顾客不满，进而影响企业形象和企业收益。因此，当服务需求超过企业最佳供给能力时，无论对于企业还是对于顾客来说都不是一种理想状态。

3. 供求平衡

服务供求平衡是指顾客对于服务的需求水平与企业最佳供给能力保持平衡的现象。在此情况下，服务企业员工和设施都处于最佳状态，即员工不需要加班加点工作，也不需要提高劳动强度，机器设备可以得到正常维护和保养，从而企业可以按照正常服务标准和流程为顾客提供服务。对于顾客来说，不需要排队等待，可以随时接受服务，并且享受的服务具有稳定性和一致性。因此，当服务需求与最佳供给能力平衡时，无论对于企业还是对于顾客来说都是一种最理想的状态。但在现实生活中，服务需求与最佳供给能力保持平衡尤其是长期保持平衡是非常少见的。

4. 供给过剩

供给过剩是指顾客对于服务的需求水平低于企业最佳供给能力的现象。在此情况下，企业服务人员、设施和设备等不能够被充分利用，从而必然导致浪费和企业利润减少。对于顾客来说，不需要排队等待，随时可以获得和享受服务，并且能够吸引服务人员的全部注意力，从而获得较高的服务质量。但如果服务质量有赖于其他顾客共同参与，如观看演出或体育赛事、健身训练、拓展训练等，顾客感知服务质量就会因为顾客过少和不能有效互动而下降。因此，当服务需求低于企业最佳供给能力时，无论对于企业还是对于顾客来说都不是一种理想状态。

第二节　平衡服务供求关系策略

如上所述，由于服务需求波动性和服务供给能力限制会给企业带来很大危害，因此，企业必须尽力协调服务需求与供给之间的关系，以使其保持平衡和一致。但是，由于服务具有生产与消费同步性和不可储存性，由于顾客对于服务需求具有波动性、不可预测性和每一个人接受服务时间长短不确定性等，以及服务供给具有能力扩展限制和地域转移限制等，服务企业要想完全平衡服务需求与供给之间的关系几乎是不可能的。但企业通过采取一些措施能够在一定程度上缓解服务需求与供给之间的不平衡状况。

一般来说，企业缓解服务需求与供给之间的不平衡状态可以采取两种策略：一是管理服务需求，二是管理服务供给。当然，也可以双管齐下。

一、服务需求管理

服务需求管理是指企业在不改变现有服务供给能力的前提下，通过引导和改变顾客需求，以使顾客需求与企业现有供给能力相适应。服务需求管理通常有两种方法：一是当顾客需求大于最佳供给能力时，引导顾客尽量避开需求高峰期而选择需求低谷期；二是当顾客需求小于最佳供给能力时，采取措施吸引顾客购买服务，以避免服务资源闲置和浪费（如图 9.2 所示）。当然，这些方法对于有些顾客是有效的，对于有些顾客可能是无效的。例如，对于游客来说，改变旅行时间可能比较容易；但对于商务人士来说，要改变出差参加商务谈判时间就比较困难。

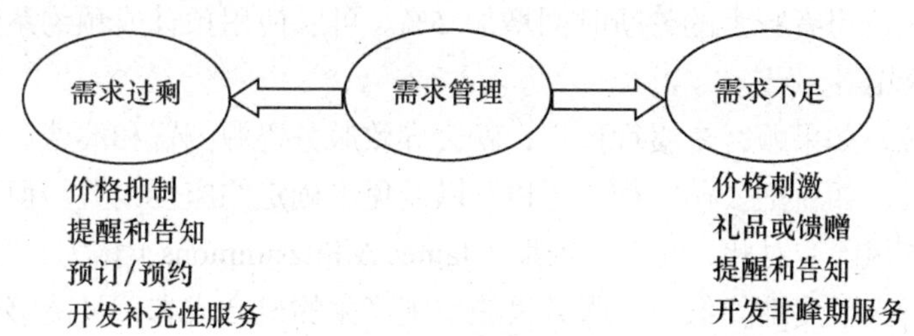

图 9.2　服务需求管理

服务需求管理具体策略有以下几种。

1. 区分需求定价

区分需求定价是指企业对于在不同时间出售的同种服务或者在不同时间购买同种服务的顾客分别制定不同的价格，即在需求高峰期提高售价，在需求低谷期降低售价。区分需求定价策略在现实生活中运用较多，例如，电力公司的分时段计价、旅游景点不同时间门票价格不同、航空公司在淡季打折销售机票等。

当然，要发挥价格在需求调节中的作用，服务企业首先要了解价格变化对于某一时刻需求量的影响程度。如果市场需求在不同时期具有明显差异，管理人员就可以为不同时期的服务分别制订不同的售价；如果价格对于不同时期的服务需求量影响不大，企业就不宜采用区分需求定价方法。一般来说，只要服务价格足够低，服务需求量达到最大供给能力是完全可能的。但也要注意，过度使用需求差异定价策略，可能会引发恶性价格竞争，进而导致服务质量和顾客满意度下降以及顾客低价消费惯性等不良后果。

2. 提供赠品或优惠券

提供赠品或优惠券是指企业对于在淡季购买的顾客附赠一定礼品或优惠券，以刺激其在淡季购买。现实生活中很多服务企业会采取此种策略，以刺激顾客在淡季购买服务，进而使企业服务资源被均衡地利用。

3. 提醒和告知

提醒和告知是指服务企业利用公司网站、微信、布告栏等沟通工具，告知顾客服务高峰期和低谷期，并鼓励顾客在非峰期购买服务。如银行和政府公共服务办事大厅的 LED 滚动广告牌、布告牌可以作为一种提醒，旨在让顾客了解服务高峰时间，如果顾客时间灵活，就可以改变接受服务的时间。预先提醒顾客企业繁忙时间和可能的等待，即使不改变其他因素（如服务、价格），也有助于减少需求波动幅度和增加利润。对银行研究表明，预先获得告知的顾客即使不得不等待，仍比那些没有获得预先告知的顾客更能够容忍等待时间。另外，广告和其他推广活动也可以用于强调需求高峰和低谷时期不同的服务利益，通过利益来调整服务需求。

4. 预订/预约

预订或预约是指服务企业利用预订系统事先确定顾客接受服务的时间，以便均衡地为顾客提供服务。利用预订系统可以降低顾客不能接受服务的风险，并把顾客排队等待时间降低到最低限度，进而让顾客及时获得服务；同时，利用预订系统还能够使服务企业提前知道顾客需求量，以便提前做好准备。资料显示，采用预约服务策略可以使医院服务能力提高 10%，同时使花费在每一位患者身上的诊断时间增加 5%。可以使用预订或预约系统的服务行业包括饭店、医院、宾馆等。

实行预订系统，如果顾客未履行预定，就会导致服务资源闲置和浪费。对此，一些企业采用超额预定策略，如航空公司实行“超售”以避免不确定的座位闲置。但这又会冒某些顾客无法获得服务的风险。对此，菲茨西蒙斯（James A.Fitzsimmons）认为：“一个好的超额预订策略应该既能最大限度地降低由于服务设施空闲产生的机会成本，又能够最大限度地降低由于未能提供预订服务而带来的成本。”采用超额预订策略需要对一线服务员工进行培训，以应对那些未能获得预订服务的顾客。菲茨西蒙斯认为：“宾馆最起码应该为客人在其他宾馆里安排一间相同档次的房间，并随后用车将客人免费送到那里。”

5. 开发补充性服务

开发补充性服务是指服务企业在需求高峰期或者顾客排队等候时期向顾客提供一些替代性服务，以将顾客从服务瓶颈环节转移出来。服务企业通过开发与核心服务有直接关系的补充性服务，不仅可以提供一个容纳顾客等待的空间，而且能够增加额外收入。如在电影院等待休息室里提供预告片播放服务，既可以吸引顾客消费点心和饮料以增加企业收益，又可以缓解顾客等待的焦虑心情。调查显示：饭店在生意繁忙的晚上让老顾客坐在休息室里喝着饮料等待，比让他们在就餐区排队站着等待能够减少很多抱怨，并且设有酒吧的饭店赢利率会成倍增加。

6. 开发非峰期服务

开发非峰期服务是指企业在某种服务的需求淡季为顾客开发和提供另外一些服务，以便有效利用企业服务资源。有些服务需求具有明显的季节性，一些服务企业尤其是固定成本高和可变成本低的企业，就可以在需求淡季开发一些其他内容的服务项目，以免因为淡季购买者人数减少而导致企业资源浪费。例如，海滨度假村在夏天可以吸引大批度假者游泳，但度假者一般不会在冬天购买游泳票，这些度假村必须在冬季提供其他的服务项目（如宣传美丽的海滨风光和提供海鲜美食等），以吸引其他度假者。

需要说明的是，开发非峰期服务要特别慎重，如果操作不当有可能导致不良后果：一是会模糊企业定位，致使原有顾客流失；二是需要增加一些新的设备、技术和劳动力，致使服务成本增加，得不偿失。

二、服务供给管理

服务供给管理是指企业在不改变顾客现有需求量的前提下，通过采取措施增加或减少服务供给能力，以使供给能力与顾客需求相适应。服务供给管理通常有两种方法：一是在需求高峰时期尽可能增加服务供给能力以扩大服务供给；二是在需求低谷时期尽可能压缩服务供给能力以减少服务供给（如图 9.3 所示）。

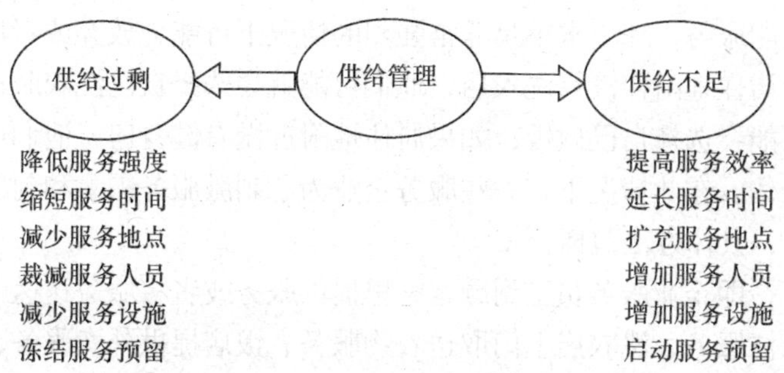

图 9.3　服务供给管理

服务供给管理具体策略有以下几种：

1. 调整服务效率

调整服务效率包括提升服务效率和降低服务效率。

（1）提升服务效率。当服务需求高峰到来时，服务企业为增加服务供给能力，可以要求员工加快服务速度和提高劳动强度,以便在单位时间内提供更多服务或服务更多数量的顾客。这在众多服务企业都是普遍现象，尤其是在服务现场逐次提供服务和顾客排队等待接受服务的情况下更是如此。如银行营业厅、电信营业厅、酒店、理发店等通常都会要求员工在顾客需求高峰时期加快服务速度，以减少顾客排队等待时间和避免顾客流失。由于不同时间段内顾客需求量差异较大，进而员工劳动强度差异较大，这就要求服务企业应提前绘制服务需求曲线，并根据顾客需求曲线安排员工工作班次，尽可能做到在一个较长的工作时间段内每一位员工的工作量或劳动强度大体平衡。

（2）降低服务效率。在服务需求低谷到来时，服务企业为避免服务设施、资源、能力和人力等浪费，应适当减少设施、设备和人力的利用，以使服务供给能力适应服务需求，包括安排设备维修和维护，以保证服务需求高峰到来时期服务设施能够正常发挥作用；安排员工休假和培训，以保证服务需求高峰到来时期员工能够保持最佳状态。

2. 调整服务时间

调整服务时间包括延长服务时间和缩短或改变服务时间。

（1）延长服务时间。当服务需求高峰到来时，服务企业为增加服务供给和满足更多顾客需要，可以要求员工加班加点和延长服务时间。这在众多服务企业都是普遍现象，例如，在春节前后铁路公司员工需要加班加点工作；在“十·一”长假期间，很多旅游公司、客运公司、饭店等员工都会被要求加班加点工作；在节假日，很多商店都会延长营业时间。需要说明的是，要求员工加班加点和延长服务时间，企业应按照国家相关规定给予员工支付相应报酬。同时，应当在服务需求低谷时期安排员工休假，以便恢复体力和精力。如果员工长时间加班加点工作，意味着劳动力被过度使用，这对企业长期健康发展是不利的。

（2）缩短或改变服务时间。在某些时间段，如果顾客需求时间发生变化，企业可以据此调整服务时间，以便使企业服务供应时间与顾客需求时间保持一致。例如，在炎热的夏季，顾客在中午一般不愿意外出，对此，一些服务企业可以将下午上班时间推迟和延后。

3. 调整服务地点

由于服务生产与消费不可分割，顾客为了节约时间和体力成本，通常会就近购买服务。对于就近无法获取的服务，在需求不是非常强烈的情况下可能会放弃或者用自己劳动代替。例如，如果消费者居住地附件没有洗衣店，他们可能就会选择自己洗衣服；如果居住地附近没有饭店，他们可能会选择自己做饭；如果居住地附近没有健身房，他们可能会选择在家里或公共场地锻炼身体。在此情况下，一些服务企业为了刺激服务需求和创造顾客，可以适当改变服务供给地点，具体方法包括：

（1）上门服务，即企业服务员工到顾客家里提供服务或者将服务送达顾客家中，如上门维修服务、上门保洁服务、洗衣店上门取送衣物服务、饭店提供外卖服务、电信公司在新生报到时到学校为学生现场办理入网服务、物业公司上门收取物业费等。

（2）流动服务，即服务企业使用流动车到顾客集中的地方流动为顾客提供服务，例如，新华书店将书籍运送到学校销售，血液中心通过流动车现场接受人们献血等。

（3）多地点服务，即服务企业增设服务机构和场所，以便更多的顾客就近购买和接受服务。例如，银行、电信、邮局增设营业厅，洗衣店、饭店、理发店、健身馆增设分店。服务企业增设分店，可以采取直营方式，也可以采取加盟连锁方式。

4. 调整服务人员

为适应服务需求变化，服务企业可以调整服务人员，以使人员服务供给能力与顾客需求相适应。具体方法包括以下两种。

（1）雇用临时工。当服务需求高峰到来时，服务企业为了增加服务供给能力和满足更多顾客需要，可以雇佣适当数量的临时工以弥补正式员工数量的不足。雇佣临时工一是可以弥补服务高峰期正式员工数量的不足，二是可以避免服务需求低谷期人力资源的浪费。兼职员工来源一般有在校大学生、家庭主妇、寻求第二职业的在职人员等。

（2）培训员工一专多能。很多服务企业都有多个服务岗位，不同岗位职责大小、服务内容多少以及对员工工作能力要求等各不相同，在非流程服务情况下，各种服务岗位忙碌程度以及工作时间长短也会各不相同。对此，服务企业在培训员工时应坚持一专多能，即每一个服务员工都应熟练掌握一种专业服务能力，同时还要适当掌握其他一两种服务能力，当某些岗位或服务环节比较忙碌时，一些服务人员可以暂时停止其专业服务工作而协助其他岗位或环节服务人员为顾客提供服务。例如，在超市，当结账队伍排得很长时，可以让理货员协助收银员工作；而在生意清淡时，收银员也可以被安排去整理货架。

5. 调整服务设施

为适应服务需求变化，服务企业可以调整服务设施和设备，以使其设施和设备服务能力发挥与顾客需求相适应。具体方法包括以下四种。

（1）改造或移动设施和设备。服务企业为了有效地发挥服务设施和设备的能力或者提高服务设施和设备利用率，可以改造和移动服务设施和设备。例如，一家饭店可以在服务需求高峰期通过隔板将一个大房间分隔成两个独立的小房间并分别接待不同的顾客群，在需求低谷期可以将隔板拆除改造成为一个大套间以接待同一顾客群；一家酒店可以在短时间内将一间会议室改造成为就餐区；波音 777 客机座位可以在几个小时内被划分为一、二、三等，以分别满足不同细分市场需要。

（2）租赁或共享设施和设备。服务企业为了有效发挥服务设施和设备的能力或者减少购置设施和设备而耗费资金，可以在需求高峰期租用其他企业的设施和设备，或者与其他企业共同出资购置设施和设备并共享这些服务资源。例如，快递公司可以在需求高峰期租用运输公司的货车，旅行社可以在需求高峰期租用客运公司的客车，多家医院可以共同出资购置大型医疗设备并共享这些设备,多家研究机构可以共同出资购置大型研发设备并共享这些设备。

（3）增加设施和设备。如果服务需求一直比较旺盛而企业服务供给能力长期不足，企业为了扩大服务供给能力和满足更多顾客需求，可以筹资购置和增添一些服务设施和设备。例如，银行增加自助存取款机、运输公司增加运输车辆、电信公司增加基站、饭店增加桌椅等。

（4）增添自动化服务设施。为了提升服务能力和服务效率，服务企业可以通过增添自动化服务设施以代替人工服务。例如，饭店可以通过增加无线点餐设备以实现顾客自助点餐和减少服务人员劳动。

6. 为未来扩张提前投资

受企业资金和客户数量限制，很多企业在初创时期投资规模都比较小，以至于在服务场地、基础设施等方面都投入有限。但随着时间推移和企业客户数量增加、服务能力增强等，原有场地和基础设施会显得比较局促。但此时企业要扩张服务规模，往往又会受到很多限制：一是企业周边没有闲置土地，根本无法扩大服务场地，例如，机场、车站、学校、医院等都存在这种情况；二是购置其他企业的场地往往费用极其昂贵，而且需要政府协调和安置；三是改造基础设施需要投入更多资金，即改造往往比新建费用更高。基于此，聪明的企业往往会为未来扩张提前投资，即在企业初建时期就预留土地，按照高标准设计和铺设道路、管网和下水道等，当企业需要扩张规模时，就可以节省很多成本和减少麻烦。

第三节　顾客排队等待管理策略

当企业服务供给能力与顾客需求水平无法保持平衡或者平衡成本过高时，顾客排队等待就难以避免。对此，服务企业必须对排队等待顾客进行管理，以尽可能减少顾客抱怨，同时又能够挽留顾客。

一、排队等待及其形成原因

排队等待是指顾客按照一定规则等待接受服务的过程或现象。关于排队等待，有以下几点需要说明。

首先，排队意味着在一定时间内顾客需求大于企业供给能力，同时也意味着顾客必须逐次接受服务而不能同时接受服务。其次，排队不是无规则的等待和争抢，一哄而上、相互争夺不是排队，凭借力气大小决定服务先后顺序也不是排队。再次，排队主体并非都是人，它可能是物，如等待修理的机器、等待安检的包裹、等待通过高速公路收费口的汽车；也可能是信息传输，如等待接通电话、等待电子邮件发出。最后，排队并非都是在服务台前面排成一列有形的队伍，它可能是按照序号排队，也可能是由某种物件排队（常见排队类型如表 9.1 所示）。当然，典型的排队形式还是人们按照一定规则排成队列等待接受服务——这在银行、邮局、超市等经常可以看到。

表 9.1　常见顾客排队等待类型

到达的顾客	要求服务的内容	服务机构或人员	到达的顾客	要求服务的内容	服务机构或人员
故障机器	机器维修	维修公司或工程师	驶入港口的货船	装卸货物	码头或装卸人员
病患者	诊断治疗或手术	医院医生或手术台	银行卡	取款	自动取款机
电话呼叫	通话	电信公司交换台	到达机场上空的飞机	降落	机场跑道
收款单	领取汇款	邮局或服务人员			

那么，为什么会有顾客排队等待现象呢？这是因为，首先，对于大多数服务组织来说，其服务能力都是有限的，并且在短时间内是难以增加的；其次，对于顾客来说，服务需求具有随机性，并且每一个顾客接受服务的时间长短存在差异性。只要顾客在某一时期的服务需求超过了企业当时具有的服务能力，顾客排队等待现象就必然发生。具体来说，服务行业顾客排队等待原因有以下几个。

（1）服务能力有限和缺乏弹性。现实生活中，任何一家企业的服务能力都不是无限的，并且在短时间内也是难以增加的或者增加服务能力成本过大。例如，多数健康诊所不能简单、经济地增加医疗设施和医生来满足冬季感冒多发季节的高峰需求，致使患者不得不排队等待。

（2）服务需求具有波动性和随机性。由于文化和习惯、自然和气候、政策和法律等因素影响，服务需求具有波动性，即服务需求存在高峰期和低谷期。当服务需求处于高峰期时，难免出现排队等待现象。顾客购买服务往往具有随机性，如果在顾客到达服务场所时所有服务资源和能力都被占用，顾客就需要耐心等待。

（3）顾客接受服务时间长短具有不确定性。由于服务生产与消费不可分割，致使每一个服务对象接受服务的时间具有差别性，如果某一个顾客接受服务时间过长，其他顾客就难免需要等待。例如，假若一名患者病情复杂，医生需要花费很长时间为其检查和治疗，其他患者即使按照约定时间到达医院或就诊室，也难免需要等待。

（4）顾客自助服务或参与服务能力存在差别。在自助服务和需要顾客高度参与的服务行业，如果一些顾客自助或参与服务能力差，就会长时间占据自助设备或服务平台，由此会导致其他顾客排队等待。

二、排队等待可能给企业造成的损失

对于企业来说，顾客排队等待意味着储存顾客，从而能够有效地使用和发挥企业服务能力，进而创造更大价值。但对于顾客来说，排队等待意味着需要耗费很多时间、体力以及对于能否获得服务的担心和精神折磨，从而必然招致顾客不满、抱怨甚至放弃购买服务，由此最终影响企业收益。正如洛夫洛克（Christopher H.Lovelock）所说："没有人喜欢等待，这是一个令人烦躁和浪费时间的过程，有时候还会令人生理上感到不适。"《华盛顿邮报》评论说："在这段时间里，顾客显得烦躁、坐立不安和闷闷不乐。"还有人认为，在排队队伍中等待 5 分钟所耗费的体力和精力超过高负荷工作 5 分钟所耗费的体力和精力。

具体来说，顾客排队等待可能会给企业造成以下损失。

（1）顾客流失和需求减少。假若顾客排队等待时间过长，一些忙碌、缺乏耐心、对服务需求不强烈和不能忍受嘈杂环境的顾客就有可能退出等待队列，即直接导致顾客流失。《华尔街日报》一篇文章说："在队伍中等待的顾客随时都会流失。"另外，潜在顾客在得知等待时间过长或者观察到排队等待队伍过长时，也会重新选择服务供应商或者放弃购买。

（2）实际服务质量下降。在顾客排队等待队伍过长的压力下，服务台工作人员会通过加快服务速度、缩短为每一位顾客服务的时间、拒绝提供个性化服务、减少与顾客交流和互动等方法，以增加服务供给能力。同时，由于顾客排队等待队伍过长，服务员工劳动强度必然提高，致使员工在服务过程中难免缺乏耐心、从容、礼节、和蔼与微笑等。以上情况都会导致服务质量要素中的响应性和移情性质量降低。

（3）顾客感知服务质量下降。排队等待难免影响顾客情绪，尤其是在人们工作、生活都非常忙碌的今天更是如此。如果顾客积极情绪下降和消极情绪增加，即使接受同样的服务，其感知服务质量也会下降。正如大卫·梅思特（Davaid Maister）所说："等待能够破坏一次实际上十分完美的服务过程。"

（4）企业形象受损。由于顾客排队等待时间过长，难免会增加抱怨和投诉，甚至一些顾客会将内心不满通过互联网或口头传播的方式发布出去，致使企业形象受损。还有一些顾客会因为等待时间过长而对企业采取极端和报复行为，导致企业设施、设备受损或人员受到伤害。当然，也有人认为，顾客排队等待意味着企业产品或服务紧俏，追逐企业产品或服务的顾客人数多，反而能够适当提升企业形象。

三、顾客排队等待管理策略

引导顾客排队等待是企业储存顾客的重要手段，但顾客排队等待时间过长也会给企业造成直接和间接损失，因此，服务企业必须善于对排队等待的顾客进行管理而不是不闻不问。管理排队等待顾客一般有四个目的：一是实际缩短顾客排队等待时间，提高企业服务效率；二是降低顾客心理感知排队等待时间，防止顾客产生负面情绪和流失；三是减少和消除顾客排队等待过程中可能发生的不愉快，避免顾客产生不恰当行为；四是减少和消除顾客排队等待后实际产生的负面情绪和行为，维护企业形象和建立顾客忠诚。

为达到以上四个目标，服务企业一般应从四个方面对排队等待的顾客进行管理（如图 9.4 所示）。

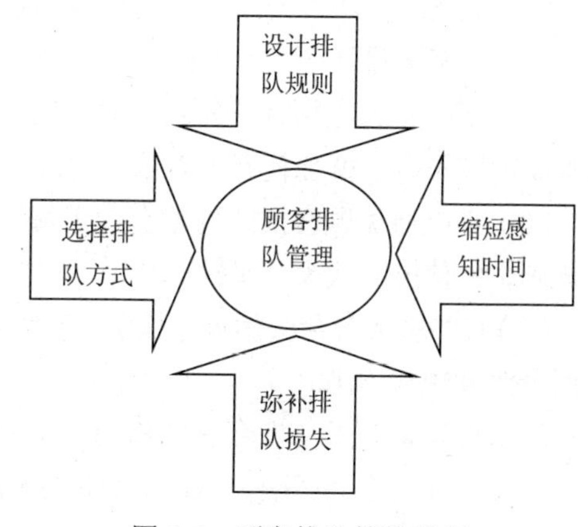

图 9.4　顾客排队等待管理

（一）合理选择顾客排队方式

排队方式是指顾客如何排队的问题，或者说是顾客以何种形式排队等待接受服务。合理选择顾客排队方式是防止混乱、保持公平、维护良好服务秩序、提高服务效率和缩短顾客感知排队时间的重要手段。

顾客排队方式一般有三种：多列排队、单列排队和号码（数字）排队（如图 9.5 所示）。

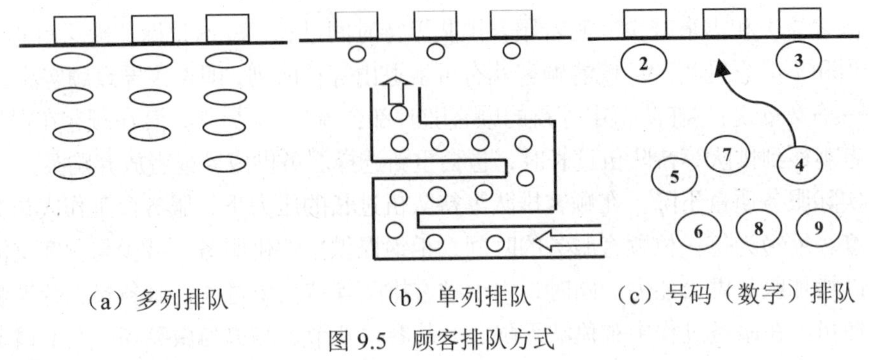

（a）多列排队　　（b）单列排队　　（c）号码（数字）排队

图 9.5　顾客排队方式

1. 多列排队

多列排队是指企业有几个服务平台或服务窗口就安排顾客排成几列队伍依次接受服务。针对多列排队，后来者可以自由地选择排列队伍，但一般都会选择排在队伍最短或排队人数最少的队列。当然，顾客选定队列后并不是一成不变的，他可以根据服务台或服务窗口进展速度重新选择队列，但需要到其他队列尾端重新排队。

多列排队在现实生活中非常普遍，如在火车站购票大厅购买车票、在飞机场安检大厅接受安检、在超市收银台结账、在加油站为汽车加油、在医院挂号和取药等，基本上都是采取多列排队方法，即有几个服务平台或窗口，顾客就排成几列队伍。当然，如果顾客数量较少，企业也可能关闭一些服务平台或窗口。

多列排队具有以下优点。

（1）顾客可以根据个人偏好选择服务平台、服务窗口或者服务人员与设施，从而满足个性化需要。

（2）排列队伍看起来不是很长，能够减少顾客不加入队列现象，从而挽留住顾客。

（3）服务企业不需要增加专门设施，且占用空间较小，从而可以节省企业运营成本。

当然，多列排队也有一些缺点，主要表现为以下几点。

（1）不能够保证顾客“先到先服务”。如果顾客选错队列，如某一服务台服务效率较低、服务时间较长等，就会耗费顾客很多时间，导致先到达服务现场者并非就能够先获得服务。

（2）难以避免顾客插队现象。由于每一列队伍都是开放的，难免会有一些顾客不遵守排队规则，致使排队缺少公平性。

（3）有些服务台会突然停止服务，导致排到该服务台的顾客需要重新排在其他队列尾部，从而会激发顾客不满。

（4）顾客信息安全性会受到侵犯。采用多列排队，正在接受服务的顾客与等待接受服务的顾客往往没有空间间隔，从而导致顾客信息安全性受到影响。

2. 单列排队

单列排队是指顾客在等待接受服务时仅排成一列队伍，在接近服务平台或窗口时选择到空闲服务平台或窗口接受服务。常见形式是用不锈钢柱将排队路线围绕起来（通常是连续转弯），顾客在不锈钢柱内排队，等到达服务台前或窗口时，排在队伍最前面的顾客到空闲服务台或窗口前接受服务。针对单列排队，后来者只能在队伍最尾端排队，一般不易翻过栏杆插到队伍中间。但具体由哪一个服务平台或窗口为某一顾客提供服务，则是事先不确定的。

单列排队在现实生活中也非常普遍，如在机场出租车等候区等候出租车、在旅游景点等候乘坐高空缆车、在游乐场所等候进入游乐区等，基本上都是采取单列排队方法，即顾客仅排成一列队伍，然后依次接受服务。

单列排队具有以下优点。

（1）保证顾客先到先服务，不存在顾客排错队现象。

（2）保证排队公平性。由于只在队伍尾端有一个入口，致使插队较为困难，从而保证排队秩序和公平性。

（3）提高服务私密性。当每一位顾客在进行交易或接受服务时，其身后没有人紧邻，从而提高了服务私密性。

（4）减少顾客排队等待时间，提高服务效率（表 9.2 列举了单列排队与多列排队服务效率的差异性）。

表 9.2　单列排队与多列排队（三队）效率比较

各项指标	M/M/3	M/M/1
顾客台空闲的概率	0.074 8	0.25（每个子系统）
顾客必须等待的概率	0.57	0.75
平均队列长	1.70	2.25（每个子系统）
平均队长	3.95	9.00（整个系统）
平均逗留时间（分钟）	4.39	10
平均等待时间（分钟）	1.89	7.5

资料来源：李维铮等编著，《运筹学》，清华大学出版社，1993 年

当然，单列排队也有一些缺点，主要表现为以下几点。

（1）一些顾客看到排列队伍过长，有可能选择不加入队列，进而导致顾客流失。

（2）需要在排队现场增加一些设施，并且占用空间较大，从而会增加企业服务运营成本。

（3）顾客不能根据个人偏好选择服务平台、服务窗口或者服务人员与设施，缺乏灵活性。

3. 号码（数字）排队

号码排队是指顾客根据到达先后顺序领取或打印一个号码（数字），以标明其在队伍（并非正式队伍）中的位置，服务组织根据号码顺序依次为顾客提供服务。

当前采用号码排队的企业越来越多，尤其是在面积较大的银行营业厅基本上都实行了号码排队。

号码排队具有以下优点：

（1）基本上可以避免顾客排错队伍或者插队现象，从而保证顾客"先到先接受服务"。

（2）能够有效减少顾客排队等待耗费的体力成本、精神成本和感官成本。

（3）顾客在接受服务时完全没有其他顾客在身边，顾客的隐私和安全能够在最大程度上保障。

（4）顾客在等待接受服务期间可以自由走动、休息或者先去办理其他事务，从而可以消除烦躁情绪。

（5）无形队列隐藏了队伍的长度，能够避免后来者不加入队列现象。

当然，号码排队也有一些缺点，主要表现为：

（1）需要增加专门设施和开辟顾客休息区（或等候区），从而增加企业成本。例如，银行叫号系统一般包括四个部分：①主控器——对整个系统进行控制管理，包括排队分类、存储和分配客流，删除号票、查询显示、分类记录、分析各窗口状态等；②号票打印机——根据窗口情况信动态地显示服务类型以供顾客选择；③操作终端——系统的关键设备，需要实现复杂的通信功能和显示功能；④顾客显示屏——显示顾客号码及其服务柜台号，并伴有语音

提示。

（2）顾客需要随时保持警觉，以免错过服务机会。

（3）从叫号到顾客前往服务台或窗口接受服务有一个过程，从而会降低服务效率。

（4）顾客不能根据个人偏好选择服务平台、服务窗口或者服务人员与设施，缺乏灵活性。

以上三种排队方式各有优点和缺点，企业究竟选择哪一种排队方式应当综合考虑业务性质、顾客偏好、服务方便性等。但整体来看，当前越来越多的服务企业选择号码排队，这不仅减轻了顾客排队等待时的体力消耗，而且提升了排队公平性。

（二）科学设计顾客排队规则

排队规则是指企业按照何种原则或基准决定为顾客提供服务的先后顺序。如上所述，排队是顾客按照一定规则等待接受服务而不是一哄而上或者凭借力气大小决定服务先后顺序。因此，企业为了提高服务效率、保证服务公平性和增加收益，必须精心选择和设计排队规则。

排队规则基本上有两类：静态规则和动态规则。

1. 静态规则

静态规则是指基于顾客排在队列中的位置确定服务次序，即先到达者先获得服务。由于该规则仅仅根据顾客在队列中的位置来确定下一位接受服务的顾客，除此之外不考虑其他因素，因此被视为静态规则。由于该规则对于所有顾客一视同仁，从理论上说是最公平的。但由于该规则没有考虑顾客实际情况，事实上又是不公平的。

2. 动态规则

动态规则是指基于顾客的某些特征或属性确定服务次序，又称优先权规则，即根据顾客的某些特征或属性给予其服务优先权。具体优先权有以下几种类型。

（1）弱势顾客优先，即针对弱势顾客或困难顾客优先提供服务。如优先为老年人、儿童、孕妇和残疾人提供服务，优先为携带儿童、携带重物的顾客提供服务。这一规则是符合社会基本规范要求的。

（2）紧急顾客优先，即根据顾客对于服务需求的轻重缓急程度安排服务先后顺序，优先为服务需求紧急者提供服务，又称最高优先权法则。在这一排队规则下，正在为某一或某些顾客进行着的服务必须中断而为新来的具有高度优先权的顾客提供服务。这一规则常常运用于紧急服务，如消防车通行、救护车通行、医院为急诊病人治疗等。这一规则是符合社会基本规范要求的。

（3）最短服务时间顾客优先，即根据顾客占用服务时间长短或者服务难易程度安排服务先后顺序，优先为占用服务时间最短或者最容易提供服务的顾客提供服务。但这一原则很少以纯粹形式使用，因为如果最近到达者都是占用较短时间的顾客，需要花费较长服务时间的顾客就会一直被放到队伍后面，显然是不公平的。典型做法是把排队顾客按照一定属性（如服务简单者和服务复杂者）分为若干类别，在每一个类别里面仍然采用先到先服务原则。这一原则是符合分类服务和管理要求的。

（4）预约顾客优先，即根据顾客事先是否预约或预订决定服务先后顺序，优先为预约或预订顾客提供服务。这是企业平衡服务需求和储存顾客的重要手段，也是符合企业赢利最大化原则的。

（5）大客户优先，即根据顾客对于企业的重要程度或者购买量（或购买金额）多少安排服务先后顺序，优先为大客户和重要客户提供服务。当然，采用这一原则一定要非常慎重。大卫·梅斯特（Davaid Maister）认为，“那些希望向优先顾客提供更快服务的公司，最好不要当着一般顾客的面这样做。”否则会引起其他顾客的不满和抱怨。例如，航空公司可以把一等舱安检口设置在远离经济舱安检口的位置，以免触怒购买经济舱机票的乘客。另外，该规则一般不宜单独使用，现实生活中很多企业是在根据客户规模大小分类基础上再依据先到先服务原则为顾客提供服务，如银行多是如此。这一规则是符合企业赢利最大化原则的。

（6）支付溢价顾客优先，即根据顾客支付溢价意愿和支付多少安排服务先后顺序，这对顾客来说是购买优先权服务。但企业对此必须精心设计，否则会激起其他顾客的不满。这一规则是符合企业赢利最大化原则的。

（三）缩短顾客感知排队等待时间

顾客在排队等待期间的满意度不仅取决于实际排队等待时间，而且取决于感知排队等待时间。理查德·麦特斯（Richard Metters）认为，“顾客等了多久远没有他们认为等了多久或者他们感觉等待是否公平更重要。对等待时间的感知可以与实际的等待时间相差很大。”在一般情况下，顾客感知的排队等待时间比实际排队等待时间要长。在一项研究中，一个记录实际等待时间为 90 秒钟的顾客声称等了超过 11 分钟。因此，服务企业在管理顾客排队等待时，不仅要降低顾客实际排队等待时间，而且要努力缩短顾客感知排队等待时间。

在《等待心理》一文中，大卫·梅斯特（David Maister）系统地阐述了影响顾客排队等待感知时间长短的因素，服务企业可以据此对排队等待加以管理，以便缩短顾客感知排队等待时间。

（1）空闲无聊的等待比有事可做的等待感觉时间更长。顾客在排队等待时，如果无事可做，就会感觉无聊和浪费时间，从而会更加关注时间和感觉等待时间更长。如果顾客有事可做，无论这些事情与欲要购买的服务是否相关，都会在一定程度上吸引顾客的注意力和减少、分散顾客对于时间的关注度，从而会感觉等待时间较短。菲茨西蒙斯认为：“以积极的方式填充等待时间，对于服务组织来说是一个挑战。”对此，服务企业可以采取的措施包括：在服务场所设立一些有意义的活动并吸引顾客参与，放置和张贴知识性、趣味性的画报以吸引顾客阅读，安装电视和播放相关节目、安装无线网络供顾客上网、安装游戏设施供顾客娱乐等。所有这些活动和方式都会分散顾客对于时间的注意力，从而能够缩短顾客感知排队等待时间。美国波士顿一家旅馆，当顾客抱怨等待电梯时间过长时，该旅馆没有因此安装更多电梯，而是把电梯大厅里的墙面换成了镜子，以便顾客在等待电梯时检查自己的仪容，结果顾客抱怨直接下降。

（2）过程前的等待比过程中的等待感觉时间更长。顾客在实际获得服务之前的排队等待是为了获取服务而花费的成本，是一种纯粹支出行为，绝大多数人对于支出行为都会比较在意、排斥和吝惜，从而在等待时就会变得焦虑和对于时间更加关注，由此也会感觉时间比较漫长。顾客实际接受服务的过程是一种享受和收益，是顾客支付相关成本后获得的价值，绝大多数人对于价值、收益和享受都会比较向往、期待和追求，从而在接受服务过程中就会变得愉快且不太关注时间，由此也会感觉时间过得很快。基于此，企业在对排队等待顾客进行管理时，可以在实际提供服务或提供实质性服务之前安排一些与服务相关的活动，即让顾客

“一只脚踏进门槛”和让其感觉服务已经开始了，由此就能够降低顾客感知的等待时间。例如，在娱乐场所排队等待泊车一般是无聊的，但迪士尼乐园通过让顾客在等待泊车时就能欣赏到娱乐表演，从而顾客的烦躁情绪就降低了，感觉时间也不那么漫长了。一些医院让排队等待的病人填写个人信息或者准备接受检查、一些餐厅把菜单递给顾客让其翻阅和选择，也都是让顾客提前进入服务过程的方法。当然，也有人认为，服务开始后的等待比开始前的等待更容易让顾客产生不满。

（3）不能确定时间的等待比能够确定时间的等待感觉更长。如果等待时间长短不能够确定，顾客在等待期间就不能离开等待现场或者安排其他事务，对于能否获得服务也没有把握，从而就会变得焦虑和感觉时间漫长。如果等待时间长短能够确定，顾客在等待期间就可以根据时间长短安排其他事务，并且确信能够获得服务，从而就会更镇定并感觉时间不那么漫长。大卫·梅斯特提供的例子是“约会综合征”，即假若一个人在约定时间之前到达约会地点，即使需要等待较长一段时间，他也会比较有耐心。如果约定时间一到，即使只需要等待较短一段时间，他也会感觉时间很长且过得很慢。基于此，服务企业为缩短顾客感知的排队等待时间，在顾客排队等待期间应勤于与顾客沟通，及时提供排队等待的时间信息，并且尽可能保证信息的准确性。例如，航空公司经常出现航班晚点现象，同样是晚点 30 分钟，如果明确告知乘客“航班晚点约 30 分钟”就比告知“航班晚点，时间待定”会让乘客更能够接受。

（4）不能说明原因的等待比能够说明原因的等待感觉时间更长。如果顾客知道必须等待的原因时，尤其是这种原因是合情合理的，他们就能够理解和宽容这种等待，在等待过程中也会更有耐心和更少焦虑，从而感觉等待时间较短。如果顾客不知道等待的原因，其面临的不确定性就会增加，在等待过程中就会变得焦虑、沮丧甚至愤怒，从而也会感觉等待时间很长。基于此，服务企业为缩短顾客感知排队等待时间，应尽可能提供明晰的解释和说明，不要让顾客猜测，更不要让谣言传播。

（5）不公平的等待比公平的等待感觉时间更长。如果顾客在排队过程中遭遇了不公平，如插队、服务人员优先接待熟人等，顾客就无法知晓何时能够获得服务，从而在等待过程中就会产生焦虑和感觉时间更长。如果顾客在排队过程中秩序良好，每一个人都遵守服务规则，服务人员按照“先到先服务”原则为顾客提供服务，顾客就可以大致推断何时能够获得服务，从而在等待过程中心理上会比较平静和感觉时间不那么漫长。基于此，服务企业为缩短顾客感知排队等待时间，应尽可能提供公平的排队等待环境，维护良好的排队秩序；对于需要优先提供服务的顾客，应尽可能单独开辟服务空间和遮掩排队等待的不公平性，或者向其他顾客说明原因，以求得理解和谅解。

（6）单独等待比群体等待感觉时间更长。如果顾客一个人独自等待，就会感到孤立、无助、恐惧，甚至不公平，从而对于时间就会更加关注和感觉等待时间很长。如果多个顾客一起等待，顾客之间就可以交流和互动，从而会分散顾客对于时间的关注和感觉时间短一些；如果顾客等待期间交流互动非常融洽或者彼此分享知识、信息和经验，顾客就会把等待过程看成是享受和收益，从而更能够忍受等待时间；如果亲朋好友一起等待或者在等待过程中收获了友谊和爱情，顾客就会非常感谢和珍惜等待过程了，甚至期望等待时间更长一些。基于此，服务企业为缩短顾客感知排队等待时间，一是可以促进顾客之间交流和互动，甚至安排一些娱乐节目让顾客参与；二是可以按照顾客属性安排队列，将有共同属性的顾客安排在一个队列，为顾客之间交流和互动创造条件和氛围。

（7）焦虑中的等待比放松中的等待感觉时间更长。如果顾客在排队等待过程中情绪不佳、身体不适、时间忙碌、要事等待处理、携带贵重物品或现金、排队场所不安全、排队不公平、环境嘈杂、周边有不体面顾客、服务资源供给紧张、对于能否获得服务存在担心等，其内心就会产生焦虑和不安，从而会感觉服务过程很慢和等待时间很长。如果顾客在排队等待过程中轻松愉快、神情淡定和镇定自若，就不会过分关注时间和感觉时间不那么漫长。基于此，服务企业为缩短顾客感知排队等待时间，应尽可能创造良好的排队环境并消除顾客紧张情绪，包括保证排队公平性和安全性、减少排队场所噪音代之以轻柔的音乐或歌曲、提醒和制止顾客不恰当和不检点行为、告知顾客服务资源的丰富性等。

（8）无价值的等待比有价值的等待感觉时间更长。时间是顾客获取服务的非货币成本之一，顾客耗费时间排队等待是为了获得服务价值而做出的牺牲。服务价值越大，顾客就越愿意支付更多的非货币成本，从而感知时间就会越短。如果服务价值较小，顾客就不愿意为获得服务而支付过多的非货币成本，从而会感觉时间较长。基于此，服务企业为缩短顾客感知排队等待时间，应尽可能提高服务质量和增加顾客价值，让顾客感觉到不虚排队和等待；如果顾客对于服务期望过高，应适当引导顾客降低期望水平。

（四）弥补顾客排队等待损失

顾客不能及时获得服务和长时间排队等待接受服务，从某种程度上说属于企业服务失误，因为顾客排队等待耗费了很多时间成本、体力成本、精神成本和感官成本等。基于此，企业对于排队等待接受服务的顾客尤其是长时间排队等待接受服务的顾客，应适当给予补偿，包括道歉、解释、馈赠小礼品、免费提供饮料和点心、价格折扣、赠送优惠券等，由此就能够在一定程度上取得顾客谅解和减轻顾客负面情绪。

思考与练习题

1. 服务需求波动性类型及其原因是什么？
2. 服务供给能力类型及其限制因素有哪些？
3. 服务供求关系有哪几种类型？
4. 平衡服务供求关系的基本策略有哪些？
5. 服务企业应当如何管理排队等待顾客？

第十章 服务承诺与沟通管理

导语

服务感知糟糕的原因之一是企业所承诺的服务与实际提供的服务有差别。

——[美]瓦拉瑞尔 · A. 泽丝曼尔（Valarie A. Zeithaml）

玛丽 · 乔 · 比特纳（Mary Jo Bitner）

不管营销人员是否认同或照此行事，企业及其产品和服务都要与顾客进行沟通。

——[芬]克里斯廷 · 格罗鲁斯（Christan Grönroos）

【学习目标】

1. 掌握服务承诺概念、类型及其作用。
2. 掌握服务承诺设计原则。
3. 掌握服务广告一般技巧。
4. 了解新媒体在服务广告中的运用。
5. 掌握服务承诺与沟通管理策略。

服务质量差距 4（即履行差距）是指企业实际提交给顾客的服务与企业向顾客承诺和沟通的服务不一致（即企业言行不一）。导致服务质量差距 4 的原因主要有四类：一是企业过度承诺，二是企业内部缺乏整合沟通，三是企业对顾客期望缺乏管理，四是服务定价不能反映企业实际服务水平。由于服务质量差距 4 的存在，必然导致顾客不满、抱怨和投诉，并最终导致顾客流失。

服务企业要有效保留顾客，必须采取措施弥合或缩小服务质量差距 4，具体策略包括管理服务承诺、协调服务沟通、管理顾客期望、科学设计和管理服务定价。本章主要介绍前三个问题，服务定价管理留待下一章介绍。

第一节 服务承诺

一、服务承诺及其类型

（一）服务承诺含义

服务承诺概念最早是由美国服务营销学者哈特（Hart）提出来的，他于 1988 年在《哈佛商业评论》上发表的《无条件服务承诺的威力》一文中，将服务承诺定义为："企业用于解释被服务顾客在服务失败时可以期待企业以何种方式进行补救的一种声明。"此后，众多学者对服务承诺进行了研究，并从不同角度对服务承诺进行了定义。

泽丝曼尔和比特纳（Zeithaml & Bitner）将服务承诺定义为"企业对于顾客能够得到何种服务的正式保证"。埃文斯・克拉克和克努森（Evans Clark & Knutson）认为，服务承诺"是一种企业以公开或隐含、有宣传或无宣传方式保证让其顾客满意和开心的政策"。黑斯和希尔（Hays & Hill）将服务承诺定义为，"企业保证所提供服务达到一定水平，否则企业会通过某种方式来补偿顾客。"利登和斯凯伦（Liden & Skalen）认为，"服务承诺是企业针对服务失误所提出的一种补救方案。"麦科洛和格兰姆勒（McCollough & Gremler）认为，"服务承诺是企业对于顾客将要获得的服务质量所做出的一种保证。"

以上定义虽然表述不同，侧重点有异，但基本含义有两个方面：一是服务质量或效果承诺（即企业服务质量要达到什么水平或者满足顾客何种要求），二是服务补偿或赔付承诺（即如果企业服务没有达到承诺水平将给予顾客提供何种补偿）。基于此，本书作者将服务承诺表述为：服务承诺是指服务机构通过公开媒体向顾客预示服务质量或效果，并予以保证或赔付的营销行为，其目的是降低顾客购买风险和增加顾客满意度。一项完整的服务承诺由两部分组成：一是预示服务质量或效果，二是保证和兑现服务质量（以赔付作为担保）。

关于服务承诺，有以下几点需要界定和说明：

（1）服务承诺不等同于服务标准。服务标准是服务机构用以指导和管理服务行为的规范，通常是用来指导和约束服务员工的，如果员工违反服务标准，服务企业可以依据规定予以处罚或不予处罚，但无论如何都不必然给予顾客赔付。

（2）服务承诺不等同于服务口号。服务口号是服务企业的宣传工具，它以吸引顾客为目的。服务口号可能反应企业的现实服务质量，也可能与企业的现有服务质量有较大出入。顾客购买或消费服务后是否满意，服务质量和服务效果是否与服务口号一致，企业通常不予考虑，更不会主动给予顾客赔付。

（3）服务承诺有赔付作担保。规范的服务承诺不仅向顾客预示服务质量或效果，而且还以赔付作担保（赔偿形式包括一定数量的货币、打折、赠送免费服务券等），如果实际服务不能达到预示的水平或效果，服务企业将给予顾客赔付。没有赔付做担保的服务承诺（像"保证满意""及时送达"之类）不是真正意义上的服务承诺，从而对于顾客也不会有吸引力。

（4）服务承诺是通过公开媒体向顾客传达的。正规的服务承诺是通过公开媒体向顾客传达的，对所有顾客一视同仁，也是顾客遭遇服务失误后向企业索赔的重要凭证和依据。一线服务人员或营销人员基于促销目的以口头形式向顾客做出的承诺，由于不具有公开性，也难以兑现，从而不是真正意义上的服务承诺（甚至本身就是一个骗局）。一些服务企业内部执行的服务标准或赔付标准，由于没有公开向顾客传达，当顾客遭遇服务失误时并非必然获得赔付，从而也不是真正意义上的服务承诺。有些学者将服务承诺分为显性承诺和隐性承诺，本书作者认为不恰当。因为企业如果没有通过公开媒体向顾客传达服务标准或赔付标准，当顾客遭遇服务失误后并不能必然获得赔偿。

（二）服务承诺类型

服务承诺可以依据不同标准进行分类，主要分类方法有以下几种。

1. 依据承诺范围分类

依据承诺范围不同，服务承诺可分为具体属性承诺和全面承诺。

具体属性承诺是指服务机构对其所提供服务的具体属性或要素进行承诺，又分为单一属性承诺和多属性承诺。

单一属性承诺是指服务机构对其所提供服务的某一个属性或要素进行承诺，如中国移动公司承诺“话费误差，双倍返还”，即是对“话费计算和收取”这一属性做出的承诺。

多属性承诺是指服务机构对其所提供服务的某几个属性或要素做出承诺，如美国马里奥特饭店承诺：“提供友好有效的登记服务、运行正常和干净舒适的房间、友好有效的结账服务，如果您认为我们没有达到以上承诺，我们将为您提供 20 美元的现金。”这就属于多属性承诺，即针对“入住登记”“客房服务”和“结账”三个要素做出的承诺。

全面承诺又称综合承诺，是指服务机构对于其所提供服务的所有属性或要素做出承诺，如美国假日酒店承诺“如果有任何让您不满意的事情，请毫不犹豫地告诉我们，因为您不希望为不满意的服务付费”，此即属于全面承诺。

2. 依据承诺内容分类

依据承诺内容不同，服务承诺可分为结果质量承诺和过程质量承诺。

结果质量承诺是指服务机构对于所提供服务能够给予顾客带来的最终利益进行承诺，如饭店对于饭菜口味、安全和分量等做出的承诺即是。

过程质量承诺是指服务机构对于如何给予顾客提供服务进行承诺，如饭店对于顾客等待时间、服务人员态度等做出的承诺即是。

3. 依据有无赔付条件限制分类

依据有无赔付条件限制，服务承诺可分为有条件承诺和无条件承诺。

有条件承诺是指具有一定限制或附加条件的承诺，如一家互联网提供商承诺“如果一天内服务掉线超过 10 分钟，公司将免收该月上网费用的 5%”，即为有条件承诺。无条件承诺又称完全满意承诺，是指不附加任何限制条件的承诺，如美国 L.L.Bean 公司承诺“您可以在任何时间退回您从我们这儿买的东西……只要您愿意，我们会为您更换，或给您退款。我们不希望您从 L.L.Bean 拿走任何非完全满意的东西”，即为无条件承诺。

二、服务承诺的作用

服务承诺是一项对内提升服务质量、对外塑造企业形象，进而吸引和保留顾客的重要手段。具体来说，服务承诺具有以下作用。

（1）促使企业树立顾客导向的服务理念。服务企业要开发出对于顾客具有吸引力的服务承诺，即企业承诺内容与顾客期望或要求相一致，就必须密切关注顾客期望和深入了解顾客要求。如果企业对于顾客缺乏关心和了解，就很难开发出有针对性的服务承诺，从而服务承诺对于顾客也就缺乏吸引力。因此，服务企业通过制定和实施服务承诺，十分有助于树立和履行满足顾客期望和要求的服务理念。

（2）为企业和员工设立清晰的服务标准。服务承诺可以说是具有强制性或以赔付作为基础的服务标准，它清晰地告诉服务一线人员和后台支撑人员应该怎样做、顾客会用什么标准来衡量他们以及违背承诺要承担何种责任等，从而促使企业员工按照承诺提供服务，即员工服务标准必须达到承诺水平。

（3）促使企业不断提高服务质量。服务承诺是服务质量标准的一部分，或者说是服务质量标准的外显或对外宣称部分。为避免赔偿行为发生，当企业对外发布服务承诺后，一般都会极其重视服务承诺的质量标准，从而实现服务质量的事前控制。同时，顾客也可以依据服务承诺对于企业进行监督和投诉，从而帮助企业识别和发现服务工作中存在的问题或不足，进而促进企业改进和提升服务质量。

（4）塑造良好企业形象。一家企业敢于推出服务承诺，这本身就表明该企业具有坚强的实力、追求卓越的气魄和对顾客负责任的精神，从而必将大大提升企业形象，进而赢得顾客的尊重和信赖。

（5）方便顾客监督。服务承诺是服务企业向顾客许诺和公布的服务标准和保证，它为顾客提供了评价企业服务质量的依据，顾客可据此监督企业的服务执行和结果，并提出自身的反馈意见。良好、完善的客户监督机制和信息反馈机制，有利于企业服务质量的提高，也有利于顾客与企业的沟通和交流，进而增进彼此长久关系。

（6）建立顾客信任和忠诚。首先，服务无形性导致顾客在购买服务时存在较大风险，服务承诺是服务企业对服务质量的有形预示和保证，获得承诺的顾客相信一旦服务企业出现失误，他们将会获得弥补或赔付，从而降低认知风险和心理压力，进而增进消费信心。其次，服务承诺也是保留顾客的重要手段——顾客认为，实施服务承诺一是意味着企业愿意对服务失误负责，二是为顾客判断服务失误提供了依据，三是为顾客判断投诉收益提供了尺度，四是向顾客表明得到应得的赔偿并不需要花费很多时间和精力。麦科洛和格兰姆勒（McCollough & Gremler）研究发现，即使在顾客未启用服务承诺向企业索取补偿的情况下，服务承诺也会对顾客的购后满意产生正面影响，进而促使顾客产生忠诚。

三、使用/不使用承诺条件

并非所有企业和行业以及针对所有顾客都需要实施服务承诺。服务营销学者哈特（hart）认为，“当服务价格很高、顾客自我意识很强或服务失败的负面影响很大时，服务承诺不失为降低顾客感知风险的重要工具。当行业整体声誉较差、口头传播的负面影响对于企业影响严重时，服务承诺可以诱导顾客给服务组织一个机会。”

一般来说，在下述情况下服务承诺是不恰当的或者说是无效的，甚至是适得其反的——暗示服务不完美或使顾客认为企业在乞求生意，或者极大地增加赔付成本等。

（1）服务企业素享盛誉。如果服务企业具有很高的服务水平且服务质量具有稳定性，从而服务企业享有很高的声誉和形象，一般就不适宜实施服务承诺，否则会引起顾客猜疑——“该公司服务质量是否下降了？”

（2）企业现有服务质量低劣。如果企业现有服务质量低劣且缺乏稳定性，依靠提供服务承诺虽然能够降低顾客感知风险和刺激顾客购买服务，但有可能大大增加企业赔付成本，进而影响企业赢利水平，最终得不偿失。

（3）服务质量无法控制。如果服务质量无法控制，如培训机构的学员成绩更多地依赖于个人努力而非培训公司，则不适宜实施服务承诺，否则会极大地增加企业赔付成本，同时也难以取得顾客信任。

（4）赔付成本超过收益。企业实施服务承诺的最终目的是为了增加收益，如果赔付成本过高或者长期难以下降，服务承诺就失去了意义。

（5）顾客购买风险较小。企业实施服务承诺是为了降低顾客对于服务产品的认知风险，进而增加其对于服务产品的信心。一般而言，这种承诺对于具有高体验、高信任特性的服务产品较为有用。如果顾客觉察不到服务风险，如服务价格较低、服务质量较为稳定、常规性服务等，服务承诺通常没有明显效果，因为此时顾客可能更看重价格和促销，而非有无承诺。

知识延伸

服务承诺实施条件

张圣亮和汪晓旺在《服务承诺策略有效性实施探讨》一文中，对于服务承诺实施条件进行了探讨。他们认为，服务企业要有效实施服务承诺，必须综合考虑服务本身特点、服务企业状况、服务行业情况、顾客特征等一系列因素。

1. 服务本身特点

关于服务本身特点，主要有以下几个方面。

（1）服务无形性程度。无形性是服务的基本特征，但现实生活中有越来越多的服务企业，通过有形化措施以增加服务搜寻特征，进而消弭顾客购买风险。有形特征越明显的服务，顾客购买风险就越小，从而服务承诺的效用就会降低；反之，服务有形特征越低或搜寻特征越少，顾客购买风险就越大，从而服务承诺的价值就越大。

（2）服务异质性程度。异质性是服务的重要特征，但当前有越来越多的企业通过建立服务标准以稳定服务质量。对于标准化的服务，顾客一般能够预见服务质量或效果，从而对服务承诺不是十分关心；对于异质性服务，顾客一般很难预见服务质量或效果，从而更加关心有无服务承诺和承诺的程度。

（3）顾客参与服务程度。顾客参与服务程度越高，服务质量的不确定性就越大，服务企业就越不容易确保其所预示的服务质量，从而实施服务承诺的风险就越大（即服务企业不宜实施服务承诺）；反之，顾客参与服务程度越低，服务企业就越容易确保其所预示的服务质量，从而实施服务承诺的风险就较小（即服务企业比较适宜实施服务承诺）。

（4）服务失败的风险大小。服务失败对于顾客造成的风险越大（包括经济风险和非经济风险），顾客购买就越谨慎，从而顾客就越看重服务承诺（即服务承诺的效用较大）；反之，服务失败风险较小（对顾客不会造成大的经济或其他损失），顾客就不十分看重服务承诺（即服务承诺的效用较小）。

2. 服务企业状况

关于服务企业状况，主要有以下几个方面。

（1）服务企业声誉。一般来说，具有中等或较高声誉的企业最能从服务承诺中受益，而声誉很高或很差的企业则不宜实施服务承诺。这是因为：声誉很高的企业如果实施服务承诺，很可能导致顾客怀疑其服务质量是否下降了；声誉很差的企业即使实施服务承诺，也很难取得顾客信任；声誉中等或较高的企业，服务质量还有上升空间，实施服务承诺是进一步提高企业声誉和吸引顾客购买的重要手段。

（2）服务企业实力。只有那些在行业中处于中等水平以上实力的企业才有条件实施服务承诺；如果企业实力较弱，就很难做出对于顾客具有吸引力的承诺，即使做出承诺，往往也没有能力兑现承诺。

（3）服务企业历史。企业历史悠久，顾客对其比较了解和熟悉，即使没有服务承诺顾客也愿意购买其服务；反之，企业历史较短或新开张企业，由于顾客对其不了解，一般不敢贸然购买，而实施服务承诺则可以在一定程度上消除顾客对于购买风险的顾虑，进而促使顾客实施购买。

3. 服务行业情况

关于服务行业情况，主要有以下几个方面。

（1）行业整体声誉。如果服务行业整体声誉较差，其中一家企业实施服务承诺并切实履行，就能够极大地提高企业在行业中的地位，进而吸引顾客，甚至推动整个行业提升服务质量；如果服务行业整体声誉较好，实施服务承诺的价值一般会较小。

（2）行业风险大小。服务承诺是降低顾客购买风险的重要手段。基于此，风险程度高的行业比风险程度低的行业更适宜实施服务承诺。

（3）行业竞争程度。如果服务行业竞争激烈，一家企业要想吸引顾客和制造差异化，实施服务承诺是必需的；反之，实施服务承诺的紧迫性或动力就较小。

4. 顾客特征

关于顾客特征，主要有以下几个方面。

（1）顾客自然属性。首先，从年龄来看，年轻顾客较多冲动购买，对于服务承诺可能不十分看重；中老年顾客多为理性购买，对于服务承诺可能会比较看重。其次，从性别来看，男性顾客多缺乏耐心，对于服务承诺可能不太看重；女性顾客多比较挑剔，对于服务承诺可能会比较看重。

（2）顾客自我保护意识。自我保护意识强的顾客，对于购买比较谨慎，从而会比较看重服务承诺；反之，缺乏自我保护意识的顾客，对于服务承诺就不会十分看重，即服务承诺的价值会降低。

（3）顾客道德水准。实施服务承诺存在顾客滥用服务承诺的风险，基于此，以高素质顾客为对象的服务企业比以一般顾客为对象的服务企业更适宜实施服务承诺。

（资料来源：张圣亮 汪晓旺，服务承诺策略有效性实施探讨，价值工程，2009年第6期，第9～12页）

四、服务承诺原则

服务企业要有效发挥服务承诺的作用，不仅要考虑自身是否具备实施服务承诺的条件，而且还要十分重视服务承诺设计工作，即遵循服务承诺设计原则。一般来说，服务承诺设计应遵循以下原则。

（1）明确性原则，即承诺内容应当明确、具体，能够用定量化或时间化语言加以表述。

假若服务承诺语言冗长、词语含糊或者有太多约束条件，顾客和员工就无法确切知道承诺内容或赔付条件，从而服务承诺就会失去吸引力和指导性。明确性的服务承诺强调量化的“硬”承诺，让一切行为有标准可循；不明确的承诺，从某种意义上说等于没有承诺。南京申通快递公司的服务承诺是：取件时限承诺为接单后 3～5 个小时；送达时限承诺为江浙沪皖县级以上城市 24 小时以内，偏远地区 24～48 小时；北京、广州、深圳等城市 24～48 小时，其他国内件 48 小时，个别偏远地区 48～72 小时。这些时限就是明确的承诺，假若快递公司只提出“尽快送达”，则是不明确的承诺。

（2）适应性原则，即承诺内容应当与公司实际能够提供的服务质量相吻合。过度承诺难免会留下隐患：一是会抬高顾客期望，致使顾客感知服务难以达到期望水平；二是会增加公司赔付成本，最终得不偿失；三是对于明显不能够做到的事情进行承诺无异于欺骗，必然引起顾客怀疑。过低的承诺则会降低顾客对于企业服务质量的感知，从而导致顾客购买减少，不利于企业形象建立。南京申通快递公司对于不同地区分别提出不同的送达时限，实际上就是对顾客期望的调节，即根据顾客所在地域以及企业服务能力，分别设立不同的时限，既没有盲目抬高也没有过度降低顾客期望，具有较好的适应性。

（3）利益性原则，即承诺内容（包括预示的服务质量和赔付金额）应当对顾客有吸引力，能够给顾客带来实实在在的利益。对于无关紧要的事情进行承诺，或对于给顾客造成的损害仅给予微不足道的赔付，难以打动顾客，也会丧失服务承诺的价值，甚至适得其反。

（4）保证性原则，即对于预示的服务质量或效果必须提供保证，如果实际服务不能够达到预示的服务水平，服务公司必须给予顾客退款或赔偿。没有保证的承诺无异于欺骗，对于顾客不会有吸引力。

（5）简便性原则，即兑现承诺必须简便易行，不能有过多的约束和阻力。服务营销学者哈特（Hart）认为，有效的服务承诺应该是无条件的，即“不问问题”地予以解决。但这有可能导致顾客滥用服务承诺，进而极大地增加企业赔付成本，因此是不恰当的。如果服务承诺带有各式各样的约束、必须的证明和“解释权归本公司”等限制，也会极大地增加顾客成本和兑付难度，甚至本身就是一个圈套，难以取得顾客信任，因此是无效的。淘宝作为网购平台，实施“先行垫赔”，即消费者如果在淘宝买到假货，且商家在 48 小时内不响应消费者投诉，淘宝将介入处理，并先行退款。由于赔付方式简单，对于顾客就有较大的吸引力。

五、服务承诺履行

当企业设计出富有吸引力的服务承诺后，必须不折不扣地兑现和履行服务承诺，否则就会极大地增加赔付成本、得不偿失。一般来说，兑现和履行服务承诺应做好以下几个方面的工作。

1. 加强营销部门与运营部门之间的合作

营销部门是服务承诺者，负责对外部顾客发布服务承诺；运营部门是服务承诺履行者，其服务标准制定以及执行能力直接影响服务质量。承诺者与履行者缺乏沟通和协调是导致服务实绩与服务承诺脱节的重要原因之一。

为解决以上问题，实施承诺前营销部门应当广泛征求运营部门的意见，了解公司服务质量现状及其能力，切不可过度承诺；在承诺发布后，营销部门应当及时将承诺内容呈报给运营部门，并配合运营部门按照承诺内容为顾客提供服务。

为了增加营销部门与运营部门之间的合作和交流，服务企业通常可以采用的方法有：①工作会议沟通。服务机构可以通过特定时间的例会来增加营销部门与运营部门之间的沟通，提高两个部门对彼此的认识，促进其了解对方的目标和限制，从而为更有效地服务提供基础。②项目管理。以某一个项目为核心，在一定时期内整合所有相关部门的人员组成团队。团队中成员由于来自不同部门，在认知上多有差异，也便于营销部门与运营部门相互了解。③安置同一个办公地点。从地理位置上拉近两个部门之间的距离，在其工作时能够及时协调配合，以便更有效地完成任务。

2. 加强二线人员与一线人员之间的配合

二线人员是指办公室人员和支持性人员，他们通常不直接与顾客接触，其工作是为了让一线服务人员能够更有效地完成任务。由于这个特性，导致二线人员缺少对顾客期望、需求以及服务承诺等相关信息的了解，进而影响其在服务过程中履行服务承诺的责任心。

服务机构应当组织二线人员与顾客接触和交流，以使其了解顾客期望和要求，进而增强为一线人员服务和共同履行服务承诺的责任心。具体方法有：①为二线人员创造直接接触顾客的机会，通过与顾客面对面交流，了解本机构在提供服务时出现的问题，并找到自己的不足之处，进而加以改正和更好地配合一线员工。②建立二线人员的服务承诺制度，即二线员工可以直接向一线员工提供服务承诺，对其工作给予强有力的支持。③考核二线员工履行服务承诺的业绩，即通过业绩考核，推动二线员工兑现服务承诺。

3. 促使顾客有效参与服务过程

服务具有现场性，顾客有效参与是保证服务质量和增加顾客满意度的重要条件。如果顾客不配合，服务承诺的效果就难以达到，承诺就难以履行。

服务企业加强顾客配合的方法主要有：①对顾客进行指导和教育。服务提供商应该使顾客明白自己在服务过程中所要担任的角色以及所要承担的责任，通过指导和教育让顾客掌握参与服务的方法，以便更好地配合服务人员，以提升服务质量和效率。②吸引合适顾客。每一个服务企业都有自己的目标市场，在该市场中选择合适的客户群，这些客户群应以有参与服务意愿和参与能力的群体为主，减少企业培训任务。③避免不当顾客。过去“顾客永远是对的”观点深入人心，但后来企业管理者发现，具有不良行为的顾客越来越多，并给其他顾客、服务人员以及企业带来严重影响，企业对于这类顾客应当予以规避。④对于有贡献的顾客给予奖励。企业以奖励的方法激励顾客更好地配合企业服务人员完成服务。

第二节 服务沟通

一、沟通及其作用

1. 沟通及其工具

从营销角度来说，沟通是指卖方将产品或服务向消费者或用户进行宣传、报道和说服，以引起他们的注意和兴趣，激起他们的购买欲望，并进而促使其采取购买行为的活动。在很多情况下，沟通与传播、推广可以互相替代使用。

传统沟通手段有四种：广告、公关、促销和推销。广告是指以付费方式对产品或服务进行的非人员展示活动，是一种“攻心”策略；公关是指通过塑造良好的企业形象进而达到销售产品和服务目的的营销手段，是一种“先声后实”的策略；促销是指在短期内能够迅速产生激励作用以推动顾客实施购买的推广手段，是一种“诱敌深入”的策略；人员推销是指企业派出或安置推销人员以口头陈述方式向目标顾客宣传、介绍和销售其产品或服务的活动，是一种“直捣龙宫”的策略。前三种手段属于“拉”销的策略，即企业通过有效沟通手段，以唤起目标顾客的购买欲，进而推动顾客购买产品或服务；后一种手段属于“推”销的策略，即企业通过人员推销方式，将产品或服务推向中间商或最终顾客。

以上四种沟通手段对于不同产品来说具有不同的重要性，具体如图 10.1 和图 10.2 所示。

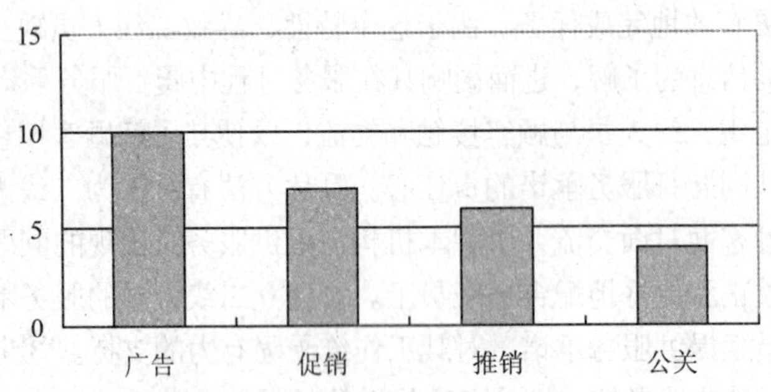

图 10.1　沟通工具在消费品中的重要性

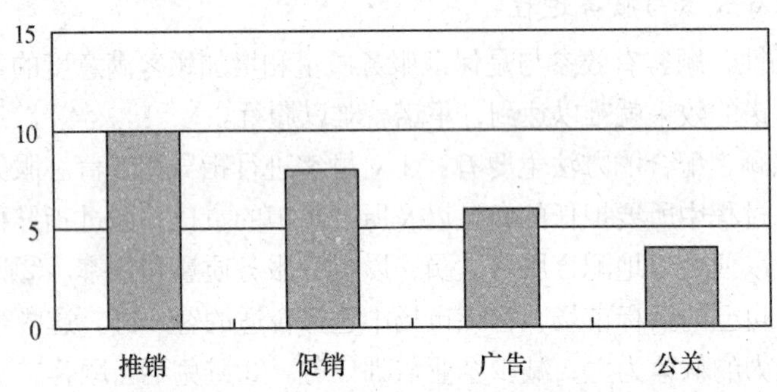

图 10.2　沟通工具在生产用品中的重要性

从图 10.1 和图 10.2 可知，对于消费品来说，广告沟通最为重要，然后依次是促销、人员推销和公关。这是因为，消费品市场广阔、目标市场人群分散、顾客购买频繁但一次购买量较少，而广告具有覆盖范围广、信息传播快等优点，即广告特点与消费品购买特点较为吻合。

对于生产性用品来说，人员推销最为重要，然后依次是促销、广告和公关。这是因为，生产性用品专业程度高、目标市场集中、顾客一次购买量大但购买决策过程复杂，从而需要销售人员详述讲解，人员推销能够面对面地详细介绍产品并及时化解顾客异议，即人员推销特点与生产性用品购买特点较为吻合。

除了传统沟通手段之外，当前越来越多的企业还采用展示、体验、顾客参与设计、顾客自助生产等手段与顾客沟通或传播服务信息。

2. 沟通的作用

从营销角度来说，沟通对于企业具有以下重要性。

（1）传递信息。现代社会，由于生产者与消费者之间存在着信息矛盾，从而影响顾客选择和购买。企业通过与顾客沟通，将产品或服务信息传递给目标顾客，就能够解决生产者与消费者之间存在的信息矛盾，进而方便顾客选择和购买。

（2）刺激需求。在通常情况下顾客具有购买惰性，从而影响企业产品或服务销售。企业通过与顾客沟通，为顾客提供购买借口和制造购买理由，就能够唤起顾客的潜在购买欲，从而推动企业产品或服务销售。

（3）塑造形象。现代社会，随着人们收入水平不断提高，人们购买和消费越来越追求个性化；另一方面，随着技术不断进步，同种产品或服务出现了同质化趋势，致使生产与需求发生不协调。企业通过与顾客沟通，塑造出与目标顾客需求相吻合的企业或品牌形象，就能够满足目标顾客追求个性化的需要。

（4）稳定销售。随着市场竞争越来越剧烈，企业产品或服务销售必然会出现起伏不定甚至滑坡现象，进而影响企业生产或服务提供的稳定性。企业通过与顾客沟通，让目标顾客更多地了解、熟悉和信任本企业的产品或服务，进而培养品牌忠诚，就能够有效地稳定销售和保证企业生产或服务的稳定性。

二、服务沟通及其面临的挑战

服务沟通是指服务企业通过各种方式或手段向目标顾客传递服务信息，以刺激顾客购买和消费的行为。

服务营销学者班瓦里·米特尔（Bunwaree Mitel）描述了由无形性带来的服务沟通面临的困难。他将无形性划分成以下五种特性，其中每一种特性对于服务沟通都具有影响。

（1）非物质存在性。服务既不是用有形材料制造而成，也不占据物质空间，这使得服务难以展示。在医院看病，看病的过程就是服务，这个过程是一种无形的服务接触过程，没有实体可以表现，只能依据顾客自身去感知。

（2）抽象性。服务不同于任何特殊物体，它给顾客带来的好处难以被看到，从而描绘抽象概念具有挑战性。有形产品的质量好坏可以被消费者立刻感知，如食物的味道是否可口、服装的款式是否合身等，消费者都有具体评价依据。但服务产品的质量标准对于每一个消费者而言可能都是不同的，没有统一和具体的划分依据，在描述过程中更多依靠主观评价，从而更具有抽象性。

（3）一般性。许多服务都是被从一般性角度去描述的，如丰富的经验、良好的态度等，从而难以同其竞争对手相区别。

（4）不可探寻性。有形产品在购买前可以通过观察、试用等方法对产品进行判断。由于服务是一种行为，通常在购买前无法预览或检查，服务产品的质量只能凭借对服务过程和服务结果进行感知。

（5）心智模糊性。服务不能提前显示、熟悉或了解，即服务通常具有过于复杂、多面和难以从心智上把握的特点，从而导致难以对服务做出说明。

三、服务沟通原则

基于服务的无形性特征，服务沟通一般应遵循以下原则：

（1）提供有形证据。由于服务具有无形性，致使顾客选择服务缺乏依据。基于此，服务沟通或信息传播应当尽可能提供有形证据，包括展示服务场景、展示服务过程、展示服务人员、展示顾客从服务中获得的利益等，进而增加顾客对于企业所提供服务的信任。

（2）传达服务质量稳定信息。由于服务具有异质性特征，致使顾客购买服务存在较大风险，对此，服务企业可以向顾客展示服务质量控制方法和措施，或者展示顾客口碑和称赞，进而树立顾客购买服务的信心。

（3）谨慎承诺并力保兑现。由于服务具有无形性，顾客购买服务面临较大风险，对此，服务企业在与顾客沟通或传递信息时应适当给了承诺，进而吸引顾客。但企业必须确保有能力兑现服务承诺，或者针对不能兑现的服务承诺给予足额赔付。

（4）注重建立顾客关系。由于服务不能储存，顾客必然是少量和多频次购买服务，基于此，服务沟通应当立足于建立顾客关系，即明示对于老顾客或多频次购买顾客给予价格优惠或折让。

（5）推动顾客口碑传播。由于服务具有无形性，顾客购买服务更相信亲戚、朋友和熟人的推荐，基于此，服务沟通或信息传播应当鼓励顾客口碑传播，即明示给予口碑传播的顾客提供奖励。

（6）保持沟通连续性和持续性。由于服务具有无形性，顾客认识和熟悉服务是一个过程，基于此，服务沟通必须保持连续性和持续性，即在较长一段时间内集中传播某一服务信息和内容，当顾客真正认识和了解了服务内容之后再更换传播信息。

四、服务广告及其技巧

（一）广告及其基本原则

广告是指以付费方式，通过一定的媒体，向一定的人，传达一定的信息，以期达到一定目的的和有责任的信息传播活动。更通俗地说，广告是有偿的和有责任的信息传播活动。

成功广告一般应遵循以下六个基本原则。

1. 明确的广告目标

广告目标是指广告活动所要达到的目的。首先任何广告活动都必须有明确和具体的目标，否则广告活动就失去了依据。其次，广告目标应当尽可能量化，从而才能更好地检查广告效果。

一般来说，广告目标有以下三类。

（1）以介绍为目标，即通过对产品或服务进行详细介绍，以增加顾客对于产品或服务的认识和了解，进而促使顾客建立初步需求。具体目标包括：让顾客认识和了解新产品或新服务，为人员推销和中间商经销做好铺垫；纠正社会上对于本企业服务或某种消费方式的误解；消除顾客对于产品或服务的疑虑；帮助顾客认识其购买决策的正确性。

（2）以诱导为目标，即突出产品或服务的特色和优势，以诱导顾客实施购买或树立选择性偏好。具体目标包括：唤起消费者和用户的购买欲；促使顾客直接购买；促进中间商经销；促使顾客增加购买和重复购买；促使更多顾客购买；延长产品或服务生命周期；保持和提高市场占有率；应付竞争。

（3）以提醒为目标，即提醒顾客不要忘记自己的产品或服务，进而促使顾客增加购买或重复购买。具体目标包括：提醒顾客购买地点；提高品牌知名度；提高品牌美誉度；塑造良好的企业形象。

2. 准确的广告定位

广告定位就是广告诉求点或者说广告传达的内容，即为顾客提供购买借口或创造购买理由——或实用，或欣赏，或标榜自己价值。

广告定位一般应遵循以下两个原则。

（1）与目标顾客购买产品或服务的着眼点相吻合。任何产品或服务都有很多属性，这些属性有的是物质的，有的是精神的，但目标顾客对于产品或服务每一种属性的重视程度是不同的。为此，企业在进行广告宣传时，应当突出目标顾客所重视的产品或服务属性，而不要把时间和精力花费在目标顾客不重视的产品或服务属性或次要属性上，否则就难以激起顾客的购买欲望。

（2）突出产品或服务的相对优势。只有突出优势，才具有可信性和说服力，从而才能赢得顾客购买。当然，由于同种产品或服务之间的差别性越来越小，产品或服务的相对优势越来越不明显，为此，企业应当多挖掘产品或服务的象征意义，进而加以传播。

3. 恰当的广告表现

广告表现是用来表现广告主题的，即解决“如何说”的问题。广告主题再明确和具体，如果没有恰当的表现形式，也是难以达到预期效果的。因此，企业必须十分重视广告表现。

可供企业采用的广告表现手法很多，主要形式有以下几种。

（1）写实，即直接陈述广告信息，如新产品或服务介绍、产品功能和成分说明、出售地点和价格介绍。

（2）对比，即把本企业产品或服务与其他同类产品或服务进行对比，以显示本企业产品或服务的优点。

（3）利用权威或证据，即利用社会上有影响力的人物或事件进行广告宣传，以抬高产品或服务身价。

（4）示范，即通过对实物或服务过程实际表演和操作来宣传产品或服务。

（5）展示，即通过展示生产或服务现场，以取得目标顾客信任。

（6）运用联想，即运用各种衬托物和创意等，以启发人们的想象力，进而劝导人们接受相关产品或服务。

（7）情调，即围绕产品或服务建立一种情调，如美丽、温馨、安详等。

（8）恐吓，即运用可能的不幸遭遇引起人们的恐惧，以促使人们听从广告劝告和购买相关产品或服务。

（9）文艺，即通过各种文艺形式来宣传产品或服务，以使广告具有娱乐性和趣味性。

4. 适宜的广告媒体

广告媒体是指承载广告的媒介物，是广告信息借以传达的工具。现代社会，广告媒体已经扩展到十分广泛的领域，其丰富和多元的表现形式为广告实施提供了充分条件。但企业在选择广告媒体时不能随心所欲，而是应当综合考虑广告目标、广告对象、产品特点、广告内容和媒体费用等因素，尤其是要重点考虑目标顾客接触媒体的习惯。

5. 合宜的广告时机

广告时机是指广告推出的时间。这里有三层意思：一是相对于产品上市时间广告何时推出？二是在一年或一个季度的哪一个时间段推出广告？三是在每天什么时间播出广告？

根据广告推出时间与产品进入市场时间的关系，一般有以下三种策略。

（1）提前推出策略，即广告先于产品或服务进入市场，目的在于制造声势，先声夺人。

（2）即时推出策略，即广告与产品或服务同步推向市场。

（3）延时推出策略，即广告迟于产品或服务推向市场。

在一年或一个季度究竟什么时间推出广告主要应考虑两个因素：一是广告效果具有滞后性，即广告推出后不会马上推动销售业绩提升；二是广告效力具有递减性，即广告促销效果会随着时间推移而递减。同时还要考虑企业财力状况，如果企业财力雄厚，可以在产品销售旺季到来之前更长一段时间推出广告；如果企业财力有限，应当在产品销售旺季即将到来之时推出广告。

究竟在一天中什么时间播出广告，主要应考虑目标顾客何时接触广告媒体，以便广告及时送达目标顾客。

6. 符合《广告法》

广告只有符合法律要求，才能够发布。因此，企业开展广告活动必须遵守法律法规的要求。

（二）服务广告技巧

由于服务具有特殊性，服务广告无论内容还是形式都与有形产品广告有所不同。具体来说，服务广告可以采用以下技巧。

（1）使用叙述性语言示范服务经历。服务过程是体现服务质量的一大因素，对于过程的表现可以运用事实性语言加以描述，描述越详细具体，给顾客的感觉就越真实可靠。以驾校学习为例，很多顾客在经历驾校学习之前对其知之甚少，通过描述顾客在学习期间要做什么事、具体日程安排、教练辅导方式、具体学习环境、其他顾客遇到的困难和解决方法等，就会让顾客对驾校如何教学有一个完整的认识，进而增加购买信心。

（2）提供生动的信息。服务越是无形和复杂，鲜明、生动的信息提示就越有效。因此，服务广告在提示信息上要展现自己的特点，利用鲜明的信息展现企业形象，进而吸引顾客的注意和促进其对服务产生好感。

（3）使用交互形象。企业将自己的标识或象征与企业活动进行整合，会取得更好效果。以肯德基为例，快餐店环境充满了企业英文标识和红蓝色彩，其肯德基上校形象也出现在产品上，使顾客在享受快餐服务的同时，将企业形象牢牢记住。

（4）突出服务员工。员工是服务广告的第二受众，在广告中突出员工对于顾客和员工都是有效的，尤其是专业性服务（如医院和培训机构）更是如此。对于顾客来说，服务员工出现在服务的整个过程，与服务员工的接触是顾客判断服务质量的一大依据，广告中强调员工的技能和专业水平，会增加顾客信赖感；同时，服务广告中对于员工的描述，也会刺激服务员工更加努力地按照宣传内容严格要求自己。

（5）突出所服务顾客。突出所服务顾客能够唤起同类顾客对于服务的向往和追求，从而更具促销效果。

（6）关注有形物。服务是抽象的，通常难以清楚地加以说明，而展示有形物通常能够加深顾客印象。贝瑞和克拉克（Berry & Clark）提出了服务有形化的四种方法。①联想，即把服务与某一个人、地方或事物联系起来；②实物展示，即展示直接或间接作为服务一部分的有形物品，如员工、建筑物或设备等；③文档化，即突出客观数据和事实资料，如顾客满意度、服务顾客人数等；④可视化，即服务利益或质量在顾客脑海中形成的一副生动画面，如表现人们在度假期间玩得很开心。

五、新媒体及其在服务广告中的应用

随着经济快速发展和技术进步，传统沟通工具已经无法满足企业拓展市场的需要，随之而来的是越来越多的创新工具，如数字技术手段的不断加强，企业开始利用互联网技术与电子商务平台等新媒体加强与消费者沟通，并利用新媒体特点推出不同的营销策略。

1. 新媒体概念

关于新媒体概念，目前定义很不统一。美国《连线》杂志对新媒体的定义是“所有人对所有人的传播”。熊澄宇认为，新媒体是建立在计算机信息处理技术和互联网基础之上，发挥传播功能的媒介总和，具有交互、即时、延展和融合的特征。匡文波将新媒体界定为利用数字技术、通过计算机网络、无线通信网、卫星等渠道，以及计算机、手机、数字电视机等终端，向用户提供信息和服务的传播形态。同时，匡文波把新媒体归纳为三类：网络类、数字广播电视类和移动类（即手机媒体）。

新媒体是利用数字技术发展起来的一种新的媒体形态，又称为“第五媒体”。新媒体包括数字杂志、数字报纸、数字广播、手机短信、移动电视、网络、桌面视窗、数字电视、数字电影、触摸媒体等。在中国，新媒体时代已经到来，主要表现为企业广告投放于新媒体的份额迅速增长。对于服务而言，新媒体信息承载形式的多样性和互动性，对于服务推广具有较好的作用。

2. 新媒体广告形态

刘沐将新媒体广告形态分为三种：新媒体广告形态进化、移动媒体广告形态、互联网广告形态。

新媒体广告形态进化是指依靠新媒体技术进化为移动媒体、数字电视、互联网三大体系。这三种形态的广告均处于发展期，以互联网广告形态最具代表性。数字电视与传统的电视广告基本相似，但增加了上网功能，具有互联网媒体的一些特点。

移动媒体广告主要以手机为载体，包括手机短信广告、彩铃广告、彩信广告以及手机网站广告等，如人们经常接到某商家打折或新品促销的信息等。随着智能手机的应用，电子商务也迅速发展，人们可以直接利用手机购物，移动媒体在广告促销方面的运用将会越来越广泛。

互联网广告分为三大类型：一是门户广告，包括横幅广告、文字连接广告、弹窗广告等；二是互动形态广告，包括搜索关键字、植入式、网络社区、博客、邮件等；三是行为定向广告，它是网络服务商利用追踪技术搜集顾客信息，并根据顾客购买习惯向顾客传送不同产品或服务的信息。

3. 新媒体在服务广告中的应用

首先，新媒体信息承载形式的多样性可以更加充分地宣传服务过程，以使顾客更加全面和深入地了解服务。其次，新媒体特有的语音、画面和文字于一体的特征可以给消费者带来更直观的感受，进而减少顾客购买服务的不确定性。最后，新媒体具有的互动性可以让消费者通过与商家或其他顾客交流，获得服务产品的购买信息，进而增加购买信心。总之，服务企业可以利用新媒体的三种形态，更好地与消费者进行沟通和交流。

互联网广告形式多种多样，服务产品也可以选择不同类别的广告形式进行宣传。游戏类产品通常会选择视频广告，如在消费者点击视频时弹出时间不等的视频广告，其中一种是将其他玩家在玩游戏时的画面录下来，通过让顾客观看游戏过程，提高顾客兴趣；另一种则是提供试玩界面，让消费者点击并直接进入游戏页面，刺激其消费。再如，植入式广告，顾客在玩网络游戏或观看网络视频时会发现里面植入了现实世界的企业或产品，尽管没有强调这类产品的用途或特点，但以这种方式出现的产品或企业，会加深顾客印象。还有一种方法是利用微博、博客、贴吧、微信等社交媒体进行宣传，如餐厅规定，在餐厅吃饭的顾客发布一张在该餐厅消费的照片或信息，可以获得折扣等优惠活动，就是利用社交媒体让顾客将其对该餐厅的评价发布出去，以扩大口碑宣传。

手机、Pad 等移动设备由于其便捷、移动性等特点开始受到企业关注，尤其是随着无线网络技术发展，移动媒体越发显得重要，其功能也开始与互联网媒体有所重合，如今的移动设备无论是在浏览网页、观看视频、打游戏、媒体社交等方面都可以与电脑媲美，服务产品在互联网上的广告方式也可以运用到移动媒体上。

第三节　服务承诺与沟通管理

一、导致服务质量差距 4 的服务承诺与沟通问题

导致服务质量差距 4 的服务承诺与沟通问题主要有四类。

（1）信息传递混乱。在很多情况下，企业各职能部门和人员以及不同人员会基于个人见解向顾客传达不同的信息。由于信息混乱和不一致，顾客会形成不同的期望，如果企业实际服务达不到顾客期望，必然导致顾客不满。

（2）企业服务承诺过度。由于服务业放松管制和竞争加剧，许多服务企业在争取新业务和应对竞争方面比以前面临更大压力。企业为了降低顾客认知风险和增加顾客购买信心，通常会给顾客提供超过企业实际服务能力的承诺，致使企业根本无力兑现服务承诺，从而导致服务质量差距 4。

（3）顾客期望过高。当顾客期望明显高于实际服务质量时，顾客感知的服务质量就会下降，进而对企业产生不满。顾客期望过高的主要原因，一是顾客不了解某一行业的实际服务水平，二是因为担心利益受损而提出过高要求，三是因为受服务公司不切实际的承诺而产生过高期望。

（4）顾客参与不当。由于服务生产与消费具有不可分割性，顾客需要或多或少地参与服务过程。如果顾客不了解服务公司的服务流程或者其在服务传递中不能够有效扮演其角色，就会将服务失误的责任推给企业。据 TARP 研究发现：1/3 的顾客抱怨与顾客本身有关。现实生活中很多企业和服务人员会过高估计顾客的参与能力，甚至认为一个简单介绍或一本手册

就能够让顾客明了服务，这种想法是错误的。实际上，由于服务具有无形性，加之新服务层出不穷，顾客要深入了解服务以及有效参与服务并不是一件简单的事情。

二、基于弥合服务质量差距 4 的服务承诺与沟通管理

针对导致服务质量差距 4 的服务承诺与沟通问题，服务企业应当采取相应措施加以管理。在此方面企业通常可以采取四种策略：整合服务沟通、管理服务承诺、管理顾客期望和加强顾客教育（如图 10.3 所示）。

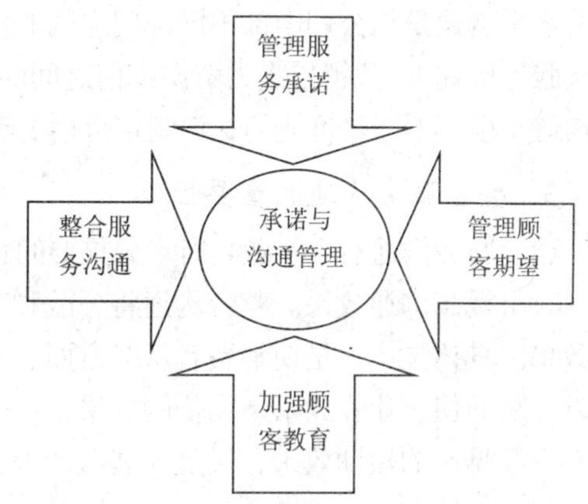

图 10.3　服务企业承诺与沟通管理策略

（一）整合服务沟通

整合服务沟通是指将企业所有沟通工具综合起来运用，以使目标顾客处在一致的信息包围之中(即多种工具,一个声音)，进而促使顾客对于企业产生统一的认识和印象。

整合沟通具有两大特点：一是统一计划，即把各种对外沟通工具归于一项统一的活动计划之中；二是统一口径，即企业以一致的传播资料面对顾客，综合运用和协调各种沟通手段。通过将分散的沟通工具进行整合，可以避免信息混乱，降低顾客的风险感知。

整合服务沟通包括两方面内容：一是协调外部沟通，二是加强内部沟通。

1. 协调外部沟通

协调外部沟通是指协调使用传统外部沟通工具（如广告、公关、推销等）和各种互动活动（如面对面互动、电话互动和远程互动）。美国运通全球广告副总裁说：“服务品牌不仅仅是广告创造的。实际上，许多品牌资产来自于顾客对品牌的直接体验。”

传统的沟通工具是企业将自身信息传递给顾客的一种有效方法，营销者可以根据企业战略目标、企业文化、运营状况等，将自己想要传达给顾客的信息进行过滤和筛选，在与消费者沟通过程中显示出企业的独特优势。当然，这种沟通通常情况下是企业单方面将信息提供给顾客，尤其是广告活动，消费者只能被动地接受企业给予的信息，此时互动活动的优势就得以体现。

互动活动是顾客与企业双方交流的一种方式和途径，如面对面、电话、远程等方式，可以使消费者利用语言、肢体、图片等方式在任意时间和地点与企业服务人员进行沟通。这种沟通方式通常以顾客为导向，一线人员能够通过交流了解顾客的期望和要求，并不断提升自己的技能，从而更好地满足顾客的需求。

2. 加强内部沟通

内部沟通是指企业内部各部门和各层级之间进行的沟通，一般包括垂直沟通和水平沟通两种。

垂直沟通包括从管理层到员工的向下沟通和从员工到管理层的向上沟通。

向下沟通形式包括宣传册、有线电视、简报、录像带、内部表彰活动等。向下沟通不畅，

顾客和员工都会受到伤害——顾客会因为不能获得与企业外部沟通相同的信息而失去信任，员工会因为不知道公司要做的事情而无法对顾客做出解释。

向上沟通形式包括：员工意见箱（包括邮箱）、建议奖等。服务员工处在服务一线，更了解顾客期望，建立向上沟通渠道可以防范和减少服务问题发生。

水平沟通是指公司内部不同部门之间的沟通，包括营销与运作部门之间的沟通（以准确反映服务传递）、营销与人力资源部门之间的沟通（以提高员工服务能力）、财务与营销之间的沟通（根据顾客对价值的认识制定价格）等，从而保证服务传递。

3. 整合服务沟通的重要性

整合服务沟通对于企业具有十分重要的意义，具体表现为以下三个方面。

（1）提高沟通效果。整合沟通将分散和零碎的个别行动统一起来，能够有效发挥整体沟通效果。具体是：一是使消费者从多方面、多渠道和多个媒体得到有关企业和服务的一致性信息，从而使企业收到事半功倍的效果；二是使企业沟通成果得以积累——前期的沟通工作既有立竿见影的短期效果，又是开展后续沟通工作的基础；后续沟通活动则是前期沟通行动的继续。

（2）改善营销管理能力。整合沟通要求企业调整内部组织结构和管理办法。如任命一位高层管理人员担任营销沟通主管，全面负责企业所有营销沟通工作，从而在组织上保证企业实现营销沟通的整体规划和协调企业的营销沟通行为。

（3）塑造统一的企业形象。整合沟通的目的是将消费者处在一致的信息包围之中。企业通过组织内外部的交流，对信息进行把握和整理，综合运用沟通工具，将对外传达的信息统一化，从而塑造一致的企业形象。否则，内外部信息混乱，将会使顾客失去对企业的信赖和忠诚。

（二）管理服务承诺

管理服务承诺是指向顾客提供一致和可行的服务承诺，并保证服务承诺得到执行，进而防范服务质量差距 4 产生。具体管理方法如下。

（1）提供可行的承诺。企业在提供服务承诺之前必须充分了解企业的实际服务能力和服务水平，保证其所承诺的服务是企业能够实现的。通过提供可行的承诺，一是能够给消费者建立购买信心，进而促进产品或服务销售；二是能够给消费者提供保证，降低其购买风险；三是可以节约服务成本，避免不必要的费用。如果企业提供的承诺超出其服务能力，一是会给顾客造成负面印象，进而影响企业形象；二是会极大地增加企业赔付成本，得不偿失。

（2）提供一致的承诺。首先，企业设计的服务承诺必须清晰明白，不要含糊不清或者有歧义；其次，企业应当在内部对员工传达和解释服务承诺，让每一个部门和人员对于服务承诺都有清晰了解；再次，企业应当通过适当媒体或者印刷品、电子屏等公开传播服务承诺，让顾客全面了解服务承诺内容；最后，企业各部门或人员应当严格按照公司确定的承诺内容进行传播，严禁增加个人不恰当的解释和定义。

（3）严格履行承诺。一旦企业对于顾客许下服务承诺，就要不折不扣地履行服务承诺。如果承诺不能兑现，必将导致服务质量差距 4，进而导致顾客流失。基于此，企业在进行服务承诺设计时，必须与运营部门充分沟通，保证运营部门有条件、有能力执行服务承诺。

（4）赔付服务失误。如果企业实际服务不能够达到预期的服务质量或效果，企业就应当按照承诺给予顾客赔付，即履行诺言，否则就会失信于顾客。

（三）管理顾客期望

管理顾客期望是指企业采取措施控制过高的顾客期望或使其放弃不合理期望，以保证企业实际服务与顾客期望相一致。顾客期望过高或者超出企业实际服务能力，必然影响顾客感知服务质量。因此，服务企业必须管理顾客期望服务。具体方法如下。

1. 限制过高期望

限制过高期望是指企业采取措施将顾客过高或不切合实际的期望适当降低，以使其与企业的实际服务能力相适应。具体方法如下。

（1）提供选择，即给予顾客提供多个选项，让顾客根据自身情况进行选择和确立合理期望。选项可以包括与服务有关的任意方面，如时间和成本。如驾驶员培训学校通常给顾客提供两种选择：一是在固定时间与其他人一起参加培训，培训费用较低，但每次训练时间较短，整个学习过程时间较长；二是单独参加培训，培训费用较高，但每次训练时间较长，整个学习过程时间较短。顾客可以选择对自己最有利的选项。提供选项可以将顾客的期望固定下来。

（2）提供分级服务，即企业为不同等级的服务制定不同的价格。这样做的好处是：根据顾客选择的服务水平，使顾客保持特定的服务期望；可以分辨出哪些顾客愿意为高水平服务支付高价格。以银行卡为例，普通银行卡只提供基本的服务，而金卡则可以将顾客升级为VIP，免除排队并享受其他额外服务，白金卡享受的服务则更多。经过这样的设置，可以使顾客根据自身情况选择自己合适的服务等级，限制一定的期望。

（3）教育顾客正确评判服务，即服务公司按照本公司能够提供的服务设立服务评判标准，并将此标准传递给顾客。如A市场研究公司可以教育顾客：低价格代表低质量，企业声誉很重要，面对面访谈是了解顾客信息的最有效方式。B市场研究公司则可以教育顾客：拥有良好声誉的调研企业是对声誉收费而不是对技能收费，电话访谈与面对面访谈一样有效，价格不代表质量水平。

（4）商谈不现实的期望，即通过谈判和说服方法以降低顾客过高的期望。如某些顾客总是希望以较低的价格获取较多的服务，但企业如果以顾客愿意支付的价格提供服务，往往无利可图甚至亏损。在此情况下，企业就要努力说服顾客，以降低顾客过高的期望。

2. 超越顾客期望

超越顾客期望是指企业采取措施提升顾客感知服务质量，以使顾客感知服务超过期望服务，进而提升顾客满意度。具体方法如下。

（1）阐述对顾客期望的理解，即表示对顾客期望的认同和尊重。此行为本身有时候就能够超越顾客期望，因为顾客熟悉了漠不关心、不被尊重等。

（2）借助服务提交过程。服务具有过程性，服务企业在为顾客提供服务时，通过员工与顾客沟通、交流以及帮助、关心顾客，就能够感动顾客和给顾客带来好心情，进而提升顾客感知价值。

（3）低承诺和高提交，即服务企业给予顾客的承诺并不高但实际提交给顾客的服务较高，即提交服务高于承诺服务，由此就能够给顾客带来意外的惊喜。但该种策略不宜频繁地对同一顾客使用，否则顾客惊喜就会递减。另外，低承诺有时也会削弱服务竞争优势。

（4）将寻常服务演化为特别服务而非标准服务，即企业通过为标准化服务增加一些附加值，将其打造为特别服务，以使顾客有意外收获而感到惊喜。

（四）加强顾客教育

如上所述，如果顾客不了解企业的服务流程或者在接受服务过程中不能有效扮演角色，就会将服务失误责任推给企业。因此，企业应当加强对顾客进行教育，以增加顾客对于服务企业的了解和提升顾客参与服务的能力。具体方法如下。

（1）让顾客为服务过程做好准备。在为顾客提供服务前（尤其是复杂服务），企业应当让顾客对服务过程有所准备，以便有效接受和配合服务。如咨询公司在咨询之初，必须建立贯穿全过程的“检查点”，用以评估时间进程，引导顾客为项目完成建立目标。再如，学生刚到大学，对于如何注册、如何提交户籍表、如何安排住宿、学校有什么安排等问题一头雾水，这时就需要有校园指南以及其他现场服务人员给予指导，引导学生如何进行下一步的操作。

（2）教育顾客掌握服务评判标准。顾客不能有效评价服务通常是因为没有经验、服务技术性太强、服务商没有与顾客沟通等，因此，服务企业必须教育顾客掌握评判服务好坏的标准和方法，进而促使其科学地评价服务。

（3）教育顾客避开需求高峰。很少有顾客在获得服务时愿意面对等待和延误。在银行，研究者采用三种战略处理顾客等待：①提前通知顾客繁忙时间；②员工为延误向顾客道歉；③安排所有员工为顾客服务。其中只有第一种战略是教育顾客，其他两种都是员工管理。研究表明，顾客获得预先通知后，尽管不选择高峰时间等待，也可以降低等待的消极影响和增加满意度。另外两种战略——道歉和所有出纳都参加服务——并没有导致顾客满意。

思考与练习题

1. 何谓服务承诺？服务承诺有哪些类型和作用？
2. 服务承诺设计应当遵循哪些原则？
3. 服务广告技巧有哪些？
4. 基于弥合服务质量差距 4 的服务承诺与沟通管理策略有哪些？

第十一章 服务定价管理

导语

外部沟通——无论是来自于营销沟通还是定价，都有可能提高顾客对于服务传递的期望，从而导致更大的顾客差距。

——[美]瓦拉瑞尔 · A. 泽丝曼尔（Valarie A. Zeithaml）

玛丽 · 乔 · 比特纳（Mary Jo Bitner）

为服务企业制定价格策略绝不仅限于定价本身。像便利、安全、信贷、速度、简单、收款程序和自动化，这些问题都可能对提高顾客对于服务组织的满意度产生影响。

——[美]克里斯托弗 · 洛夫洛克（Christopher H Lovelock）

【学习目标】

1. 了解服务价格的特殊意义。
2. 了解服务定价面临的困难和机会。
3. 了解服务企业定价目标。
4. 掌握服务定价的基本方法。
5. 掌握服务定价技巧。
6. 了解顾客非货币成本及其管理方法。

服务定价不仅是企业实现赢利的重要手段，也是企业非正式承诺和沟通的手段——一般来说，价格高暗含着服务质量高，从而能够给顾客带来更大的价值；价格低暗含着服务质量差，从而给顾客带来的价值较小。因此，定价管理对于服务企业具有十分重要的意义：它既是企业实现赢利的重要手段，也是企业缩小服务质量差距 4 的重要手段。

第一节 服务价格及其特殊意义

一、价格及其重要性

1. 价格的含义

经济学认为，价格是商品价值的货币表现。在经济学中，价格是严肃的和不能够随意变动的，经济学中的定价是一门科学。

营销学认为，价格是顾客购买产品或服务所愿意支付的经济成本。英国经济学家亚瑟·马歇尔（Arthur Marshall）对价格做了十分直观的描述："销售价格是愿意卖的人从愿意买的人那里得到的为了换取产品而提供的货币数额。"在营销学中，价格是活泼的和可以变动的，即价格应当对市场变化做出灵活反应，定价应以目标顾客愿意接受和能够接受为前提，营销学中的定价在很大程度上是一门艺术。

2. 价格对于企业的重要性

美国营销学者托马斯·克尼尔（Thomas C. Kinnear）曾经指出："近年来迅速变化的市场营销环境不断增强了价格策略在市场营销中的重要性。20 年前经理们把定价策略放在市场营销策略中的第三位，即居于产品策略和推广策略之后。但现在许多人都认为定价策略应当居于市场营销策略的最重要位置。"据麦肯锡咨询公司对 2462 家企业进行研究发现：价格每合理增长 1%，企业利润平均增长 11.1%。

具体来说，价格对于企业的重要性表现在以下三个方面。

（1）价格高低以及定价技巧影响顾客对于产品或服务的接受程度。购买作为一种经济行为，其执行者必然要考虑价格高低以及购买行为发生后对自己是否有利以及利大还是利小。价廉物美，消费者购买后能够获得较大利益，从而愿意购买；质次价高，消费者购买后难以获利，从而就会拒绝购买。

（2）价格高低影响和决定企业产品或服务的竞争实力。在市场经济条件下，任何企业都不可能长期保持对某一产品或服务的市场独占，任何产品或服务都有很多企业同时生产和经营，即竞争无处不在。但企业基本竞争手段无外乎两种：价格竞争和非价格竞争。也就是说，价格水平高低在很大程度上影响和决定企业产品或服务的竞争实力。

（3）价格高低决定企业产品或服务的赢利水平。在市场经济条件下，企业作为独立的商品生产者和经营者，具有独立的经济利益。企业生产和经营的直接目的是追求利润，利润多少与企业销售收入密切相关，而销售收入多寡又受价格水平高低的影响。因此，价格在企业营销活动中作为一个可控变量直接决定着企业赢利或亏损。

二、服务价格及其重要性

（一）服务价格含义

服务价格是指顾客为购买和消费服务所耗费的货币成本，一般称作服务费、服务费用、服务收费、服务收取费用等。

当然，不同行业对于服务价格有不同称呼。生产性服务行业一般称作厂房修理费、机器维护保养费、生产组织管理费、企业管理咨询费等；生活性服务行业一般称作家用器具修理费、餐饮费、旅店住宿费、美容美发费、博物馆入场费、旅游费、公园门票、飞机票、火车票、保洁费、服装干洗费等；流通服务行业一般称作保管费、仓储费、运输费、包装费、邮递费、物流费、手续费等；知识性服务行业一般称作咨询费、辅导费、培训费、学费等；社会综合性服务行业一般称作电费、水费、煤气费、供暖费、市政建设费、停车费等。

（二）服务价格对于服务企业的重要性

服务价格对于服务营销和企业收益都有重要影响。

1. 服务价格影响服务销售

服务价格对于服务销售的影响程度取决于三个因素：经济效应、顾客心理效应和服务供应商态度效应。

（1）经济效应。经济学认为，需求是价格的反函数，即服务价格越高，购买者一般就会越少；服务价格越低，购买者一般就会越多。

（2）顾客心理效应。由于服务具有无形性，服务价格在某种程度上是顾客识别服务质量的重要手段，进而服务价格正向影响顾客需求，即服务价格高，意味着服务质量好，从而顾客愿意增加购买；服务价格低，意味着服务质量差，从而顾客会减少和放弃购买。

（3）服务供应商态度效应。服务价格影响服务供应商销售态度——服务价高利大，供应商愿意投入更大精力销售服务，从而会扩大服务销售；服务价低利微，供应商就不愿意投入更多精力销售服务，从而导致服务销售减少。

2. 服务价格影响企业收益

服务价格对于企业收益的影响比较复杂，并非价格越高企业收益就越好，也并非价格越低企业收益就越差。企业收益高低一般取决于两个因素：一是单位服务利润水平，即单位服务价格与单位服务成本之差；二是服务成交量，即服务提供商通过市场完成的总成交量——服务价格水平影响服务成交量，服务成交量又反过来影响服务单位成本。当服务成交量增加时，单位服务成本通常会因为规模效应和经验积累而下降。因此，服务供应商可以通过增加成交量和降低成本以获取更多利润。

三、服务价格的特殊意义

服务价格除了影响服务销售和企业收益之外，还具有以下特殊意义。

1. 服务价格是承诺的工具

有形产品具有明显的搜寻特征，即顾客购买产品之前能够根据产品外观、形状、包装、使用材料等大致判断产品质量及其价值，从而价格通常是质量的结果，即企业依据产品质量制定销售价格和顾客依据产品质量支付购买成本。服务具有无形性和生产与消费同步性，顾客在购买服务之前通常无法识别服务质量好坏，从而顾客购买服务通常反因为果，即依据服务价格衡量服务质量，价格高意味着服务质量好，价格低意味着服务质量差。从企业角度来说，价格是企业给予顾客承诺的工具：价格高意味着承诺给顾客提供更好的服务，价格低意味着承诺给顾客提供的服务质量有限。

顾客究竟在多大程度上把价格作为衡量质量的指标取决于两个因素：一是顾客能够获得的信息多少以及信息质量；二是顾客购买风险大小。

首先，顾客对于所购买产品或服务了解越少，就越有可能把价格作为衡量产品或服务质量的指标。研究发现，顾客对于价格的依赖呈现U形曲线，即在其他提示信息较少时，顾客把价格看作重要提示；随着其他信息提示增加，价格的信息价值就会减弱；当顾客接受的信息泛滥时，价格的提示价值又会增大。

由于服务具有无形性，顾客对于服务信息的了解通常少于对有形产品信息的了解，从而价格对于服务质量的衡量作用通常高于对有形产品质量的衡量作用，也就是说，相对于制造类企业，服务企业通常有更大的定价权。又因为顾客对于少见的、独特的和创新性服务的了解通常少于对常见的、普通的和大众化服务的了解，从而价格对于前一类服务质量的衡量作用通常大于后者，也就是说，前一类服务企业较后一类服务企业拥有更大的定价权。

其次，顾客购买风险越大，就越有可能把价格作为衡量产品或服务质量的指标。这是因为，顾客面临的购买风险越大，对于购买物的质量及其购买结果就会有更高的期望和关注度，而对于价格的关注度则会降低，从而更相信高价格是高质量的保证。如果面临的购买风险较小，顾客对于购买物的质量及其购买结果的关注度会下降，而对于价格的关注度则会提高，从而就会减弱价格对于质量的衡量作用。

由服务特征所决定，顾客购买服务相对于购买有形产品面临更大风险，从而顾客对于服务价格的敏感度低于对有形产品价格的敏感度，即顾客更可能将价格作为衡量服务质量的手段。此外，顾客购买不同类别服务面临的风险大小是不一样的，一般来说，购买专业性、技术性和具有不确定结果的服务如医疗、美容、律师、管理咨询、专业培训等，其风险程度通常大于购买标准化和大众化服务，从而顾客更可能将价格看作是前一类服务的质量指示器，即提供专业性、技术性和具有不确定结果的服务企业，拥有更大的定价权。

2. 服务价格影响顾客期望

价格是对服务水平和服务质量的可见性展示，从而能够提高或降低人们对于服务的期望和评价。价格越高，顾客的期望值就会越高，因为顾客可能会暗想："价格这样昂贵，一定是好货。"价格越低，顾客的期望值就会越低，因为顾客可能会暗想："价格这样低廉，能得到什么呢？"当然，如果价格过高或者远远超出顾客的心理预期，也会给顾客留下价值被高估、企业不关心顾客或者"宰客"等印象；如果价格过低或者极大地低于顾客的心理预期，也会自贬产品或服务，或者给顾客留下产品或服务质量差、难以满足顾客期望的印象。

总之，由于顾客依靠价格作为衡量质量的线索，并通过价格形成合理预期，因此，服务提供商可以通过服务定价向顾客暗示对某种服务质量的承诺和促使顾客形成合理预期。

第二节　服务定价面临的困难和机会

由服务特征所决定，服务定价相对于有形产品定价通常面临一些困难和机会。对此，服务企业应努力化解服务定价面临的困难和利用服务定价的机会，以便有效实现企业目标。

一、服务定价面临的困难

与有形产品相比，服务定价通常面临很多困难，具体表现如下。

（1）服务成本不易测定，致使服务定价缺少充分依据。成本是制定价格的最低经济界限，只要产品或服务价格高于成本，企业一般就能够获取利润。生产有形产品耗费的固定成本和变动成本一般比较容易测量，从而企业可以以成本为中心进行定价。由于服务具有无形性，生产某一服务究竟需要耗费多少成本，一般不太容易测算。首先，很多服务是由人工提供的，人工成本一般不太容易计量，尤其是提供同种服务的人员在知识、技术和经验等方面存在很大差别，进一步增加了评估人工成本的难度。例如，一个园林工养护花草一个小时究竟耗费多少成本？熟练工人和非熟练工人耗费的成本差别究竟有多大？一般不太容易计算。其次，服务属于非物质产品，生产某一服务直接耗费的原材料成本通常微乎其微，即物质成本虽然容易计量，但服务包含的物质成本很少。最后，随着资金密集型服务企业以及自助服务增多，服务成本中包含的固定成本会越来越多，但由于服务需求的不稳定性，某一服务设施在单位时间内究竟能够服务多少顾客往往具有不确定性，从而单位服务中究竟包含多少固定成本一般也不太容易计算。总之，由于服务成本较难计算，致使服务定价缺少充分依据，同时采用成本导向定价法也较难操作。

（2）服务内容和成本不能事先确定，事后定价会导致客企矛盾增加。很多专业性服务在服务提供之前一般不易确定服务内容和服务定价，而是要等到服务过程结束之后才能确定服务内容以及服务成本和服务定价，如医疗服务、律师服务、汽车维修服务等多是如此。医院只有在了解病人的全部病情和治疗之后才能确定收费多少，律师一般要等到当事人涉及案件审理结束之后才能确定收费金额，汽车维修企业只有在全面检测和维修之后才能确定维修费用。事后定价往往会导致消费者与企业之间因为费用多少而发生冲突，尤其是当服务结果没有达到顾客期望时更会如此，如很多医患矛盾因此而生。

（3）服务定价合理性较难判断，致使顾客接受服务价格较为困难。判断某一价格水平是否合理，顾客一般是依据产品或服务性能与其价格对比（即性价比）进行判断。在既定价格水平下，如果产品或服务性能好、质量高、给顾客带来的价值大，顾客就认为定价是合理的甚至是物超所值的；反之则相反。在既定质量前提下，如果产品或服务价格低，顾客也会认为价格是合理的甚至物超所值的；反之则相反。有形产品具有充分的搜寻特征，顾客在购买之前可以根据产品外观、做工、包装等大致判断产品质量及其价值，进而顾客能够依据产品性价比对价格合理性做出判断。服务缺乏搜寻特征，顾客在购买服务之前无法依据服务本身对服务价值做出科学判断，而是只能根据服务环境、服务设施、服务人员等对服务价值做出模糊或大致判断，进而顾客无法依据性价比对服务价格合理性做出评判，即判断某一服务定价合理与否，顾客往往没有充分依据。由于顾客对服务价格合理性较难判断，如果服务价格超出顾客心理预期，顾客往往就会拒绝购买服务，从而影响服务销售。

（4）服务需求缺乏弹性，利用价格促销通常难以达到理想效果。相对于有形产品，顾客对于服务的需求往往缺乏弹性，即顾客对于服务价格的敏感度较低。这是因为：首先，由于服务具有易逝性和不可储存性，企业即使降低服务售价，顾客也不可能大量购买，然后将服务储存起来以便慢慢消费；其次，由于服务生产与消费不可分割，顾客为了获得服务通常要耗费相当多的时间成本、体力成本和精神成本，企业即使降低服务售价，如果顾客为了获得服务需要耗费的时间成本、体力成本和精神成本很多，顾客仍然不会大量购买和消费服务；最后，服务资源通常不易转移，当顾客产生服务需求时，一般只能按照当地价格购买和接受服务，即使价格高，顾客也不宜跨区域购买和消费服务。由于顾客对服务价格不敏感，服务企业一般不宜通过降价实现促销，而更应当通过提高服务质量以促进销售。

（5）服务规模对于成本的影响相对较小，企业难以创造和保持价格竞争优势。由于服务生产与消费具有同步性以及不可储存性，服务企业一般不易大批量生产服务，甚至很多服务需要一对一进行，由此会增加服务成本。即使服务规模很大，服务顾客很多，如果不能摆脱一对一服务，服务成本仍然会很高。总之，服务企业不能像制造类企业一样通过扩大生产规模以降低生产成本，进而降低售价和保持价格竞争优势。

二、服务定价面临的机会

基于服务自身特征以及顾客购买服务的特殊性，相对于有形产品，服务定价也面临一些机会，具体表现如下。

（1）服务企业可以有效发挥价格对于质量的承诺作用。由于服务缺乏搜寻特征，顾客在购买服务之前无法识别服务质量好坏，从而顾客购买服务通常反因为果，即利用价格来衡量质量。对此，服务企业可以有效发挥价格对于服务质量的承诺作用，即根据服务质量高低分别制订不同水平的价格，以引导顾客有选择性购买。

（2）服务定价更具有灵活性。由于服务成本不易确定和测量，企业在为服务定价时可以不以成本为中心，而是更多地考虑顾客需求和应对竞争，从而更大地发挥价格在营销中的作用，由此并不会招致法律的制裁。

（3）价格歧视切实可行。由于服务价格水平的合理性不易判断，企业为了获取更多利润，可以针对不同顾客和不同时间、不同地点的服务以及不同档次的服务分别制订不同水平的价格，由此并不会引起顾客的反感和抗拒。

（4）捆绑定价具有可行性。由于服务生产与消费具有同步性，顾客购买服务除了要耗费货币成本之外，还要耗费一些非货币成本，包括时间成本、体力成本和精神成本等。为了降低非货币成本，顾客通常更愿意在某一服务供应商处购买各类相关服务。基于此，服务供应商可以将各类相关服务捆绑或打包销售，服务主供商也可以整合相关企业的服务资源和能力以为顾客提供整体服务或一揽子服务，由此更能吸引顾客购买和增加企业销售收入。

第三节　服务定价目标和依据

一、服务定价目标

定价目标是指企业期望通过定价手段所要达到的目的。由于企业所处环境、所在行业、面临任务、面对顾客、拥有资源和实力等各不相同，从而不同企业或同一企业在不同时期所追求的定价目标是各不相同的。服务企业与制造类企业一样，一般有以下 8 个定价目标。

1. 获取当期最高利润

当期最高利润目标是指以当期或者短期能够获得最大限度利润作为定价目标。一般来说，生命周期较短的服务项目、企业开发出的全新服务、目标顾客对价格不敏感的服务、以高薪阶层作为目标顾客的服务和处于垄断地位的服务企业，多以当期最高利润作为定价目标。

以当期最高利润作为定价目标，一般要求企业为服务产品制定一个较高的价格，以便保持较高的利润率，从而在短期内收回成本和赚取最大限度利润。但需要说明的是，为服务产品制定较高价格并不意味着制定很高价格，因为企业赢利来自全部收入扣除全部成本费用之后的余额，而不是单位服务价格中包含的预期赢利水平。如果企业不顾实际片面追求服务最高售价，有可能造成需求减少、替代服务盛行、购买延搁、竞争者加入、公众抱怨和政府干预等，从而企业赢利目标也难以实现。总之，以当期最高利润作为定价目标的企业应当以合理价格推动适当需求量和销售规模。

2. 获取一定的投资收益率

投资收益率是指投资收益与投资总额的比率，它反映了企业的投资效益。任何企业对于投下的资金都希望在一定时期内收回并赚取一定数量的利润，因此，获取一定的投资收益率就成了众多服务企业的定价目标。现实生活中，垄断性企业、具有雄厚实力的企业、服务生命周期较长的企业和经营较为稳定的企业，更是多将获取一定的投资收益率作为定价目标。

以获取一定的投资收益率作为定价目标，要求企业在单位服务成本的基础上加上预期的投资收益额定出服务价格。确定投资收益率高低一般应综合考虑资金来源、投资回收期限、服务生命周期长短、顾客需求弹性和市场竞争状况等因素。

3. 增加销售量或提高市场占有率

市场占有率是指某一服务项目在全部同类服务项目销售量中所占的比重，它在很大程度上反映着企业的经营状况和竞争实力。现实生活中大量的企业尤其是规模较大或实力雄厚的企业、期望在一个行业长期经营的企业、面临竞争对手较大威胁的企业、服务生命周期较长的企业，多以销售增长率或市场占有率作为定价目标。

以销售增长率或市场占有率作为定价目标，一般要求企业在定价时暂时牺牲一些眼前利益而为服务产品制定一个较低的价格，以逐渐渗透市场和促进服务产品销售，从而最终获得销售收入和企业总利润的增加。但需要说明的是，以销售增长率或市场占有率作为定价目标，也不能将服务产品价格定得过低，因为企业如果不能赢利，就失去了存在的意义；同时，如果顾客一旦习惯于某种价格水平，以后再提价就会非常困难。

4. 应付竞争

应付竞争是指企业以击败竞争对手或抢夺竞争对手的市场份额作为定价目标。一般来说，行业中的领袖企业为了打压中小企业或者阻止其他企业进入，往往以应付竞争作为定价目标；一些中小企业为了抢夺大企业的市场份额和扩大自己的影响力，也会以此作为定价目标。

以应付竞争作为定价目标，要求企业在定价时应当低于竞争对手的服务价格，以便获得价格竞争优势。但需要说明的是，以应付竞争作为定价目标，应当避免将服务产品价格定得过低，以免发生价格战和导致两败俱伤；同时，实行降价倾销也是法律所不允许的。

5. 避免竞争或保持价格稳定

避免竞争或保持价格稳定是指企业为了避免与竞争对手发生竞争或保持服务销售价格相对稳定作为定价目标。资源雄厚或市场占有率较高的企业为了长期经营和稳定既有市场，往往以此作为定价目标；一些资源有限或实力较弱的企业，为了避免招致大企业报复和失去既有生存空间，也会以此作为定价目标。

以避免竞争或保持价格稳定作为定价目标，要求企业接受和维持现行价格，即使企业生产成本或顾客需求发生变化，只要竞争对手不调整价格，企业就不要主动调低或调高服务售价。但需要说明的是，稳定价格并不意味着价格始终保持不变，如果市场需求发生较大变化，顾客对于企业服务价格不再能够接受，企业就必须适时调整价格。

6. 维持营业或生存

维持营业或生存是指企业以能够维持营业或生存而不是考虑是否赢利作为定价目标。如果企业面临产能过剩、竞争激烈、顾客需求转移、替代服务问世、资金周转困难等情况，往往以生存或能够继续营业作为定价目标。

以维持营业或生存作为定价目标，要求企业必须尽可能降低服务售价，以保本甚至亏本价格出售服务，因为服务价格只要能够弥补可变成本和一些固定成本，企业就得以维持生存。但需要说明的是，维持营业或生存目标只能作为特定时期的过渡目标，一旦企业转危为安，就必须以其他目标取而代之，因为企业如果长期不能赢利就无法生存。

7. 维护企业形象

维护企业形象是指以维护企业既有形象或者保持社会公众对于企业既定看法作为定价目标。以维护企业形象作为定价目标，要求企业产品或服务定价水平必须与社会公众对于企业的印象相符，如果企业形象是优质高档、服务优良，就应当为产品或服务制定一个较高的价格；如果企业形象是价廉实惠，就应当为产品或服务制定一个较低的价格。

8. 履行社会责任

履行社会责任是指企业以履行社会责任和满足社会公众利益最大化作为定价目标。现实生活中采用这一定价目标的企业有两类：一是公共事业型企业，如公交公司、自来水公司、电力公司、煤气公司等，它们通常都要以较为低廉的价格向顾客提供产品或服务；二是执行社会市场观念的企业，如美国麦得托尼克公司发明了世界上第一台心脏起搏器，公司从人类最大福利出发，将产品价格定得较低，以满足患者需要。

以履行社会责任作为定价目标，要求企业必须放弃高额利润，将产品或服务价格定得较低，以获得有限甚至低微利润。当然，企业也不能将产品或服务价格定得过低，否则企业就难以生存。

二、服务定价依据

尽管在营销学中价格是活泼的，但企业并不是可以随心所欲地制定产品或服务价格。一般来说，企业为产品或服务制定价格应当综合考虑成本因素、需求因素和竞争因素。成本是制定价格的下限，它犹如房间的地板；顾客需求是制定价格的上限，它犹如房间的天花板；竞争状况决定着价格上下波动，它犹如房间的空间。

1. 成本因素

成本是指企业生产或经营产品或服务所耗费的全部费用。对于服务企业来说，其成本可以分为三部分：固定成本、变动成本和准变动成本。

固定成本又称不可变成本，是指在短期内不随服务产出变化而变化的成本，它在一定时期内表现为固定的量。对于不同服务行业来说，固定成本差别很大。例如，一家律师事务所或咨询机构的主要固定成本就是房租和办公设备折旧等，它在服务成本中所占比例很小；一家航空公司的固定成本通常包括建筑物、土地成本、飞机、办公设施等，它在服务成本中所占比例很大。

变动成本又称可变成本，是指随着服务产出变化而变化的成本，通常包括直接材料费用、易耗品费用、员工工资、通信费用等。服务的变动成本很难准确估计。例如，为一个顾客提供一小时的心理咨询服务究竟需要花费多少可变成本？不同咨询师同样提供一小时的心理咨询服务成本差别究竟有多大？这些费用及其差别一般都很难测评。

准变动成本是指介于固定成本与变动成本之间的成本，它既随着服务量或销售量增减而增减，同时其增减幅度又不与服务量或销售量同比例变化。例如，维修费用、清洁费用等。

服务成本是制定服务价格的最低经济界限，如果服务价格低于服务成本，企业不仅不能赢利，而且还要亏损。当然，服务成本尤其是变动成本很难测评，很多服务企业往往基于经验而大致做出估计。

2. 需求因素

需求是指具有支付能力的人对某种产品或服务的获取欲望,它包括支付能力和购买愿望。

定价的最高原则是顾客愿意接受和能够接受，如果某一价格水平超出顾客的心理预期或者实际支付能力，顾客就不愿意或不能够接受某一价格，进而就会拒绝购买某一产品或服务，由此导致企业产品积压或服务资源闲置。基于此，企业在为产品或服务定价时，必须充分考虑顾客需求（包括支付能力和购买愿望）。

相对于有形产品，顾客对于服务需求的价格弹性较小，或者说顾客对于服务价格的敏感性相对较低，这主要表现为：①即使服务价格大幅下跌，顾客也不会大幅增加购买服务；②对于特殊性服务，如价值较大的服务、不易获得的服务、定制化服务等，即使价格提高，顾客需求量也不会大幅减少。

3. 竞争因素

竞争因素主要包括竞争程度和竞争者实力。

随着服务市场开放以及服务同质化增强，服务竞争会越来越激烈。对此，服务定价必须充分考虑竞争因素，包括同类服务竞争、替代服务竞争以及消费者自我服务竞争等。面对无差别的同类服务竞争，价格低廉更能够获得竞争优势；面对替代服务竞争，拥有明显的性价比更能够获得有利的竞争地位；面对消费者自我服务竞争，如果能够有效降低顾客的非货币成本和提供更专业化的服务，就能够获得竞争优势。

第四节　服务定价方法、技巧和计量

服务营销学者道格拉斯·霍夫曼（K. Douglas Hoffman）认为，服务定价应遵循五个基本原则：一是价格应当是顾客容易理解的；二是价格应当向顾客展示价值；三是价格应当增强顾客信任；四是价格应当减少顾客不确定性；五是价格应当鼓励顾客保留并方便其与服务企业建立关系。为实现以上目标，服务企业必须掌握科学的定价方法和灵活的定价技巧。

一、服务定价方法

定价方法是指企业为实现定价目标所采用的具体手段。与有形产品定价方法一样，服务定价方法基本上有三种：成本导向定价法、需求导向定价法和竞争导向定价法。

（一）成本导向定价法

成本导向定价法是指企业依据其提供服务的成本制定服务价格，即企业在为服务定价时

首先考虑收回成本，然后才考虑赚取利润，基本定价公式是

单位服务价格 = 直接成本 + 间接成本 +（边际）利润

其中，直接成本是指与服务有关的材料成本和劳动力成本；间接成本是指企业固定成本的一部分，如办公室租金、设备折旧等；边际利润是指直接成本与间接成本之和即总成本的某个百分比。因此，服务价格的计算公式可以表述为

单位服务价格 =（直接成本 + 间接成本）·（$1+r$）

其中，r 代表利润率。

成本导向定价法在公共事业、工程施工、广告设计与制作等行业应用较为广泛，其具体定价方法包括成本加成定价法、目标收益率定价法、收支平衡定价法和边际贡献定价法。

1. 成本加成定价法

成本加成定价法是指以单位服务成本为基础，再加上若干百分比的加成率定出服务售价，加成率就是预期利润占服务成本的百分比，定价公式为

单位服务价格 = 单位服务成本 ×（1 + 成本加成率）

成本加成定价法的优点是：①简便易行。只要企业能够计算出服务成本，在此基础上加上若干百分比的加成率，就可以计算出服务价格。②价格相对稳定。在一段时间内服务成本一般不会发生大的变化，从而服务价格可以保持相对稳定。③企业能够获得预期利润。只要企业的服务产品能够卖出去，采用成本加成定价法就能够获得预期利润。④有助于避免价格竞争。如果同行业中的多数企业都采用成本加成定价法，各企业的服务价格就会比较接近，从而避免价格竞争。

当然，服务企业采用成本加成定价法也会面临一些困难和存在一些缺陷，表现为：①服务成本难以核算。例如，医生为病人诊断和治疗服务，其使用的仪器设备和药物成本相对容易计算，但在确诊病情、拟订治疗方案和实施治疗中所花费的时间费用往往无法精确衡量。银行出纳为一位年轻人办理业务只需要花费一两分钟时间，但要为一位老年人办理同样的业务可能要花费十多分钟时间，那么，银行需要向老年人额外收取服务费吗？②服务计量单位模糊。有形产品计量单位比较清晰，如“个”“件”“套”“千克”等。服务多是以输入单位而非输出单位进行计量的，并且计量单位比较模糊，如理一次发、美一次容、按摩 30 分钟、授课 50 分钟等，致使服务成本计算更加困难。③服务真实成本与顾客感知价值可能不一致。例如，一位修鞋匠分别为一双价格 1200 元和一双价格 240 元的皮鞋更换鞋跟，假若修鞋匠依据材料成本、人工成本和利润都收取 30 元维修费，对于后者来说可能感觉不公平或者感觉价格太高了；但对于前者来说，可能会欣然接受。④不利于推动企业控制成本开支。公共事业单位如自来水公司、煤气公司、公共汽车公司等，多采用成本加成定价法，即政府在核算其成本的基础上，允许其适当赢利，进而制定出服务价格。但如果服务成本提升，这些企业就会要求涨价，进而增加公众消费成本。

2. 目标收益率定价法

目标收益率定价法是指企业为了实现预期的投资收益率，根据投资总额和估计的销售量确定服务售价，定价公式为

单位服务价格 =（服务总成本+投资收益额）/预计销售量

目标收益率定价法的关键是合理确定目标收益率高低。如果目标收益率定得太低，企业

就难以获得预期利润和收回投资；如果目标收益率定得太高，就会导致服务售价过高，影响和限制顾客购买，从而企业也难以收回投资和获取利润。一般来说，企业确定目标收益率应当综合考虑投入资金来源、投资回收期限、服务产品生命周期、顾客需求弹性、市场竞争状况等因素。

目标收益率定价法的优点是：①简便易行。只要能够确定投资回收期限或者投资收益率，就能够非常容易地计算出服务售价。②企业收入稳定。只要服务产品能够按照既定价格销售出去，企业就能够获得预期利润。但其缺点是：根据估计的销售量计算服务价格，这是反因为果。事实上，价格是影响销售量的重要因素。

3. 收支平衡定价法

收支平衡定价法又叫盈亏平衡定价法、损益平衡定价法、临界点定价法，它是以销售收入与总成本保持平衡为原则的定价方法。该定价方法有两个计算公式，在已知销售量的情况下：

单位服务价格 = 固定成本/收支平衡点销售量 + 单位变动成本

在已知销售价格的情况下：

收支平衡点销售量 = 固定成本/（单位服务价格 − 单位变动成本）

收支平衡定价法是在服务需求不足或者服务资源闲置和过剩的情况下企业采用的一种定价方法。利用收支平衡定价法，企业可以在既定需求下确定最低服务售价，也可以在既定价格下确定最低服务需求。

4. 边际贡献定价法

边际贡献是指销售收入与变动成本之间的差额。边际贡献定价法是指以弥补变动成本为原则的定价方法。计算公式为

单位服务价格 = 单位变动成本 +（边际贡献/销售量）

如果边际贡献大于固定成本，企业就有赢利；如果边际贡献等于固定成本，企业保本；如果边际贡献小于固定成本，企业就要亏损。但在特殊情况下，只要边际贡献大于零，企业就可以继续经营，因为它能够在一定程度上弥补固定成本。在短时间内，边际贡献等于零，企业也可以接受，因为在短时间内企业固定资产闲置与使用的成本可能没有明显差异。

（二）需求导向定价法

需求导向定价法是指以顾客需求为中心进行定价，即企业在为服务定价时首先考虑顾客需求强度以及对价格的接受能力，然后才考虑能否弥补成本或者赚取利润。

需求导向定价法最符合营销学的思想，因为该种定价方法的前提是让顾客或“愿意买的人”能够接受和愿意接受某一价格水平。需求导向定价法有两种常用的具体定价方法：一是理解价值定价法，二是区分需求定价法。

1. 理解价值定价法

理解价值定价法又叫认知价值定价法，是指企业根据顾客对于服务价值的认识和理解来为服务定价。需要说明的是，这里的“理解价值”是指顾客在观念上形成的价值，即顾客对于服务价值的主观估计而非服务的实际价值。例如，与美国股神巴菲特共进一次午餐究竟需要花费多少钱？中国成长投资基金创办人赵丹阳以 211 万美元的价格竞拍到了与巴菲特共进慈善午餐的机会。赵丹阳可能认为这是划算的、值得的，这是典型的理解价值定价法。

理解价值定价法认为，顾客在购买服务时总是愿意选择那些价值符合其要求同时价格符合其心理预期的服务。如果顾客所认识的服务价值能够满足其需要，同时价格水平又与其心理预期吻合，顾客一般就会实施购买；反之，如果顾客所认识的服务价值不能满足其需要，或者价格水平与其心理预期不吻合，顾客一般就会放弃购买。

理解价值定价法一般有以下两个步骤。

第一步，提高顾客对于服务价值的认识和理解程度。由于服务具有无形性，企业展示和提升顾客对于服务价值的理解程度难度相对较大，但以下方法具有可行性。

（1）提升有形环境，包括服务场所、服务设施、服务人员等；

（2）完善服务流程和服务标准，通过标准化、规范化、人性化等方法为顾客提供服务；

（3）增加服务可视性，提升和展示服务技巧；

（4）推动顾客口碑传播，提升企业形象。

第二步，了解和评估顾客对于服务价值的认识和理解。理解价值定价法的关键就是了解和正确评估顾客对于服务价值的认识和理解。但此项工作难度较大，尤其是对于服务产品来说更是如此。从理论上来说，了解顾客对于服务价值的认识和理解有以下两种方法：

（1）直接评议法，即邀请有关人员如顾客、行业专家、中间商等，由其根据对服务价值的认识和理解直接评议出服务价值，即按照多数人认定的价值制定服务价格。

（2）评分法，即根据理想服务的各种属性对顾客的重要程度确定出不同权重，然后用实际服务的属性与理想服务的属性逐一对比，进而计算出实际服务价值。

2. 区分需求定价法

区分需求定价法又叫差别对待定价法、需求差异定价法，是指以不反映成本费用差异的价格差异分别对待不同的顾客，进而在服务销售量和单位服务利润率之间找到平衡点，以获取最大利润。区分需求定价法有以下几种具体形式。

（1）区分顾客定价，即同一服务项目在同一时间和地点以不同价格分别卖给不同年龄、职业、收入水平和不同购买目的的顾客，以便获取更多利润或者体现企业的社会价值。如在同一时间和地点，企业对有些顾客按照价目表出售某一服务，对另一些顾客可以讨价还价或者给予折扣；对于一般顾客按照固定价格出售，对于老顾客按照优惠价格出售。例如，中国铁路总公司对于在校大学生打折销售列车票；国家电网公司针对居民生活用电、商业用电、工业用电、农业用电等分别制定不同的收费标准。

（2）区分时间定价，即同一服务项目在不同季节、不同日期甚至不同钟点以不同价格卖给顾客，或者说，需求旺季或高峰期，提高服务售价；需求淡季或低谷期，降低服务售价。区分时间定价的目的一是为了获取最大利润，二是为了缓解供求关系。此类定价方法在服务企业被广泛应用，因为服务不能储存，并且服务需求具有明显的时间性，采用此类定价方法能够在一定程度上缓解服务需求与供给之间的关系，并减少服务资源闲置和浪费现象，进而获取更多利润。例如，旅游景点、航空公司、宾馆、饭店、歌舞厅、供电公司、电影院等，一般都会采用此类定价方法。

（3）区分地点定价，即对于处在不同位置的服务项目分别制定不同的价格，以便有效利用企业资源和更好地满足不同顾客需要。例如，影剧院座位因为位置不同而分别制定不同的价格。

（4）区分服务定价，即以不反映成本费用差异的价格差异将不同等级或档次的服务分别卖给不同顾客。这一定价的基本原则是：以较低价格将普通服务卖给低薪阶层，以便提高市场占有率，因为低薪阶层对价格比较敏感；以较高价格将高档服务卖给高薪阶层，以便获取更多利润，因为高薪阶层对价格不敏感。例如，中国移动公司针对不同目标顾客分别开发和设计了全球通、神州行和动感地带三个服务品牌，进而分别制定不同的价格，并且价格水平的差别远远大于服务成本的差别；航空公司、轮渡公司和铁路公司等针对头等舱和普通舱、一等座位和二等座位也分别制定了不同的价格，并且价格差别远远大于成本费用的差别。

（三）竞争导向定价法

竞争导向定价法是指以市场上相互竞争的同类服务产品作为本企业服务产品定价的基本依据，并依据竞争对手的价格变化而调整本企业的服务产品价格水平。竞争导向定价法并不意味着与竞争者收取相同的服务费用，而是将竞争者收费标准作为本企业服务定价的基本依据。

竞争导向定价法在标准化服务行业、服务成本不易测评的服务行业以及寡头垄断服务行业（如通信业、航空业）应用较为广泛。竞争导向定价法具体定价方法有以下几种。

1. 随行就市定价法

随行就市定价法是指按照行业平均价格水平为本企业服务定价。这种定价方法在服务行业应用较为广泛，尤其是在标准化的服务行业、成本不易测评的服务行业以及寡头垄断的服务行业更是广泛应用。

随行就市定价法的优点是：①操作简便，省去了估算服务成本和了解顾客需求的工作；②易于为顾客所接受，因为平均价格在人们的观念中被认为是合理的；③有助于避免价格竞争，促进企业之间和谐共处；④依据平均价格定价意味着集中了本行业的集体智慧，一般能够为企业带来合理和适度利润。

随行就市定价法是一种防御性策略,在避免价格竞争的同时也放弃了价格这一竞争利器。采用此种定价方法，要求企业密切监视本行业的价格动向，把握具有代表性的服务企业价格走势。如果竞争对手未进行价格调整，即使本企业的服务成本和市场需求发生变化，企业也应该维持既有价格；如果竞争对手的价格发生变化，即使本企业的服务成本和市场需求没有发生变化，企业也必须调整服务价格。

2. 追随市场领导者定价法

追随市场领导者定价法是指按照本行业中处于领导地位的企业的服务价格水平为本企业服务定价。一些企业为了避免竞争者报复，并提升企业形象，通常会采用这种定价方法。但需要说明的是,采用这种定价方法必须以服务质量不低于竞争对手或者高于竞争对手为前提，否则就难以赢得顾客购买和信任。

3. 主动竞争定价法

主动竞争定价法是指企业为了击败竞争对手而主动将服务价格定得较低。这是一种进攻性定价方法。一个行业中的领袖企业为了打压弱小企业或者实力雄厚企业为了挑战领袖企业，多采用此种定价方法。

采用主动竞争定价法，要求企业在保证服务质量的前提下，必须竭尽全力地降低服务成本进而降低服务售价。但需要说明的是，主动竞争定价法有可能招致竞争对手的报复，从而导致价格战和两败俱伤。

4. 密封投标定价法

密封投标定价法是指当买主通过招标方式购买时，参加投标的企业为了中标而根据对竞争者报价的估计确定本企业的服务价格。这种定价方法在工程施工行业普遍被采用。

采用密封投标定价法，报价高低是影响中标的关键，但也以相反的方法影响企业利润水平，即报价高，利润大，但中标机会小；报价低，中标机会大，但利润少，甚至出现亏损。一般来说，最佳报价是预期利润最大化时的报价。预期利润是指企业中标能够获得的利润与中标概率的乘积，也就是说，目标利润与中标概率的最佳组合就是企业的最佳报价。因此，企业报价必须在目标利润和中标概率的各种组合之间进行选择。

服务行业采用竞争导向定价法也面临一些困难，主要表现为：①服务供应商所提供的服务在质量上可能存在较大差别，以至于很难以竞争对手的既定价格作为参考来确定本企业的服务价格。②服务通常没有价格标签，以至于竞争对手的服务价格在很多情况下是不易获得的。③如果企业服务成本较高，采用竞争导向定价法就难以获取应有的利润。

二、服务定价技巧

定价技巧是指企业为实现定价目标而采用的灵活多变的定价手段，它是定价方法的补充。下面主要介绍三类定价技巧：心理定价技巧、价格折扣技巧和新服务定价技巧。

（一）心理定价技巧

心理定价技巧是指企业根据顾客的购买心理为服务定价，以诱导顾客实施购买。具体定价技巧有以下几种。

1. 尾数定价

尾数定价是指企业为其服务制定一个非整数或带有尾数的价格。这种定价技巧的优点是：①能够让顾客产生价格低廉、经济实惠的感觉。例如，定价 29.95 元和定价 30 元给消费者的感觉是不一样的，前者是 20 多元范围内的开支，后者是 30 元范围内的开支。②能够让顾客产生定价准确、合理，是经过精确计算后得来的印象。对于整数价格如 10 元、20 元，消费者在心理上会认为是一个粗略性定价，是把零头折算成了整数；尾数价格如 19.7 元、19.9 元，消费者会认为定价是经过精确计算出来的，更加合理。③能够制定出一个顾客喜欢、合意的数字。有些国家或地区的消费者出于风俗习惯或其他原因，对有些数字比较偏爱或者忌讳，实行尾数定价可以避开消费者忌讳的数字和选择消费者偏爱的数字，从而让顾客对价格更满意。

一般来说，尾数定价技巧比较适用于价格不高的服务项目，对于价格昂贵的服务项目一般不宜采用尾数定价。

2. 整数定价

整数定价是指采用合零凑整的方法把服务价格定为整数。这种定价技巧主要适用于高端服务、顾客不太了解的服务以及针对高薪阶层提供的服务。

整数定价技巧的优点是：①能够满足高薪阶层享受豪华和追求虚荣的需要。因为购买高端服务的消费者以及高薪阶层购买某种服务，不仅是为了满足生理需要，而且是为了满足心理需要，即显示身份和地位。由于服务具有无形性，购买高价格服务能够在一定程度上满足消费者的显示欲和炫耀欲。②能够适当抬高服务身价和扩大销售量。由于服务具有无形性，很多购买者会反因为果，即根据价格判断服务质量或档次。采用整数定价，能够在一定程度上抬高服务身价，进而促使品质型购买者增加消费。

3. 声望定价

声望定价又叫形象定价，是指利用品牌声望或企业声望给服务项目制定一个较高的价格。例如，高档酒店餐饮、住宿以及其他服务项目收费都很高。“借声望定高价，以高价扬声望”是声望定价技巧的基本要领。声望定价技巧的优点是：①能够提高企业或品牌声望与形象。很多消费者都有“价高质必优”的心理，对于无形服务来说更是如此。基于此，企业为某一服务制定较高价格，能够在一定程度上抬高企业或品牌声望与形象。②能够满足高薪阶层显示身份和地位的需要。如上所述，高薪阶层购买服务不仅是为了满足生理需要，更是为了满足心理需要。购买高价格服务，能够在一定程度上满足消费者的显示欲和炫耀欲。

需要说明的是，采用声望定价技巧必须以完美的服务质量和有效的服务补救系统作为保证，否则是难以赢得顾客的。

4. 招徕定价

招徕定价又叫牺牲品定价，是指企业为了招揽顾客而有意把某类或某些服务项目价格定得很低（甚至低于成本）。这种定价技巧主要是针对低薪阶层或大众服务项目所采用的。因为低薪阶层对价格比较敏感，通过降低某类或某些服务项目价格，能够有效地吸引顾客前往服务场所购买服务，此时，服务企业可以通过展示良好的服务过程以及有效推销，让顾客购买正常价格甚至高价格的服务项目，以便提高服务资源利用率和赚取更多利润。例如，一些饭店为了吸引顾客前往就餐，会有选择地推出低价菜。

5. 习惯定价

习惯定价是指按照顾客习惯接受或认同的价格水平为服务定价。现实生活中，消费者按照某一价格水平长年购买和消费某一服务项目，对该服务项目的价格水平已经习惯和认同。如果企业提高服务价格，消费者可能会认为企业不厚道，从而拒绝购买；如果降低服务价格，消费者可能会怀疑服务质量，从而也会减少购买。基于此，对于消费者经常购买以及习惯接受和认同的服务价格，企业一般不要轻易调整价格。如果因为服务成本提高而不得不调整价格水平，企业就应当做好解释和说服工作，以求得顾客理解和认同。

6. 分级定价

分级定价是指企业基于消费者比较价格的心理，将同类服务（即核心服务相同的服务）按照档次、级别拉开价格，形成价格系列。分级定价的优点是：①价格能够较好地反应服务成本；②价格能够较好地适应不同顾客的需要和购买能力；③能够利用顾客比较价格的心理推动顾客购买特定服务。

（二）价格折扣技巧

价格折扣是指在基本价格基础上，根据交易方式、交易数量和交易时间等的不同，给予顾客一定的折让，以刺激顾客扩大购买、重复购买或者及时、提前支付款项。具体技巧有以下几种。

1. 现金折扣

现金折扣是指对于按时付清服务款项或者提前支付服务款项的顾客给予折扣。这种折扣技巧有利于服务提供商及早收回资金、减少信用成本和呆账现象发生。例如，房地产开发公司对于一次性付清购房款的顾客通常给予一定折扣。

2. 数量折扣

数量折扣是指对于大量购买或重复购买的顾客给予折扣。这种折扣技巧有利于减少企业交易成本、扩大服务销量、提高服务资源利用率和培养顾客忠诚等。

数量折扣包括累进折扣和非累进折扣两种。累进折扣是指对于在一定时间内累计购买服务产品或金额达到一定数量的顾客给予一定折扣。例如，汽车维修公司对于一个月内洗车达3次及其以上的顾客给予8折优惠。这种折扣技巧有助于稳定顾客和扩大服务销量。非累进折扣是指对于一次购买服务产品或金额达到一定数量的顾客给予一定折扣。例如，服装干洗店对于一次洗涤5件及其以上服装的顾客给予8折优惠。这种折扣技巧有助于鼓励顾客一次大量购买，进而减少企业交易成本和加快资金周转。

3. 季节折扣

季节折扣是指对于在淡季购买服务项目的顾客给予折扣。例如，旅游景点、航空公司、宾馆等通常在淡季打折销售。这种折扣技巧有助于促使顾客在淡季增加购买，进而减少企业服务资源闲置和浪费。

4. 地点折扣

地点折扣是指对于购买地处偏僻位置服务项目的顾客给予折扣。例如，房地产公司对于位置不好的房屋打折销售、影剧院对于后排或边排座位打折销售。这是因为，由于服务在空间上不能转移，如果以相同价格销售某一服务项目，就有可能导致处于偏僻位置的服务无人购买，从而导致服务资源闲置和浪费。地点折扣技巧能够有效地吸引价格敏感型顾客购买地处偏僻位置的服务，以在最大程度上利用服务资源。

5. 会员折扣

会员折扣是指给予公司会员顾客或者长期关系顾客提供价格折扣。当然，要成为公司会员，一般要一次购买一定量或一定金额服务（即支付一定款项，然后分期或分次消费服务）。这种折扣技巧能够稳定销售、及时回收资金、保证服务资源均衡和有效地利用。

6. 团购折扣

团购是指多个独立顾客抱团或结伙购买，以便通过增加购买量提高议价能力和节省购买成本。团购折扣是指对于联合购买的顾客给予折扣。这种折扣技巧有助于扩大销量、减少交易成本和推动顾客协助销售等。

7. 预约折扣

预约折扣是指对于提前预订或预约购买的顾客给予折扣。例如，航空公司对于提前购买机票的乘客通常给予较多折扣；宾馆对于提前预订房间的顾客通常给予折扣。这种折扣技巧有助于促使顾客提前购买和预订，从而锁定和套牢顾客，最终平衡服务资源和有效利用服务资源，并减少服务资源闲置和浪费。

8. 一揽子购买折扣

一揽子购买折扣是指对于一次购买多个相关或配套服务项目的顾客给予折扣。现实生活中很多企业将两个及其以上有关联的服务项目捆绑在一起销售或者设计成不同的套餐销售，但销售价格通常比单独销售多个服务项目价格低廉。例如，公园或旅游景点将多个景点门票捆绑销售，旅行社将机票、景点门票、住宿、餐饮等打包销售。一揽子购买折扣能够促使顾客一次购买多个服务项目，推动服务企业一物带多物销售，并降低交易成本，从而获取更多利润和保留顾客。

（三）新服务定价技巧

这里的新服务是指能够给顾客带来明显差别利益的服务，即市场上原来没有而是企业新推出的服务。新服务定价技巧有以下三种。

1. 撇脂定价

撇脂定价是指企业将新服务价格定得很高，以期在短期内收回成本和赚取最大利润。这犹如从鲜奶中撇去奶油，提取其精华，故称为撇脂定价。

撇脂定价主要适用于以下几种情况。

（1）目标顾客收入水平较高，购买力旺盛，勇于尝试新事物，对价格不敏感；

（2）服务项目能够给顾客带来独特利益，或者服务形式、服务场所奢华从而能够满足顾客心理需要；

（3）行业门槛较高，竞争者不易模仿和介入，即使制定高价格企业仍然能够维持独家经营局面。

2. 渗透定价

渗透定价是指企业将服务价格定得较低，以期在短期内吸引大量顾客，进而提高市场占有率和扩大销售量。

渗透定价主要适用于以下几种情况：

（1）目标顾客收入水平不高，对价格比较敏感；

（2）大众化服务项目，即多数人都需要该类服务项目，同时服务提供方式和提供场所也比较普通；

（3）行业门槛不高，竞争者容易模仿和介入。

3. 满意定价

满意定价是指企业将服务价格定得高低适中，服务供应商、服务中间商和消费者都能够接受，又称温和价格或君子价格。

采用满意定价方法，企业一般能够实现赢利目标，并且保持持续和稳定发展。因此，该定价方法适用范围比较广泛。

三、服务价格计量方法

有形产品属于生产结果，有形产品价格是对于生产结果的货币标注，一般以单位产品数量、重量和体积等为单位进行计量。无形服务不仅是生产结果，更是生产过程，而且无论结果还是过程都具有不确定性，因此，无形服务价格计量和标注比较复杂。

服务企业经常采用的价格计量和标注方法有以下几种。

1. 服务次数基准法

服务次数基准法是指依据服务人次作为服务收费的基本依据，即服务企业根据服务人数（或物件）和次数收取服务费用，而不考虑每一个人（或物件）和每一次服务时间长短以及个人或物件具体情况，更简单地说，就是为每一个人或每一物件服务一次收取多少费用。这种标价方法比较适用于标准化服务或者服务成本不易计量的服务。例如，理发、美容、培训、客运、住宿、公园门票、服装干洗、抽油烟机清洗等都是如此标价的。

这种标价方法的优点是：①价格是公开透明的，能够减少顾客购买风险；②顾客可以依据价格形成合理预期，进而决定购买与否；③最大程度上减少买卖双方在价格上的纠纷。当然，此种标价方法也有一些缺点：①每一位顾客支付的价格不能完全反映成本费用，存在事实上的不公平。例如，同是理发，不同顾客往往会有不同要求，从而耗费的时间多少也会有很大差异。②企业为获取更多利润可能会压低服务成本，致使服务质量难以保证。

2. 服务数量基准法

服务数量基准法是指依据服务数量作为服务收费的基本依据，即服务企业根据服务人数、服务物数、服务面积等收取服务费用，而不考虑服务时间长短。这种标价方法比较适用于服务成本和服务数量容易计量的服务。例如，工程施工、机器维修和维护、垃圾外运和处理、河道疏通、园林绿化等多是采用此种标价方法。

这种标价方法的优点是：①将服务价格与服务数量密切相连，对于买卖双方都比较公平合理。②能够推动服务企业提高服务效率，加快服务速度。当然，此种标价方法也有一些缺点：①服务企业在重视服务数量的同时可能会忽视服务质量。②服务企业为加快服务进度和增加服务数量，有可能导致人员和设备被过度使用。

3. 服务时间基准法

服务时间基准法是指依据服务时间作为服务收费的基本依据，即服务企业根据服务时间长短收取服务费用，而不考虑在服务时间内的服务内容、服务数量和工作强度等。这种标价方法比较适用于人工服务和服务时间作为主要成本的服务。例如，演员商业演出、教授走穴培训、名人走秀活动、会计师服务、物件看管服务等多是如此标价的。

这种标价方法的优点是：①价格是公开和透明的，能够消除顾客的购买风险；②顾客可以依据价格形成合理预期，进而决定是否购买。当然，这种标价方法也有一些缺点：①在既定时间内服务内容、服务数量和工作强度可能会有差别，以至于服务价格或费用不能反映收益水平。②依据服务时间收取费用可能导致服务员工偷懒和降低劳动强度，或产生“磨洋工”现象。

4. 服务结果基准法

服务结果基准法是指依据服务结果或者服务目标完成情况作为服务收费的基本依据，即服务双方事前签订协议以明确服务目标或结果，待服务过程结束之后根据服务结果或服务目标完成情况收取费用（如果实现约定的服务目标或结果，收取全额费用；否则，免收或减收服务费用）。这种标价方法较多地运用于服务结果具有不确定性和存在购买风险性的服务行业。例如，一些考证辅导和培训机构、驾驶培训机构、康复中心、疾病治疗中心、律师事务所等会采用此种标价方法。

这种标价方法的优点是：①将服务价格或收费水平与服务目标或结果联系在一起，能够极大地降低购买者的风险。②能够推动服务企业竭尽全力地完成服务目标或实现约定的服务结果，即增加有效服务。但其缺点是：①如果服务结果有赖于顾客的参与，此种标价方法对于服务企业就具有较大的风险性。②如果服务目标或结果缺少客观衡量依据，就会导致服务双方发生纠纷。

5. 服务收益百分比法

服务收益百分比法是指依据服务收益（包括完成的服务交易额或者赚取的利益额）作为服务收费的基本依据。这种标价方法较多地运用于服务成本和服务数量不易测评的服务行业。例如，房屋中介服务、招投标服务、证券代理服务、讨债公司服务、律师事务所服务等多采用此种标价方法。

这种标价方法的优点是：①简单明了，容易计算；②对于服务企业具有刺激性，促使服务企业实现更多服务交易额或者赢利额。但其缺点是：①服务价格或收费水平不能反映服务成本费用，存在事实上的不合理或不公平性；②服务企业或销售人员为了获取提成会存在短期行为，致使企业形象受损。

6. 固定法

固定法是指在一定时间内按照固定水平收取服务费用，即在一定时间内综合考虑服务内容、服务成本、服务时间和服务结果等，固定收取一定水平的服务费用。这种标价方法较多地运用于在一定时间内服务项目多少、服务难易程度以及服务成本高低不易确定的服务。例如，企业法律顾问、企业管理顾问、企业机器保养和维护、单位园林修剪、公路养护等多采用此种标价方法。

这种标价方法的优点是：①简单明了，容易操作；②减少谈判或交易成本。但其缺点是：①服务价格或收费水平不能反映服务内容和成本费用；②在一定时间内如果服务项目增加（如企业遭遇较多官司，律师要在一定时间内处理多个诉讼事件），服务提供方就难以获得相应的收益。

第五节　服务定价决策

服务定价是一个非常复杂的决策过程，并且面临着多个决策内容。一般来说，服务定价包括以下决策过程和内容。

1. 服务定价目标和依据

如上所述，企业基本定价目标有八个。企业面临外部环境不同、在行业中所处地位不同、自身资源和能力不同、目标顾客不同、服务类别不同、服务项目所处生命周期不同等，都会影响服务企业定价目标。对此，服务企业必须在综合考虑各种因素的基础上，明确服务定价目标，这是定价决策的基础。

定价是企业实现赢利目标的手段，也是应对竞争的手段，更是满足顾客需要的手段。因此，企业在为服务定价时，必须综合考虑成本因素、需求因素和竞争因素，即在成本、需求和竞争之间找到平衡点。但对于具体一家企业和具体一个服务项目来说，企业必须明确定价应考虑哪些基本因素和具体因素，以便制定出各方都能够接受的服务价格。

2. 服务定价方法和技巧

定价方法是实现定价目标的基本手段，定价技巧是实现定价目标的补充手段。当企业明确定价目标之后，就要寻找恰当的定价方法和技巧，以便实现定价目标。

如上所述，服务定价基本方法有三类：成本导向定价法、需求导向定价法和竞争导向定价法，而且每一类定价方法又有很多具体方法。对此，服务企业应寻找和确定恰当的定价方法。

在明确定价方法的基础上，服务企业还应当选择灵活有效的定价技巧，以便更好地实现定价目标。基本定价技巧主要有两类：心理定价技巧和价格折扣技巧。对此，服务企业应当根据具体情况灵活运用定价技巧。

3. 服务价格计量单位

由于服务具有过程性和非物质性，致使服务计量单位非常复杂。但基本计量单位包括服务次数、服务数量、服务时间、服务结果、服务收益和综合因素等。对此，服务企业应选择恰当、适宜的价格计量单位和价格标注方法。

4. 服务价格水平

一般来说，顾客并不关注企业定价目标、定价依据和定价方法，也并不特别关注定价技巧，但非常关注价格水平，即用货币来表示的单位服务购买成本，因为这直接决定着顾客的购买成本和收益。因此，企业在选择定价方法、技巧和计量单位的基础上，最终要确定价格水平。

企业确定价格水平的最高原则是顾客愿意接受和能够接受，如果某一价格水平顾客不能够或者不愿意接受，其定价就是失败的。顾客判断某一价格水平是否合理一般会考虑这样一些因素：服务的独特性及其给顾客带来的独特利益、顾客需求强度、顾客收入水平及其对价格的敏感性、替代服务及其价格等。

5. 付款时间、地点和方式

在确定服务价格水平之后，服务企业还要确定付款时间、地点和方式。

一般来说，服务付款时间有以下几种。

（1）事前支付，即在服务交付之前或者顾客享受服务之前支付服务费用。如火车票、飞机票、公交车票、公园门票、驾校培训费等都是如此。此种付款方式能够避免呆账、坏账现象发生，并有助于企业控制供求关系。

（2）事后支付，即在服务过程结束之后或者顾客享受服务之后支付服务费用。如餐费、汽车修理费、理发费、自来水费、电费、燃气费、出租车费等都是如此。此种付款方式能够降低顾客的风险，从而增加顾客满意度。

（3）分期支付，即按照服务总费用的一定比例分别在服务之前、服务过程之中和服务之后付款或者分次数、分时间付款。如企业管理咨询费用、大型施工项目费用、房屋建造费用、大型维修费用等多采用此种支付方法。此种付款方式对于买卖双方都比较公平。

一般来说，付款地点有以下几处。

（1）服务场所，即顾客在哪里接受服务就在哪里付款。对于服务提供者或服务设施与服务消费者紧密接触的服务，通常采用此种方法付款，如宾馆、酒店、理发店等都是在服务场所收取费用。

（2）顾客方便的地点，即在顾客方便的地点付款（通常是服务人员上门收取费用）。对于服务生产者或服务设施与消费者不需要直接或密切接触的服务，通常采用此种收费或付款方法。如保险费、物业费、水电费等通常是服务企业人员上门收取费用。

（3）网上付款，即通过互联网支付服务费用。这种支付方式越来越普及，它对于买卖双方都比较方便和节约。

随着信息技术发展，付款方式越来越多样化，服务企业应当尽可能地创造和提供灵活的付款方式，包括现金付款、信用卡付款、借记卡付款、支票付款等，以在最大程度上方便顾客，进而创造需求和提升顾客满意度。

6. 服务费用收取机构

服务费用收取机构一般有两类：一是服务提供商直接收取；二是由银行代收（如水费、电费、燃气费、有线电视费等）。由于银行网点较多，由银行代理收取服务费能够极大地方便顾客，进而创造市场。

7. 如何把服务价格及其相关信息告诉给顾客

由于服务价格影响顾客预期进而影响顾客实际购买，因此，服务企业必须采用恰当方法将服务价格及其相关信息告诉给顾客。传播服务价格信息的方法主要有广告传播、服务现场展示、服务人员告知等。为了避免顾客对于价格产生错误理解，服务企业应当尽可能清晰和准确地标注价格。

第六节　顾客非货币成本及其管理

顾客购买产品或服务除了要耗费货币成本之外，还要耗费一些非货币成本。由于服务具有无形性、异质性和生产与消费同步性等特征，顾客购买服务相对于购买有形产品通常要耗费更多的非货币成本。因此，服务企业在进行价格管理时必须十分重视对顾客非货币成本进行管理，以便降低顾客购买总成本和增加顾客总价值，进而吸引顾客和提升顾客满意度。

一、非货币成本及其种类

价格是顾客购买产品或服务所耗费的货币成本或者说经济成本。非货币成本是指顾客购买产品或服务所耗费的货币成本之外的其他成本。

顾客非货币成本主要有两种分类方法：一是依据非货币成本构成内容进行分类，二是依据顾客购买服务过程进行分类。

（一）依据非货币成本构成内容分类

依据非货币成本构成内容不同，顾客购买产品或服务所耗费的非货币成本基本上可以分为时间成本、体力成本、精神成本和感官成本四类。

1．时间成本

时间成本是指顾客购买产品或服务所耗费的时间，包括购前信息搜寻时间、前往销售地点时间、排队等待时间、购买和消费时间等。影响顾客时间成本的因素很多，如产品或服务类别、产品或服务供给丰富程度、销售或服务网点多少及其布局、顾客参与程度以及参与能力等。现代社会，随着人们越来越忙碌以及时间观念越来越强，人们购买产品或服务越来越期望减少时间成本。

2．体力成本

体力成本是指顾客购买产品或服务所耗费的体力，包括购前信息搜寻耗费体力、前往销售地点耗费体力、排队等待耗费体力、购买和消费耗费体力、产品携带耗费体力等。影响顾客体力成本的因素很多，如产品或服务特点、供给丰富程度、销售或服务网点多少、顾客参与程度、供应商提供服务多少、信息收集手段等。现代社会，随着人们收入水平不断提高，人们越来越追求舒适和安逸，从而不愿意为购买产品或服务耗费过多的体力成本。

3．精神成本

精神成本是指顾客购买产品或服务所耗费的心力，包括购前对比与选择所耗费的心力、前往销售地点选择交通路线和工具所耗费的心力、排队等待过程以及担心不能买到或不能获得公平对待耗费的心力、担心遭遇产品质量或服务失误问题而耗费的心力等。影响顾客精神成本的因素很多，如购买风险大小、企业信誉高低、企业产品或服务安全程度、产品或服务透明程度、可供选择购买方案多少、选择依据和指导、企业承诺或保证等。现代社会，人们面临的压力非常大、面对的压力非常多，从而不愿意再在购买产品或服务方面付出很多精神压力。

4．感官成本

感官成本是指顾客购买产品或服务在感官上遭受的痛苦或不适，如难闻的气味、温度过高或过低、灯光过于暗淡或刺眼、环境嘈杂等，所有这些都会导致顾客生理或心理上的不适甚至痛苦。影响顾客感官成本的因素主要是销售或服务现场环境，如果销售或服务现场环境清新、布局合理、通风良好、温度适宜、色彩柔和等，顾客购买产品或接受服务的过程就是舒心愉快的；如果销售或服务现场声音嘈杂、温度过高或过低、灯光暗淡或刺眼等，消费者购买产品或接受服务的过程就是痛苦的。现代社会，随着产品或服务供给越来越丰富，在非特殊情况下人们一般不愿意为购买到某类产品或服务而遭受身心痛苦，相反，人们越来越期待购物或接受服务的过程充满愉悦、快乐和享受。

（二）依据顾客购买过程分类

依据顾客购买过程不同，顾客购买产品或服务所耗费的非货币成本基本上可以分为搜寻成本、路途成本、等待成本、参与成本和投诉成本五类。

1．搜寻成本

搜寻成本是指顾客搜寻所要购买的产品或服务而耗费的成本，包括时间成本、体力成本、精神成本和感官成本。由于生产者与消费者之间存在着信息矛盾，消费者为了购买到称心如意的产品或服务，或者为了节省货币成本、减少购买风险等，通常要耗费大量时间和体力搜寻相关产品或服务信息，包括产品或服务名称、产品或服务品质状况、生产或供应企业状况、价格情况、售后服务情况、物流配送情况、媒体评价、客户口碑等。在掌握相关信息的基础上，消费者还要花费很多心力对多个产品或服务项目进行对比。如果是在实体店或服务场所搜寻信息，消费者可能还要耗费感官成本，即遭受身心痛苦。随着互联网和移动通信行业的发展，消费者搜寻产品或服务的手段越来越先进，从而搜寻成本会适当降低。但另一方面，随着产品或服务越来越丰富以及企业传递的产品或服务信息越来越多，加之客户通过互联网或移动通信工具传播所接触或消费的产品或服务信息，这又会导致消费者搜寻和过滤信息的成本大大提高。

有形产品具有充分的搜寻特征，无形服务不具有搜寻特征，因此，顾客购买无形服务相对于购买有形产品通常要耗费更多的搜寻成本。

2. 路途成本

路途成本是指顾客前往销售地点或服务场所而耗费的成本，又称在途成本或到达成本，包括时间成本、体力成本、精神成本和感官成本。由于生产者或销售者与消费者之间在空间上存在着矛盾，消费者要想购买到某种产品或服务，通常要亲自前往销售地点或服务场所，由此会耗费消费者一些时间、体力、精神和身心。顾客在途成本通常与路途远近、路况好坏、交通方便性等密切相关。

有形产品生产、销售与消费是分开的，企业可以通过送货或者委托快递公司送达方式，以减少顾客前往购买地点的在途成本。服务生产、销售与消费具有不可分割性，很多服务都需要顾客亲自前往服务地点接受服务，从而顾客购买服务相对于购买有形产品通常要耗费更多在途成本。

3. 等待成本

等待成本是指顾客排队等待购买产品或服务而耗费的成本。由于生产者或销售者与消费者在供需时间上存在着矛盾，顾客购买产品或服务通常需要耗费或长或短的排队等待时间，同时在排队等待过程中还要耗费一些体力、精神甚至遭受身心痛苦。例如，站立排队劳累困顿，需要耗费很多体力；排队时间不确定、排队不公平、排错队伍等，都会耗费顾客精力和增加顾客烦恼；排队场所环境嘈杂、空气不流通等，会导致顾客身心不适。

现代社会，由于产品越来越丰富，加之产品可以储存，顾客购买有形产品通常不需要耗费过多的等待时间，即到达销售现场后通常马上就能够购买到所需产品。当然，在一些超市，顾客结账和付款通常要排队等待和耗费一些时间。由于服务生产与消费不可分割以及服务不能储存，加之顾客到达服务现场具有随机性以及每一位顾客参与服务的能力不同进而接受服务时间长短不等，顾客购买服务通常需要排队等待甚至是长时间等待，即使是预约服务，也不能保证准时获取服务。

4. 参与成本

参与成本是指顾客参与购买或消费过程所耗费的成本，如体验产品或服务、掌握产品操作方法、参与或独立完成生产过程等。

有形产品生产与消费是分割的，除了定制化产品之外，顾客通常不需要参与生产过程，仅仅是在销售现场花费一些时间和体力体验产品和掌握产品使用方法即可。由于服务生产与消费不可分割，顾客通常需要参与到服务过程之中，甚至越来越多的服务将由顾客独立和自助完成，由此会耗费顾客很多时间、体力和精神成本。

5．投诉成本

投诉成本是指顾客因为对所购买产品或服务不满意而向企业或相关机构投诉所花费的成本。现实生活中，任何企业的产品或服务都不能够真正做到完美无缺或者零缺陷，如果顾客所购买产品或服务不能够达到其期望或者企业承诺的水平，顾客往往就会向企业或相关机构投诉，以求得到补偿，由此会耗费顾客一些时间、体力和精神成本。

有形产品具有充分的搜寻特征，产品缺陷容易取证，从而顾客对于有形产品的投诉和获得补偿相对比较容易，即顾客对于有形产品的投诉成本相对较低。服务缺乏搜寻特征，服务失误一般不易取证，从而顾客对于服务的投诉和获得补救相对难度较大，即顾客对于服务的投诉成本相对较高。

总之，由服务特征所决定，顾客购买服务相对于购买有形产品通常要耗费更多的非货币成本。

二、非货币成本管理

货币成本和非货币成本共同构成了顾客购买产品或服务的代价，企业要想增加顾客价值和提升顾客满意度，首先，在总价值（包括产品价值、服务价值、形象价值和人员价值）一定的前提下，就应当努力降低顾客购买总成本。其次，在货币成本既定的前提下，企业要想降低顾客总成本，就应当努力降低顾客非货币成本。现代社会，随着人们收入水平不断提高、工作越来越忙碌以及生活追求安逸等，人们对价格即货币成本的敏感度在降低，而对于非货币成本的敏感度在提高，表现为在日常生活中人们愿意花钱买时间、花钱买舒适。在此背景下，企业必须竭尽全力地降低顾客购买产品或服务所耗费的非货币成本，对于服务企业来说更是如此。因此，非货币成本管理构成了价格管理的理所当然的内容，服务企业必须十分重视对于顾客非货币成本进行管理。

非货币成本管理主要包括两个方面的内容：一是降低顾客非货币成本；二是在货币成本与非货币成本之间为顾客提供选择。

1．降低顾客非货币成本

如上所述，顾客非货币成本包括时间成本、体力成本、精神成本和感官成本。企业为了增加顾客价值和提升顾客满意度，首先应当努力降低顾客的时间成本、体力成本、精神成本和感官成本。在此方面，企业可以依据顾客购买过程不同阶段，分别降低每一阶段的非货币成本，包括搜寻成本、路途成本、等待成本、参与成本和投诉成本。

（1）降低搜寻成本。为降低顾客搜寻成本，企业通常可以采取这样一些方法：一是尽可能地为顾客提供全面、真实和图文并茂的信息；二是通过不同媒体展示产品或服务信息，或者通过现场陈列、演示和介绍等途径展示产品或服务信息；三是通过沟通或互动方式及时回答顾客提问，以消除顾客疑虑。

（2）降低路途成本。为了降低顾客路途成本，企业通常可以采取这样一些方法：一是广泛设立销售或服务场所，并且销售或服务场所应当尽可能地靠近交通方便地方或居民区附近；二是应当尽可能地与政府或公交公司沟通，争取将公司销售地点或服务场所设立为公交线路或公交车停靠站；三是对于消费者集中地区，企业可以安排车辆接送。当前很多大型超市，对集中居住的消费者提供接送服务；一些民航机场，对航空乘客也提供接送服务。

（3）降低等待成本。为了降低顾客等待成本，企业通常可以采取这样一些方法：一是设立更多的服务场所、开设更多的服务窗口或服务平台，或者安排更多的服务人员和增加服务设施；二是加快服务速度，提高服务效率；三是维持良好的服务秩序，让顾客公平地接受服务，以减少顾客精神成本；四是改善服务场所环境，让顾客在舒适、称心的环境下接受服务，以降低顾客感官成本；五是实行预约服务，尽可能减少顾客在服务现场的等待时间；六是开通网上服务或增加自助服务设施，以减少顾客等待时间。

（4）降低参与成本。为了降低顾客参与成本，企业通常可以采取这样一些方法：一是制定清晰的服务标准和设计完善的服务流程，以给顾客提供标准化服务；二是引导和教育顾客，提升顾客参与或自助服务能力；三是发动顾客之间互相帮助和交流，以便每一个顾客都能够掌握参与服务的方法。

（5）降低投诉成本。为了降低顾客投诉成本，企业通常可以采取这样一些方法：一是提供承诺和担保，以方便顾客监督；二是主动发现服务失误和提供补救；三是开通多个投诉渠道，并鼓励顾客向企业投诉；四是简化服务补救手续和流程，以便顾客能够及时获得补救。

2. 为顾客提供选择

服务企业可以在货币成本与非货币成本之间为顾客提供选择，即顾客要想降低非货币成本，就必须支付更高的价格或货币成本；要想降低购买价格或货币成本，就必须支付更高的非货币成本。

在通常情况下，高收入阶层对于价格或货币成本不敏感，而对于非货币成本比较敏感。例如，一些顾客对于送货上门或上门提供服务的企业，愿意支付额外费用。低收入阶层对于价格或货币成本比较敏感，而对于非货币成本不太敏感。例如，一些低薪阶层为了买到低价商品或服务，宁愿花费很多时间排队等待。基于此，针对高收入阶层提供的服务，企业可以适当提高价格或收费水平，同时努力降低顾客耗费的时间成本、体力成本、精神成本和感官成本。例如，一些服务企业针对高端客户或大客户，通常设立专门的服务窗口、安排特定服务人员、提供专门的等候区或者在等候时间提供饮料和点心等，由此就可以极大地降低顾客的时间成本、体力成本、精神成本和感官成本。针对低收入阶层提供的服务，企业可以适当降低价格或收费水平，同时适当增加顾客的时间成本、体力成本、精神成本和感官成本。例如，一些企业针对普通大众提供的服务，通常收费标准较低，但服务场所设施简陋、顾客排队等待时间较长等。

思考与练习题

1. 何谓服务价格？服务定价对于企业有何重要意义？
2. 服务定价通常面临哪些困难和机会？
3. 服务定价基本方法和技巧有哪些？
4. 何谓非货币成本？顾客购买服务通常要耗费哪些非货币成本？
5. 服务企业应当如何管理顾客非货币成本？

第十二章　服务失误与补救

导语

服务提供中包含大量步骤和许多细节，这使服务有多次失败的机会。

——[美] 雷蒙德 · P. 菲斯克（Raymond P.Fisk）

对于有着最佳服务意识和最好的服务企业乃至世界级的服务企业来说，服务失误都是不可避免的。

经历服务失误的顾客如果经过公司努力补救并最终感到满意，将比那些问题未被解决的顾客更加忠诚。

——[美]瓦拉瑞尔 · A. 泽丝曼尔（Valarie A. Zeithaml）

玛丽 · 乔 · 比特纳（Mary Jo Bitner）

即使是那些在提供优质服务方面做得很好的企业，仍然不得不一次次应付那些感到不满意的顾客。

——[美]克里斯托弗 · 洛夫洛克（Christopher H Lovelock）

【学习目标】

1. 了解服务失误的含义、发生原因及其危害性。
2. 了解服务补救的含义、重要性及其方法。
3. 理解服务补救与顾客抱怨处理之间的共性和区别。
4. 了解服务补救悖论的含义、实施条件及其应用价值。
5. 掌握服务补救策略及其程序。

服务质量差距 5（即感知差距）是指顾客感知服务与顾客期望服务之间的差距。导致服务质量差距 5 的原因主要有四个：一是服务企业不了解顾客期望服务，二是服务企业没有按照顾客期望和要求设计与开发服务，三是服务企业没有按照设计和开发要求向顾客提交服务，四是服务企业没有按照承诺和沟通标准向顾客提交服务。

但需要说明的是，即使服务企业能够化解和消弭以上四个差距，服务质量差距 5 仍然可能存在，因为服务企业会发生失误，并且由于服务具有现场性致使服务企业无法掩盖服务失误。因此，服务企业要有效弥合服务质量差距 5，还必须重视和有效实施服务补救。关于服务失误与补救，本章将加以探讨。

第一节 服务失误

一、服务失误含义

服务失误概念是由芬兰学者格罗鲁斯（GrÖnroos）最早提出来的，此后，众多学者从不同角度、结合不同行业和采用不同方法对服务失误及其相关问题进行了研究。但到目前为止，学术界对于服务失误的定义仍然不统一。本书作者通过对前人观点整理、分析和归纳发现，服务失误定义基本上有以下四类。

（1）认为服务失误就是企业服务质量差。例如，比特纳、布姆斯和蒂屈奥特（Bitner, Booms & Tetreault）认为，服务失误就是"在服务接触过程中出现了较低的服务质量"。

（2）认为服务失误就是企业服务出现了差错或者没有达到企业规定的服务标准。例如，帕默、贝格斯和基翁-麦克马伦（Palmer, Beggs & Keown-McMullan）认为，不管是谁的责任，当顾客觉察到服务出现了差错的时候，服务失误就发生了。马克斯汉姆和内特麦尔（Maxham & Natemeyer）认为，在消费者与企业接触的任何过程中，产生服务差错都属于服务失误。

（3）认为服务失误就是企业服务没有达到顾客期望或要求的情况。例如，格罗鲁斯认为，服务失误是指企业未能达到顾客期望企业所能达到的服务水平；贝尔和詹姆克（Bell & Zemke）认为，当顾客所经历的服务低于其预期时，服务失误就发生了；凯利（Kelley）认为，服务失误是指顾客感知服务传递未能达到顾客的预期。史密斯和波尔顿（Smith & Bolton）认为，服务失误是指服务提供者所提供的服务未有达到顾客期望且导致顾客不满意的情况。雷蒙德·P.菲斯克认为，服务失误是指企业服务表现未有达到顾客对服务的评价标准。赫斯、加尼森和克莱因（Hess，Ganesan & Klein）认为，当公司服务效果低于顾客期望时就产生了服务失误。

（4）认为服务失误就是企业服务没有达到顾客最低期望或要求的情况。例如，帕拉苏拉曼、泽斯曼尔和贝瑞（Parasuraman，Zeithaml & Berry）认为，服务失误是指企业所提交的服务没有达到顾客能够接受的最低水平和无法满足顾客期望及其要求，从而引起了顾客不满意的情况。

本书作者认为，定义服务失误应当基于这样几个原则：①基于顾客视角而非企业视角，这是顾客导向在服务管理中的体现。②基于正常顾客视角而非"问题顾客"视角，否则，就会因为"问题顾客"欲壑难填而导致企业服务失误接连不断且难以补救。③基于多数顾客视角而非少数要求甚高或者很容易知足的顾客，否则，就会大大增加企业服务补救成本或者失掉很多正常顾客。

基于以上认识，以上第一、二、三类定义都过于宽泛、笼统和缺乏可衡量性。首先，第一、二类定义把服务失误定义为"服务质量差"或者"服务出现了差错"，那么，究竟谁是判断"服务质量差"或者"服务出现了差错"的主体呢？是企业还是顾客或者第三方？如果是顾客，顾客又是依据何种标准判断"服务质量差"或者"服务出现了差错"的呢？其次，第三类定义虽然明确了服务失误是企业服务没有达到顾客"期望或要求"的情况，但由于顾客

"期望服务"不是一个平面而是一个区间（即上为"理想服务"，下为"适当服务"，在"理想服务"与"适当服务"之间是"容忍区域"），因此，该定义仍然缺乏可衡量性。帕拉苏拉曼、泽斯曼尔和贝瑞认为，企业实际提供的服务只要不低于适当服务，就是顾客可以接受或容忍的服务。只有当实际服务低于适当服务时，才是顾客不能够接受或容忍的服务，即顾客认为企业出现了服务失误。霍夫曼和凯利（Hoffman & Kelley）也认为，只要顾客所感知的服务水平在其可以接受的容忍区域内，就不会出现对于服务不满意的情况。

基于以上分析，本书基本上接受第四类定义，并将服务失误定义为"服务企业所提供服务未有达到正常顾客最低期望或要求的情况"。

二、服务失误类型

关于服务失误类型，学者们提出了不同的分类标准，但基本分类标准有以下两类：一是按照服务失误内容分类，二是按照服务失误发生原因分类。

（一）按照服务失误内容分类

众多学者按照服务失误内容对服务失误进行了分类，但在服务失误内容究竟包括哪几个方面上存在一些分歧。多数学者依据格罗鲁斯关于服务质量包括结果质量和过程质量的观点，将服务失误分为结果失误和过程失误——前者是指服务提供者所提供服务未有满足顾客基本期望或要求的情况，后者是指顾客在接受服务过程中经历了不方便或不愉快。

博索夫（Boshoff）将服务失误内容分为三类：结果失误、程序失误和互动失误。结果失误是指服务结果未有达到企业的承诺或顾客的基本期望；程序失误是指在服务过程中没有按照企业既定流程和规章制度为顾客提供服务，表现为服务延迟、顾客等待、不公平；互动失误是指服务人员与顾客互动不恰当，表现为冷漠、失礼等。

（二）按照服务失误发生原因分类

比特纳、布姆斯和蒂屈奥特（Bitner，Booms & Tetreault）采用关键事件法，通过对航空、旅馆和餐饮三个服务行业 700 多个顾客不满意案例进行研究发现，服务失误原因基本上有三类：服务提交系统失误、对顾客需要和请求反应的失误、员工行为不当引起的失误。后来，比特纳、布姆斯和蒂屈奥特延续以前的研究，发现服务失误还有第四个原因——问题顾客或者说顾客行为不恰当引起的服务失误。

1. 服务提交系统失误

服务提交系统失误是指企业为顾客提供的核心服务及其支撑系统存在失误，致使顾客利益受损。服务提交系统失误包括三种情况。

（1）顾客不能够获得服务。顾客不能够获得服务是指企业不能够向顾客提交在正常情况下通常可以提交的服务，或者说顾客不能够得到所需要的服务。原因可能是设备故障、系统紊乱、物料缺失、人员紧张等。例如，顾客通过 ATM 机取款，由于机器故障无法取出；顾客到游乐场所游玩，游乐场却提前关门而不接待游客；顾客要购买车票出行，由于车票售罄而无法买到。所有这些情况在顾客看来都属于服务失误，从而必然招致顾客不满。

（2）提供服务质量低劣。提供服务质量低劣是指企业提供的服务（包括核心服务和附加服务）以及有形设施质量低下或者存在明显缺陷，即企业实际提供的服务低于多数顾客的最低期望和容忍区域。例如，航空公司飞机座椅不舒服、餐厅饭菜口味差、美容公司美容效果不理想、游泳池卫生条件差等。所有这些情况都会导致顾客利益受损，从顾客角度来说都属于服务失误，从而必然招致顾客不满。

（3）服务过程复杂或缓慢。服务过程复杂或缓慢是指企业服务流程繁琐或者不能够在合理时间范围内为顾客提交服务，即服务速度慢、服务效率低。原因可能是服务流程不清晰、服务系统不顺畅、服务人员不积极等。例如，在正常情况下只需要几分钟就可以办理完毕的取款手续，顾客却要耗费半个小时才能办理完毕；在一个服务窗口可以办理完毕的手续，要求顾客来回跑多个服务窗口才能办理。由于服务过程复杂和不合理的缓慢，必然导致顾客排队等待或者长时间的排队等待，进而耗费顾客很多时间成本、体力成本和精神成本，所有这些情况从顾客角度来说就属于服务失误，从而必然招致顾客不满。

2. 对顾客需要和请求反应的失误

对顾客需要和请求反应的失误是指服务企业或其服务员工不能够及时和恰当地响应顾客对于服务的期望和要求，致使顾客利益受损。对顾客需要和请求反应的失误包括以下三种情况。

（1）对顾客特殊需要反应的失误。对顾客特殊需要反应的失误是指服务企业或其员工不能够正确理解和满足顾客的一些特殊需要或偏好。例如，顾客在饮食、习惯等方面有一些特殊要求，但企业不愿意满足顾客要求甚至对顾客要求不屑一顾；顾客在餐厅就餐要求调换座位，但服务员工不愿意给予调换；顾客要求特定理发师为其理发，但理发店不愿意满足其要求。所有这些情况在顾客看来都属于服务失误，从而必然招致顾客不满。

（2）对顾客错误反应的失误。对顾客错误反应的失误是指服务企业或其员工不能够正确对待和恰当处理顾客在服务场所或接受服务过程中所犯的错误。顾客错误通常包括顾客不能恰当参与和完成服务过程，如顾客不会操作自动存取款机；顾客失误导致服务企业受损，如顾客将宾馆钥匙丢失或者将饭店玻璃杯打碎。对于顾客错误，如果企业抱有歧视、麻木、抱怨、无休止地指责或要求顾客高价赔偿等，都会引起顾客不满，即从顾客角度来说属于服务失误。

（3）对顾客混乱反应的失误。对顾客混乱反应的失误是指服务企业或其员工对于发生在服务现场的顾客混乱或冲突处置不恰当。服务场所顾客混乱或冲突主要包括三种情况：一是顾客利益不一致或要求不统一而发生冲突，这在一个服务人员同时为多个顾客提供服务的情况下比较常见，如学生对于授课老师讲授内容或风格会有不同要求；二是顾客为了争夺服务资源或者及时获得服务而发生冲突，如有的顾客排队，有的顾客插队；三是一些顾客行为和习惯不当而侵害其他顾客的利益，例如，一些顾客在服务现场大声喧哗或者抽烟，必然损害其他顾客的利益，进而招致不满。如果服务员工不能有效制止和管理顾客混乱或者放任顾客混乱，都会影响顾客利益，从顾客角度来说属于企业服务失误。

3. 员工行为不当引起的失误

员工行为不当是指服务员工在为顾客提供服务或与顾客沟通过程中，其行为举止不符合大多数顾客或者常规服务的要求，从而冒犯顾客的行为。员工行为不恰当包括四种情况。

（1）忽视顾客。忽视顾客是指服务员工对于顾客视而不见或者态度冷漠，如不与顾客打招呼、没有眼神交流、对顾客请求不理不睬等。这显示出企业对于顾客不重视和不尊重，从而会伤害顾客自尊心和招致顾客不满。

（2）异常行为。异常行为是指员工行为异常和不符合服务员工行为的一般要求，如漫不经心、无精打采、语言生硬、举止轻佻、行为粗鲁等，这些行为都会增加顾客负面情绪，进而引起顾客不满。

（3）歧视行为。歧视行为是指员工存在文化偏见和歧视，如种族歧视、民族歧视、地域歧视、性别歧视、长相歧视、服饰歧视等。如果员工对于一些顾客存在偏见和歧视，进而不能有效地为顾客提供服务，必然招致顾客不满。

（4）不利条件下的错误行为。不利条件下的错误行为是指在不利或有害环境和条件下，员工行为不恰当或者没有履行应有职责。例如，假若一艘客轮正在下沉，船长和水手在乘客登上救生艇之前就逃离客轮，显然是不顾乘客性命的极端错误行为。

4. 问题顾客引起的服务失误

问题顾客是指违反服务公司基本规定或者服务标准、破坏服务现场氛围、伤害服务公司员工、损害公司和其他顾客利益的顾客，又称“不良顾客”“来自地狱的顾客”“蛮横顾客”“难缠顾客”“不公平顾客”等。例如，餐厅一些顾客醉酒后大吵大闹、公交车上一些乘客为争夺座位大打出手、宾馆一些顾客辱骂服务人员、商场一些顾客偷窃钱物等。问题顾客行为会扰乱公司服务流程、影响服务员工情绪、干扰其他顾客获得服务等，致使服务现场同时接受服务的其他顾客感知服务质量差，因此，问题顾客行为会导致企业服务失误。

三、服务失误发生的必然性

哈特、赫斯克特和萨塞（Hart，Heskett & Sasser）认为，无论有多么严密的服务传递过程、多么严格的员工训练以及多么高级的服务技术，零缺陷都是不可能达到的目标。帕拉苏拉曼、贝瑞和泽斯曼尔（Parasuraman, Berry & Zeithaml）也认为，由于多数服务经常通过人员传递，人性因素难以控制，想要达到零缺陷的目标较为困难。菲斯克、布朗和比特纳（Fisk, Brown & Bitner）认为，服务提供中包含有大量的步骤和许多细节，这使服务有多次失败的机会。泽斯曼尔和比特纳（Zeithaml & Bitner）甚至认为，对于有着最佳服务意识乃至世界级的服务企业来说，服务失误都是不可避免的。那么，服务失误为什么难以避免呢？

1. 服务属性所致

服务失误发生的根本原因是服务属性所致，即服务具有无形性、异质性、生产与消费同步性和易逝性等特点，必然导致服务失误。首先，由于服务具有无形性，顾客购买服务之前无法看到、听到、品尝、触摸和嗅闻服务，由此导致顾客对于服务缺乏清晰和明确的评价标准。当顾客感知服务不能够达到其期望的服务标准或者要求时，就认为出现了服务失误。其次，服务是一种行为和过程，一般不易制定明晰的质量标准；即使能够制定质量标准，由于服务人员对于服务标准的理解和执行能力有差异，致使实际提供的服务也难免有差异。如果顾客感知服务达不到期望服务，顾客就会认为出现了服务失误。再次，服务具有现场性，在服务现场需要顾客与服务人员直接发生联系才能够提供服务，服务人员会因为知识、经验、能力、态度和心情等问题而出现服务差错，顾客会因为知识、经验、参与热情和参与能力等问题而影响员工提供服务和个人享受服务，并且所有服务差错都会直接暴露在顾客面前，而无法像对待制造品那样在工厂门口对其质量进行抽检，然后加以维修或阻止不合格产品流入市场。最后，服务是非物质形态产品，不能够储存，服务供给与需求之间很难实现平衡，致使顾客经常要忍受延误和排队等待现象，进而导致顾客感知服务质量差，即出现服务失误。

2. 服务公司或人员所致

服务公司设施和设备会出问题，服务员工会有身心不佳等情况，所有这些都会导致企业不能够及时和按照承诺或者服务标准提供服务，也不能够有效地满足顾客个性化要求，这从顾客角度来看即意味着发生了服务失误。

3. 顾客所致

首先，由于服务具有现场性，服务过程需要顾客参与，顾客会因为知识、经验、参与热情和参与能力等而影响员工提供服务和个人享受服务。其次，顾客自身错误也会导致服务失误，例如，病人因为不积极配合医生治疗而影响治疗效果、寄信人因为书写地址潦草而导致信件无法寄出或及时寄达。

4. 环境所致

外部环境因素会影响和限制企业服务能力，进而导致企业不能够有效地为顾客提供服务。例如，飞机因为天气恶劣而晚点、货轮因为遭遇风浪而造成货物损失、酒店因为电力公司突然停电而无法提供饮食。

四、顾客对于服务失误的反应

服务失误通常会给顾客造成两种损失：经济损失和情感伤害。前者是指顾客遭受的物质或经济损失，后者是指顾客遭受的自尊和情绪伤害。顾客遭遇服务失误后，通常会产生一系列负面情绪，如生气、不满、失望、自怜和焦虑等，这些情绪会进一步影响顾客行为。

（一）顾客对于服务失误的反应类型

遭遇服务失误后顾客通常会采取两种行为：保持沉默和采取行动。（如图 12.1 所示）保持沉默是指顾客对于企业服务失误未有采取行动而是保持沉默甚至继续维持原有关系；采取行动是指顾客对于企业服务失误采取对企业不利的行动，包括向供应商投诉、向亲朋抱怨和向第三方投诉。但无论顾客是采取行动还是保持沉默，最后都有两种可能结果：转换服务供应商或者保持原有服务供应商。

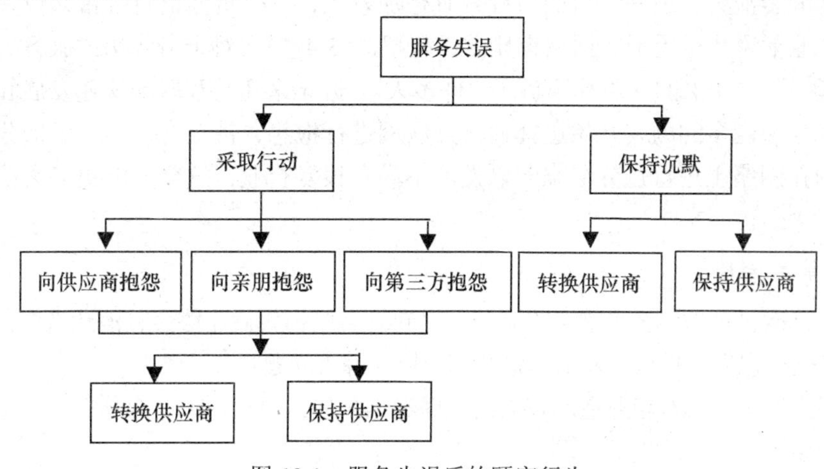

图 12.1 服务失误后的顾客行为

（二）顾客对于服务失误的抱怨行为

韦伯斯特（Webster）认为，抱怨是为了“表达内心不平、不满意、反对、愤恨或者遗憾”。依据抱怨有无目的性，抱怨可以分为两类：有目的的抱怨和无目的的抱怨。前者是指为了改变不满意状况而进行的意见表达，后者是指并不期望改变既有状况而仅仅是对有关问题发表个人看法或感慨，如抱怨天气——“今天真是太热了”，抱怨室友——“你真是一个懒鬼”。

顾客遭遇服务失误后，其抱怨对象通常有三个：向供应商抱怨、向亲朋抱怨和向第三方抱怨。

1. 向供应商抱怨

向供应商抱怨是指当顾客遭遇服务失误后当场面对面或者在购买和消费后通过电话、短信、互联网、信件等向服务人员、客服人员或管理人员进行抱怨或投诉。研究表明，当顾客在服务现场发现服务失误后，一般会选择直接向服务人员反映问题，而不是向企业客服部门和管理人员反映问题，尤其是在企业客户反馈系统不完善的情况下更是如此，这也是很多企业高层管理人员很难听到顾客投诉的重要原因。还有研究发现，当顾客向企业抱怨时，更多地是采用面对面方式或通过电话进行，只有少部分顾客通过信函、电子邮件或客户反馈卡进行。如果顾客是为了解决问题或改变现状而抱怨，通常会选择面对面或电话交流等互动式渠道；如果顾客是为了发泄负面情绪而抱怨，通常会选择短信、电子邮件和客户反馈卡等非互动式渠道。

服务失误发生后顾客选择直接向企业抱怨，这对企业来说是最好的情况，因为它给企业提供了第二次满足顾客需要的机会，并潜在地避免了负面口碑传播。但据调查显示，因为对服务不满意而转移购买的顾客只有53%的人向公司提出过抱怨。

2. 向亲朋抱怨

向亲朋抱怨是指顾客将遭遇的服务失误口头陈述方式或者通过在互联网发帖方式向亲戚、朋友、同事或熟人传播和表达不满。

向亲朋抱怨对于企业负面影响巨大。首先，由于企业不了解顾客投诉信息，从而会丧失服务补救的机会，进而导致顾客流失。其次，负面口碑传播会极大地破坏企业形象，进而导致潜在顾客流失。最后，负面口碑具有叠加效应，一个负面信息会带来更多的负面信息，致使企业形象严重受损。据调查显示，有超过 3/4 的人对于所经历的服务失误做过负面口头沟通，其中46%的人声称告诉了“许多人”。近年来随着互联网快速发展和新型社交媒体出现，越来越多的顾客开始选择通过互联网进行抱怨，甚至有一些“恐怖分子”对企业不当行为在网络上进行过分渲染，以发泄不满和报复企业，这会影响更多人群，从而对企业造成极大伤害。

3. 向第三方抱怨

向第三方抱怨是指顾客将遭遇的服务失误向有关机构如行业协会、消费者协会、法律机构和媒体等进行抱怨和投诉，以求得这些部门协助解决问题。

向第三方抱怨也会对企业造成较大的负面影响，包括引起诉讼、媒体公开报道、主管部门介入和干预等。

（三）服务失误后顾客抱怨的目的

那么，消费者遭遇服务失误后选择抱怨或投诉的目的究竟是什么呢？一般来说，消费者抱怨或投诉的目的或动机有以下 6 种。

（1）获得赔偿。这多存在于直接向供应商和向第三方抱怨的情况。在服务过程中，如果顾客遭遇了物质损失，一般会要求供应商给予赔偿；在供应商不能满足其赔偿要求的情况下，他们会寻求第三方机构协助解决问题和向服务供应商施加压力。顾客要求的赔偿内容通常有：退款、打折、赠券、重新提供服务等。

（2）释放不满情绪或泄愤。这多存在于向周围人群和供应商的抱怨。专家认为，抱怨有一种像压力阀释放一样的作用——使抱怨者能够释放挫败情绪。在服务过程中，如果顾客遭受冷落、无礼和粗暴等，其自尊心会受到伤害，进而产生挫败感和愤怒。此时，他们向供应商或周围人群抱怨和诉说自己的遭遇及愤怒，可以释放情绪、缓解压力，重建信心和自尊。

（3）惩罚或报复服务企业。这多存在于向周围人群和第三方的抱怨，如散布对服务企业的不利言论甚至制造谣言。一些顾客认为，当他们遭遇不公平对待时，理应惩罚对他们造成损失的服务商，进而获得心理平衡和情绪释放；并且他们认为，服务失误者受到惩罚是罪有应得，也是公平合理的。

（4）社会责任，即基于帮助企业改进服务质量或提醒他人免遭类似服务失误而进行抱怨，这多存在于向服务企业和媒体的抱怨。在顾客与服务企业有密切关联度时，一些顾客会基于帮助企业改进服务质量而进行投诉，即把企业存在的服务失误、顾客的不满和期望等直接告诉给服务企业，以促使其改进工作。也有一些顾客基于利他行为把自己遭遇的服务失误反馈给媒体，以帮助其他人避免遭遇类似情况。

（5）创造一种印象，即让别人认为自己有维权意识或有识别服务质量高低的能力。这多存在于对周围人群和对服务供应商的抱怨。现实生活中多数人持有一种观点：抱怨者比不抱怨者更聪明和更具有洞察力，因为他们比不抱怨者有更高的服务期望和标准。基于此，一些顾客抱怨的目的就是要创造一种比别人更有判断力和维权意识的印象。

（6）获得同情或认同。有些顾客抱怨仅仅是为了获得别人的同情或者检验别人对于其抱怨的认同，即抱怨者想知道别人在同样情形下会否有同样感受。这多存在于对周围人群的抱怨。

知识延伸

遭遇服务失误的消费者投诉动机

张圣亮、李勇和李小东通过深度访谈和问卷调查以及探索性因子分析、验证性因子分析和权重计算发现，当前中国消费者遭遇服务失误后的投诉动机有五个，按照权重大小从高到低排序依次是推动企业改进工作、展示维权意识、寻求精神补救、寻求物质补救和发泄心中不满。

（1）推动企业改进工作，包括告知企业服务质量存在的缺陷、提醒企业采取措施解决和防范服务质量问题、明确表达对企业服务工作改进的建议和推动企业提升服务质量。这是遭遇服务失误消费者投诉的首要动机——可能原因是：随着中国经济和社会发展，消费者的责任意识有所提高，消费者愿意在力所能及的范围内帮助相关企业改进工作，进而推动其提升服务质量和避免其他消费者遭遇类似服务失误。

（2）展示维权意识，包括警告企业不要侵害消费者利益、向企业表达维权意识、向周围人展示维权意识和带动更多人树立维权意识。这是遭遇服务失误消费者投诉的第二位动机，可能原因是：随着中国法制健全、民主进程推进和人们的文化水平提高，人们的自我保护意识有所增强，在遭遇服务失误后勇于和敢于维权。

（3）寻求精神补救，包括要求企业解释服务失误原因、要求企业承认和正视服务失误问题、要求企业给予真诚道歉和要求企业处理服务失误当事人。这是遭遇服务失误消费者投诉的第三位动机，可能原因是：服务失误尤其是过程失误首先会对消费者心理造成伤害，致使消费者感觉不公平，出于对公平的追求和对心理伤害的补偿，消费者会要求企业解释、道歉、正视问题等。

（4）寻求物质补救，包括要求企业给予经济赔偿、要求企业给予折扣或优惠和要求企业重新提供服务。这是遭遇服务失误消费者投诉的第四位动机——可能原因是：随着中国经济发展和人们收入水平的提高，消费者对于物质利益的追求已经不是十分强烈，从而遭遇服务失误后并不必然追求物质补偿。

（5）发泄心中不满，包括向企业表达不满、求得心理平衡和缓解心中怨气。这是遭遇服务失误消费者投诉的最次要动机，可能原因是：随着消费者受教育程度提高，消费者越来越趋于理性，不会单纯为了发泄不满而进行投诉。

（资料来源：张圣亮 李勇 李小东，遭遇服务失误的消费者投诉动机研究，现代财经，2013年第12期，P105～117）

（四）服务失误后的顾客沉默行为

消费者遭遇服务失误后并非都会选择抱怨，事实上只有少数消费者会选择抱怨。据TARP调查发现，购买消费品的不满意顾客只有25%～30%投诉。据尼尔森调查发现，购买大件耐用品的不满意顾客只有40%投诉。遭遇服务失误后大多数消费者会选择沉默。当然，沉默并不意味着满意，也并不意味着顾客不流失。那么，顾客为什么会选择沉默呢？一般来说顾客选择沉默有以下几个原因。

（1）不愿意浪费时间和精力。他们将抱怨看成是对其时间和精力的浪费，尤其是在需要提供证明材料、填写大量表格等情况下更是如此。

（2）对服务企业不信任。他们不相信服务企业会重视其所反应的问题和愿意帮助其解决问题，尤其是在行业整体服务质量较低的情况下更是如此。

（3）不了解投诉渠道。他们不知道通过什么途径、向企业哪个部门或人员进行投诉，尤其是在企业没有设立免费投诉电话、电子邮箱和客户投诉受理机构的情况下更是如此。

（4）认为自己对服务失误有责任。一些顾客可能认为自己对服务需求描述不清楚或者没有正确参与服务过程，即自己负有服务失误责任，从而愿意承担责任而不是归罪于服务企业。

（5）没有能力判断服务失误。服务通常没有标准，顾客常常基于个人感知判断服务质量好坏及其有无失误，有些顾客由于缺乏专业知识和经验很难对服务失误做出准确判断，尤其是专业性服务更是如此，从而不敢或觉得没有资格进行抱怨。

（6）损失较小。如果服务失误不是十分严重或者没有给顾客造成大的损失，顾客通常也会选择沉默。

此外，顾客个性、文化、价值观等也会影响其投诉。例如，中国人爱面子、怕事、担心别人说贪便宜等，都会限制顾客投诉行为。

知识延伸

消费者遭遇服务失误不投诉影响因素分析

张圣亮和李勇通过深度访谈、问卷调查以及探索性因子分析发现，当前中国消费者遭遇服务失误不投诉的影响因素有6个，按照影响程度从高到低排序依次是信任因素、收益因素、渠道因素、心理因素、成本因素和文化因素。

（1）信任因素，包括不相信服务企业会受理投诉、不相信服务企业会真心对待顾客所反应问题、不相信服务企业会采取措施解决问题、不相信服务企业会给顾客提供足够的补救。这是消费者遭遇服务失误不投诉的首要因素——可能原因是：当前中国服务行业整体质量不高，甚至很多企业缺乏诚信，致使消费者不相信服务企业会受理其投诉、真心对待其反应的问题、愿意采取措施解决问题和为其提供足额补救等。

（2）收益因素，包括担心服务企业不愿意承担责任、担心服务企业不能诚实礼貌地对待投诉、担心服务企业故意拖延处理问题的时间、担心服务企业不能提供相应的补救。这是消费者遭遇服务失误不投诉的第二位因素，可能原因是：多数消费者投诉的直接目的就是为了获得补救，如果不能获得预期补救，消费者往往就会选择放弃向企业投诉转而采取其他行为。

（3）渠道因素，包括不知道如何进行投诉、不知道向哪个部门投诉、不知道向哪个人投诉、认为投诉过程复杂繁琐。这是消费者遭遇服务失误不投诉的第三位因素，可能原因是当前中国很多服务企业仍然没有设立客户服务中心或投诉受理部门，没有在公开媒体上公布投诉电话，没有建立企业网站或网站功能缺失等，致使消费者无法轻松地进行投诉而只能选择放弃。

（4）心理因素，包括担心周围人认为好事、担心周围人认为出风头、担心周围人认为计较、担心周围人认为贪占便宜。这是消费者遭遇服务失误不投诉的第四位因素，说明当前中国消费者遭遇服务失误后仍然会担心周围人有负面评价而放弃投诉，同时也说明， 随着市场经济发展和人们维权意识增强，心理因素对人们不投诉的影响程度在降低。

（5）成本因素，包括担心浪费时间、担心耗费体力、担心耗费精力、担心浪费金钱。这是消费者遭遇服务失误不投诉的第五位因素，可能原因是：随着电话和互联网普及，消费者主要采用电话和互联网投诉，从而投诉成本大幅降低，以至于其对消费者不投诉的影响程度降低。

（6）文化因素，包括能够宽容服务企业的失误、当事人受到处理会感到难过、当事人受处理会感到良心不安。这一因素对于遭遇服务失误消费者不投诉影响最小，说明当前中国消费者自我保护意识增强，不会因为顾忌面子、当事人受处理而选择不投诉。少数调查对象甚至认为，对造成服务失误当事人进行处理是完全应该的，不仅是对消费者的补救方式之一，而且也是服务企业改进服务质量的必要手段。

（资料来源：张圣亮 李勇，消费者遭遇服务失误不投诉影响因素分析，经济管理，2011年第6期，P91～98）

（五）顾客抱怨或沉默影响因素

顾客遭遇服务失误后究竟选择抱怨还是保持沉默，一般受以下因素影响：

（1）服务价值高低。如果服务价值较大，服务本身对于顾客利益有重要影响，顾客遭遇服务失误后一般会选择投诉，进而期望得到补救和减少服务损失。如果服务价值较小，服务本身对于顾客利益影响有限，顾客遭遇服务失误后一般会选择沉默，即承受服务失误造成的损失。

（2）顾客损失大小。如果服务失误给顾客造成的损失较大，顾客一般会选择抱怨。如果服务失误给顾客造成的损失较小，顾客一般会保持沉默。

（3）顾客参与服务程度高低。顾客参与服务程度高低对于顾客选择抱怨还是沉默有重要影响。如果顾客参与服务程度低，顾客会认为自己对于服务失误不需要承担责任，一般会选择抱怨。如果顾客参与服务程度高，顾客会认为对于服务失误负有责任，一般会选择沉默。

（4）服务质量判断难易程度。如果服务内容复杂、服务质量难以判断，服务失误发生后顾客一般会选择沉默。如果服务内容简单、服务质量容易判断，服务失误发生后顾客一般会选择抱怨。

（5）顾客个性和维权意识。不同顾客在个性上存在很大差异，有些顾客有抱怨的个性，不能遭受任何委屈、挑剔、自以为是、心胸狭窄、自尊心强，这些个性会促使其选择抱怨。有些顾客性格内向、不善表达、宽容、忍让等，这些个性会促使其选择沉默。据TARP调查发现，来自高收入家庭的消费者比来自低收入家庭的消费者提出投诉的可能性更大；年轻人比老年人提出投诉的可能性更大；投诉者往往具有更丰富的产品知识，也更了解投诉渠道。

（6）文化因素。据日本一项研究发现，21%的不满意顾客对于投诉感到尴尬。青岛颐中假日酒店大堂副经理认为："欧美国家顾客相对来说更愿意表达自己的看法，如果他们认为哪里不满意就会找人投诉，如果他们觉得哪个服务员很好也会提出表扬。相对而言，中国顾客可能比较愿意闷在心里，或者自己解决，比如服务员态度不好，他们可能会当面跟服务员提出不满，而不是向上投诉。"

（六）依据顾客反应方式划分的顾客类型

服务营销学者辛格（Singh）依据顾客对于服务失误的反应方式不同，将顾客分为四种类型：消极者、发言者、发怒者和积极分子。

（1）消极者。这类顾客极少采取行动，既不大可能向服务人员倾诉，也不大可能向亲朋传播负面信息，更不可能向第三方抱怨。他们的个性或价值观不支持其抱怨（即对于企业持宽容态度、不挑剔），也可能认为不值得花费时间和精力进行投诉，或者对企业能否满足其要求抱不信任态度。现实生活中有很大一部分人属于消极者。当然，消极者并不意味着对于企业满意，也并不意味着不转换，即这部分顾客面对服务失误可能会自认倒霉，进而转换供应商。对于企业来说，消极者并非是"好顾客"，一是他们会转换或流失，二是他们不能为企业改进服务质量做贡献。

（2）发言者。这类顾客乐于向服务人员抱怨，但一般不向其他人传播负面信息或向第三方讲述不满。他们的个性和价值观支持其抱怨，他们具有维权意识且认为抱怨对社会有益；他们也相信企业能够为其解决问题。对于企业来说，这类顾客是最好的顾客，他们为企业提供了改正错误的机会，也帮助企业不断提高服务质量，如果企业能够及时和有效地解决这类顾客反应的问题，他们一般不会转换供应商。因此，企业一定要善待和感谢这类顾客。

（3）发怒者。这类顾客更可能向亲朋或其他人传播负面信息，而不是向企业或有关机构投诉。他们不相信企业会为其解决问题，也不愿意为解决问题花费时间和精力，但他们不宽容企业，他们将遭遇的服务失误告诉给其他人多是为了发泄心中的不满和报复企业。对于企业来说，这类顾客是最糟糕的，他们不给企业提供第二次机会，从而不利于企业改进服务质量；同时，这类顾客通常会流失，他们不再可能购买该企业的服务。

（4）积极分子。这类顾客拥有抱怨的习性：向供应商抱怨、向亲朋好友抱怨和向第三方抱怨。他们的个性和价值观支持其抱怨，对于人或事都抱有“较真”态度，或者是不愿意吃亏，或者是有维权意识；同时他们认为抱怨能够对企业施加压力，以促使企业尽快解决问题；他们对抱怨的潜在正面结果也抱以乐观态度。这类顾客反应的问题如果能够得到解决，一般并不背离企业。对于企业来说，这类顾客并非是最糟糕的顾客，他们能够帮助企业发现存在的问题，并给企业提供改进的机会，同时还愿意忠诚于企业。

五、服务失误对于企业的影响

无论顾客抱怨与否，服务失误都会对企业造成直接和间接的负面影响。前者是指顾客流失进而导致企业经济利益受损，后者是指顾客负面口碑传播、企业形象受损和增加服务补救成本。具体来说，服务失误会给企业造成以下负面影响：

（1）顾客流失，包括未投诉顾客的流失和投诉未得到解决以及虽然解决但仍会流失的顾客。据美国白宫全国消费者调查显示，对所购商品或服务不满意、损失超过 100 美元的顾客，其流失状况为：不投诉的顾客 91%会流失，投诉没有得到解决的顾客 81%会流失，投诉得到解决的顾客 46%会流失，投诉得到迅速解决的顾客 18%会流失。

（2）企业形象受损。哈特、赫斯科特和萨塞（Hart，Heskett & Sasser）研究发现，当企业服务失误给顾客造成损失后，不满意的顾客会向 10～20 个人讲述自己经历的不愉快；即使顾客抱怨得到解决，他也可能向 5 个以上的人描述其遭遇的服务失误经历。由于信息传播具有叠加效应，其结果将严重损害企业形象和驱逐很多潜在顾客。

（3）企业经营受损。面对服务失误，如果顾客采取强烈或恶意报复行为，包括小到散布负面信息和诋毁企业，大到破坏企业正常营业和危害人身、财产安全，必将导致企业经营受损，甚至关门大吉。

（4）增加重新服务或补偿成本。由于“第一次”没有将事情做好，服务企业无论是做“第二次”（即服务复原）还是给顾客赔偿，都会增加企业成本和减少收益。

（5）顾客信任度下降。面对服务失误特别是失误频发的服务企业，顾客信任度必然下降，进而放弃或减少购买；即使企业给予顾客提供补救，顾客也会担心下一次遭遇同样的服务失误风险，从而不再愿意重复购买。

知识延伸

服务失误对消费者情绪和行为的影响

张圣亮和钱路采用情景模拟和问卷调查方法，以银行三类服务失误（服务提交系统失误——以“服务提供时间迟缓”为赋予值、对顾客需要反应的失误——以“顾客特殊需求没有满足”为赋予值、员工行为不恰当引起的失误——以“服务人员态度差”为赋予值）为例进行研究，结果发现：

（1）银行三类服务失误对于消费者外在负面情绪（即消费者因为受外界负面刺激而爆发出来的负面情绪）、内在负面情绪（即消费者因为受外界负面刺激而没有爆发出来的负面情绪）和抱怨行为（即消费者向有关机构或人员诉说自己遭遇的不幸或发泄心中的不满）均有显著影响。

（2）银行三类服务失误对于消费者转换行为（即消费者转换服务供应商）影响不显著，其中“员工行为不恰当”对消费者转换行为几乎没有影响——被调查者认为，中国银行业服务失误司空见惯，整体服务质量不高，即使转换银行或营业厅也未必就能够获得高质量的服务；加之银行服务网点有限，一般消费者都是就近开户，转换银行或营业厅成本较高。

（3）消费者外在负面情绪和内在负面情绪对于抱怨行为和转换行为均有显著影响。这说明，尽管银行服务失误并不必然引起消费者转换行为，但如果消费者因为遭遇服务失误而产生强烈负面情绪时，就有可能产生转换行为。

（资料来源：张圣亮 钱路，银行服务失误对消费者情绪和行为的影响，北京理工大学学报（社会科学版），2010年第2期，P31～36）

第二节 服务补救

一、服务补救含义

服务补救概念源于实践——1980 年英国航空公司开展了“以顾客为先”的活动，对于因为服务失误给乘客造成的损失进行补偿。埃策尔和尔伟曼（Etzel & Silveman）在研究维持企业与顾客关系方法时，最早使用了“补救”一词。当然，正式提出服务补救概念的则是芬兰学者格罗鲁斯（GrÖnroos）。格罗鲁斯认为，服务补救是服务提供者针对顾客抱怨行为所采取的反应和行动。此后，众多学者从不同角度对服务补救进行了探讨。但到目前为止，学术界对于服务补救的定义仍然不统一。本书作者通过对前人观点整理、分析和归纳发现，服务补救定义基本上有以下四类。

（1）将服务补救等同于顾客投诉处理。格罗鲁斯认为，服务补救是指“当服务失误发生后，服务提供者针对顾客抱怨行为所采取的反应和行动，亦称顾客抱怨处理”。哈特、赫斯科特和萨塞认为，服务补救就是企业解决顾客抱怨，并通过处理抱怨建立顾客对企业的信赖。德威特和布雷迪（Dewitt & Brady）认为，服务补救又称顾客抱怨管理，它是减少或消除服务失误所造成的损害并最终保留曾经不满意的顾客的过程。

（2）将服务补救定义为企业针对服务失误所采取的即时性和主动性补偿行为。米歇尔（Michel）认为，服务补救通常是指积极主动地和即时地做出减少顾客对于服务评价的负面影响的活动。韦福祥认为，服务补救是服务企业在出现服务失误时，所做出的一种即时性和主动性反应。

（3）将服务补救定义为企业针对服务失误所采取的补偿行为。詹姆克和贝尔（Zemke & Bell）认为，服务补救是指当顾客因为企业所提供的产品或服务发生缺失而感到困扰时，企业为使顾客达到期望的满意度而做的努力过程。后来，詹姆克和贝尔（Zemke & Bell）又将服务补救定义为服务提供者针对顾客感觉到的服务传递低于其“容忍区域”情况所采取的对应措施。凯利和戴维斯（Kelley & Davis）认为，服务补救是企业在服务失误后所采取的补偿行为，它是服务组织防止顾客流失和保持顾客的关键。后来，凯利、霍夫曼和戴维斯认为，服务补救是服务失误发生后服务组织所采取的加强性或恢复性活动。约翰逊和合瓦（Johnston & Hewa）认为，服务补救是指服务提供者针对服务实施过程中给顾客带来的损失和伤害而采取的一种修复和缓解措施。德在萨和布朗（Tax & Brown）认为，服务补救是服务提供者为了缓解和修复在服务提供过程中对于顾客所造成的伤害而采取的行动。

（4）将服务补救定义为企业针对服务失误所采取的预防性和实际补偿行为。约翰逊（Johnston）认为，服务补救是及时发现并处理服务失误的主动性和预应性行为。德在萨和布朗曾经认为，服务补救是一项全面管理过程，包括发现服务失误、分析服务失误原因、评估失误严重性，进而采取措施纠正服务失误。约翰逊和福恩（Johnson & Fern）认为，服务补救定义变得越来越主动和预应，更倾向于把服务补救看作是主动发现和处理服务失误的过程。

本书作者认为，理解和定义服务补救应基于这样几个原则：①企业为顾客提供服务补救不能完全采取消极和被动的方式，因为现实生活中遭遇服务失误的顾客并非都投诉；②服务补救并非都是积极和主动的，因为在很多情况下服务失误并非都能由服务人员首先发现；③服务补救是基于服务失误而开展的，没有服务失误就谈不上或不需要服务补救，对于企业采取的防范服务失误发生的措施，不能理解为服务补救，即不能过于宽泛地定义服务补救。

基于以上认识，本书作者有以下看法。①以上第一、二类定义过于狭窄——第一类定义把服务补救等同于顾客投诉处理，而“顾客投诉处理”的原则是“不投诉不处理”，这样就会丧失掉因为遭遇服务失误而不满但却不投诉的顾客。第二类定义把服务补救看作是针对服务失误采取的即时性和主动性补偿行为，在实践中会导致因为没有及时发现服务失误而不给予投诉顾客进行补救的情况。②第四类定义过于宽泛——出于对服务补救重要性的强调而盲目扩大其涵义范围不是科学态度。

基于以上分析，本书接受第三类定义，并将服务补救定义为“企业针对服务失误给顾客造成的损失而给予顾客的实际补偿行为”。

二、服务补救类型

服务补救可以依据不同标准和方法进行分类，但基本分类方法有以下几种。

1. 按照服务补救方式分类

服务补救方式是指当服务失误发生后由服务双方（即顾客和企业）哪一方首先发起服务补救的问题。按照服务补救方式不同，服务补救一般可以分为主动补救和被动补救——前者是指当企业出现服务失误后在顾客没有提出抱怨和补救要求或者顾客尚未发现服务失误的情况下，企业主动地和自觉地给予顾客提供补救；后者是指当企业出现服务失误后在收到顾客抱怨/投诉或服务补救请求的情况下才给予顾客提供补救。

2. 按照服务补救时机分类

服务补救时机是指服务失误发生后企业给予顾客提供补救的时间节点。按照服务补救时机不同，服务补救一般可以分为即时补救、事后补救和事后延时补救——即时补救是指当服务失误发生后，企业立即给予顾客提供补救；事后补救是指当服务失误发生后，企业在该次服务过程结束之后给予顾客提供补救；事后延时补救是指当服务失误发生后，企业在该次服务过程结束后一段时间才给予顾客提供补救。

3. 按照服务补救内容分类

服务补救内容是指当企业出现服务失误而对顾客造成伤害或损失时，企业给予顾客提供何种价值或利益的补偿。按照服务补救内容不同，服务补救一般可以分为物质补救和精神补救——前者是指企业采取措施减少顾客物质损失或者增加顾客物质利益，如免单、退款、折扣、提供优惠券、赠送礼品、优先消费等；后者是指企业采取措施弥补顾客心理伤害或者减轻顾客心理痛苦，如承认错误、合理解释、真诚道歉、处理当事人、改进服务标准和流程等。

4. 按照服务补救水平分类

服务补救水平是指企业针对服务失误给顾客造成的损失而给予顾客补偿多少或高低的问题。按照服务补救水平不同，服务补救一般可以分为象征性补救、等值补救和超值补救。象征性补救是指服务企业给予顾客的补救小于服务失误给顾客造成的损失（即补救不能弥补损失）；等值补救是指服务企业给予顾客的补救大体等于服务失误给顾客造成的损失（即补救与损失相当）；超值补救是指服务企业给予顾客的补救大于服务失误给顾客造成的损失（即补救超过损失）。

三、服务补救对于企业的重要性

服务失误在所难免，但企业通过给顾客提供服务补救，能够在一定程度上降低或消除服务失误对于企业造成的不利影响，甚至给企业带来额外利益。具体来说，服务补救能够给企业带来以下价值和利益。

1. 减少顾客风险和损失，重建顾客满意和忠诚

服务失误会导致顾客利益受损，进而顾客会产生负面情绪和转换行为。但如果企业对于顾客采取补救措施，就能够在一定程度上弥补顾客损失，甚至增加顾客利益，从而降低顾客负面情绪甚至增加顾客正面情绪，进而保留顾客。哈特、赫斯科特和萨塞认为，一个好的补救可以使愤怒、沮丧的顾客转变为忠诚的顾客；福耐尔（Fornell）认为，好的服务补救可以增加顾客满意、建立并强化顾客关系以及有效地防止品牌背叛行为；古德温和罗斯（Goodwin & Ross）认为，优秀的服务补救可以提升顾客对于服务质量的感知，进而重建顾客满意和重购意愿；德在萨和布朗研究发现，服务补救投入与回报直接相关，在零售、银行和自助服务业，服务补救投入能够带来30%～150%的持续回报；史密斯和博尔顿（Smith & Bolton）采用情景模拟和实证研究发现，优秀的服务补救可以增加顾客满意和重购意愿；科尔盖特和诺里斯（Colgate & Norris）认为，服务补救即使不能完全弥补服务失误造成的损失，至少可以减轻其负面影响。

2. 消除顾客不良口碑传播，维护企业形象

如上所述，遭遇服务失误的顾客通常会向周围人传播企业的负面信息，尤其是在互联网时代更是如此，这会导致企业形象受损。但如果企业给予顾客提供补救，就能够降低顾客不满和防止顾客不良口碑传播。据调查显示：不满意顾客会告诉9～16个人，但经过服务补救后他只会告诉4～5个人。如果企业能够给予顾客提供高水平的服务补救，顾客甚至会向周边人说企业的好话，即传播企业的正面信息。

3. 推动企业改进和提高服务质量，不断提升竞争力

服务补救不是简单的头疼医头、脚疼医脚，而是通过借助顾客发现企业服务工作中存在的问题，并通过增加补救成本强迫企业解决服务问题和采取防范措施，这样就能够不断地完善企业各项服务工作和推动企业不断地提高服务质量，进而增加企业服务能力和竞争力。

四、服务补救悖论

服务补救悖论概念是由美国学者麦科洛和巴瓦杰（McCollough & Bharawaj）首先提出来的，其基本含义是服务企业先故意制造服务失误，然后再给予顾客提供高水平的服务补救。

服务补救悖论是建立在“高水平的服务补救能够使顾客更满意”（即比没有发生服务失误还满意）这一假设基础之上的。一些学者的研究结论支持了这一观点。基里（Gilly）研究发现，对于服务补救满意的顾客比那些没有抱怨的顾客有更高的购买意愿。菲利普·科特勒（Kotler）认为，那些抱怨得以满意解决的顾客比那些从来没有不满意的顾客通常对企业更忠诚。史密斯和博尔顿研究发现，优秀的服务补救可以增加顾客满意和重购意愿。麦科洛、贝瑞和亚达夫（McCollough，Berry & Yadav）研究发现，服务补救绩效越高，补救后顾客满意水平就越高。马克斯汉姆（Maxham）研究发现，高水平的服务补救显著提高了服务失误后的顾客满意水平。

但也有学者认为，服务补救悖论是无效的，甚至是非道德的和机会主义行为。贝特森（Bateson）研究发现，一个顾客需要12次的正面购物经历才能消除一次负面购物经历带来的不愉快。泽斯曼尔、贝瑞和帕拉苏拉曼（Zeithaml，Berry & Parasuraman）研究发现，没有经历服务失误的顾客满意度大于经历失误但补救措施好的顾客满意度，而后者又大于经历服务失误但补救措施不好的顾客满意度。麦科洛、贝瑞和亚达夫（McCollough, Berry & Yadav）通过对615位航空公司乘客问卷调查发现，经历服务失误与补救的乘客满意度要低于未经历任何服务失误的乘客。史密斯和博尔顿（Simth & Bolton）认为，企业故意制造服务失误是不道德的行为。马克斯汉姆和内特麦尔（Maxham & Natemeyer）认为，服务补救悖论是服务企业打动顾客、赢得正面评价的机会主义行为。

知识延伸

服务补救悖论及其实施条件

张圣亮和周海滨在《服务补救悖论及其应用价值》一文中，将服务补救悖论定义为“服务企业先故意制造或放任服务失误，然后主动给予顾客提供高水平的服务补救，以增加顾客满意度和建立顾客忠诚，进而实现更多利润”。

（一）服务补救悖论评价

服务补救悖论在理论界存在着很大争议，突出表现在两个方面：一是服务补救悖论是否有效？二是服务补救悖论是否符合道德？对此，研究者提出了如下观点。

（1）服务补救悖论是有效的，但不是无条件的。

研究者认为，对于服务补救悖论有效性之所以存在分歧，主要原因是研究者调查行业不同（从而风险大小不同）、顾客不同（即受服务失误伤害程度不同）和补救类型不同（即能否弥补损失）所致。因此，首先，不能笼统地说服务补救悖论有效还是无效，而是必须结合行业、企业和顾客综合考察。其次，依据服务补救悖论定义，企业先故意制造或放任服务失误，然后给予顾客提供高水平的服务补救（即超值补救），从逻辑上来说，获得补救的顾客会对企业更满意，即服务补救悖论是有效的。因此，服务企业可将此作为营销策略，以增加顾客满意度和忠诚度、激励顾客口碑传播等，进而获取更多利润。

（2）服务补救悖论实施是以道德为前提的，或者说真正的服务补救悖论是在道德允许范围内进行的。

按照道义论道德观中加勒特（T.Garrctt）提出的相称理论，判断一项行为或决定是否道德，应从目的、手段和后果三个方面综合考察：假定所有手段和意欲达到的目的均无可挑剔，如果预见行为将引起副作用，行为人应有足够或相称理由来放任这类副作用的发生，否则，其行为就是不道德的。无论作为手段还是目的，旨在对他人造成“大恶”（即造成某一机构或人员某些重要机能丧失），是不道德的；允许或放任一种“大恶”，且提不出相称理由，也是不道德的。希望、允许或放任一种对他人的“小恶”（即造成他人物质利益损害），且提不出相称理由，也是不道德的。

服务补救悖论是企业先故意制造或放任服务失误，然后主动给予顾客提供高水平的服务补救。显然，服务补救悖论的前提不是故意制造或放任对顾客的“大恶”（否则企业就难以弥补顾客损失），而是允许、放任或故意制造一种“小恶”，并以赔偿（而且是超值赔偿）作基础，因此没有违背道德原则。当然，如果企业故意制造或放任对顾客大的伤害（或“大恶”），则是不道德的；同时也不符合服务补救悖论的要求，因为此时企业根本无法弥补顾客损失，更不要说超值补救了。

（二）服务补救悖论实施条件

研究者认为，实施服务补救悖论有两个基本前提：一是企业给予顾客的补偿必须高于服务失误给顾客造成的损失（由此才能化解顾客不满）；二是企业给予顾客的补偿不能过于增加企业成本（否则得不偿失）。基于这一认识，服务补救悖论有效性应符合以下条件。

（1）从行业类型来看，只有风险较小或容易补救的服务才适宜实施服务补救悖论。如果服务失误对顾客伤害过大，如医疗事故造成患者终身残疾或身心痛苦、美容失误导致顾客破相等，就不宜实施服务补救悖论。有些服务失误虽然不会对顾客造成身体伤害，但可能会给顾客留下终生遗憾或无法弥补的损失，如婚纱摄影或婚礼摄像失败，一般也不宜实施服务补救悖论。如果服务失误风险较小或不会对顾客造成大的伤害，如餐饮、银行等员工态度粗鲁或服务漫不经心，或者让顾客排队等待时间过长等，企业通过提供服务补救如道歉、收费打折等，一般能够弥补顾客损失和化解顾客不满，甚至给顾客带来意外惊喜，此时服务补救才是有效的，服务补救悖论才是适用的。

当然，服务风险大小是相对而言的，并且对于同样的服务失误，不同顾客感知伤害大小也是不一样的。对此，企业或服务人员只能凭借知识和经验加以判断。但有些服务的风险性是一目了然的，如外科手术、汽车刹闸维修、燃气热水器维修等。

（2）从企业类型来看，只有服务质量和补救水准较高的企业才适宜实施服务补救悖论。如果企业服务质量较低，服务失误频繁发生，失误大小无法控制，企业就不能有计划地实施服务补救悖论。如果企业补救能力差，就会第二次造成顾客失望，进而增加顾客新的不满。

（3）从顾客类型来看，只有通情达理、容易知足和喜欢口碑传播的顾客才适宜实施服务补救悖论。如果顾客得理不让人或漫天要价，就会极大地增加企业补救成本和提高补救难度。如果顾客不喜欢对外传播，服务补救效果也会大打折扣。一般来说，知识水平较高的顾客比知识水平较低的顾客更通情达理，年长者较年轻者更容易知足，女性较男性更喜欢对外传播。

（4）对于同一顾客不能频繁使用服务补救悖论。有学者研究发现，一个顾客能够容忍一家企业出现1～2次服务失误，但如果企业失误次数过多，顾客就会把失误原因归咎于服务质量不稳定。此时企业即使给予顾客提供补救甚至超值补救，也只能化解顾客暂时不满而难以建立顾客忠诚。因为顾客面临企业再次失误、不予补救或不予足额补救的风险。

（三）服务补救悖论实施注意事项

研究者认为，企业实施服务补救悖论应注意以下事项。

（1）企业或服务人员故意制造或放任服务失误必须以不对顾客造成人身伤害或过大财产伤害为前提，这是实施服务补救悖论最重要的条件。

（2）企业或服务人员制造或放任服务失误必须表现出非故意性，甚至流露出懊悔、遗憾和自责，由此才能取得顾客谅解。

（3）企业或服务人员给予顾客的服务补救必须能够弥补服务失误给顾客造成的损失，甚至在不大幅增加企业补救成本的前提下给予顾客超值补救，由此才能消除顾客不满。

（4）企业或服务人员给予顾客提供服务补救必须主动和真诚。没有真感情的服务补救，就没有顾客被企业服务补救的真感动，从而难以给顾客留下美好印象。

（资料来源：张圣亮 周海滨，服务补救悖论及其应用价值探讨，中国石油大学学报（社会科学版），2009年第1期，P25～28；张圣亮 周海滨，如何看待服务补救悖论，新华文摘，2009年第9期，P166）

五、服务补救原则

为提升服务补救效果，企业实施服务补救一般应遵循以下原则。

1. 主动性原则

在现实生活中，任何企业都不能够真正做到完美无缺或 100%保证服务质量。基于此，首先，企业必须主动查找潜在服务失误，包括：主动寻找和发现服务工作中存在的问题和不足，不留下任何死角和隐患；主动征求顾客对于服务工作的意见，鼓励顾客表达对于服务工作的真实感受，尤其是对内向型顾客更是如此；面对顾客所反应问题，不推卸、不逃避、更不指责顾客。其次，增加预见性和采取防范措施，如航班因为天气恶劣而推迟降落时，服务人员应预见到乘客们感到饥饿，从而提供食物和饮料。最后，当服务失误发生后，企业应主动给予顾客提供补救，而不是在顾客提出要求的情况下才给予顾客补救。研究表明，即使提供同样内容的服务补救，主动补救比被动补救效果要好。约翰斯通认为，主动补救可以提高顾客对于服务提供者的评价。史密斯、博尔顿和瓦格纳（Smith，Bolton & Wagner）建议企业抓住未抱怨的顾客，即当服务失误发生后要主动给予顾客提供补救而非采取被动补救方式。韦福祥认为，服务提供者主动发现服务失误并及时采取措施解决失误，这种前瞻性的管理方式无疑更有利于提高顾客满意度和忠诚度。张圣亮和高欢以餐饮业为例，采用情景模拟和问卷调查方法研究发现，无论结果失误还是过程失误，服务补救方式对消费者情绪和行为意向均有显著差异性影响。主动补救比被动补救能够给消费者带来更高的积极情绪、口碑传播、重购意向和带来更低的消极情绪。

2. 及时性原则

服务失误发生后，顾客会因为利益受损而难过、悲伤，如果企业拖延补救时间，一是会延长顾客沉浸在不幸中的时间，进而加重顾客不满；二是会增加顾客对于能否获得有效补救的疑虑和猜测，进而导致情绪不稳；三是会导致顾客传播和扩散服务失误信息，致使企业利益遭受损失。因此，企业给予顾客提供服务补救，一定要及时、迅速，不要拖延时间，尤其是服务一线员工要及时出现在服务现场，承认问题的存在，向顾客道歉，并将问题当面解决。研究表明，服务补救时机越早和补救速度越快，补救效果就越好。据美国 TARP 调查发现，当顾客遭遇服务失误而向企业投诉时，如果顾客问题能够迅速得到解决，顾客保留率可以达到 82%。博索夫（Boshoff）认为，服务补救时机越早，顾客满意度就越高；史密斯、博尔顿和瓦格纳（Smith，Bolton & Wagner）研究发现，迅速和及时的服务补救对于顾客感知过程公平有显著正向影响。格罗鲁斯认为，服务补救基本原则之一就是“补救速度越快越好”；拉姆塞（Ramsey）认为，处理顾客问题的最佳时间是“现在”；霍克特、鲍尔斯和多纳文（Hocut, Bowers & Donavan）研究发现，当服务失误发生后，企业提供服务补救速度越快，消费者负面口碑传播就越少。张圣亮和杨锟以航空和宾馆服务为例，采用情景模拟和问卷调查方法研究发现，对于同样内容的服务失误和提供同样内容的服务补救，服务补救时机对于补救效果有显著影响。按照服务补救时机有效性大小从高到低排序依次是即时补救、事后即时补救和事后延时补救。

3. 公平性原则

顾客一般会根据投入与收益对比对服务补救做出评价。顾客投入包括经济、时间、精力和心理等代价，顾客收益包括特定补救措施、人事因素、公司服务政策调整等。服务营销学者史蒂夫·布朗和史蒂夫·塔克斯（Steve Brown & Steve Tax）认为，顾客投诉后所寻求的公平包括三类。

（1）结果公平，即获得的补救能弥补损失。一般通过公正（损失与所得相当）、平等（个人所得与他人所得大体一致）和符合需要（补偿内容符合要求）等要素来体现。

（2）程序公平，即获得补救的过程公平。一般通过及时性（不拖延）、方便性（方便顾客）和灵活性（适应顾客个性化要求）等要素来体现。

（3）交互公平，即在获得补救过程中得到平等对待。一般通过礼貌、体贴、尊重和努力程度等来体现。

服务补救公平性对于消费者情绪和行为有显著影响——感知不公平性会导致顾客负面情绪，进而引起顾客负面口碑传播和转换行为；感知公平性会导致顾客正面情绪，进而引起顾客正面口碑传播和重购行为。

那么，究竟哪一个服务补救公平性维度更重要呢？对此，理论界存在着认识上的分歧。杰弗瑞（Jeffrey）等通过对零售业研究发现，交互公平和结果公平对于消费者行为意向均有显著影响，且交互公平影响更大，程序公平对重购意向和口碑传播影响不显著；史密斯（Smith）等通过对餐饮业研究发现，针对结果失误，结果公平和程序公平对于顾客满意度影响较大；针对过程失误，交互公平对于顾客满意度影响更大；温（Weun） 等研究发现，程序公平和交互公平显著影响顾客满意度，但结果公平的影响更大；迟何阳（Chihyung Ok）等通过对餐饮业调查发现，对于行为意向的影响程度从强到弱依次为程序公平、结果公平和交互公平。

4. 授权原则

服务补救通常是在服务现场发生的，因此，一线员工需要掌握服务补救技巧和被授予为顾客补救的权力。一线员工不应该因为采取补救行动而受到处罚，相反，企业应当鼓励员工使用服务补救的权力，并采取措施激励员工行使补救权力。同时，应通过培训让员工掌握服务补救的技巧和提升服务补救能力。

六、服务补救程序和方法

服务失误不可避免，服务补救不可或缺，恰当的服务补救能够起到事半功倍的效果，不恰当的服务补救则有可能导致事倍功半。

关于服务补救程序和方法，国内外学者进行了大量研究。詹姆克和沙夫（Zemke & Schaaf）

认为，企业提供服务补救应遵循五个步骤：道歉（承认出现了服务失误）、紧急复原（尽快恢复或重新启动服务）、移情（理解和同情顾客处境）、象征性赎罪（给予顾客一些简单赔偿）和跟踪（补救结束后与顾客进行沟通，以了解顾客满意状况）。比特纳、布姆斯和蒂屈奥特（Bitner，Booms & Tetreault）认为，企业回应服务失误应注意四个关键因素：承认（承认问题）、解释（解释原因）、道歉和赔偿。凯利（Kelley）等通过对零售业 661 个服务补救案例进行研究发现，有效的服务补救方法有七种：打折、改正、管理人员或其他服务人员介入、超额补偿、替换、道歉和免单。

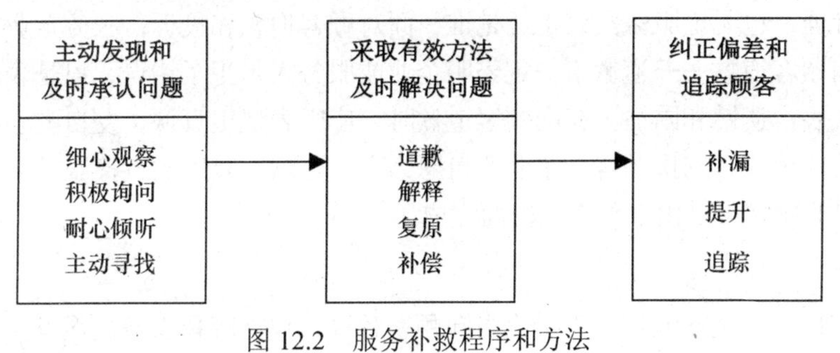

图 12.2　服务补救程序和方法

综合学者研究成果，本书作者将服务补救程序归纳为三个：主动发现和及时承认问题、采取有效方法及时解决问题、纠正偏差和追踪顾客（如图 12.2 所示）。

（一）主动发现和及时承认问题

由于服务失误不可避免，服务企业必须时刻保持警惕，以便及时发现服务工作中可能存在的不足和漏洞。由于服务质量是顾客感知质量，顾客与服务人员以及不同顾客对于同一服务都会有不同理解，服务企业必须善于从顾客角度考虑问题，乐于倾听顾客的声音，以便及时发现顾客不满意之处。在此阶段企业可以采取以下措施。

1. 细心观察

首先，企业相关人员应当主动观察服务设施和设备、服务环境等，以便发现服务设施和服务环境存在的问题，进而采取措施消除隐患；其次，服务人员应当主动观察等待接受服务的顾客和正在接受服务的顾客，以便及时发现顾客之间可能存在的冲突、顾客的不满情绪甚至痛苦表情等，进而给予化解、安慰和帮助。

2. 积极询问

服务人员在为顾客提供服务时，应当主动询问顾客的要求和感受，以便有针对性地提供服务和及时改进服务工作中存在的不足。

3. 耐心倾听

首先，企业应当开通免费投诉电话和提供更多的投诉渠道，以方便顾客投诉；其次，企业和客服人员应当以宽阔胸怀接受投诉，耐心倾听顾客所反应的问题，并如实记录，千万不要对顾客投诉加以抱怨，更不要认为顾客投诉是在找茬或添麻烦；最后，客服人员受理顾客投诉后，要及时辨识顾客投诉问题及其原因，不要推卸责任，也不要拖延时间，否则会增加顾客新的不满。

4. 主动寻找

在互联网时代，一些顾客遭受服务失误后，不是将不满和抱怨直接反应给服务供应商，而是将自己的遭遇和不满发帖在网上。对此，服务企业应当经常浏览一些门户网站，及时与反映问题的顾客进行沟通和为其解决问题，以免问题升级和产生叠加效应。

（二）采取有效方法及时解决问题

当企业发现服务失误或受理顾客投诉后，应当及时采取措施解决顾客问题，拖延时间会增加顾客新的不满和投诉。

此阶段企业通常可以采取以下措施。

1. 道歉

无论顾客投诉是否合理，也无论服务失误责任是谁，面对顾客抱怨和投诉，服务企业相关人员必须在第一时间向顾客道歉——道歉不一定表明企业或服务人员犯了错误，只是表明企业对顾客经历的不愉快表示遗憾和同情。在向顾客道歉时，应当表现出真诚、发自内心和有愧疚感，而非迫于公司政策或者安抚顾客情绪而非自愿为之；道歉一般应由直接服务人员完成，但对于自尊心较强的顾客可以由管理人员出面完成。

2. 解释

面对服务失误或顾客投诉，企业或相关人员应当向顾客解释，包括解释服务失误发生的原因、解释顾客对于服务的误解或不理解（尤其是当顾客对于服务情况不了解而抱怨和投诉时）、解释可能采取的补救方法及其时间、解释顾客需要哪些参与和配合等。需要强调的是，在向顾客解释时，一是解释内容要正当——不能故意推卸责任；二是解释方式要恰当——让顾客感受到真诚。

3. 复原

对于核心服务失误，顾客一般希望服务组织尽快恢复或重新提供服务。对此，服务企业应当尽可能给予满足。需要说明的是，企业实施服务复原时，一是要切实保证服务质量，因为二次服务失误往往比初次服务失误对顾客造成的伤害更大；二是不要拖延时间，否则会极大地增加顾客的时间成本；三是仅仅给予服务复原是不够的，一般还应当配合其他补救或补偿措施。

4. 补偿

面对服务失误尤其是结果失误及其给顾客造成的物质损失，企业必须给予顾客提供适当的物质补偿，包括折扣、退款、赠送礼品或优惠券、提供下次免费服务等。史密斯等研究发现，针对结果失误，物质补救更容易赢得消费者满意。高欢研究发现，针对结果失误，物质补救比精神补救能够给消费者带来更高的积极情绪、口碑传播和重购意向以及带来更低的消极情绪；针对过程失误，精神补救比物质补救能够给消费者带来更高的积极情绪、口碑传播和重购意向以及带来更低的消极情绪。

企业给予顾客提供补偿一般应遵循以下原则。

（1）公正原则，即企业给予顾客的补偿与服务失误严重程度及其给顾客造成的损失应当大体相当。西方学者认为，当服务企业给予顾客过度补偿时，顾客会感到内疚和不舒服，即有心理压力。但张圣亮和张文光研究发现，企业给予遭受服务失误的顾客提供超值补救，并不会引起顾客“内疚”和“困惑”，相反，还会进一步增加顾客满意度。因此，中国服务企业在给予顾客提供补偿时，补偿额应尽可能高于服务失误给顾客造成的损失额，这一方面体现了企业对顾客的尊重，另一方面说明企业重视顾客问题和对自己的错误进行自我惩罚。

还需要说明的是，服务失误严重程度及其给顾客造成的损失大小基本上是顾客的一种主观感受，对此，服务企业在给予顾客提供补偿时应遵循两个原则：一是遵守惯例；二是个别沟通。

（2）平等原则，即对所有遭受同样服务损失的顾客一视同仁，进而给予同等程度的补偿。例如，同是遭遇飞机晚点，航空公司不能实行差别对待，否则，即使补偿水平很高，也会导致顾客不满。

（3）符合需要原则，即给予顾客的补偿内容应当符合顾客需要。对此，服务企业在给予顾客提供补偿时，一是可以先了解顾客想要的解决方案，然后再提出企业可能的解决方案。如果顾客要求与企业补偿方针正好相符，就尽可能满足顾客的要求；二是为顾客提供选择，这可以让顾客感到受到了尊重，同时实施也比较容易；三是金钱补偿比物质补偿更灵活，一般能够满足大多数顾客的要求。

（三）纠正偏差和追踪顾客

企业开展服务补救不能采取头疼医头、脚疼医脚的方法，而是应当作为发现服务问题、解决问题、防止出现类似问题以及不断提高服务质量和进一步提升顾客满意度的过程，因此，当企业采取措施弥补顾客损失后，还应当做好后续工作，包括补漏、提升和追踪等。

（1）补漏，即弥补服务漏洞，防范同样服务失误再次发生。对此，服务组织应当认真分析服务失误发生的原因，进而采取有针对性的措施。对于服务人员因为玩忽职守、不遵守服务规则和流程而造成的服务失误，对相关人员应进行处理，以达到杀一儆百的作用；对于服务人员因为不了解服务理念和服务标准或者没有能力履行服务而导致的服务失误，企业应当加大培训力度，以提升服务人员的服务能力；对于因为设施、设备故障而导致的服务失误，应当对设施、设备及时进行维修；对于因为服务流程、服务系统不恰当导致的服务失误，应当及时完善服务流程和进行服务系统升级。

（2）提升，即把服务补救作为全面提升服务质量的契机，包括全面更新服务理念、重新制定服务标准和流程、改造服务设施、升级服务系统、招聘高素质服务员工等，以推动企业服务质量跨上新的台阶。

（3）追踪，即主动与获得服务补救的顾客进行沟通，以了解其满意度情况，并把服务改进措施告知给顾客，以吸引顾客继续光顾服务公司。对于顾客进行追踪一般有四个方面的价值：一是识别未达目标的服务补救，并及时进行二次补救；二是培养顾客情感，建立顾客忠诚；三是挖掘顾客其他需求信息，为顾客提供新的服务；四是推动顾客口碑传播，吸引其他顾客。

思考与练习题

1. 何谓服务失误？服务失误类型及其原因有哪些？
2. 面对服务失误，顾客通常会有哪些反映？
3. 服务失误通常会给企业造成哪些损失？
4. 何谓服务补救？服务补救有哪些类型？服务补救应遵循何种原则？
5. 简述服务补救的程序和方法。
6. 如何看待服务补救悖论？

第十三章 顾客关系管理

导语

衡量一个企业是否兴旺发达，只要回头看看其身后的顾客队伍有多长就一清二楚了。

——[美]彼得 · 德鲁克（Peter F. Drucker）

在当今服务和技术导向的市场，未来的销售日益依赖于创造并维持与客户之间的紧密关系。

无论在婚姻关系中还是在顾客对企业的关系中，人们关系的一个自然倾向是感情处于不断退降之中，即双方之间的敏感性和关注程度不断削弱和退化。

——[美]西奥多 · 莱维特（Theodore Levitt）

【学习目标】

1. 了解顾客对于企业的重要性。
2. 了解企业与顾客关系发展阶段。
3. 了解顾客保留及其价值。
4. 了解顾客流失及其原因。
5. 了解顾客关系管理及其实施步骤。
6. 了解顾客保留驱动因素以及企业保留顾客的具体策略。

服务失误在所难免，遭遇服务失误的顾客对于企业究竟采取何种态度和行为，不仅取决于服务失误严重程度及其对于顾客的伤害程度，而且取决于服务企业与顾客之间的关系。如果企业与顾客关系良好，顾客一般会抱以宽容和原谅态度，也不会对企业提出过高的补救要求，甚至还会继续保持与企业之间的交易关系。如果顾客关系处在初级阶段或者彼此之间缺乏信任，顾客往往会夸大服务失误及其对自己造成的伤害，进而对企业提出较高的补救要求，甚至终止与企业之间的交易关系。因此，企业要弥合服务质量差距 5，还必须注重建立良好的顾客关系。

第一节 顾客及其价值

英语 customer 可以翻译成顾客、客户、客人、买主等。按照 GB/T19000—2000（中国依据 2000 版 ISO9000 族标准于当年 12 月 28 日发布的 GB/T19000 族标准）的定义，顾客是指“接受产品的组织或个人”，或者说，顾客就是产品或服务的接受者。

一、顾客的分类

顾客可以依据不同标准进行分类。

1. 按顾客所处组织位置分类

在 GB/T19000—2000 有关顾客定义的注中解释：顾客可以是组织外部的，也可以是组织内部的，即依据顾客所处组织位置不同，可以分为外部顾客和内部顾客。

外部顾客是指购买或接受组织的产品或服务的外部组织或个人，这也是通常意义上的顾客。

内部顾客是指在组织内部，不同部门、不同工序以及不同人员之间所形成的类似于组织与外部顾客之间的关系。在组织内部，通常具有众多各司其职的部门，因此在一个组织中，人与人之间、部门与部门之间、工序与工序之间就形成了类似于供方与顾客的关系。按照全面质量管理（TQM）的观点，“下一道过程”就是“上一道过程”的顾客。如工厂设计部门提供技术规范就是一种产品，其接收者——生产部门就是顾客；甲车间生产零件提供给乙车间，乙车间就是甲车间的顾客。

2. 按照顾客接受产品环节分类

按照产品接受环节不同，外部顾客可以分为最终顾客和中间顾客。

最终顾客是指产品的最终购买和消费产品的顾客，包括三种情况：①购买者和消费者是统一的，如购买和消费日用品；②购买者和消费者是分离的，如玩具，其购买者多是家长，使用者是孩子；③多个消费者共同使用某一产品，如家用轿车往往是家庭成员共用。

中间顾客是指基于转卖或出租和购买产品的顾客。企业产品一般要经过相当多的环节（如批发商、零售商）才能到达最终消费者或使用者手中。在产品流转链中，任何一个中间环节既是前一个环节的顾客，又是下一个环节的供方。

3. 按购买主体不同分类

按照购买主体不同，顾客可以分为个人顾客和组织顾客。

个人顾客是指为了满足个人或家庭成员消费需要而购买产品或服务的人。组织顾客是指为了满足组织职能而购买产品或服务的单位或组织（一般称为客户）。

4. 按照购买活动是否发生分类

按照购买活动是否已经发生，外部顾客可以分为现实顾客和潜在顾客。

现实顾客是指已经或正在购买企业产品或服务的顾客，包括两类：①已经购买或消费过本企业产品的单位或个人；②正在购买或消费本企业产品的单位或个人。

潜在顾客是指打算或将来有可能购买企业产品或服务的顾客，包括三个层面。①潜在地区顾客——某个地区是企业的潜在销售市场（此类顾客相对容易开发）；②潜在阶层顾客——某个阶层人群（如以收入划分的阶层）是企业的潜在销售市场（此类顾客开发难度较大）；③潜在个人或组织顾客——某个组织或个人可能是企业某一产品或服务的潜在购买者（此类顾客最难开发）。

二、顾客与供方关系

按照 GB/T19000—2000 的定义，供方是指“提供产品的组织或个人”，或者说，供方就是产品或服务的提供者，如制造商、批发商、零售商、服务提供商等。

顾客与供方的关系表现如下。

（1）顾客与供方互为前提。没有顾客，供方就难以生存，用系统论的观点来说就是一个封闭的系统，迟早会走向孤寂；没有供方，顾客的生活质量也会大受影响。

（2）顾客与供方都是相对的。作为某项产品或服务的接收者，甲组织或个人可能是乙方的顾客；作为另一项产品或服务的提供者，甲组织或个人可能又是乙方的供方。

（3）顾客与供方可以相互选择。针对某一供方，其顾客往往多于一个，但供方通常期望顾客越多越好；针对某一顾客，其供方往往也多于一个，但每一个供方都期望被选中。

（4）顾客与供方的力量大小取决于供求关系。在卖方市场条件下，供方处于主宰和支配地位；在买方市场条件下，顾客处于主宰和支配地位。

（5）顾客与供方的关系具有不稳定性。今日顾客与供方的关系，明日就有可能解除，尤其是在产品或服务供给日益丰富从而可供顾客挑选越来越多的情况下更是如此。

三、顾客价值

当今社会，企业所面对的市场是买方市场，买主相对于卖主处在主宰和支配地位，因此，拥有顾客对于企业具有十分重要的意义。具体表现为：

（1）顾客是企业存在的基础。企业是以营利为目的，专门从事商品生产、经营或服务性活动的经济单位。企业能否生存决定于其所生产或经营的产品或服务是否拥有市场。企业只有获得顾客的支持才能生存和发展。所谓支持或不支持就是看顾客在市场上是否购买企业所提供的产品或服务。

（2）顾客是企业利润的源泉。企业利润是销售收入与生产经营成本之间的差额。在生产经营成本既定的情况下，企业要想增加利润，唯有扩大销售量和增加销售收入；而企业产品销售量能否增加，则决定于企业是否拥有顾客以及拥有顾客多少。

（3）顾客是企业员工的衣食父母。表面上看员工工资是由老板发放的，但实际上员工工资是顾客发放的。试想：如果企业产品没有市场，员工即使付出再多也难以得到回报。沃尔玛创始人山姆·沃尔顿（Sam Walton）就曾多次说过：“所有同事都是在为购买我们商品的顾客工作。事实上，顾客能够解雇我们公司的每一个人，他们只需要到其他地方去花钱就可以做到这一点。衡量我们成功与否的重要的标准就是看我们让顾客——我们的老板——满意的程度。”

（4）顾客是企业的最大资产。企业可以没有厂房、设备等固定资产，但不能没有顾客，如果没有顾客，企业固定资产就是毫无价值的；反之，只要拥有顾客，企业则可以通过租赁等方式获得固定资产，然后为顾客提供相应的产品或服务。斯堪的纳维亚航空公司总裁简·卡尔森（Jan Carlzon）就曾经说过："看一下我们的资产负债表，在资产方面，你可以看到有多少架飞机值多少钱。然而，你错了；在资产方面，我们应该填的内容是，去年我们的班机共有多少愉悦的乘客。因为这才是我们的资产——对我们的服务感到高兴并会再来买票的乘客。"

第二节　顾客关系及其发展阶段

一、顾客关系的含义

在汉语中，"关系"一词有多个含义：一是指关联或牵扯；二是指事物之间相互影响和相互作用；三是指人与人或人与物之间相互影响和相互作用。

在英语中,关系是指两个人或两群人之间的感知状态和行为方式的相互影响和相互作用。

由上可知，关系可能发生在人与人之间，也可能发生在人与物之间；可能是个体与个体之间的关系，也可能是集体与集体之间的关系以及个体与集体之间的关系；关系是双向的，具有典型的互动性；关系既包括行为方面的相互影响和相互作用，也包括感知或态度方面的相互影响和相互作用。

顾客关系是指企业与顾客之间的相互联系及其相互影响。

二、顾客关系发展阶段

这里的"顾客"既包括组织顾客也包括个人顾客，既包括最终顾客也包括中间顾客，既包括初次购买顾客也包括长期关系顾客。

有学者将企业与顾客之间的关系划分为以下四个阶段。

1. 陌生关系

陌生关系是指顾客还没有与企业发生业务往来（即没有购买过企业的产品或服务），且不了解企业。针对陌生顾客，企业需要引导他们关注企业的产品或服务，或者通过提供赠品、鼓励试用等方法引导其对企业产品或服务产生兴趣。

2. 熟人关系

熟人关系是指顾客已经购买过企业的产品或服务（甚至多次购买），并且对于企业较为了解和熟悉。针对熟人关系，企业的重要任务是增加顾客满意度和忠诚度，防止顾客流失。

3. 朋友关系

朋友关系是指顾客与企业之间除了交易关系之外还存在情感联系，即顾客对于企业或其服务人员、营销人员有情感联系或私人友谊，进而会开展交易关系之外的联系或互动。针对朋友关系，企业及其相关人员应当付出更多的情感以维系良好的关系，进而推动顾客购买企业的其他产品或服务，并推动顾客介绍其他新顾客。

4. 伙伴关系

伙伴关系是指顾客与企业之间开展合作，以达成某种目标，如入股企业、联合投资。针对伙伴关系，企业的重要任务是统一价值观，及时化解分歧，保证合作愉快、稳定和长久。

知识延伸

客户关系发展阶段及其营销策略

客户关系（在此主要指组织客户）发展一般包括四个阶段：开发阶段、初期合作阶段、稳定合作阶段和战略合作阶段。但在客户关系发展的任何一个阶段都存在着客户关系停滞、倒退甚至中断的可能。因此，企业必须在客户关系发展的不同阶段采取相应的营销策略，以不断推动客户关系向前发展和保持客户关系的稳定性和长期性。

（一）客户关系发展阶段

客户关系发展阶段划分主要是考虑供应商提供的产品或服务占客户业务量的比例大小。

（1）客户开发阶段——企业还非客户的供应商，暂与客户无业务往来关系。

（2）初期合作阶段——企业与客户之间建立起了业务关系，但还只是客户的次要或候选供应商，企业某种产品的销售量一般占客户采购同类产品比例的50%以下。

（3）稳定合作阶段——企业与客户之间建立起了合作与信任关系，并成为客户的主要供应商，但客户基于安全和竞争考虑还会引入其他次要供应商。此阶段企业某种产品的销售量一般占客户采购同类产品比例的50%～80%。

（4）战略合作阶段——企业与客户之间建立起了战略合作伙伴关系，即除了交易关系之外，还有其他合作项目。此阶段企业某种产品的销售量一般占客户采购同类产品比例的80%～100%。

（二）客户开发阶段策略

在客户开发阶段，供应商与客户还暂无业务往来关系。因此，供应商的主要任务就应该是开发潜在客户成为现实客户。对此，供应商可采取以下策略。

（1）等待机会。由于客户已经有固定的供应商，企业要发展潜在客户面临巨大困难，因此，企业必须等待和寻找恰当机会。一般来说，下面几种情况是企业开发潜在客户的好机会：①新品上市时——新品上市意味着所有供应商在技术层面上都归零，即供应商站在同一条起跑线上，此时是客户重新选择供应商的机会，也是供应商开发新客户的机会。②年度供应商评估——客户对于供应商的年度评估和少量更换，是其他供应商介入的好机会。③客户内部人员变动——客户内部人员变动尤其是决策者变动是供应商开发新客户的绝佳时机。④既有供应商产品和服务存在问题——如果既有供应商产品或服务存在问题，就会促使客户寻找新的供应商，这对供应商来说是开发新客户的好机会。⑤客户与供应商关系恶化——由于供应商产品质量和服务投诉等问题没有得到解决，或者交货不及时，或者某些个人要求没有得到满足等，都会导致客户与现有供应商关系恶化。此时，就是其他供应商开发客户的好机会。⑥客户有降低成本需求——如果客户有降低成本需求而要求现有供应商降低销售价格或者主动寻找新的供货商时，也是供货商开发新客户的好机会。

（2）寻找关键人。组织采购通常有多人参与，每一个人扮演的角色各不相同。对此，企业首先要了解客户组织结构、角色与职责分工等；在此基础上，应努力找到关键人物即采购决策人，同时还要与其他角色人物建立良好关系。

（3）建立信任。购买是建立在信任基础之上的，没有信任往往难以达成交易关系。对此，企业必须建立与客户之间的信任关系（包括人际信任、产品或服务信任、企业信任等），进而通过对客户组织利益和个人利益的满足以促成交易。

（4）技术突破。如果客户根据经验和自身情况已经列出了所关注的问题并将此作为评判和采购的技术标准，企业就应当准确把握客户所关注价值，进而通过演示、讲解、技术交流、引导客户参观等方式向客户展示企业产品或服务价值。如果客户还未有形成采购标准，企业可以影响和帮助客户制定对自己有利的采购标准，进而阻截竞争对手。

在客户开发阶段，供应商与客户之间的接触基本上是销售部门与采购部门之间点对点的接触。

（三）初期合作阶段策略

在初期合作阶段，供应商与客户之间建立起了业务关系，但业务量还较少，关系也不稳定。在此阶段，供应商的主要任务应该是发展业务量和争取成为客户的主要供应商。对此，供应商可以采取以下策略。

（1）编织关系网。在客户开发阶段，供应商与客户之间的接触基本上是点对点的接触，即过于依赖某一个人。首先，如果双方的关系是非制度化的，客户关系完全掌握在某一个人手中，关系就非常不稳定。因此，企业必须将个人点对点的关系发展到面对面的组织关系。其次，企业需要从组织利益到个人利益、个人信任到组织信任等多个角度建立与客户的关系。如果目前只是依靠性价比满足客户组织的利益，下一步就需要在满足客户个人利益上多下功夫；如果目前只是依靠公司品牌取得客户信任的，下一步还应当在建立个人关系方面下工夫。

（2）打压竞争对手。企业可以采取措施促使客户减少购买主要供货商的产品或服务。具体方法包括：利用客户内部矛盾，促使客户重新安排采购计划；进行基层运作，由基层使用产品的部门或人员反映供货商质量或服务问题，或者将小问题放大成大问题，最终引起高层注意，以促使客户改变供货商。

（3）提升客户期望。企业可以引导客户提高期望，进而增加对主要供货商的不满。提升客户期望值方法包括：引入比主要供货商更具竞争力的产品或解决方案、提供比主要供货商更出色的服务、满足主要供货商无法满足的个人需要。

在初期合作阶段，供应商与客户之间的接触突破了销售部门与采购部门之间点对点的接触，而是开始建立多渠道和全方位的联系。

（四）稳定合作阶段策略

在稳定合作阶段，企业成为了客户的主要供货商，并且彼此之间建立起了合作和信任关系。在此阶段，企业的中心任务就应该是维持与客户的长期合作关系。对此，企业可以采取以下策略。

（1）发展高层关系。如果企业与客户之间的关系仅限于基层或业务部门，这种关系就具有不稳定性。因此，企业必须与客户高层之间建立联系和发展个人友谊，其基本方法是保持沟通，经常互访和交流，培养共同兴趣和价值观。

（2）提升客户满意度。通过增加客户价值以提升客户满意度，让客户不愿意离开本企业。具体方法包括提高产品质量、提升技术能力、提高服务水平、提供优惠交易条件、提供先进技术解决方案等。

（3）设置退出壁垒。企业采取措施让客户不能离开或者离开会遭受损失，包括提供差异化产品、建立技术壁垒、年终返利等。

在稳定合作阶段，供应商与客户之间的沟通更加通畅，合作更加紧密，而供应商销售部门和客户采购部门之间的联系反而变弱，主要起协调作用。

（五）战略合作阶段策略

在战略合作阶段，企业成为客户的主要甚至唯一供货商，并且与客户之间建立起了战略合作伙伴关系。在此阶段，供应商的主要任务就应该是维持和维护长期合作关系，并推进合作的广度和深度。对此，供应商可以采取以下策略。

（1）密切高层关系，即通过建立高层定期互访机制，不断密切高层之间的关系。

（2）双边锁定，即通过资本介入、股份合作、利益共享等，形成"双边锁定"。

（3）战略互补，即将两个企业的资源和能力整合成整体的核心竞争力。

在战略合作阶段，供应商与客户之间建立起了全面合作关系，并且人员之间往来密切，它是客户关系的最高境界。

（六）客户关系倒退和中断

有些客户关系的倒退或中断是企业不可控制的，如客户调整经营方向、压缩经营范围、直接进入供货商所在的上游领域等。但有些客户关系的倒退或中断则是可以防范和控制的，对此，企业应加以防范和避免。

客户关系倒退或中断的原因主要有以下几个方面。

（1）竞争对手利用更低价格、更好产品、更优质服务甚至商业贿赂等手段争取客户。

（2）供货商所提供产品或服务不能够有效地满足客户需要。

（3）供货商没有及时采取措施解决客户投诉问题。

供货商防范客户关系倒退或中断的方法主要有以下几个方面。

（1）事前预警，即对客户日常交易活动进行全天候监控，发现客户关系危机的任何征兆就立刻预警。除了在客户中安插线人随时向其提供情报外，销售人员对客户任何订单的异常和订单趋势都要有足够的敏感度。

（2）事中控制。当客户关系出现警报时，必须对该客户进行重点关注，从主客观方面分析和查找原因，与客户进行沟通，努力解决困扰客户关系的因素，动用一切力量防止客户关系进一步恶化。

（3）事后挽救。当客户关系危机变成现实后，分析该客户是否还有挽回的可能，如有可能则要采取任何措施挽留客户。

（资料来源：根据中国营销传播网陆和平《客户关系发展不同阶段的对策》一文改编）

第三节　顾客保留及其价值

一、顾客保留含义

顾客保留可以分别从企业角度和顾客角度进行定义。

从企业角度定义，顾客保留是指企业采取措施维持与现有顾客之间的业务关系，防止和避免顾客流失，从而保证企业有一个稳定的顾客群。企业保留顾客的基本手段有两种——积极保留和消极保留，前者是指企业采取措施以增加顾客满意度，促使顾客主动地和自觉地保持与企业的业务关系；后者是指企业通过设置障碍或提高退出成本，以防止和避免顾客流失。

从顾客角度定义，顾客保留是指顾客继续保持与企业之间的业务联系（即重复购买）而不转换供货商。顾客保留有两种基本情况——主动保留和被动保留，前者是指由于企业所提供产品或服务很好地满足了顾客需要，从而顾客主动地和自觉地保持与企业之间的业务关系；后者是指由于顾客被企业锁定或设置了较高的退出门槛，从而不得不保持与企业之间的交易关系。

当然，无论从企业角度还是从顾客角度来看，顾客保留都意味着企业与顾客之间的商业关系继续保持，表现为顾客重复购买企业的产品或服务。

顾客保留与顾客忠诚是两个不同的概念。顾客忠诚是指由于企业较好地满足了顾客需要，从而顾客主动地和自觉地保持与企业的业务关系，或者说是顾客的主动保留行为。顾客忠诚包括态度忠诚和行为忠诚，前者是指顾客对于企业抱有积极态度和情感依恋，后者是指顾客对于企业的产品或服务采取重购行为。

二、顾客保留的价值

顾客保留无论对于企业还是对于顾客来说都价值巨大，或者说是“双赢”。

1. 顾客保留对于企业的价值

顾客保留对于企业具有以下价值。

（1）经济利益。首先，保留顾客能够不断增加企业销售额。保留顾客意味着顾客不转换供应商，而是继续购买企业的产品或服务，或者购买企业的其他产品或服务，由此会推动企业产品或服务销售量不断增加。其次，保留顾客能够降低企业营销成本。研究表明，促成老顾客购买比开发新顾客购买通常能够节约10%的费用。开发新顾客需要更多的启动成本，包括广告和其他促销费用、熟悉顾客的时间成本、化解顾客异议的成本等。

（2）顾客行为利益。首先，老顾客会传播企业的好口碑，从而吸引更多顾客购买企业的产品或服务。其次，老顾客会自觉维护企业的利益，包括主动向企业反馈问题，促使企业不断提高产品或服务质量；自觉抵制和化解对企业的不利言行或诋毁。

（3）人力资源管理利益。首先，凡是顾客保留率高的企业，其员工保留率必然高，因为员工工作有成就感和自豪感，同时还能获得经济报酬之外的私人友谊，由此就能够节约企业人员招聘和培训成本。其次，老顾客能够有效配合营销人员或服务人员完成交易，进而节省企业的人力成本。

2. 顾客保留对于顾客的价值

顾客与某一企业保持长期交易关系，对于顾客也具有巨大价值，表现在以下几个方面。

（1）特殊对待利益。企业对于长期顾客通常会提供一些特殊利益，包括价格优惠、优先供货或提供服务、提供更多选择、提供更优质产品、提供更多服务等。

（2）信任利益。由于顾客与企业之间有长期交易关系，对企业较为熟悉和了解，从而在购买过程中就会减少焦虑，而是更放心和更舒心地购买。

（3）社会关系利益。顾客长期购买企业的产品或服务，在顾客与企业销售人员或服务人员之间以及顾客之间就可以建立起一种特殊的社会关系，大家彼此相互沟通和帮助，进而获得交易价值之外的关系价值。

第四节　顾客流失及其原因

一、顾客流失含义

顾客流失是指顾客不再购买企业的产品或服务、终止与企业的交易关系的行为。顾客流失可能是首次购买的新顾客的流失，也可能是与企业有长期交易关系的老顾客的流失；可能是中间顾客的流失，也可能是最终顾客的流失；可能是企业顾客的流失，也可能是企业某一品牌或具体产品和服务项目顾客的流失。

顾客流失对于企业来说如同摩擦力对于机械系统的作用。顾客流失不仅导致企业顾客存量减少，影响企业产品或服务销售量和利润，而且有损企业形象；同时，还会导致员工士气丧失甚至流失，最终置企业于万劫不复之地。

二、顾客流失类型

顾客流失通常有以下几种类型。

（1）价格型流失，即顾客为了获得低廉价格或更多优惠而转换购买。这是忠诚度最低的顾客类型。很多追求留住顾客的企业宁可放弃价格流失者以避免不停地对其产品和服务价格打折。

（2）产品型流失，即顾客找到了更好的同类产品或服务而转换购买。产品流失者一旦离开就很难再争取回来。减少产品流失者的秘密在于不满足现状，不断创新和改进产品。松下公司创业初期，创始人松下幸之助偶尔听到几个客户抱怨现在的电源都是单孔的，使用起来很不方便。松下幸之助得到启发，马上组织力量进行研发，很快就推出了“三通”插座，可以同时插几个电器，投放市场后取得了巨大成功。对此，松下幸之助总结说：“客户的批评意见应视为神圣的语言，任何批评意见都应乐于接受。”

（3）服务型流失，即顾客因为对企业服务不满意而转换购买。例如，企业服务项目少、服务时间短、服务水平低、员工冷漠等，都有可能导致顾客流失。在产品同质化和价格透明化的今天，由于服务不能令顾客满意而导致顾客流失的现象越来越多。

（4）技术型流失，即顾客转向购买技术更先进的替代产品或服务，也即转向行业之外的产品。随着技术进步迅速和产品生命周期日益缩短，技术型流失者也越来越多，这种顾客流失基本上是企业无法控制的。

（5）环境型流失，即顾客因为外部环境尤其是时尚发生变化而不再购买某种产品或服务。这意味着某种产品或服务的生命周期已经完结，对此，企业往往无能为力。

（6）组织型流失，即顾客因为对企业的社会行为不满意或者认为企业未履行社会责任而转移或退出购买。如抵制不关心公益事业或污染环境的企业。随着人们的环保意识和社会责任感日益增强，企业行为不恰当而导致顾客流失的现象会越来越多。对此，企业必须担当起应尽的社会责任，以便在更大程度上防止顾客流失。

三、顾客流失原因

据日本一位营销专家调查，顾客流失原因有以下几类。

（1）死亡——因为顾客死亡而不再购买企业的产品或服务，占顾客流失总数的1%。

（2）居住地搬迁——顾客因为居住地搬迁而放弃购买企业的产品或服务，占顾客流失总数的3%。

（3）形成了其他兴趣——因为顾客主动建立了新的关系而放弃购买企业的产品或服务，占顾客流失总数的5%。

（4）竞争者原因——因为竞争对手采取新的竞争策略而导致顾客放弃购买企业的产品或服务，占顾客流失总数的9%。

（5）对产品不满意——因为顾客对于所购产品不满意而放弃或转移购买，占顾客流失总数的14%。

（6）对服务不满意——因为顾客对于服务不满意而放弃或转移购买，占顾客流失总数的68%。

第五节　关系营销与顾客关系管理

顾客流失会给企业造成巨大损失，因此，企业必须采取措施防止顾客流失和保持顾客关系，其中关系营销和顾客关系管理是防止顾客流失和保持顾客关系的重要手段。

一、关系营销

关系营销是指企业在与最终顾客或中间商开展交易关系的基础上，进一步创造和发展亲密的工作关系以及相互依赖的伙伴关系，从而保持双方的持续性交易关系和巩固企业市场份额。关系营销概念是美国营销学家杰克逊（B. Jackson）于1985年首先提出来的。

（一）关系营销与交易营销的区别

关系营销代表了一种典型的营销转变——由以获取客户为中心到以保留客户为中心，即注重保留现有顾客而非获取新的顾客。

关系营销与交易营销存在以下区别：

（1）交易营销关注一次性交易，关系营销关注如何保持顾客关系；

（2）交易营销较少强调顾客服务，关系营销高度重视顾客服务；

（3）交易营销只有少量承诺，关系营销提供充分承诺；

（4）交易营销仅仅强调交易关系，关系营销注重情感交流和非经济联系。

（二）关系营销实施

一般来说，实施关系营销应做好以下几个方面的工作。

（1）沟通。企业只有与利益相关者进行广泛的信息交流和沟通，才能赢得利益相关者的理解、支持和合作。

（2）合作。关系有两种基本状态：对立与合作，只有通过合作才能实现共赢。因此，企业必须与各方利益相关者开展广泛合作，寻找利益互惠点，及时化解可能存在的误解和冲突。

（3）共赢。共赢是关系保持的基础，如果在合作中只有一方获利而另一方利益受损，合作关系是难以建立和保持的，企业也是难以获取长期利益的。

（4）亲密。关系能否得到稳定和发展，情感因素起着重要作用。因此，关系营销不只是要实现物质利益互惠，还必须让参与各方能够从关系中获得情感满足。

（5）控制。为有效保持企业与相关者之间的关系，企业必须建立专门的机构和安排专门人员用以跟踪各方利益相关者，了解关系的动态变化，及时采取措施消除关系中的不稳定因素和不利于关系各方利益增长的因素。

二、顾客关系管理

（一）顾客关系管理含义

顾客关系管理是一个在企业界得到广泛应用但在学术界一直没有明确和统一定义的概念。

克拉克塔和罗宾逊（Kalakota & Robinson）认为，顾客关系管理是让公司的所有部门、员工一起努力以满足所有顾客的需求，是一套整合销售、营销、售后服务等工作的系统。信息工程学者巴特（Bhatta）认为，顾客关系管理是利用软件及其相关科技支持，针对销售、营销、顾客服务等多个领域进行的自动化管理。应用心理学者阿里克斯（Alex）认为，顾客关系管理是许多技术和观念的集合与发展，牵涉的技术与观念包括定制服务、顾客区分、顾客忠诚度维系、数据仓库和数据挖掘等。营销学者戈登（Cordon）认为，顾客关系管理是多种信息科技手段的综合应用，其目的在于保留对企业有贡献的顾客。美国营销学会（AMA）认为，顾客关系管理就是协助企业与顾客建立良好关系，使双方都得利的管理模式。大型数据库供应商赛贝斯（Sybase）公司认为，顾客关系管理就是利用已有数据仓库，整合相关资料，使其容易进一步分析，让组织能够衡量现有潜在顾客的需求、机会风险和成本，从而实现企业价值最大化。麦肯锡（Mckinsey）公司认为，顾客关系管理是持续性的关系营销，其强调重点是寻找最有价值的顾客，以不同产品和不同销售渠道来满足不同顾客需求，并经常与顾客保持沟通，进而随着顾客需求变化而调整营销策略。

综上可知，对顾客关系管理概念基本上有两种理解：一是认为顾客关系管理是一种管理思想和管理策略；二是认为顾客关系管理是以信息技术应用为核心的系统。实际上，要将“顾客关系管理”与“顾客关系管理系统”区分开是不可能的，因为它们之间是相互依存的关系，有效的“顾客关系管理”有赖于科学的信息系统应用，而“顾客关系管理系统”能否发挥效力又取决于“顾客关系管理”理念的普及和深入。基于此，本书将顾客关系管理定义为：企业运用一套高效有序的信息管理系统，识别、创造、维持和发展对企业有价值的顾客，以便与其保持长期互动和互惠关系。

（二）顾客关系管理内容

顾客关系管理一般包括以下五个方面的内容。

（1）资料收集。利用现代信息技术收集顾客资料、消费偏好以及过去消费经历等，并将其储存在顾客资料库中，同时还要将不同部门或分公司的顾客资料库进行整合。将数据整合后，有助于把不同部门的产品或服务提供给顾客，即实现交叉销售，不但可以增加公司利润，减少重复行政和营销成本，而且有助于公司从总体上建立与顾客的长期联系。

（2）顾客分类。借助分析工具，将顾客依据不同属性进行分类，并勾勒出每一类顾客群的消费特征和行为模式，从而有助于企业选择合适的目标顾客，并有针对性地开展营销活动。

这一步骤是整个流程中技术含量最高的部分，能否得出有用结论取决于两个问题。①企业是否有良好的数据积累；②企业能否综合运用各种分析工具。在顾客特征分析和分类中可以运用的统计和分析工具包括回归分析、聚类分析、因子分析等。市场上销售的顾客关系管理系统软件里一般都内嵌了一些分析工具，企业也可以根据自己的情况运用专业统计软件来实现顾客特征分类和建模。

（3）规划和设计营销方案。企业在对顾客进行分类和分析的基础上，设计相应的营销方案，以便实现营销目标。

（4）落实和监控营销活动。强大的顾客关系管理系统的数据处理能力能够及时统计各项数据，如打进电话的频率、网页被访问的次数、顾客抱怨等，从而使得企业快速地对营销活动做出反应，达到动态监控之目的。

（5）绩效分析和评价。顾客关系管理通过对各种活动、销售和顾客资料的综合分析，可以建立一套详细的评估模式和衡量实施成效。如在考虑营销活动绩效时，借助顾客关系管理分析，活动成本、顾客消费模式、动态销售数据等复杂因素都可以有效地反应和体现，从而实现全面和合理的绩效分析与评价。

以上各道程序必须环环相扣，形成一个不断循环的顾客关系管理作业流程，才能以最适当的渠道、在正确的时间点上、传达最合适的产品或服务给正确的顾客，进而创造企业与顾客双赢的局面和保持顾客关系持续、稳定发展。

（三）顾客关系管理流程

顾客关系管理是一个系统工程，具体管理流程可以用图 13.1 来表示。

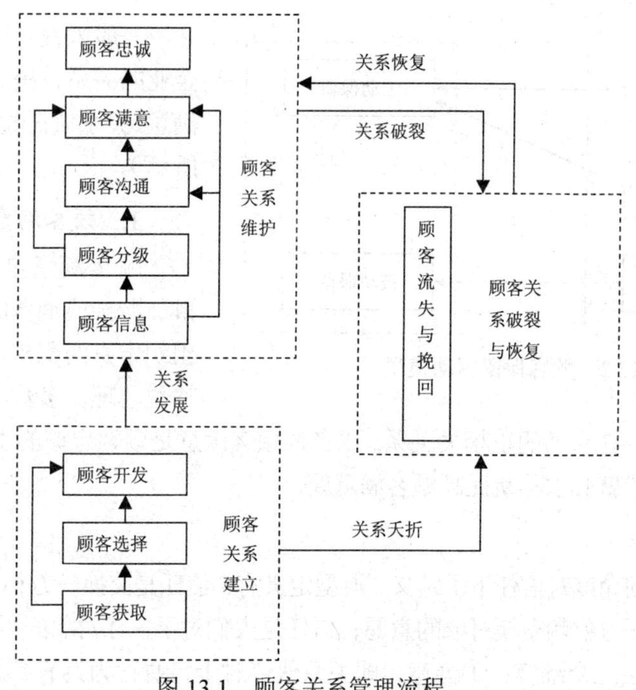

图 13.1　顾客关系管理流程

从图 13.1 可知，顾客关系管理包括三个具体步骤。

1. 关系建立

企业与顾客建立关系一般要经过三个环节：一是识别顾客，包括获取顾客以及分析这些顾客对于企业的价值；二是选择顾客，即选择对于企业有价值或有开发潜力的顾客；三是开发顾客，即争取顾客购买企业的产品或服务，包括开发潜在顾客和抢夺竞争对手的顾客。

2. 关系维护

企业要维护与顾客之间的关系，一般要在全面掌握顾客信息、对顾客进行分级管理和与顾客进行有效沟通的基础上，竭力满足顾客需要和让顾客在最大程度上满意。同时还要建立相应的激励和约束机制。

3. 关系破裂和恢复

在顾客关系建立和维护阶段，顾客随时可能会流失，即出现顾客关系夭折和终止，如果企业能够及时采取措施就有可能使破裂的关系得以恢复。

第六节　顾客保留策略

保留顾客的最根本手段是持续创造和向顾客提交竞争对手不能创造和提交的价值，以让顾客在最大程度上满意，进而增加对企业的信任和忠诚。

一、顾客保留驱动因素

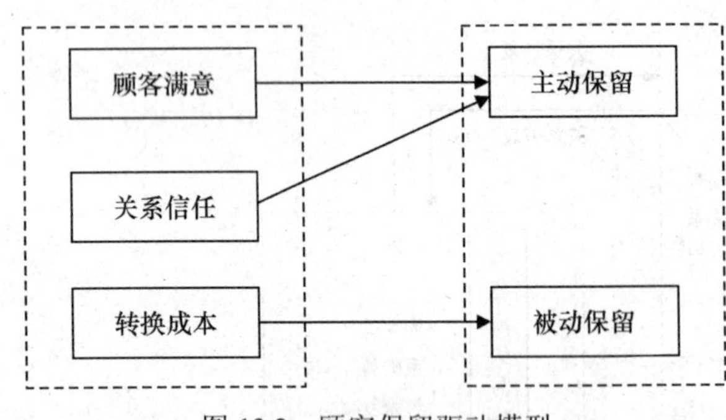

图 13.2　顾客保留驱动模型

一般来说，顾客是否保持与某一企业的关系，决定于三个因素：顾客满意、关系信任和转换成本（如图 13.2 所示）。

1. 顾客满意

顾客满意是指顾客对于其所接触、购买或消费的某种产品、服务或组织本身的积极评价以及由此产生的愉悦心理。多数学者认为，顾客满意与顾客忠诚之间存在密切的正相关关系，或者说顾客满意是顾客忠诚的重要驱动因素。因此，企业要保留顾客，就必须不断提高顾客满意度。

2. 关系信任

学者们从不同角度对信任下了定义，典型定义有：信任是交换一方相信另一方是诚实可靠的；信任是交换一方信赖交换对象的意愿；信任是人们对于信任对象的可信性和善意的看法。

信任一般包括三个维度：①善意，即关系伙伴对于自身行为具有慈悲心，以免对关系产生负面影响；②诚信，即一方认为对方会履行诺言，值得信赖；③能力，即一方认为对方有能力满足自己某种需要。

顾客对企业的信任关系可以被具化为五个维度：可靠性（即顾客感知风险小）、长期性（即关系维持时间长）、人际关系（即建立有私人友谊）、企业形象和企业声誉。

顾客信任影响顾客情感忠诚和行为忠诚。因为许多顾客并没有专门知识和技术以预测产品或服务结果，从而究竟选择哪一家企业的产品或服务，往往基于对该企业有无信任或信任程度。如果顾客没有建立起对企业的合理程度信任，关系将很难建立和维持。

3. 转换成本

转换成本是指当买者从一个供应商转向另一个供应商时所付出的经济和非经济成本。贝汉姆、法莱尔斯和马哈建（Burnham，Frels & Mahajan）将顾客转换成本分为以下三类 8 种。

（1）财政或经济成本，包括：①经济危机成本，即顾客转购其他企业的产品或服务，有可能为自己带来潜在的负面结果，如产品性能不尽如人意、使用不方便等。②利益损失成本，即顾客转向其他企业，将会失去原企业为忠诚顾客提供的经济上的实惠。③金钱损失成本，即顾客转向其他企业，可能要缴纳一次性的注册费用等。

（2）程序成本（主要是时间和精力），包括：①评估成本，即顾客转购其他企业的产品或服务，必须花费时间和精力进行信息搜寻和评估。②学习成本，即顾客转购其他企业的产品或服务，需要耗费时间和精力学习产品和服务的使用方法和技巧，如学习使用一种新的电脑、数码相机等。③组织调整成本，即顾客转向其他企业，必须耗费时间和精力与新的产品或服务提供商建立关系。

（3）情感成本，包括：①个人关系损失成本，即顾客转向其他企业可能会造成人际关系上的损失；②品牌关系损失成本，即顾客转向其他企业可能会失去与原有企业的品牌关联度，造成社会认同等方面的损失。

转换成本可以被视作阻止顾客脱离企业关系的一种障碍。因为顾客在转换至所选择的供应商之前无法评价替代产品或服务，即面临较高的风险和不确定性，从而很多顾客为了避免风险或不确定性而愿意维持与现有企业的关系。

一般来说，服务转换成本要高于产品转换成本。因为服务的固有属性特别是无形性决定了其转换成本难以估计，或者由于只有有限的提供者导致很高的搜寻成本。

二、顾客保留调节因素

顾客保留除了受一些基本因素驱动外，还受一些调节因素的影响，这些因素包括产品替代性、产品复杂性、顾客产品经验和顾客利益相关性（如图 13.3 所示）。

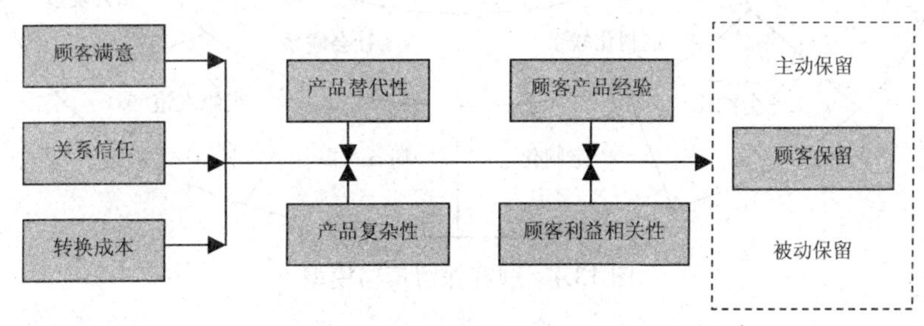

图 13.3　顾客保留调节模型

1. 产品替代性

产品替代性是指拥有替代产品多少以及顾客购买替代产品的难易程度。替代品越多或者顾客越容易购买到更好的替代品，其转换购买的可能性就越大，对原有供应商忠诚度就较低。如果替代品较少或者顾客不易购买到有吸引力的替代品，顾客转换可能性就较小，对原有供应商忠诚度就会较高。

2. 产品复杂性

产品复杂性是指产品在技术及其设计和生产上的复杂程度。产品复杂性越高，对其质量评价就越困难，顾客购买决策过程就越复杂，从而顾客轻易不会转换供应商。如果产品较为简单，顾客评价产品就会较为容易，从而顾客就会频繁转换供应商。

3. 顾客产品经验

顾客产品经验是指顾客在以往购买和消费经历中所积累的知识和经验。如果顾客拥有丰富的产品知识和经验，他们就具有评价产品质量的能力和信心，从而就较容易转换产品或服务供应商。如果顾客产品知识和经验较少，他们就很难对产品质量做出准确评价，从而愿意保留与原有供应商的关系。

4. 顾客利益相关性

顾客利益相关性是指顾客与相关人群利益关系密切程度。如果顾客与相关人群利益关系密切，一般就不会轻易转换供应商，以免相关人群利益受损和失去与相关人群的密切关系。如果顾客与相关人群利益关系淡薄，一般就比较容易转化供应商，由此并不会给相关人群造成损失。

三、顾客保留具体策略

服务营销学者贝瑞和帕拉苏拉曼开发了一个保留顾客的策略模型，本书作者在借鉴其他学者研究成果的基础上将其改造如下（如图 13.4 所示）。

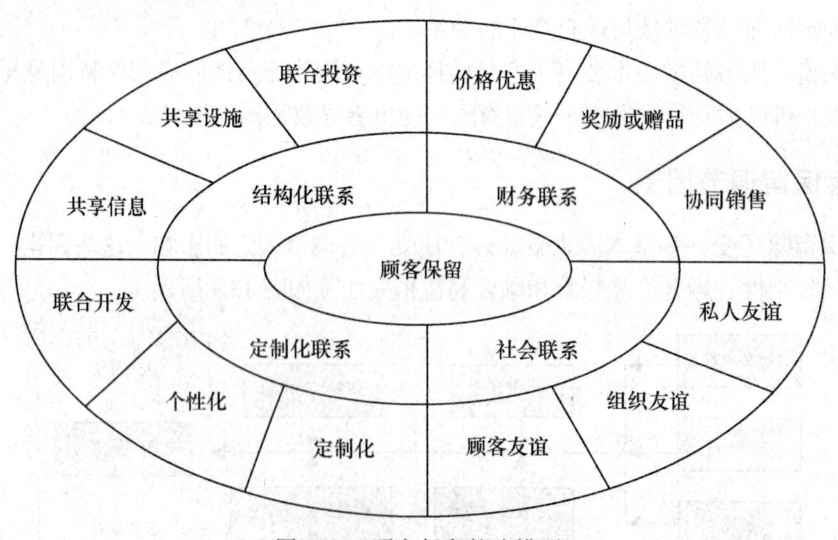

图 13.4　顾客保留策略模型

从图 13.4 可知，企业保留顾客有以下 4 种策略。

（一）财务联系

财务联系是指给予重复或大量购买的顾客提供经济刺激。具体方法有以下几种。

（1）价格优惠，即对于大量或重复购买的顾客给予价格优惠或折让，通常是采用会员制方式（包括普通会员和贵宾）。会员制销售产生于20世纪80年代的欧美国家，一些商家特别是中高档服饰专卖店广泛应用。当时一些顾客经常光顾一些商店定期购物而与商店建立起了信任关系，专卖店自愿为老主顾实行价格折扣、紧缺商品优先提供以及其他特殊服务，而顾客自动成为会员，或者拿到专卖店提供的贵宾卡。目前，会员制几乎渗透到商业的各个门类。在中国，许多大型购物中心和超市都实行会员制。但与西方买卖双方凭借资信达成某种经济利益关系不同，中国许多实行会员制的商家要求顾客在成为会员之前，必须先预付一笔“会费”，甚至有的商家以此达到圈钱的目的。

（2）奖励或赠品，即对于大量或重复购买的顾客给予奖励或提供赠品，通常采用积分制方式进行，即顾客每一次购买都可以获得不同的积分，然后企业根据顾客积分多少分别提供不同的奖励（如现金奖励、折扣、返点）或赠品。

（3）协同销售，即两家或多家企业合作销售，彼此互相借助以进行促销活动，即购买甲的产品可以在乙企业获利，购买乙产品也可以在甲获利。

需要说明的是，财务联系方法虽然操作简单，但并非十分可靠。这是因为：①竞争者容易模仿。随着积分项目被越来越多的商家使用，手里持有多张积分卡的顾客越来越多，这些顾客在不同商家出示不同的会员卡，享受相应折扣或积分优惠，却对每一家企业都谈不上忠诚。②顾客容易转移。由于只是单纯价格折扣吸引，顾客易于受到竞争者类似促销活动的影响而转移购买，致使谁给的优惠多顾客就投奔谁。③对顾客刺激性会逐渐降低。当顾客无论去哪里消费都会得到一张VIP之类折扣卡时，顾客就会失去新奇感。

（二）社会联系

社会联系是指企业与顾客建立良好的人际关系，通过情感和友谊保留顾客。具体方法有以下几种。

（1）建立人际关系，即企业销售人员或服务人员在与顾客接触、沟通和服务过程中，培养和建立私人友谊。这在专业服务中（如律师、会计师、培训师、美容师等）相当普遍。

（2）建立企业关系，即通过与顾客深入沟通和对顾客需求深入了解及其尊重，培养顾客对企业的忠诚，包括定期走访顾客、邀请顾客参观企业或参加公司会议、与顾客开展联欢活动等。

（3）建立顾客关系，即搭建顾客之间沟通和交流的平台，以为顾客沟通提供便利和创造条件。典型做法是建立顾客俱乐部——一是为成员提供独特的资源；二是将其延伸为一个“社区”，让志趣相投的人在这个“社区”中交流情感和分享生活，最终捆牢其与企业的关系。

社会联系比财务联系更为牢靠，因为它是以情感和信任为基础和纽带的。

（三）定制化联系

定制化联系是指企业为顾客提供定制化或个性化的产品或服务，以满足顾客特殊或个性化需要，进而保留顾客。具体方法有以下几种。

1. 定制化

定制化即按照顾客需要或其设计要求，专门开发和生产相应的产品或服务，又称客制化。

2. 个性化

个性化即根据顾客消费习惯和特征，主动设计和提交符合顾客需要的个性化产品或服务。如果说“客制化”是被动地适应顾客，“个性化”则是主动探测、发现和满足顾客。个性化营销的前提是建立顾客数据库，又称数据库营销。在大数据背景下，个性化营销更有实施条件。

数据库营销是指企业通过收集和积累顾客信息，然后通过处理和分析以预测顾客需求和购买兴趣，进而主动地为顾客设计和开发相应的产品或服务，并将此信息精准地传达给顾客。

数据库营销一般要经过数据采集、数据存储、数据处理、寻找理想顾客、使用数据和完善数据六个步骤。

当然，数据库营销也存在一些缺陷，表现为：①服务于忠诚顾客的成本并不总是低的。如果顾客提出更高要求或者要求更低廉的价格等，就会得不偿失。②如果顾客对一个产品一辈子只购买一次，或者很少建立忠诚，或者产品销售额很小，或者收集数据成本过高，实施数据库营销就是没有价值的。③不是所有顾客都愿意与一家公司一直保持关系，而且可能对其个人信息被收集和存储感到气愤。

3. 联合设计与开发

联合设计与开发即企业吸收顾客参与产品设计，进而与顾客一道完成产品生产，实际上是更高级形式的体验式营销。这在现代农业、工艺品生产以及康复中心、健身中心等服务行业都有广泛应用。

（四）结构化联系

结构化联系是指企业与客户之间相互渗透，建立命运共同体，进而捆牢顾客。这在企业与组织客户关系保持方面非常普遍。具体方法包括以下几种。

（1）共享信息，即企业与客户相互分享相关信息，以减少各自成本和共享市场机会。

（2）共享设施和设备，即企业与客户通过联合购买或协作方式，共享设施和设备，以分享各自价值。

（3）联合投资，即企业与客户联合投资创建新的企业或者相互入股以占有对方股份。

思考与练习题

1. 何谓顾客？顾客分类方法有哪些？顾客对于企业有何价值？
2. 何谓关系？企业与顾客关系发展分为哪几个阶段？
3. 何谓顾客保留？企业保留顾客有何价值？
4. 何谓顾客流失？顾客流失原因通常有哪些？
5. 何谓顾客关系管理？顾客关系管理步骤和具体程序有哪些？
6. 顾客保留有哪些驱动因素？企业保留顾客的具体策略有哪些？

主要参考文献

[1] Eichard Metters Kathryn，King-Metters Madeleine Pullman. 2004. 服务运营管理. 金马 译. 北京：清华大学出版社.

[2] 艾德里安·帕尔默. 2012. 服务营销原理（5版）. 刘安国，谢献芬 译. 北京：世界图书出版公司.

[3] 陈信康. 2006. 服务营销. 北京：科学出版社.

[4] 陈祝平. 2001. 服务市场营销. 大连：东北财经大学出版社.

[5] 陈祝平. 2002. 服务营销管理. 北京：电子工业出版社.

[6] 崔立新. 2003. 服务质量评价模型. 北京：经济日报出版社.

[7] 道格拉斯·霍夫曼，约翰· 彼得森. 2004. 服务营销精要——概念、策略和案例（2版）. 胡介埙 译. 大连：东北财经大学出版社.

[8] 郭国庆. 2009. 服务营销管理. 2版. 北京：中国人民大学出版社.

[9] 汉斯·卡斯帕尔，皮艾特·赫尔希丁恩. 马克·加勃特，等. 2008. 服务营销与管理——基于战略的视角（2版）. 韦福祥 译. 北京：人民邮电出版社.

[10] 克里斯廷·格罗鲁斯. 2002. 服务管理与营销——基于顾客关系的管理策略（2版）. 韩经纶，等 译. 北京：电子工业出版社.

[11] 克里斯托弗·洛夫洛克. 2001. 服务营销（3版）. 陆雄文，庄莉 译. 北京：中国人民大学出版社.

[12] 雷蒙德·菲斯克，史蒂芬·格罗夫，乔比·约翰. 2001. 互动服务营销. 张金成 等译. 北京：机械工业出版社.

[13] 李克芳，聂元昆. 2012. 服务营销学. 北京：机械工业出版社.

[14] 佩恩. 2003. 服务营销精要. 2版. 郑薇 译. 北京：中信出版社.

[15] 瓦拉瑞尔·泽丝曼尔，玛丽·比特纳，德韦恩·格兰姆勒. 2008. 服务营销（4版）. 张金成，白长虹,等 译. 北京：机械工业出版社.

[16] 汪纯孝，蔡浩然. 1996. 服务营销与服务质量管理. 广州：中山大学出版社.

[17] 王永贵. 2009. 服务营销与管理. 天津：南开大学出版社.

[18] 吴晓云. 2006. 服务营销管理. 天津：天津大学出版社.

[19] 叶万春. 2001. 服务营销学. 北京：高等教育出版社.

[20] 约翰·贝特森，道格拉斯·霍夫曼. 2004. 服务营销管理（4版）. 邓小敏，王志刚，叶陈毅 译. 北京：中信出版社.

[21] 詹姆斯·菲茨西蒙斯，莫娜·菲茨西蒙斯. 2003. 服务管理——运作、战略与信息技术（3版）. 张金成，范秀成 译. 北京：机械工业出版社.

[22] 詹姆斯·赫斯科特，小厄尔·萨赛，莱恩·史科莱斯特. 2005. 服务利润链. 王兆刚，夏艳清 译. 北京：机械工业出版社.

配套资料索取说明

购买本书的读者可在 www.ptpedu.com.cn 注册后下载配套学习资料。

采用本书授课的老师可发邮件至 13051901888@163.com 或 education_book@163.com 索取配套教学资料。

扫一扫，发邮件

13051901888@163.com

姓　　名：________ 性别：___ 职称：________ 职务：____

办公电话：________ 手机：____________ 电子邮箱：______

学　　校：___________________________ 院　　系：______

通信地址：___________________________ 邮　　编：______________

本课程开设于____学年____学期，原采用_________出版社出版_________主编的《________》为本课程教材，______________专业_____个班共_____人使用该教材。

证 明 人：_______ 办公电话：_________ 手机：__________ 电子邮箱：_________

21 世纪高等院校经济管理类规划教材

已出版教材

书　名	主　编	书　号	编 辑 推 荐
管理学——原理与实务（第 2 版）	李海峰	978-7-115-35395-5	2013 年陕西普通高校优秀教材二等奖；提供课件、教案、实训说明、教学体会、案例分析集（文字、视频）、习题集及参考答案、补充阅读，作者开通有教学博客
生产运作管理	程国平	978-7-115-28840-0	内容全面、注重实务、案例丰富；提供课件、教案、习题答案、模拟试卷和教学案例集
公司文化管理	吴柏林	978-7-115-37650-3	专题学习网站同步展示授课视频、电子课件和教学大纲；提供课件、大纲、教学方案、答案、教学视频案例、试卷等
客户关系管理理论与应用	栾　港	978-7-115-39343-2	60 组案例助力理论联系实际，33 个二维码打通网络学习通道，在线 Xtools 软件方便实践训练；提供课件、教案、教学日历、免费教学账号、习题库、试卷等
组织行为学	丁　敏	978-7-115-27265-2	精品课程配套教材，注重实用性；提供课件、教案、模拟试卷
经济学基础	邓先娥	978-7-115-39039-4	近 300 个实例连接理论与生活，130 余个二维码打通网络学习通道，70 余项扩展阅读指南指引学习方向；提供课件、教案、答案、文字和视频案例、试卷等
微观经济学（第 2 版）	胡金荣	978-7-115-39400-2	简明易懂，关注热点；二维码扩展网络视野；提供课件、答案、案例、试卷
劳动经济学	杨爱元	978-7-115-33309-4	80%以上案例取自中国 2010 年至 2013 年社会现实事件；提供教案、课件、视频案例、参考答案、补充教学素材、模拟试卷
财务管理	王积田	978-7-115-28482-2	吸收相关学科的最新成果，与企业财务管理实践接轨；提供课件、习题答案、试卷
中级财务会计（第 2 版）	吴学斌	978-7-115-33887-7	四川省“十二五”普通高等教育本科规划教材；涉及营改增等最新知识点；章后设置大量习题并提供电子版习题集；提供课件、教案、案例库、试卷等资料
中级财务会计教程	裴永浩	978-7-115-35981-0	提供课件、答案、试卷，《财务会计实训教程》为本书配套实训教材
财务会计实训教程（上、下册）（第 2 版）	裴永浩	978-7-115-40690-3	原始凭证和记账凭证单独成册；按营改增调整相关业务；利用二维码提供相关网络资源；融基本功训练、岗位技能训练和综合技能训练为一体；提供答案、课件、习题集、补充阅读资料等
成本会计（第 2 版）	张　林	978-7-115-39288-6	近百道例题详解要点，近 450 道习题助力读者学习，20 项计算题例释详解计算难点；提供课件、教案、答案、试卷等

续表

书　名	主　编	书　号	编辑推荐
审计理论与实务	崔　飚	978-7-115-31064-4	紧扣资格考试大纲，注重案例解读；提供课件、教学大纲、习题集及参考答案、模拟试卷
应用统计学（第2版）	潘　鸿	978-7-115-38994-7	以Excel为实验软件，适应职场需求；提供全套实验资料，提升读者应用能力；提供课件、教案、上机操作数据、常函数实现用统计表等
国际市场营销	李　爽	978-7-115-39077-6	80余个实例追求学以致用，80余个二维码拓展读者学习空间；提供课件、教案、案例（文字、视频）、实训资料、答案、试卷
服务营销与管理	张圣亮	978-7-115-40222-6	以实例解释服务营销理论，以案例说明服务营销理论应用价值；介绍不同观点和典型研究成果；供课件、答案、教学案例、试卷等
国际贸易理论与政策	毛在丽	978-7-115-37138-6	包括新新贸易理论等新内容，将非关税措施分为技术性和非技术性两类，提供课件、教案、答案、试卷和教学案例等
国际贸易实务	吕　杜	978-7-115-37235-2	提供课件、答案、单证样本、习题集、模拟试卷、模拟操作训练材料和常用规则文本等
中国对外贸易	杨清震	978-7-115-39436-1	近百个案例/讨论追求实践应用，近80个二维码开拓网络学习空间；提供课件、补充教学案例、参考答案和模拟试卷等
报关实务	朱占峰	978-7-115-28352-8	提供上百个课件用视频和课件、教案、习题答案、模拟试卷等资料；内容紧跟《报关员资格考试大纲》，侧重实务
电子商务概论（第2版）	白东蕊	978-7-115-32117-6	2013年度山西省省级资源共享课程配套教材；强调实践与实训；提供课件、教案、实训资料、习题库、案例集（含视频案例）
电子商务概论	仝新顺	978-7-115-38748-6	七十余个二维码拓展学习空间，近百组案例、实训促进学练结合；提供大纲、课件、案例（文字、视频）、自测试题、试卷等
商品学	陈文汉	978-7-115-35374-0	将服务商品纳入研究范围；大量采用2013年的现实案例；提供电子课件、教学大纲、习题答案、模拟试卷
金融法	李良雄 王琳雯	978-7-115-30980-8	吸收截至2012年12月的最新法律法规，高度融合职业资格考试要求，提供课件、教案、视频案例、习题答案、补充练习题
现代金融学	刘　伟	978-7-115-36897-3	提供教学大纲、课件、答案、习题库和试卷等
保险学	刘永刚	978-7-115-31048-4	以大量案例解读相关内容，提供课件、教案、习题答案、教学补充案例和模拟试卷
证券投资学（第2版）	杨兆廷 刘　颖	978-7-115-34302-4	省级精品课程配套教材；根据2013年证券业变化调整相应内容，集合证券业从业资格考试重点，提供课件、教案、视频案例、答案等
证券投资学	陈文汉	978-7-115-28271-2	针对非金融类读者，内容紧跟时代；提供课件、教案、视频教学案例、习题答案、模拟试卷
外汇交易原理与实务（第2版）	刘金波	978-7-115-38372-3	着重突出外汇实际业务，二维码打造立体化阅读环境，有外汇交易模拟操作指导手册；提供课件、教案、答案、试卷、习题册、实训指导
期货交易实务	曾啸波	978-7-115-39021-9	80余个二维码拓展无限学习空间，百张图表、40个案例/讨论突出实务操作；提供课件、教案、大纲、教学要点、视频指导、最新数据、参考答案、补充习题库、试卷等
国际金融理论与实务（第2版）	孟　昊	978-7-115-34697-1	新增国际资本流动管理等内容；提供课件、大纲、教案、习题库、试卷库、视频案例库等
金融专业英语	刘铁敏	978-7-115-39042-4	旁注、尾注和大量练习提升学习效率，以二维码指出丰富的网络学习资源；提供课件、部分译文、习题答案和试卷等
财政学	唐祥来	978-7-115-31521-2	以丰富的案例提升学习兴趣，提供课件、教案、习题答案、教学案例（文字、视频）和试卷等
财政与金融	袁晓梅 陈　宁	978-7-115-40465-7	集中阐述基础知识、理论和实务；数百案例理论联系实际；百余二维码链接网络资源；提供课件、教案、视频和文字案例、答案、试卷等
商务礼仪	王玉苓	978-7-115-36091-5	图文并茂，追求学以致用；提供教案、课件、答案、补充教学案例（文字、视频）、课外阅读资料等
现代社交礼仪（第2版）	闫秀荣	798-7-115-25681-2	图文并茂，二维码链接网络资源；提供课件、教案、教学案例（文字、视频）、实训手册、练习题及参考答案等
商务沟通与谈判	张守刚	978-7-115-23786-6	能实现学生课堂教学与课外学习的统一，提供配套教学网站、教案、课件